1943

1943

中國在十字路口

周錫瑞（Joseph W. Esherick）
李皓天（Matthew T. Combs）
主編

陳驍 譯

中文大學出版社

《1943：中國在十字路口》
　周錫瑞、李皓天　主編
　陳驍　譯

© 香港中文大學 2018

國際統一書號 (ISBN)：978-962-996-810-6

出版：中文大學出版社
　　　香港 新界 沙田 · 香港中文大學
　　　傳真：+852 2603 7355
　　　電郵：cup@cuhk.edu.hk
　　　網址：www.chineseupress.com

1943: China at the Crossroads (in Chinese)
　Edited by Joseph W. Esherick and Matthew T. Combs
　Translated by Chen Xiao

© The Chinese University of Hong Kong 2018
All Rights Reserved.

ISBN: 978-962-996-810-6

Published by　The Chinese University Press
　　　　　　　The Chinese University of Hong Kong
　　　　　　　Sha Tin, N.T., Hong Kong
　　　　　　　Fax: +852 2603 7355
　　　　　　　Email: cup@cuhk.edu.hk
　　　　　　　Website: www.chineseupress.com

Printed in Hong Kong

目　錄

香港中文版序

周錫瑞（Joseph W. Esherick）

2014年的一部德國電影《謊言迷宮》（*Labyrinth of Lies*）戲劇化地展示了戰後德國是如何反思納粹的歷史。在影片令人震撼的一幕中，年輕的檢察官向周圍的人詢問是否瞭解奧斯維辛，眾人都表示一無所知，紛紛避之而不及。實際上這個年輕人自己對奧斯維辛也不甚瞭解，一度將其稱作「保護性拘留營」（protective custody camp）。在圖書館裏，他只找到兩本關於奧斯維辛的書，而且都無法借出。一個上了歲數的檢察官則坦陳自己曾被迫觀看一部關於奧斯維辛的電影，但那是在盟軍佔領時期，所以「全是政治宣傳，不過是勝利者編造的故事而已」。最終，年輕檢察官們通過堅持不懈的調查釐清了歷史：通過梳理納粹檔案並收集倖存者和迫害者的證詞，17個前納粹軍官在上世紀六十年代的法蘭克福受審，他們被控謀殺罪。從這開始，德國才踏上了反思自身慘痛歷史的旅程。

學者們普遍認為，戰後德國在反思歷史陰暗面上所做的努力令人稱道。[1]然而我們往往忽視了戰後康拉德・阿登納（Konrad Adenauer）政府幾乎抹去了大屠殺的記憶。打着愛國主義和維護國家統一的幌子，保守的官僚庇護了前納粹分子；普通民眾則更渴望社會穩定、經濟繁榮，為此不惜接受被粉飾的歷史。如果沒有一批正直的檢察官和記者以及那位勇敢的總檢察長，阿登納政府或許就能將大屠殺的真相掩蓋更久，直到所有親歷者都不在人世。

　　《1943：中國在十字路口》聚焦的時間恰好也是納粹在波蘭集中營大屠殺的高峰時期。本書着眼於中共、國民黨、美國和日本在戰時的複雜鬥爭及其對未來中國走向的影響。關於各章的主題和事件，讀者可以參考本書的導論，在此毋須贅述。我在此處想就香港中文大學出版社的中文版做簡要說明。

　　2016年，社會科學文獻出版社出版了本書的簡體字版。基於先前在中國大陸出版《葉：百年動蕩中的一個中國家庭》的經驗，我預計部分段落會遭到刪減。但是結果表明，我高估了在2016年中國大陸公開出版物上討論特定歷史事件和人物的尺度。在吳一迪關於搶救運動的文章中，任何關於毛澤東在醞釀這場運動中的討論都被刪除，包括作者引用的毛的一段原話。羅丹（Daniel D. Knorr）的文章中指出，中共和汪精衛的南京政府對蔣介石1943年《中國之命運》的批評上有着驚人的相似，還指出蔣對於復興儒家思想的主張和中共在當代的做法有契合之處；這些討論統統無法過審。

　　令我感到更加吃驚的是，關於大躍進時期大饑荒的討論也被嚴重壓縮。在大陸出版《葉》一書時，我和出版社就對這個問題進行過反復交涉。雖然與大饑荒有關的內容在《葉》書中最終得以保留，但是措辭不得不進行「溫和」處理。到了2016年，在艾志端（Kathryn Edgerton-Tarpley）關於1943年河南饑荒的文章中，作者比較了中共在1943年和1959至1962年對饑荒的應對措施，但是這部分內容遭到刪除。由此看來，在公開出版刊物上關於大饑荒的討論似乎已被徹底禁止。

　　如今在中國大陸，針對「歷史虛無主義」的聲討甚囂塵上，這幾乎使學術自由討論的空間被壓縮到毛時代後的最低點。在此影響之下，或許中國大陸的年輕一代對大饑荒和文化大革命的認知將愈發有限，對於毛澤東在中國革命中的地位也缺乏全面客觀的理解。電影《謊言迷宮》的片尾，主角正言道：「謊言和沉默必須終止！」在當今中國，幸而有香港和特別是香港中文大學出版社這樣無畏的出版機構，它們在保存客觀公正的中國歷史方面所做的努力十分重要。令我倍感欣慰的是，隨着本書的出版，我們關於1943年中國的研

究得以悉數展現給中文讀者。在本書中，所有在簡體字版本中被刪
除的段落都得以恢復，不再需要為審查制度做委曲求全的編輯。以
客觀公正的態度恢復中國近代史的本來面目絕非易事，但卻十分必
要。遺忘歷史與將之抹煞並無二致，這是我們無法忍受的。

注釋

1　Ian Buruma, *The Wages of Guilt: Memories of War in Germany and Japan* (New
York: Farrar Straus Giroux, 1994); Laura Elizabeth Hein and Mark Selden,
eds., *Censoring History: Citizenship and Memory in Japan, Germany, and the
United States* (Armonk, NY: M.E. Sharpe, 2000).

前言

周錫瑞（Joseph W. Esherick）
李皓天（Matthew T. Combs）

在中國現代史的主流敍事中，1943這個年份通常被一筆帶過。獲得極大關注的往往是那些爆發決定性歷史事件的年份：例如辛亥革命與帝制的崩潰的1911年，國民軍北伐成功的1927年，抗日戰爭全面爆發的1937年，中國共產黨革命勝利的1949年，以及毛澤東去世後改革開放展開的1976至1978年。在本書構思之初，我的同行們的反應是，「為甚麼寫1943？」很少有人能説出1943年有何重要的事情發生。但是如果把注意力集中在這個被遺忘的年份上，我們將會發現甚麼？通過分析1943年一系列的事件、趨勢和矛盾，我們能否更好地理解中國政治和社會的深層次變化？國共兩黨政權更迭的劇變時刻，是否早在爆發前的歲月裏就已在政治和社會中初露端倪？這些都是《1943：中國在十字路口》一書所要探討的問題。

本書的一個前提是：中國在抗日戰爭期間經歷了一些特別重要的轉變。其中最重要的是，戰爭削弱了中國人民對蔣介石所領導的國民政府的支持，增強了中國共產黨的實力和規模。1937年抗戰之初，蔣介石是中國當仁不讓的領導人。全國上下團結在他堅決抗日的旗幟下。國際上，蔣是當年美國《時代》周刊的年度人物；蘇聯也迅速地給予他包括槍炮、坦克和飛機在內的大批軍援。相對之下，中共則是一群衣衫襤褸卻精力充沛的長征倖存者，他們面對着陝北貧瘠的荒山，偏居在延安的窰洞裏。但抗戰結束時，中共卻擁兵百

萬並且在敵後開闢了很多堅實的根據地，而蔣介石的國民政府則日益被視為一個腐敗無能的自利型專制政體。其政權代表性不但受到來自中共的挑戰，還遭到汪偽政府親日派，知識分子，以及愈來愈多的外國記者和外交官的質疑。

抗戰期間，一些根本性的變化使得歷史的潮流遠離了蔣介石和他的國民黨，靠近了毛澤東領導下的中國共產黨。在抗戰的某個時刻，中國政局到達了歷史進程的一個「轉折點」。目前大多數敘述都把這一焦點集中在1944年：蔣的部隊在日軍「一號作戰」攻勢面前節節敗退；史迪威將軍（General Joseph W. Stilwell）的撤換引發了美國對蔣介石政權的失望；知識分子在重組的民盟下開始活動；中共開始籌備確立毛澤東領導地位的第七次全國代表大會。多年以來，戰時中國的歷史敘述深受三位美國記者作品的影響：白修德（Theodore White），格萊姆·裴克（Graham Peck）和埃德加·斯諾（Edgar Snow）。這其中當屬白修德和賈安娜（Annalee Jacoby）合著的《中國的驚雷》影響最大。該書把中國抗戰塑造為「蔣介石的悲劇故事」，蔣本人作為一個清廉自律的獨裁者領導着一個充滿「封建意識」、派系紛爭和日益腐化的政權。[1]美國外交官謝偉思（John S. Service）和戴維斯（John P. Davies）也有對國民政府類似的大量批評。[2]這些材料極大地影響了學術界對於戰時中國的認識，這種影響在費正清（John K. Fairbank）（曾以戰時情報協調局官員的身分駐華）和易勞逸（Lloyd Eastman）的著作中都有體現。[3]這種觀點在芭芭拉·塔奇曼（Barbara Tuchman）那本獲得普利策獎（Pulitzer Prize）的《史迪威與美國在華經驗》一書中得到了發揚光大。[4]該書寫於七十年代初越戰高峰時期，明顯地反思了美國二十世紀對亞洲的外交政策；十分有力地描述了一位勇猛而直言的美國將軍是如何徒勞地試圖拯救一個面臨着外敵入侵和內部共產黨挑戰的、腐化而保守的亞洲政權。

近年來，上述的觀點——即自負而獨裁的蔣介石領導着腐敗無能的國民黨——正受到來自各方面的挑戰。陶涵（Jay Taylor）近期出版的蔣介石傳記廣泛使用了蔣的日記，該書以極度同情的筆調把他塑造為一個「現代化的新儒家」和「擁有戰略視野的國家領袖」。

重要的是，陶涵對史迪威頗多批評，在書中除了恰當地批評史迪威「粗魯無禮」，還認為重開滇緬公路的戰役不過是史迪威一廂情願地為自己1942年的失敗復仇。[5] 在中文方面，齊錫生的作品以詳盡的細節描述了戰時的中美同盟關係，對蔣給予了相當的同情，同時批評了史迪威在其中的作用以及馬歇爾的總體戰略。[6] 其中，在國外影響最大的是一批英國學者的研究著作，他們開始挑戰「史迪威—白修德範式……（所描述的國民政府）軍事無能，政治腐敗，執着於打擊中共，獨裁主義，以及盲目拒絕抗日」，[7] 並且將關注點帶回1944年。劍橋大學的方德萬（Hans van de Ven）重點研究了民國的軍事史。方氏的《中國的民族主義和戰爭，1925–1945》以〈重訪史迪威〉為頭一章標題，拋出了一個有力的論點：「美國的進攻性意識形態」和記者與軍事領導人的輕視中華文明的「東方主義話語」（Orientalist discourse），導致他們過分低估了蔣所執行的抗日戰略。在方氏看來，獨裁和腐敗並不是研究國民黨政治的有效概念。[8] 該書認為截至1944年，蔣介石在抗日方面做的相當不錯，直到史迪威把所有的資源用於緬甸戰役，使得中國中部防線在「一號作戰」的面前門戶大開。[9] 牛津大學的拉納・米特（Rana Mitter）也同樣批評了「史迪威的錯誤戰略」。他認為在盟軍的全球戰略中，中國戰場「處在二等，甚至是三等的地位」。米特總結認為「西方特別是美國（在中國戰場）的作為和不作為，都在一定程度上導致了蔣介石政權的缺陷和衰退。」[10]

　　陶涵、齊錫生、方德萬和米特的研究打破了史迪威神話：他絕非是一心為了中國而進行的一場英雄主義式的奮戰。但是難道史迪威和緬甸戰役是導致蔣介石政權衰落的主要因素嗎？在我們看來，史迪威的錯誤似乎並不能證明蔣的長處。那種把對於國民黨的批評看作是美國記者、政客和軍人「東方主義」偏見的產物並加以摒棄的觀點，也同樣值得商榷。這樣的偏見當然存在，在史迪威日記中也顯露無遺。但是類似的對國民黨的批評——國民黨在抗戰中的腐化、士氣低落、逃避責任和官僚主義——在當時的中文資料中同樣可見，甚至不乏出現在蔣的演講和文稿中。

最重要的是，本書的前提在於：1944年的危機有着更深層次的根源，為了理解它，就要將眼光投向之前的一年。這並不意味着國民黨的垮台和中共的勝利在1943年就已經成為定局。如果後來事態發展有變，歷史完全可能再次倒向另一方。本書各章的意圖在於提出一些新的歷史轉折點，而不在把歷史的必然性重新放置在歷史進程的某一特殊點。通過深入研究那些影響了國家歷史敘事的事件，我們發現，眾多歷史人物如果做出了不同的決定，那麼歷史的進程很可能改變。本書同樣表明，一旦把關注點集中在特定的一年，我們就能發現該年發生的很多事件，都對後來的歷史發展起了作用。在1943年，不平等條約被廢除，蔣介石寫作並發表了《中國之命運》並且與羅斯福和邱吉爾在開羅會議上會晤；蔣夫人宋美齡在美國國會發表了歷史性的演說；新疆脫離了蘇聯長達十年的控制回歸中央；河南遭遇了災難性的饑荒；中共正在經歷延安整風中最後也是極左的「搶救運動」。通過研究上述和其他事件，我們試圖在本書重建一些特定時刻的歷史性，從不同的角度來觀察這一年。在我們看來，這是超越以中美關係為核心、狹隘的抗戰研究的最好辦法，由此得以理解那些決定中國命運的廣泛的社會、政治、經濟、軍事和外交發展事務。

在本書開篇的引言部分，周錫瑞（Joseph W. Esherick）概述了1943年中國國內和國際的歷史背景，以蔣介石日記和他的活動為中心分析了蔣的對日戰略和與中共的衝突。文章着力關注了蔣介石政權的性質以及他本人在1943年做出的重要決定：即推翻了先前撤換史迪威的打算，並且放棄了對延安發起進攻的計劃。接下來的幾章討論了1943年國民黨政府取得的主要成就，我們可以體會到1943年頭幾個月裏中國國內瀰漫的樂觀氛圍。黃倩茹分析了蔣夫人的美國之行，注意到美國媒體的熱烈反響和蔣夫人對美國民眾的獨特魅力。蔣夫人的美麗、堅強和談吐不凡使她引人注目，成為中國人民的國際代表，然而她上流社會的生活習慣曾在私下引起了一些美國人的反感。金家德（Judd C. Kinzley）和賈建飛研究了中國收回新疆主權的行動。新疆在1943年之前的十年間幾乎成為蘇聯的殖民地，

國民政府重新控制了這個資源豐富的大省，並制訂了一系列雄心勃勃的發展規劃。蔣把新疆回歸中央稱為民國建立以來的「最大成就」。

1942年雙十「國慶」，美英兩國宣布準備廢除與中國自鴉片戰爭以來簽訂的不平等條約。新條約在1943年1月交換完成。而就在同一月，日本也與南京汪偽政府簽訂條約，聲明放棄在華特權（儘管持續佔領中國的一大部分）。不平等條約的廢除在中國受到熱烈歡迎，本書兩個章節都與簽訂新約有關。吳爾哲（Thomas R. Worger）研究了新條約的核心特徵：治外法權（規定外國公民免於中國法律的訴訟，其違法行為只得在各國領事法庭受審）的廢除。正如吳爾哲指出的，西方列強過去一再宣稱，在中國還沒有建立起不受政治干涉和腐敗侵蝕的法院之前，外國公民免於中國司法系統的審判是十分必要的。然而最終治外法權的廢除並非在於西方國家對中國的司法系統恢復了信心，而是出於盟軍的政治決定，意在提升戰時中國的士氣。具有諷刺意味的是，在廢除治外法權的同時，國民黨卻在推行司法黨化——這一政策被中共繼承並貫徹至今。Dawn Maleenont 討論了新約中令中國人最為失望的部分：英國拒絕歸還香港，甚至不願放棄對新界的控制。在鴉片戰爭後的第一個不平等條約即《南京條約》中，香港被割讓給英國。貫穿整個二十世紀，香港的回歸一直是中國民族主義者的主要目標。Maleenont 分析了一系列在新約談判中影響中方談判的國內因素和戰略考量。

羅丹（Daniel D. Knorr）的文章分析了蔣介石的《中國之命運》一書。蔣在書中歷數了不平等條約給中國帶來的種種問題，並且稱讚了中國在國民黨統治下擁有了完整主權。蔣撰寫此書費時頗多，並且極為自得。但是《中國之命運》最終卻招致來自中共、南京汪偽政權、知識分子和盟國的多方批評。儘管以上各方之間的衝突構成了彼時中國政治的深層結構，然而中共、汪偽和知識分子對《中國之命運》的批評卻存在着引人注目的相同點。接下來，吳一迪的文章討論了1943年的中國共產黨，特別是特務頭子康生在陝甘寧邊區領導的「搶救運動」。這場運動標榜其目的是挽救那些被國民黨派來刺探中共的間諜。作者討論了國民黨試圖向陝北進行滲透的努力，

以及蔣介石準備對中共發起的軍事攻勢。吳的結論是，中共對國民黨的軍事威脅保持警惕不無道理，但卻有意識地誇大了內戰的緊迫性。其結果導致了搜捕間諜的行動演變成一場政治迫害，造成了數百人的屈打成招。

到了1943年的秋天，蔣介石放棄了以武力解決中共問題的做法，轉而採取包括向憲政過渡在內的政治途徑。陳驍研究了1943至1944年由國民黨發起的憲政運動，以及知識分子如何利用這一運動來宣傳他們政治自由和經濟民主的主張。最終，知識分子對國民黨政權失去了信心，轉而支持中共提出的建立「聯合政府」的主張。

在接下來的兩章中，我們的關注點從精英政治轉向戰時中國的日常生活。李皓天（Matthew T. Combs）對重慶通貨膨脹的研究論證了急劇的通脹是如何影響老百姓的飲食、住房和健康等民生問題，以及適得其反的限價措施讓民眾對政府的執政能力產生懷疑。與城市中產階級的慘狀相比，通貨膨脹對部分工人和農民的影響相對較小，大企業工人的工資與通脹水平掛鉤，而農民可以依賴自己出產的食物。但是在1943年饑荒嚴重的河南，當地農民成了災荒的主要受害者。艾志端（Kathryn Edgerton-Tarpley）的文章生動地敍述了河南農民的悲慘處境。《大公報》記者對河南大饑荒的尖銳報道導致報社一度停刊，外國媒體對饑荒的報道則令國民政府顏面掃地；而國民黨一心保障軍糧配給的做法加重了饑荒。艾志端的一個重要發現是：中共在河南北部的敵後政權似乎採取了較為有效的措施來緩解饑荒，相比之下，國民黨遲緩低效的救災措施嚴重削弱了其政權合法性。等到1944年「一號作戰」在河南打響的時候，一些河南農民甚至轉而敵視國軍。

梅雪盈（Amy O'Keefe）關於基督教自立教會牧師王明道的文章把我們帶回到淪陷區。大多數關於抗戰中國的敍事都集中在國民黨或中共抵抗日本侵略上。但是截至戰爭結束，中國幾乎半數的人口都生活在日本佔領區，而把這些人統統稱為傀儡或漢奸顯然是過於簡單化了。與此同時，隨着戰爭接近尾聲，即便是生活在淪陷區的人們也能通過遭到嚴格審查的輿論得知，日本和德國在同盟國的

攻勢面前節節敗退。儘管日本的戰敗只是時間問題,淪陷區有些人的考量卻並非都是政治性的。我們從王明道堅持獨立於日本支持的「華北中華基督教團」中就可見一斑。王明道這樣做的原因在於他信仰原教旨主義,反對他的教會與任何其他團體發生聯繫。梅雪盈對這樣一個毫不關心政治的牧師的研究提示我們,政治生活和愛國主義並非對當時的所有中國人都很重要。謝楚寧的文章則討論了廣州灣是如何從一個東南沿海的法國殖民地,轉變為一個戰時的避難所和連接國統區與淪陷區的走私通道。在這裏我們能夠理解戰爭對於遠離政治中心的民眾意味着甚麼。在廣州灣,走私行為遠遠蓋過了愛國主義抵抗;地方精英和盜匪有着自己的生存策略;當地國民黨官員似乎生活在一個充斥着相互猜忌、派系紛爭和腐敗橫行的世界裏。或許在這種微觀的地方研究裏我們得以看到戰時中國的另一面真相。

在最後一章,林孝庭關於蔣介石與開羅會議的文章把我們帶回對高層政治的關注,以及1943年的最後幾個月。開羅會議從多個角度體現了1943年中國的不同面相。一方面來説,它意味着中國成功躋身於大國政治的精英俱樂部。與美國總統羅斯福和英國首相邱吉爾平起平坐,蔣達到了他的巔峰時刻,而這樣的禮遇在數年之前是完全無法想像的。在開羅會議上同盟國決定,中國在戰後可以收回東北和臺灣的主權。然而蔣和他的親信在這一重要關頭卻表現不佳:蔣優柔寡斷,並且對大局理解片面,不願意採取統一的軍事戰略來抗擊日本。開羅會議之後,英國人轉而期待與斯大林聯手,而羅斯福則開始質疑蔣的執政能力。

本書源於周錫瑞決定退休前將他在加州大學聖地牙哥分校所主持的最後一個研究生研討班,聚焦在1943年的中國。加州大學聖地牙哥分校和爾灣分校的碩士和博士生不僅參與了課程,還去了加州大學洛杉磯分校、柏克萊分校、斯坦福大學、以及重要的胡佛檔案館查閱資料。上述機構的員工為學生們的研究提供了極大幫助,在此對他們的專業服務表示感謝。加州大學聖地牙哥分校徐氏中國研究基金慷慨贊助了本次研討班的差旅和其他費用。由於研討班中的

論文未能覆蓋1943年的一些重要事件，這一缺憾分別由各領域的專家受邀完成。本書大多數作者參加了2013年春季學期在加州大學爾灣分校舉行的工作坊，討論並最終確定了本書的主題和組織結構。在此感謝爾灣分校歷史系華志堅（Jeffrey Wasserstrom）教授和歷史系以及亞洲研究中心對工作坊的慷慨資助。

　　儘管我們盡了極大努力來覆蓋1943年的主要事件，本書依然不免有掛一漏萬之嫌，特別是對淪陷區的歷史着墨不多。不過在上文我們已經指出，淪陷區民眾在1943年多半在等待着日本的必然失敗。此外，本書對中共的關注也主要集中在延安和太行山地區，沒有討論重要的敵後根據地。幸運的是，對這些地區的研究正在不斷增多（多數在本書各章中都被引用），因此讀者們可以參考它們來更全面地理解1943年的中國。更重要地，我們堅信本書各章紮實的研究使得我們對處在歷史關鍵時刻的中國有了更為豐富的理解。特別是國民政府表現出的希望與失望是如此鮮明，其失敗或許就從根本上決定了中國的命運。

　　在研討班的報告會和本書的工作坊中，加州大學聖地牙哥分校和爾灣分校的教授們慷慨地提供了評論和批評。本書的作者們極大地受教於以下各位的建議：白思鼎（Thomas Bernstein）、法蘭克‧比耶斯（Frank Biess）、柯素芝（Suzanne Cahill）、齊慕實（Timothy Cheek）、畢克偉（Paul Pickowicz）、張婷，特別是史妮文（Sarah Schneewind）和華志堅（Jeffrey Wasserstrom）。康奈爾大學東亞研究叢書的兩位匿名審稿人提供了寶貴的批評和建議，這使得我們能夠進一步修改並增強本書的論點。

注釋

1　Theodore H. White and Annalee Jacoby, *Thunder out of China* (New York: William Sloane Associates, 1946), quotes from xv, 310; Graham Peck, *Two Kinds of Time* (Seattle: University of Washington Press, 2008; 初版1950); Edgar Snow, *The Battle for Asia* (New York: World Publishing Company, 1942).

2　謝偉思的報告收錄在Joseph W. Esherick, ed., *Lost Chance in China: The World War II Despatches of John S. Service* (New York: Random House, 1974); 關於戴維斯，參見John Paton Davies, Jr., *China Hand: An Autobiography* (Philadelphia: University of Pennsylvania Press, 2012). 其他美國駐華官員的報告，參見*Foreign Relations of the United States*.

3　John K. Fairbank, *The United States and China*, Third Edition (Cambridge, Mass.: Harvard University Press, 1971), 240–258; Lloyd Eastman, *Seeds of Destruction: Nationalist China in War and Revolution, 1937–1949* (Stanford: Stanford University Press, 1984), and Eastman's essays in Lloyd E. Eastman, Jerome Ch'en, Suzanne Pepper, Lyman P. Van Slyke, eds., *The Nationalist Era in China, 1912–1949* (Cambridge: Cambridge University Press, 1991).

4　Barbara W. Tuchman, *Stilwell and the American Experience in China, 1911–1945* (New York: Macmillan, 1970).

5　Jay Taylor, *The Generalissimo: Chiang Kai-shek and the Struggle for Modern China* (Cambridge: Harvard University Press, 2009), 141–335, 引文來自2, 11, 227–278頁.

6　齊錫生：《劍拔弩張的盟友：太平洋戰爭期間的中美軍事合作關係1941–1945》（北京：社會科學文獻出版社，2012）。

7　Hans van de Ven, *War and Nationalism in China, 1925–1945* (London: RoutledgeCurzon, 2003), 7.

8　van de Ven, *War and Nationalism*, 12.

9　van de Ven, *War and Nationalism*, 1–63, 引文來自8, 10頁.

10　Rana Mitter, *Forgotten Ally: China's World War II, 1937–1945* (Boston: Houghton Mifflin Harcourt, 2013), 260, 330.

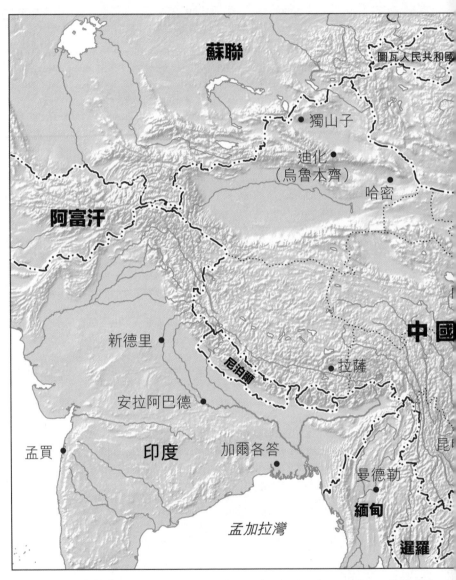

地圖1　1943年的中國。 修改自 Philip Schwartzberg, Meridian Mapping 繪製地圖

伊爾庫次克

鴨綠江

蘇聯

伯力

滿洲

烏蘭巴托

哈爾濱

蒙古

長春

海參崴

日本海

日本

北京

韓國

東京

大連

漢城

名古屋

黃河

黃海

鄭州

西安

洛陽

南京

都

長江

宜昌

上海

重慶

武漢

東海

太平洋

長沙

福州

台灣

廣州

香港

河內

廣州灣

南中國海

鐵路

0　　　　　　　500 英里

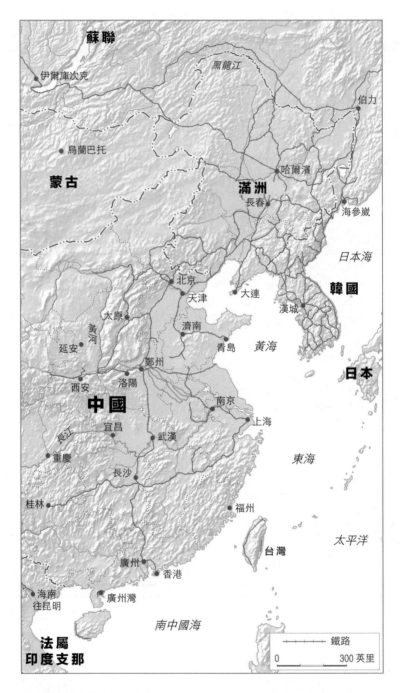

地圖 2　1943年中國東面。　修改自 Philip Schwartzberg, Meridian Mapping 繪製地圖

導論：1943年的中國與世界

周錫瑞
(Joseph W. Esherick)

　　1943年10月10日，重慶——「自由中國」的戰時首府——迎來了「雙十」國慶節。夏季的悶熱已然逝去，重慶的天氣多雲而涼爽。[1]抗日戰爭已經進入了第七個年頭，曾經毀滅這座城市的日軍空襲已經成為了過去。[2]此時，大規模的公眾慶典得以舉行。這天上午，在千餘名肅穆觀眾的注目下，蔣介石正式就職成為中華民國國民政府主席。儘管他從1927年就一直掌握着國民政府的大權，但是近十幾年來，這個禮儀性的職位一直由國民黨元老林森當任，後者在兩個月前（1943年8月1日）剛剛去世。在同年11月底與美國總統羅斯福和英國首相邱吉爾於開羅峰會見面之際，作為國家元首的蔣介石，進一步鞏固了他的權力。這場精心準備的就職典禮進行得十分完美，蔣夫人宋美齡告訴她緊張的丈夫，慶典舉行的莊重肅穆、恰如其分。儘管蔣已經達到權力的頂峰，他卻察覺到參加就職典禮的觀眾們「多為羞辱與慚愧」——這或許是由於外國駐華使節的缺席和來自國際輿論的冷淡反應。[3]幾天之後，美英蘇三國的外長在莫斯科會晤。在美國的一再堅持之下，儘管有英國與蘇聯的抵制，會議最終還是決定將中國納入戰後的大國之列。這直接導致了中國在隨後成立的聯合國安理會擁有一席之地。[4]但是在就職典禮當天，蔣卻感到了怠慢，免不了在日記中抱怨其下屬的意志消沉和腐敗自私。[5]

蔣的就職典禮在多個方面都折射出1943年中國的氣象。一方面，1943年不乏令人矚目的成就。鴉片戰爭以來束縛了中國近一個世紀的不平等條約被廢除，昔日的「東亞病夫」如今側身四強之一。蔣夫人對美國的巡迴訪問受到相當的歡迎，並在美國國會兩院進行了歷史性的演講。蔣與羅斯福和邱吉爾在開羅峰會留下了值得紀念的照片：中國領導人第一次與世界上最有權勢的領袖平起平坐。1943年同樣見證了資源大省新疆的回歸，新疆在過去十年中幾乎成為蘇聯的殖民地。蔣介石在他的大作《中國之命運》中慶賀了上述成就，並在書中自豪地闡述了他對中國歷史的看法和對未來的瞻望。

從另一方面來說，蔣的國民政府在1943年也經歷了重大的挫折和失望。河南爆發了毀滅性的饑荒，外國記者對國民政府救災不力的報道也讓政府顏面掃地。財政方面，儘管政府高調施行限價措施，通貨膨脹在重慶以及國統區各地肆虐有加。為了抵制拉壯丁和強徵軍糧，甘肅和貴州等地爆發了叛亂，成千上萬心懷不滿的農民參與其中。最重要的是，中共在華北大舉擴張其政治和軍事實力，代替或驅逐了當地的地方精英與國民政府官員。對此，蔣介石思考的則是如何利用第三國際解體的機會閃擊延安，一勞永逸地在中國消滅共產黨。然而他在最後一刻放棄了武力進攻的計劃，使得中共的實力持續增長。

通過聚焦於中國現代史上的特定一年，本書各章以不同視角探索了決定中國走向的各個因素。將目光定格在1943年，我們希望可以捕捉到歷史的多樣性和偶然性，同時亦不失去對歷史潛在大趨勢的關注。

戰爭

1943年的中國正深陷抗戰之中。日本對中國的侵略始於1931年的「九一八事變」：關東軍破壞了一段屬於日本的南滿鐵路，並以此為藉口挑起戰端。日軍佔領了中國東北，隨後建立起偽滿洲國並扶植末代皇帝溥儀為國家元首。東北的陷落使中國失去了重要的

重工業基地，包括主要的煤礦和鋼鐵廠，以及當時中國最大的兵工廠，其軍火產量是當時其餘中國各兵工廠產量的總和。[6] 以東北為基地，日本開始逐步蠶食中國內蒙和華北等地，直到在 1937 年「七七事變」遇到中國軍隊的堅決抵抗，中日全面戰爭從此開始。在工商業中心上海，蔣介石的軍隊對日軍進行了頑強抵抗。但是日軍的反擊更為猛烈，其中包括歷史上首次長時間針對平民的無差別轟炸。[7] 截止 1937 年底，日軍突破中國軍隊主要防線，並在首都南京展開了報復性的大屠殺。[8]

日軍在中國的戰術是納粹德國閃電戰的先聲：先以猛烈的陸海空火力摧毀中國軍隊的防線，隨後步兵沿鐵路河流等交通線進攻，速戰速決。經歷了淞滬會戰的英勇抵抗和慘重損失，蔣的部隊採取了相對保守的「時間換空間」戰略，在持久戰中以中國的地廣人多來抗衡日軍的火力優勢。[9] 日軍一系列慘無人道的進攻，從南京大屠殺，公開處決戰俘，到在長江沿線戰役中實施毒氣戰，激起了新一輪團結禦侮的民族意識。國民政府和愛國工商人士將工廠和熟練的勞動力遷往內地。包括工人、商人、技術人員、政府職員、知識分子、學生、記者和平民在內的上百萬人來到新首都重慶和其他大後方城市，持續抵抗。這次逃亡的確稱得上是「人類歷史上最大規模的遷移行動之一」。[10]

抗戰開始一年有餘，中國失去了全部沿海大城市。華中重鎮武漢在經歷了奮戰後也最終失陷。[11] 憑藉着長江天險，國民政府以富饒的四川作為大後方，遷都重慶，為持久戰做準備。1939 年春，日軍開始對重慶進行慘無人道的大轟炸，幾乎夷平整座城市。但是中國軍隊很快就建立起一系列防空設施，並依靠布置在日軍機場附近和轟炸航路上的觀察哨為預警系統，大大降低了傷亡。[12] 正如在現代戰爭史上常見的那樣，日軍以平民為目標的轟炸大大增強了全民抗戰的決心。

1941 年 12 月，日軍對珍珠港的偷襲徹底改變了全球戰略形勢。經過四年漫長而孤獨的戰鬥（如果從「九一八事變」算起則是十年），中國獲得了美國這個至關重要的盟友。不幸的是，儘管全美

圖1.1　空襲重慶。　美國國會圖書館「戰時中國」系列圖片

上下充滿了對日復仇的情緒，羅斯福政府在「歐洲第一」的戰略指導下，決定優先拯救英國並擊敗希特勒的納粹德國。對中國而言更為嚴峻的現實是，英軍在香港、新加坡、馬來亞和緬甸的表現令人失望，而美國和荷蘭軍隊在菲律賓和印尼則一敗塗地。在淞滬會戰中，中國軍隊組織了遠比自大的歐洲人更堅決的抵抗，並且對日軍造成了更多傷亡。隨着歐洲殖民帝國在東南亞的垮台，中國在亞洲戰場面臨着孤軍奮戰。[13]雪上加霜的是，英國最初拒絕了中國協防滇緬公路這一補給線的提議。用美國國務院官員的話說，英國認為「接受來自東方國家（Orientals）的援助有損於大英帝國在亞洲的威望。」[14]當緬甸失陷後，中國失去了最後一條連接外部世界的陸上交通線。由於失去了同盟國的重要援助，中國陷入了失望之中。

　　對中國來說，幸運的是，日本同樣在武漢會戰中遭遇了慘重的損失；日軍目前忙於東南亞作戰，其空中力量也將很快轉移到太平洋戰場。[15]這樣一來，日軍對重慶的轟炸漸漸停止；日軍的作戰行動也以地區性的掃蕩作戰為主；中日雙方在前線形成了僵持局面。孤

軍奮戰的中國成了「被遺忘的盟友」。[16] 在經歷了戰爭初期的重大傷亡後，中國採取守勢以求自保，期待着同盟國軍隊能夠擊敗日軍。[17]

委員長

蔣介石在抗戰時期對於中國的重要性無人能敵。蔣出生在清末一個浙江鹽商家庭，自幼倍受母親疼愛，接受了堅實的儒家教育。由於深受二十世紀初民族主義情緒的感染，蔣介石熱衷革命並注重軍事，曾入日本陸軍士官學校和著名的保定陸軍軍官學校學習。在辛亥革命成功，民國建立之際，蔣開始成為孫中山的忠實信徒。1924 年，孫中山任命蔣介石為黃埔陸軍軍官學校校長，負責為國民革命軍訓練軍官。蘇聯是當時國民黨在經濟和軍事方面的主要靠山。孫中山派蔣去蘇聯考察紅軍的成功之道，而蔣卻從此對蘇聯的對華政策產生戒備。孫中山 1925 年去世後，蔣介石領導北伐軍統一中國，結束了民國初年以來北洋軍閥混戰的局面。在 1927 年這一重要關頭，蔣介石與蘇聯決裂，將蘇聯軍事顧問遣送回國，並屠殺了大批中共黨員和左派人士。北平不再是首都，蔣介石定都南京，建立起一個相對穩固的政權。[18]

蔣的南京政權立志於繼承孫中山的革命事業。南京政府的首要舉措就是在新首都郊區為孫中山建起一座宏偉的陵墓，並且舉行盛大的儀式將孫的遺體從北京迎回南京，葬於新址。蔣介石在這些儀式中扮演了重要角色，同時娶了孫中山遺孀的妹妹宋美齡，進一步鞏固了他與總理遺教的聯繫。[19] 新進的蔣夫人「見多識廣，談吐不凡，絕頂聰明並且十分富有」。[20] 作為一個受過美國教育的基督徒，宋美齡對西方盟國有着獨特魅力。作為與宋家聯姻的一個條件，蔣介石受洗成為基督徒，時常閱讀聖經並做禱告，感謝上帝給他的幸運。但是蔣介石政府的意識形態還是以信奉孫中山遺教為基礎。在每周一的總理紀念儀式上，各級學校、黨政機關、工廠和軍隊都要組織人們誦讀總理遺訓，號召人民完成孫中山未竟的建國事業。[21] 通過把自己塑造成孫中山最忠實的信徒，並且將國民黨和中國的現

代化聯繫在一起，蔣試圖將自己的權威與民族的命運緊密相連。

　　蔣介石從28歲那年（1915）開始寫日記，並貫徹一生。這使我們對蔣的內心世界和心理狀況的瞭解遠遠超越了中國歷史上任何其他統治者。蔣的極度自律在日記中隨處可見，而這種嚴謹的做派通常被理解為蔣在心理上對於早年上海放蕩生活的過激反應。[22]但這也同樣是蔣介石軍旅生涯的產物；蔣對日本和德國尚武精神的由衷尊重與他對紀律、秩序和崇尚權威的重視是十分相關的。[23]到了抗戰時期，蔣對紀律的強調少了些軍事特徵，更帶有儒家和基督教的色彩。蔣多年以來保持着每日早晚靜默祈禱，以及靜坐和做體操的習慣。[24]蔣在每周、每月和年度的反省錄下都會總結自己的得失。每當蔣因為大發雷霆而打破自己所保持的冷靜鎮定之後，倘若他能在下一次和屬下的會面中保持平靜，蔣就會在日記中對自己的表現嘉勉一番。[25]蔣承認自己不善社交，厭惡公眾典禮，[26]喜歡和家人獨處，或一個人在園林內散步或靜坐。[27]作為一個「閱讀聖經的儒家」，[28]蔣介石在1943年花了不少時間閱讀宋元理學家的著作和梁啟超關於中國思想史的著作。[29]在一次日軍空襲中，蔣躲避在路邊的一個防空洞裏，掏出一本《學案》（蔣經常閱讀的是《明儒學案》和《宋元學案》）讀了起來，並且感慨道「看書之收穫任何富貴皆不能比重也。」[30]蔣的這些研究並非僅僅出於個人興趣和提高修養，他還試圖制訂國家的學術議程。蔣在1943年4月14日下令成立唐代文化研究會，「以轉移今日社會所受宋明學術思想之影響」。[31]

　　從德國和日本的尚武精神，信仰基督教和理學，再到總理遺訓，以上這些形形色色的思想塑造了蔣介石專制獨裁的人格。蔣對自己頗為自負，經常痛斥下屬的愚蠢、懶惰和自私自利。由於認為自己的下屬大多不夠盡職，蔣總是覺得難以放權於人，抱怨稱「萬事非親自主持不可」[32]而無法放權於下屬，再加上對於細節的執着，使得蔣變成了一個極端的微觀管理者：蔣曾經就外交文件的紙張質量批評一位外交部副部長；[33]他還曾特意指出國民黨黨旗上星形的12個尖角在對角線上必須嚴格對齊，不得稍有偏斜；[34]在一次看到主席台上四個人衣着不同而感到不滿之後，蔣還規定了在正式場合黨

員如何得體整裝。[35]對那些試圖揣摩上意的人來說，最困難的莫過於把握蔣的善變性格。用美國外交官的話來說，蔣「時而冷漠，時而過度緊張；時而固執，又時而動搖。」[36]1943年，在結束了對美國的成功訪問後，蔣夫人接到了英國方面的訪問邀請。這回連她也免不了經歷蔣的反復無常，儘管她對此也許早已習慣了。由於邱吉爾在一次演講中忽略中國作為四強之一的地位，蔣既生氣又倍感羞辱，在發電報決定宋美齡是否接受邀請之前，他的想法一變再變。[37]

蔣介石對邱吉爾演說的反應體現了他政治行為的指導原則。蔣是個絕對的民族主義者，「中華民族復興」是他崇尚的口號。而這與當今中華人民共和國提出的主張別無二致。[38]任何對中國利益的挑戰都被解釋為一種輕蔑，侮辱和來自西方列強看輕中國的傾向。作為不折不扣的現代帝國主義者，大英帝國和邱吉爾成為蔣的心頭之恨，並非毫無緣由。在1943年取消不平等條約的談判中，英國拒絕在香港地位的問題上作出任何讓步，這令蔣尤為惱怒(參見第4章)。英國的帝國主義干涉有時甚至讓蔣介石對軸心國的侵略行為和日本對抗西方的泛亞洲主義(pan-Asian agenda)產生了同情。在得知英國對西藏事務的干預，以及羅斯福沒能勸說口惠而實不至的邱吉爾重開滇緬公路後，蔣在日記中寫道，「吾人何不幸遭逢此等不誠無信的政治家？乃知日德之所以心影排除此痛恨，肆意侵略毫無忌憚。」[39]

蔣開始意識到只有中國自己強大起來，才能在國際社會贏得真正的強國地位。儘管這種意識很可能只存於言語而非行動上，「聯合國中之四國以我為最弱，甚以弱者遇拐子之流氓與土霸更可危也。須知人非自強任何人亦不能為助，而國家之不求自強，則不論為敵為友皆以汝為俎上肉，可不戒懼。」[40]對於蔣介石和國民黨來說，中國自強的關鍵在於實現國家的真正統一：擺脫民國初年以來軍閥混戰和派系紛爭留下的格局。自從1920年代孫中山時期開始，這就是國民黨一以貫之的目標。蔣意識到他的軍隊擊敗的軍閥和吞併的軍閥一樣多，因此地方軍閥的殘餘力量始終威脅着國民政府，甚至在1930年代幾次與蔣的中央政府爆發公開衝突。

圖1.2　蔣介石與宋美齡在重慶防空洞。　美國國會圖書館「戰時中國」系列圖片

　　抗日戰爭使得全國在蔣的領導下空前團結，這似乎也助長了蔣的獨裁傾向。白修德（Theodore White）和賈安娜（Annalee Jacoby）列了一個不完全的名單，總結了蔣在戰時擔任的職位：國民黨領袖，國民政府主席，軍事委員會主席，海陸空軍大元帥，中國戰場最高統帥，國府委員會主席，最高國防委員會主席，中央計劃委員會主任，黨政工作考核委員會主席，新生活運動社的領導人，憲政促進委員會主席，中央訓練團團長，革命先烈遺族學校校長，全國滑翔協會的主席。[41] 如此多的權力集於一身，蔣介石開始明顯地把自己看作是國家意志的化身了。與蔣意見向左或是對立，則被視為將個人利益置於國家利益之上。這樣的行為尤其容易引起蔣的憤怒。顯而易見的是，蔣被一群唯唯諾諾的下屬包圍起來，沒人願意向他透露不好的消息。[42] 在政治上追隨國民黨，曾任國立北京大學校長的蔣夢麟曾經抱怨道，「沒有一個人向蔣說實話。我曾經對他直言不諱，但是現在我放棄了——因為這毫無用處。他並不相信我。蔣不相信任何壞消息，所以大家對他報喜不報憂。他實在是不可理喻……一旦有人和他爭辯，他就大發雷霆。」[43]

中共的挑戰

在蔣介石政權面臨的各類挑戰中，沒有比中國共產黨更令他頭疼的了。中共在1921年由一些知識分子建立，隨後在共產國際的壓力下，中共與孫中山的國民黨聯盟。孫中山在世時，由於蘇聯對兩黨的支持都極為重要，因而統一戰線進展還相對順利。自從蔣介石在1927年大肆屠殺共產黨人之後，兩黨就成為了死敵。倖存的中共成員轉入農村並且組織起屬於自己的紅軍，開始轉向以農民為基礎的革命運動。在1934至1935年，蔣的軍隊將中共趕出了中央蘇區。中共被迫開始長征並最終落腳在荒涼的陝北。長征既是一次英雄主義的壯舉，同時也是軍事上的慘敗：紅軍雖然損失了90%的人員，但是倖存者都是毛澤東領導下的堅定革命者。[44]

到1930年代中期，隨着日軍侵略對中國主權威脅的日漸增大，中共重新開始尋求建立統一戰線來對抗日本。這在很大程度上也是出於蘇聯的授意。處在納粹德國和日本軍方的雙重威脅之下，蘇聯號召全世界各國共產黨加入反法西斯陣線。來自輿論、知識分子和大學中的請願與遊行要求蔣介石停止剿共，聯共抗日。聯共抗日的呼聲在1936年12月的西安事變中達到了高潮，蔣介石被張學良和楊虎城在西安扣押。由於蘇共領袖斯大林主張釋放蔣介石，再加上中共領導人周恩來在西安積極斡旋，西安事變最終和平解決。蔣介石同意停止內戰，聯共抗日。[45]

中日全面戰爭在1937年夏天打響時，全國上下在蔣的領導下空前團結。中共、左派人士和自由派知識分子聯合起來，鼓舞同胞抗日。隨着大學遷往內地，學生們組成宣傳隊，排演愛國戲劇，在牆壁上粉刷抗日口號，以漫畫和小冊子等形式鼓舞前線將士。在武漢會戰期間，抗日統一戰線更加深入人心。在北方的幾場關鍵戰役中，國共兩黨的部隊合力抗擊日軍。[46]

除去來自國內的壓力，外交因素也促成了蔣介石和昔日的敵人聯手抗日。蔣介石的德國顧問團在開戰初期撤走後，蘇聯就成為蔣的主要軍援提供國。蘇聯充分意識到日本的威脅：從蘇聯建立開

始，日本就佔據着符拉迪沃斯托克（即海參崴）；日本在1936年與德意兩國簽訂反共產國際協定；而在決定襲擊珍珠港和東南亞的歐洲殖民地之前，日本軍方內部主張首先攻擊蘇聯的也大有人在。[47]相應地，在戰爭開始的頭幾個月裏，蘇聯成為國民政府的主要軍事和財政援助國，向後者提供了軍事顧問、坦克、火炮以及擁有數百架戰機的志願航空隊。[48]蘇聯的軍事援助自然是蔣保持與中共友好關係的一個重要因素。

在抗日統一戰線的名義下，國民政府承認改編的紅軍，即八路軍和新四軍為全國軍隊的一部分，並且供給裝備和糧餉。位於延安的陝甘寧邊區政府同樣接受資助。這樣安排的前提是，儘管中共可以保留軍隊的主要指揮官，但部隊的行動要服從國民政府的命令。然而從毛澤東最初掌權開始，他就意識到擁有自己的軍隊是革命成功的重要保障。毛絕無可能把軍隊的控制權拱手讓給蔣。從最開始，八路軍和新四軍的指揮問題就困擾着統一戰線。在蔣介石看來，中共的這些獨立武裝從根本上威脅着國家統一。在《中國之命運》中，蔣把中共稱為「變相的軍閥和新式封建」。[49]

自從1941年皖南事變後，國共兩軍再無合作抗日行動。蔣介石電令新四軍在1940年底調往長江北岸，中共懷疑這是個圈套因而頗為遲疑。最終，新四軍繞道北上，在途中遭到國民黨軍隊的伏擊。新四軍司令部被摧毀，上千人被俘虜。對於共產黨來說，皖南事變是個大敗仗；但是對於國民黨而言，這是個更為嚴重的宣傳失利。國民黨在民族危亡之際屠殺愛國武裝的做法受到廣泛的批評。從此之後，抗日統一戰線就徒有其名了。國民黨切斷了對八路軍和邊區政府的資助，並對延安及其周邊地區實施嚴密封鎖。中共開闢了很多抗日敵後根據地，驅逐了當地被認為與日軍勾結的國民黨駐軍。蘇聯準備着納粹德國即將到來的進攻，撤回了援華航空隊，終止了大部分對華援助。為了避免兩線作戰，蘇聯在1941年4月同日本簽訂了中立條約。[50]

戰時中美關係

二戰時期的中美關係特別複雜，其中充滿了矛盾與誤解。雙方不過是各取所需：中國需要美國的經濟和軍事援助；美國需要中國把日本的軍力和資源牢牢地拖在亞洲大陸上，以免用於太平洋作戰。雙方對彼此都缺乏真正的信任和理解。蔣和他的政府充分意識到中國的弱小，因而對來自強大盟友的任何怠慢都極度敏感；美國對中國在戰場上的保守和被動戰略感到沮喪，全然不顧中國已經獨自奮戰四年並且經歷了重大損失這個事實。[51]

即使在日本偷襲珍珠港之前，美國國內對中國的抗戰困境也有相當程度的同情。民調顯示，百分之七十四的民眾同情中國，只有百分之二的民眾支持日本。這種情緒在相當程度上源於亨利・盧斯（Henry Luce）和他旗下一系列雜誌的對華報道。盧斯本人出生在中國，有很強的親華立場：《時代》周刊把蔣介石夫婦評為 1937 年「年度伉儷」。[52] 美國政府對日本在東亞的擴張也十分警覺，因此同樣開始傾向中國。1941 年夏天，羅斯福總統宣布對日本實施石油禁運，這意味着日本只有幾個月的石油儲備用於實施侵略。在隨後與日本的談判中，美國要求日本放棄從中國侵略獲得的領土，以此作為恢復石油貿易的前提。正是在此刻，「面對由於石油禁運帶來的軍事上遏制和在中國戰場認輸的選擇」，日本天皇最終同意偷襲珍珠港，同時向南進攻，奪取歐洲和美國在東南亞的殖民地以及荷屬東印度油田。[53]

日軍對英美的進攻和宣戰給了中國兩個強大的盟友。然而如前所述，同盟的最初階段令人沮喪。英軍在東南亞殖民地的作戰中表現很差。緬甸很快陷落，中國最後的對外生命線也被切斷。在接下來的三年中，中國只能通過經由印度到昆明，跨越喜馬拉雅山麓的「駝峰空運」來接受軍援物資。駝峰航線被稱為「世界上最危險、野蠻和令人恐懼的航路」。在僅有目視導航的情況下，運輸機被迫以超過升限的高度在極端天氣中飛行。機組人員和飛機損失十分嚴重。由於連接印方阿薩姆機場的鐵路管理不善，進一步限制了空運物資

的噸數。[54] 在1941至1944年間，與美國對其他盟友的援助相比，中國獲得的物資不值一提：還不到《租借法案》援助物資總數的百分之一。[55]

考慮到中國獲得的物資援助極為有限，那麼物資的接收者是誰就尤其重要了。在物資分配的問題上，蔣的政權從一開始就陷入了兩位都同樣強勢而堅決的美國將軍之間的競爭。一方是史迪威（Joseph W. Stilwell），一位尖刻的陸軍指揮官。史迪威作為軍事專員曾經長期駐華，戰時受總參謀長喬治·馬歇爾（George Marshall）委派指揮美軍在華作戰行動。他的對頭是陳納德（Claire Lee Chennault），一位經驗豐富的飛行員，制空權理論的支持者。憑藉高超的航空戰術，陳納德曾領導美國志願航空隊（通常被稱為飛虎隊）協助中國抗戰。美國參戰後，陳納德成為美國陸軍第14航空隊的指揮官。記述史迪威和陳納德之間衝突的文獻已有很多，在此毋須贅述。簡單來說，史迪威對蔣委員長的蔑視（他在日記中稱蔣為花生米）廣為人知。這種魯莽無禮的姿態使他很難勝任作為美國駐華高級軍官的角色。與此相對的是，陳納德與蔣關係甚篤。其中部分原因在於他主張從空中擊敗日本，而這並不需要中方出多少力。[56]

當史迪威在1942年1月獲得任命時，他的頭銜是中緬印戰區美國陸軍司令官和中國戰區蔣介石總司令的參謀長。但是在後面這個職位上，史迪威的主要任務就是「指揮委任給他的中國軍隊」來保衛滇緬公路。[57] 1942年的緬甸戰役是一場災難。英國軍隊的防禦虛弱無力，而且他們毫不掩飾對於協防中國的冷漠。史迪威極力主張進攻性的戰術，但是卻讓中國遠征軍身處險境之中，這令蔣介石尤為惱怒。最終，當敗退的中國士兵逃往印度時（在那裏他們將得到重新訓練和武裝，準備日後收復滇緬公路），史迪威本人也率領着一支由美國軍官、中國士兵、和英國、緬甸以及印度人組成的小隊伍，經過一個多月的叢林跋涉，狼狽地撤到印度。蔣理所當然地把這看作是史迪威脱離部隊的瀆職行為。在1942年的夏天，重慶和華盛頓就已經有撤換史迪威的呼聲了。[58]

1943 世界大戰

在全球反法西斯戰爭中，1943年毫無疑問標誌着戰爭的天秤開始向盟軍一方傾斜。北非戰役以英美盟軍的大勝結束，隨後對西西里島以及意大利本土的登陸迫使意大利及其海軍宣布投降，盟軍取得了對地中海的控制。儘管德軍迅速佔據了意大利北部並組織了有效抵抗，但是隨着多達40個師的德軍從東線抽調過來，大大減輕了對蘇聯的壓力。1943年夏天，盟軍開始掌握大西洋潛艇戰的主動權，美國得以向英國和蘇聯輸送源源不斷的物資。同樣在1943年，B-29遠程轟炸機投入生產，美軍開始對德國實施戰略轟炸。儘管後來的研究證明對德戰略轟炸的效果十分有限，但是這一舉措無疑在當時大大振奮了蘇聯和英國的士氣（英蘇兩國在開戰初期已飽受德軍轟炸之苦）。

隨着曾經所向披靡的德軍接連受挫，歐洲戰場的發展也令人振奮。希特勒曾經公開宣稱要攻下斯大林格勒，但是他的部隊卻在1942至1943年的寒冬被圍困在那裏。最終，在損失了大約25萬名士兵後，斯大林格勒的德軍在2月份投降。與此同時，德軍對列寧格勒的包圍也被打破。在整個1943年，德軍在東線戰場被持續擊退。此時蘇聯在坦克和飛機的生產數量上已經遠遠超過德國，戰爭的結果已無懸念。[59]

與此同時，美軍在太平洋戰場取得的進展對中國至關重要。麥克阿瑟從澳洲開始向北反攻，在所羅門群島和新幾內亞雖然取得了勝利，但是傷亡也不少。美軍在瓜達康納爾島和布干維爾島的苦戰中遭遇了前所未有的傷亡。但是這一行動卻迫使日軍取消了對重慶的進攻，並且將數個精銳師團和大多數飛機轉移到太平洋戰場。[60]這自然使美國感到擔憂，並開始向中國施壓，希望後者在前線積極抗日。羅斯福在一次演講中就指出，中國戰場與太平洋戰場在對抗日本的戰鬥中同樣重要。蔣介石對此大發雷霆，在日記中抱怨羅斯福「今又是明明以中國為犧牲品矣。」[61]但是在1943年「跳島戰役」中的一系列陸海空大戰中，美軍開始憑藉優勢火力取勝。到了年

底，美軍已經開始準備進攻吉爾伯特和馬紹爾群島。奪取關島和塞班島的戰鬥也在籌劃當中，這將使日本本土納入美軍新型B-29遠程轟炸機的打擊範圍之內。後者將最終攜帶決定戰局的原子彈轟炸了日本。[62]

1943年的中國戰場

　　與其他同盟國在戰場上的勝利相比，1943年的中國戰場相對平靜。在1月份，蔣介石在日記中列舉了本年度的「重要業務」，其中他強調了國家統一和穩定經濟，唯獨沒有提到戰爭。[63]外國觀察家（包括那些支持蔣的人）一致認為，蔣的政府沒有發動反擊的能力，相反倒是在「保存實力……為戰後取得在國內的優勢地位做準備。」[64]關於國民黨軍隊冷漠厭戰和貪贓枉法的報道屢見不鮮。[65]就連蔣自己都抱怨軍隊的紀律渙散、管理鬆懈和士氣低落。[66]由於中國軍隊不再主動出擊，日本得以將精銳部隊調往太平洋戰區。駐華日軍收縮防禦主要的交通樞紐，並將大部分維持佔領區治安的工作交給偽軍。[67]

　　戰爭到了這個階段，蔣介石最好的部隊都用來封鎖中共和準備反攻緬甸。前線駐軍通常都是地方雜牌部隊。儘管有些部隊作戰十分英勇，但是雜牌軍缺乏給養，疾病橫生，因此士兵也容易開小差。軍官們對蔣介石偏愛嫡系部隊的做法也愈加不滿。[68]在前線，當地駐軍會自作主張地與敵人暗中和解，尤其是當前線愈來愈多地方由偽軍駐防。越境走私變得習以為常，被中央忽略的地方部隊藉此得以維持。有些走私行動明顯對戰局不利，比如向日本走私對於製造彈藥很關鍵的鎢金屬，用來換取汽油和奢侈品。[69]

　　在抗戰的頭幾年裏，美國媒體上充斥着中國英勇抗擊日本的報道。但是從1943年開始，媒體上開始出現對中國的批評文章。在2月19日蔣夫人華盛頓的記者會上，一位記者便謹慎地向她詢問關於「中國沒有最大程度地將人力投入戰爭」的意見。[70]賽珍珠（Pearl S. Buck）在《生活》雜誌發表了一篇廣為人知的文章，她巧妙地平衡了對蔣夫人訪美的讚揚和對國民黨軍隊腐敗、走私的尖銳批評。[71]最

圖1.3　瘦弱的中國新兵。　美國國家檔案館美軍通信兵圖片

糟糕的是，《紐約時報》的著名軍事通訊記者漢森・鮑德溫（Hanson Baldwin）——發表了一篇措辭尖刻的文章。鮑德溫認為中國軍隊的所謂「勝利」其實都是「慘勝」，他還直率地指出「日本，而非中國，正在取得勝利。」[72]中國官方對此的反應十分激烈，蔣認為鮑德溫的文章純屬「謗毀造謠」，是受到了中共和英國在美國散布謠言的影響。[73]美國駐華使館注意到，各方針對國民政府的批評令「自由派人士相當滿意」，[74]儘管「保守的中國領導人」對「臉面的盲目顧及」使得他們拒絕所有的這類批評，並且以極度憎惡的情緒進行回應。[75]

　　1943年中國最重要的戰役當屬長江沿線的鄂西會戰。日本軍隊一方面在試探重慶地區的防禦，更重要的則是劫掠華中地區的重要糧食產區。與此同時，可靠的實地報道敘述了國軍在命令當地民眾撤離時，對民眾進行了搶掠和奸淫。最讓人不安的是，儘管此次進犯的日軍主要由中、韓士兵組成的偽軍構成（在日本軍官的指揮下），他們仍然對中國軍隊造成了超過自身十倍的傷亡。[76]令蔣介石十分沮喪的是，（偽軍中的）中國士兵更願意為日軍賣命，而不是站

在他這一邊。蔣對於作戰中的不戰而退、謊報軍情和各部隊之間的
缺乏協調更是大發雷霆。[77]在戰役尾聲，隨着日軍撤出戰場，國民
黨的宣傳機構大張旗鼓地將這場戰鬥稱為「鄂西大捷」。而蔣在私下
裏則將敵軍的撤退歸於主和耶穌基督對中國的庇佑。[78]

偽軍在1943年鄂西戰役中的出色表現既引人注意，更令人擔
憂。由於日本最終戰敗，在勝利者書寫的歷史中，與日本合作者被
稱為漢奸。近些年來的一些研究探討了那些選擇與日軍合作者背後
複雜的動機。[79]當年1月份，由於中英雙方就香港的地位產生分歧，
中國與英美簽訂新約的消息被迫推遲發布。結果日本搶先一步，在
同盟國之前宣布放棄在中國的治外法權，這令蔣介石尤為生氣。[80]
10月份，日本與汪精衞為首的南京汪偽政府簽訂了同盟條約，其中
規定日軍將在戰爭結束兩年內從中國撤軍。[81]到了11月份，汪精衞
與緬甸、印度以及亞洲其他地區的親日派領袖共同參加了一個慶祝
「大東亞共榮」的會議。[82]儘管二戰在總體上向着對同盟國有利的方
向發展，但是在中國，明顯的證據表明「日佔區的『媾和』與『綏靖』
依然持續發展」。[83]正如鮑德溫所警告的，「日本，而非中國，正在
取得勝利。」[84]

經濟

1943年夏天，宋子文與哈利・霍普金斯 (Harry Hopkins) 會
面，後者是羅斯福在白宮最為信任的顧問。宋子文和霍普金斯都是
陳納德空中戰略的支持者。時任中國外交部長的宋認為「隨着美國在
華空軍實力的增強，我不再為中國的戰局感到擔憂。真正讓我緊張
的則是中國的經濟形勢和通貨膨脹。」[85]1943年中國形勢的報告屢屢
提到日益惡化的經濟以及由此帶來的對中國士氣的打擊。在2月份，
美國國務院承認「目前中國的經濟形勢以及人民的心理狀態已經十分
嚴峻，並且在進一步惡化。」[86]到了5月，美國在重慶的領事館報告
稱「經濟狀況持續惡化並且向災難性的方向發展。」[87]就連蔣介石也
不會否認這些悲觀的預測。在當月日記的第二周反省錄中，蔣寫道

「本周心神多鬱結沉悶，時局正在動盪起伏之中，經濟外交黨務軍事皆無進步，社會隱憂四伏，人心浮動，黨政軍皆無生氣為慮。」[88]

鑑於自由中國以小農經濟為主體，大部分人都依賴本地種植的農產品生存，除非糧食歉收（就像河南發生的那樣，參見第10章），大多數觀察家認為發生全面經濟崩潰的可能性不大。但是到了1943年，日軍的封鎖，持續的運輸困難，以及缺乏原材料使得戰爭早期的工業增長限於停頓並進入衰退。工廠關門倒閉，勞工風潮此起彼伏。在12月份的日記中，蔣認為「本年經濟與工業方面失敗最多。」[89]

正如本書第9章所詳細討論的，戰時中國經濟的核心問題是急劇的通貨膨脹，這源於政府的財政收入與支出存在多達75%的缺口。彌補的辦法就是印鈔票。[90]通貨膨脹對各階層的影響是不一樣的，依靠工資生活的中產階級受衝擊最嚴重，而投機商人反而獲利頗豐。資本從投資領域流向投機倒把和囤積緊俏商品。隨之而來的是國民士氣受到嚴重打擊，民眾對抗戰事業益發懷疑。最嚴重的是，政府高調出台的限價措施以失敗告終，這對蔣介石政府的合法性是個重大打擊。更不用說的是，當得知淪陷區的限價措施更為有效時，民眾的士氣進一步低落。[91]

政治

在抗戰時期的中國，國內政治和國際政治緊密相連。1943年發生的幾件事就是例證。年初的政治氣氛頗為樂觀，不平等條約的廢除使得國民政府聲望大振。蔣介石稱之為「外交成就以今年為最大」。[92]新疆的回歸同樣被稱為「國民政府自成立以來最大之成功」。[93]這兩件事都顯示出中國在收回完整國家主權上的重要進展——前者是從西方盟國手中收回司法權；後者則是令困難重重的蘇聯不情願地放棄了對中國西北邊疆在政治和經濟上的控制。新疆的收回一度意味着中國多了一條接受外界軍事援助的通道。然而隨着從卡拉奇港經由伊朗德黑蘭、蘇聯到新疆的車隊被蘇聯阻截，這一希望也破滅了（參見第3章）。[94]

　　單就國內政治而言，形勢並不樂觀。在貧窮的甘肅和貴州，政府的徵稅和拉壯丁激起了當地民眾的反抗。雖然中央派兵鎮壓了叛亂，當地秩序得以恢復，但是持續了數月之久的叛亂令中央政府威信受損。[95] 與此同時，面對令人壓抑的新聞和圖書審查制度以及通貨膨脹的打擊，學生和知識分子們也開始變得愈發不滿。蔣在日記中數次提到，不斷蔓延開來的學生運動和學校裏對國民黨黨部的攻擊都令他擔心。[96] 或許是上述這些挑戰，以及更大的來自中共的威脅促使蔣委員長提出向憲政過渡（參見第8章）。

　　對於蔣而言，沒有其他威脅比中共更加嚴重。在1943年，國共之間的對抗也經歷了重大變化。如前所述，兩黨之間的抗日統一戰線在1941年皖南事變後就形同虛設。中共的八路軍和新四軍在日軍敵後完全是自主活動，對此國民政府也無法制約。中共的游擊隊避免與日軍主力作戰，而是不時地騷擾對手，迫使日軍待在城裏，遠離農村地區。儘管游擊戰對於日軍在軍事上造成的損失微不足道，但是中共卻贏得了華北農民的極大支持。減租減息和統一累進稅制的推行使得很多最窮苦的農民免於納稅，基層選舉（即便出於嚴密的控制下）也在農村廣受歡迎。此外，中共的幹部大多生活簡樸，軍隊的紀律較國民黨部隊和偽軍也嚴明很多。出於這些原因，與老對頭國民黨相比，中共的軍隊以游擊隊的形式在敵後得以生存並壯大。[97]

　　在1942至1943年期間，蔣始終期待着日本對蘇聯開戰，認為這樣一來就可以大大緩解中共的威脅。在蔣看來，中共完全就是蘇聯的鷹犬。[98] 他把中共的軍隊稱為「烏合之眾」，後者如果失去了蘇聯的援助，馬上就會被他打垮。[99] 因此，如果日本進攻蘇聯並且（聯合德軍的攻勢）削弱甚至摧毀蘇聯，那麼不但中共的威脅可以解除，日軍分兵蘇聯也可以減輕對中國戰場的壓力。由於日本曾經簽訂《反共產國際協定》，蔣從1941年以來就期待着日軍能夠進攻蘇聯。[100] 但是到了1943年，這種一廂情願的想法又重新回到了蔣的日程上。羅斯福在2月份的講話中提出，日本不僅要在太平洋戰場被擊敗，中國戰場也應該發揮自己的作用。蔣對此大為不滿，「而羅之聲明實

與我最為不利。三年以來我國所運用之戰略幾乎全被其破壞。而其結果皆使倭不敢攻俄。」[101] 很明顯，蔣的戰略就是在正面戰場盡量不與日軍接觸，這樣後者才敢分兵進攻蘇聯。幾個月之後，蔣似乎又恢復了希望，因為「確知日德夾攻俄國日期為六月下旬開始」。[102] 到了6月份，蔣甚至為此事失眠，「近日朝夕勞心予茲，夢寢難安」；他把（日軍計劃進攻蘇聯）稱為「我國生死存亡之關鍵也」。[103] 直到最終發現日軍並沒有出兵蘇聯的迹象，蔣對此非常不快，「照外交經過形勢則倭決不敢再向俄挑戰矣。此為我國最大之危機。」[104] 由此看來，蔣介石似乎無法擺脫把中國視為被動而受害者的心態，認定國家的命運全受外國列強的擺布。

在蔣發現不能借日本之手解決中共問題之後，他又從1943年5月份共產國際解散的消息中找到了新的希望。蔣甚至把共產國際的解散稱為「劃時代之歷史」，「此實為二十世紀上半期史之唯一大事」。[105] 他隨即開始籌劃進攻陝北，並在日記中寫道「共匪非武力不能解決」。[106] 在延安周邊地區，蔣開始了一系列部署：整修機場、公路和橋樑，繪製地形圖，向鄰近的國民黨部隊撥發額外的軍餉。[107] 到了8月份，蔣起草了一份針對中共的政策文件，並且得意地稱其為「此或為我畢生革命事中一大學問也」。[108] 蔣計劃用10個軍的力量進攻陝北，一舉擊潰中共的部隊。戰役進行的時機極為關鍵，務必要在德國投降之前打敗延安，以防蘇聯插手。[109] 對蔣來說，美軍在太平洋戰場的勝利是進攻中共的另一個重要考量，因為這把日軍的威脅降低到一個可以掌控的程度。「自此我國受倭之危險雖未能完全祛除，然已減少大半。今後之問題全在對內之共匪如何肅清。」[110]

重要的國民黨中央執行委員會會議在9月份拉開帷幕。蔣派專機把西北各路軍閥接來開會。9月11日，大批國民黨中央和地方要員在會議上討論解決中共問題的辦法。就在當天下午，蔣還在審核對中共的軍事方案。到了晚上，在各路軍政要員參加的會議上，蔣卻最終改變了主意，放棄了武力進攻中共的方案，轉而把中共割據問題視為地方對中央的違抗，並尋求法紀制裁和憲政的解決方案。國民黨中執會隨即發表了措辭強烈的聲明，譴責中共與中央政府抗

衡，但同時宣稱中共問題將會通過政治而非武力途徑解決。[111]這一決定一方面是由於國民黨高層意見不一，懼怕中共在武力打擊之下會更加團結。但這其中最重要的因素還是美國對於挑起內戰的警告，儘管蔣堅信美國政府和白宮是被中共的宣傳所愚弄。[112]他希望可以在隨後的開羅峰會上向羅斯福當面澄清這個問題。

「信其所私」的政權

　　突然取消對中共的軍事行動並非蔣介石在1943年唯一一次臨時變卦。類似的情形在蔣與史迪威的長期衝突中也有表現。這次迫使蔣改變主意的不再是外國的壓力，而是來自帶有鮮明家族宿怨色彩的國內政治，這恰好顯示了蔣介石政權的一個重要特徵。

　　通過閱讀蔣的日記或者日常活動記錄，我們可以發現由蔣的親信組成的一個小圈子十分引人注目。蔣總是面見相同的一批人：他的秘書們，特別是才華出眾的陳布雷；陰險的特務頭子戴笠；總參謀長何應欽；教育部長和國民黨CC系首領陳立夫；蔣夫人的姊夫、行政院院長孔祥熙；蔣夫人的哥哥、外交部長宋子文（當宋偶爾回重慶時）；當然還有蔣夫人宋美齡。蔣對小圈子親信的依賴不僅出於他孤傲的性格，更體現了他統治哲學的重要方面。蔣認為，高效的統治需要「信其所私」和「及其所私」，並且讓「親信」放手管理他們各自的領域。反之如果依靠「一般社會中堅分子」，其結果不免於「彼此摩擦攻訐，各種業務不惟無進步，必至散漫失敗」。[113]除了上面提到的這一小圈親信，蔣經常批評其他官員「低能愚劣」。[114]在某些情況下，有些官員確實未能恪盡職守，但是更常見的情況則是，他們不能正確地揣測並執行蔣的意願。蔣甚至一度抱怨稱，「心緒仍鬱結不能自釋，外交與軍事皆無人能瞭解余之意旨。」[115]蔣把忠誠看得比甚麼都重要，沒有甚麼比官員表現出的自主性更讓蔣憤怒的了，因為在他看來這完全是自私和傲慢的表現。在這種情況下，贏得這位獨裁者的唯一辦法就是去卑躬屈膝地道歉。[116]

　　蔣介石的統治模式以個人關係、信任和忠誠為基礎，隨之而來

圖1.4　蔣介石、宋美齡與史迪威將軍，1942年。　胡佛研究所圖書檔案館圖片

的問題也在1943年秋天的一次與宋子文的劇烈衝突中體現出來。前面曾經提到，蔣和身為美國駐華總指揮官的史迪威關係始終不和。雙方公開鄙視對方，史迪威把蔣稱為「優柔寡斷、詭計多端、言而無信、又靠不住的老無賴」；[117]蔣則抱怨史迪威「之愚拙頑劣卑陋實為世所稀有」。[118]在1943年的春天，當蔣夫人和宋子文都在華盛頓時，蔣通過他們向美方施壓撤換史迪威。蔣夫人回國後，留在華盛頓的宋子文動用了一切關係和努力，最終徵得了羅斯福對撤換史迪威的同意。[119]宋子文隨後在10月返回重慶，會見了新任中緬印戰區司令官，年輕有為的蒙巴頓勛爵（Lord Louis Mountbatten）。與此同時，蔣夫人宋美齡卻對撤換史迪威的後果感到擔憂。於是宋美齡聯合了她的大姊宋靄齡（其丈夫財政部長和行政院院長孔祥熙正是宋子文的對頭），來幫助史迪威免於被撤職。[120]

　　從很多方面來說，宋子文在蔣介石的親信圈子中顯得格格不入。宋不僅十分富有，亦精通經濟學與財政管理（他在1930年代負

責中國貨幣和銀行業的現代化）。他畢業於哈佛大學，聰慧過人。
宋子文的做派非常西化，身穿昂貴西服，愛吃西餐，在外交部裏和
屬下都用英語交談。一個美國記者曾經（過於簡單地）把當時重慶的
政治局勢概括為：「現代的」宋子文和「保守的」孔祥熙之間的對立。
後者一身長衫的裝束和他的腐敗成性一樣受到譴責。[121] 宋子文在華
盛頓始終不辱使命，無論是為中國爭取援助，抑或在史迪威與陳納
德的鬥爭中為後者幫忙，還是徵得羅斯福同意撤換史迪威，宋都做
得很成功。與此相對的是，孔祥熙則聲譽不佳。有關孔家巨額財富
和孔祥熙本人貪污的傳聞在陪都重慶和其他地方都甚囂塵上。[122]

　　自從蔣夫人訪美歸來，蔣介石夫婦的關係就不太融洽了，雖然
我們並不十分清楚其中的原因。從 8 月份開始，蔣夫人一直住在她
大姊宋靄齡家裏，只偶爾回到蔣的官邸和他共進晚餐。[123] 這自然方
便了宋氏姊妹在阻止史迪威離任一事中密切合作。兩人與史迪威多
次會面，使得後者相信「他們屬同一戰壕」。根據史迪威的說法，「宋
美齡告訴我她和花生米的生活糟透了：由於沒人向他講實話，為此
他們總是爭執不斷。」[124] 很明顯，宋氏姊妹已經孤注一擲。據所見
史料，她們這樣做，部分出於察覺到孔祥熙的地位受到威脅。[125]

　　隨着宋子文 10 月中旬從美國返回重慶，整個事件達到了高潮。
宋子文繼續不遺餘力地為撤換史迪威而奔走，甚至在蔣介石與美國
將軍布里恩·薩默維爾將軍（Brehon Somervell）關於撤換史迪威的
頭幾次會談中充當翻譯。然而蔣宋之間的合作卻在一夜之間破產
了。蔣對此的記載很值得關注：

> 政策之決定與轉變，其得失成敗完全在於最後五分鐘之時
> 間。此次對於史迪威去留問題，本擬依十五日研究所得之結
> 果。與薛莫維爾（即薩默維爾）交涉第一第二次，皆想照此轉
> 變以期達成預定方針。而子文必欲固執其個人對史之仇恨及
> 其私見，故其任翻譯終不能實現我之主張。所談結果仍以非
> 去史不可為定論。及薛辭去以後余再加詳討。最後仍力圖挽
> 救，且轉變百八十度之方向。

　　蔣夫人被派去告知史迪威，他應該向蔣真誠道歉並承諾改變，否則將被撤換。蔣介石接受史迪威的道歉後，第二天在與薩默維爾的會面中沒有再提到撤換史迪威的事情。[126] 史迪威算是逃過一劫，直到一年之後當中美關係面臨重大危機之際才最終被撤職。宋子文就沒那麼幸運了。就在史迪威向蔣道歉的那個上午，蔣宋二人展開了激烈的爭辯，雙方都大發雷霆。結果是宋子文的失寵：宋被逐出了權力核心，禁止參加開羅會議。直到幾個月後，宋在朋友的幫助下找人代筆了一封措辭妥帖的道歉信給蔣介石，他才得以恢復權力。[127]

　　在這次風波中，有兩點值得關注。首先，宋子文的問題在於他固執己見——儘管這個「己見」原本就是蔣的。這裏的問題在於，在向美方代表陳述撤換史迪威時，宋子文傳達的意思要比蔣想像的強烈：蔣希望的是，在他表達對史迪威的不滿後，羅斯福就會主動將史迪威免職。這是因為蔣習慣於讓下屬揣摩自己的真實意圖然後主動加以執行。但是宋熟悉美國人的處事方式，認為需要更直白地表達蔣的意思。在蔣宋二人最後的爭吵中，宋子文就斷言，他錯就錯在「過於忠實地」執行了蔣的旨意。宋的辯解是火上澆油，更加激怒了蔣，「彼竟自悔對余太忠，而有以後不能與余共事之句。余乃憤怒難禁，嚴厲斥責，令其即速滾蛋，大聲斥責。此人實不可復教。」[128] 蔣介石把宋的行為與 1921 年的一件舊事相提並論。當時胡漢民作為孫中山的總參議兼文官長，自作主張地忽視了一些孫的命令，因為胡認為這些命令不夠正確。孫中山最終原諒了胡漢民，並且委任胡以更重要的職位。但是蔣卻把這次事件看得很嚴重，認為宋在 1943 年的這一行為「或有甚於二十年對胡漢民案之危機也」。宋子文「以其個人私見而欲以黨國外交為其個（人）作犧牲。此惡乎可。」[129] 蔣把自身等同於國家，如果有人對他的意志稍加拂逆，立刻就被視為自私自利和罔顧國家利益。

　　其次，蔣介石從他這次突然改變主意中總結出的教訓是「政策之決定與轉變，其得失成敗完全在於最後五分鐘之時間。」[130] 儘管同盟國對於史迪威這樣一位錯誤不少卻值得信任的將領能夠留在中

國繼續指揮緬甸戰役表示欣慰，這其中的曲折過程卻難以令人釋懷。委員長的優柔寡斷和難以琢磨使他飽受詬病。就在開羅會議的前夕，蔣不但把他在外交領域最得力的助手宋子文趕走，而且在與薩默維爾的連續會談中態度180度大轉彎，「最後五分鐘」改變重要決策成了他的一個關鍵統治原則。

開羅

　　林孝庭在本書第13章對蔣介石於開羅會議的活動做了十分精彩的討論，在此毋須贅述。但是考慮到開羅會議體現了1943年如此多的成功和失敗，我們還應該對其略作介紹。開羅會議最重要的歷史意義莫過於把中國列為四強之一。從今天的角度看，把中國看作強國是順理成章的事情。但是在二十世紀初，貧窮孱弱、內部分裂的中國沒有一點強國的影子。從這個角度看，羅斯福認定中國在戰後能夠崛起的確是很有遠見的。邱吉爾抵制把中國列為四強之一，他認為美國這樣扶植中國是為了增強自己在戰後聯合國中的影響力；至於斯大林，由於蘇聯在戰爭中付出的巨大代價，他當然認為中國在戰爭中的表現配不上作為四強之一的待遇。[131]

　　我們不能簡單地認為，羅斯福是出於自身的遠見或是私心才這樣支持中國的。正如在開羅會議首次與蔣介石會面之後，羅斯福告訴他的兒子，「對華工作可以歸結為一個關鍵，那就是維持中國對日抗戰，拖住日本軍隊。」[132] 為了達到這一目的就必須振奮中國軍民的士氣。由於不能通過危險的駝峰航線提供足夠的物資援助，美國人便擺出了一系列象徵性的姿態：廢除不平等條約，把中國納入四強，以及召集開羅峰會。[133] 在開羅會議上，同盟國做出了一些毋須付出的承諾來提升中國的士氣和國際地位，其中最顯著的莫過於日本應該在戰後歸還中國的東北和臺灣。當然，拍攝蔣介石與羅斯福和邱吉爾平起平坐的照片也是很有必要的。或許這些照片就是開羅會議最持久的遺產了吧。的確，翻閱會議記錄就能發現：如果拋開關於緬甸戰役的爭論，對羅斯福來說，與蔣的峰會更多地是作秀或

揣度後者的心思。與稍後有斯大林參加的德黑蘭會議相比，開羅會議的內容十分空泛，美方甚至沒有記錄羅斯福與蔣介石的主要談話內容。[134]

至於蔣介石在會上的表現，則只能用差勁來形容。蔣給人的印象是遇事舉棋不定而且反復無常。[135] 有人把這種印象歸結於蔣夫人的翻譯。[136] 但是我們必須記得的是，宋子文不能來開羅的緣由恰恰就是他沒能妥當地詮釋委員長的旨意。蔣夫人當然不可能犯同樣的錯誤。更合理的解釋應該是，這類戰略磋商在美英兩國之間已經進行了兩年有餘，他們明白如何在會場上爭辯，如何討價還價，而且還是用他們的母語。中國代表對此則完全是門外漢，蔣介石完全不習慣與地位平等的對手進行談判。而且他對自己糟糕的英語也感到力不從心。[137] 蔣的第一次峰會之旅表明，他完全不能勝任這類談判。[138]

在羅斯福和邱吉爾與斯大林會面後，蔣在同盟國領袖中的地位還將進一步下降。與蔣介石鼠目寸光地把緬甸戰役看作是爭奪亞洲戰場的大不相同的是，斯大林敏銳地察覺到同盟國各方在緬甸戰役、太平洋戰役、地中海戰役、以及計劃中進攻法國北部的戰役之間存在着的衝突。的確，英國總參謀長就認為，斯大林是比羅斯福和邱吉爾都出色的戰略家。[139] 毫無疑問，這一判斷是在蘇聯和英國一致同意降低緬甸戰役的優先地位的影響下作出的。更重要的是，由於斯大林一再強調在德國投降後出兵進攻日本，這就給同盟國提供了一種在緬甸叢林艱苦作戰之外的選擇。[140] 在開羅會議前夕，蔣介石一再強調他要在斯大林之前與羅斯福會面。[141] 很明顯，蔣就是急於向羅斯福陳述他對中共與戰後亞洲的想法。不幸的是，斯大林在實施戰爭的重大關鍵戰略上獲得了最終決定權。

到了9月份，在放棄武力解決中共問題的想法後，蔣介石決心不顧一切地打消他的美國盟友把中共作為潛在抗日夥伴的任何幻想。[142] 就在國民黨中政會開幕的第一天，當即將討論對中共的政策時，史迪威向蔣展示了他的軍事構想：國民黨和共產黨軍隊聯合在中國北方對日本發起攻勢。蔣由此強烈意識到向美國闡明中共問題

已是勢在必行。[143] 蔣介石預料美國會在開羅會議提出中共問題。果然，蔣最終在會上與羅斯福的私人談話中談到了中共。儘管談話的確切內容現在已經不得而知，但是根據羅斯福對他兒子艾略特（Elliott，陪伴其父參加了開羅會議）的敍述，「蔣試圖讓我們相信中共根本沒有抗日。然而，我們知道這並非如此。」[144] 總之，蔣得以利用開羅會議的機會力勸美方相信中共實際上並沒有抗日。

羅斯福對此顯然持懷疑態度。蔣在這裏面臨的困境在於，中共究竟抗日與否是可以通過調查弄清楚的。也正是在開羅會議之後，美方請求派出一個調查團去延安更好地瞭解中共的行為。最終，在1944年6月，蔣被迫同意由美方軍事和外事專家組成的美軍觀察組訪問延安。結果代表團的報告眾口一詞地支持中共。儘管對於代表團在延安是否被中共蒙蔽還存在不少爭論，但一個不可否認的事實是：觀察組的成員以及大約同時訪問延安的中外記者團的報告都指出，中共在華北的政治和軍事運動開展得如火如荼，而且根本不受蔣的控制。毫無疑問，這些報告表明，中國的命運已遠非僅僅操之於蔣介石一方之手了。[145]

就在批准美軍觀察組訪問延安的同時，蔣的部隊正在日本「一號作戰」的攻勢下潰不成軍。正如史迪威早就指出的那樣，一旦陳納德的空中攻勢成功對日軍的後勤造成威脅，後者就會向機場發起攻擊。儘管蔣信誓旦旦地保證中國軍隊可以保衛機場，[146] 但是他顯然錯了。日軍把國民黨軍隊打得一路潰敗，開闢了一條從朝鮮及中國東北延伸到越南和東南亞的陸上走廊。蔣損失了多達75萬人，他的聲譽也遭到了毀滅性的打擊。[147] 在內政方面，正如本書第8章指出的，蔣在實施憲政方面的準備工作也被中共「聯合政府」的口號所取代。而羅斯福在開羅會議期間就已要求蔣組建聯合政府。[148] 正如葉芝（William B. Yeats）的一句名言所云，「萬物都已解體，中心難以維繫。」[149] 在很多方面，國民黨政府毀滅的種子在1943年就已種下。

注釋

1　黃炎培，《黃炎培日記》第 8 卷（北京：華文出版社，2008），164 頁。

2　1941 年以來日軍對重慶的空襲幾乎絕迹，除了 1943 年 8 月對兵工廠的一次轟炸。Atcheson to Secretary of State, August 23, 1943, in *Foreign Relations of the United States: Diplomatic Papers, 1943, China* [Washington, D.C.: Government Printing Office, 1957], 102. 下文簡稱為 *FRUS 1943*。

3　蔣介石，每周反省，1943 年 10 月。參見高素蘭編輯：《蔣中正總統檔案：事略稿本》第 55 卷（臺北：國史館，2011），81 頁。（《事略稿本》完成於 1950 年代，內容大量引用蔣介石日記以及其他重要文件。在文字相同的情況下，本文使用《事略稿本》中的日記條目，而非藏於斯坦福大學胡佛檔案館的蔣氏日記原件。）就職典禮沒有邀請任何外交官和外國記者。參見 Gauss to Secretary of State, October 19, 1943, in FRUS 1943, 361–362。

4　Keith Sainsbury, *The Turning Point: Roosevelt, Stalin, Churchill, and Chiang Kai-shek, 1943. The Moscow, Cairo and Teheran Conferences* (Oxford: Oxford University Press, 1985), 61–62, 91, 105.

5　蔣介石，每周反省，1943 年 10 月。《事略稿本》第 55 卷，81 頁。

6　Joshua H. Howard, *Workers at War: Labor in China's Arsenals, 1937–1953* (Stanford: Stanford University Press, 2004), 19.

7　Peter Harmsen, *Stalingrad on the Yangtze* (Philadelphia: Casemate, 2013); John W. Dower, *War Without Mercy: Race and Power in the Pacific War* (New York: Pantheon, 1986), 38-41.

8　Mark Peattie, Edward Drea, and Hans van de Ven, eds., *The Battle for China: Essays on the Military History of the Sino-Japanese War of 1937–1945* (Stanford: Stanford University Press, 2011) 對抗戰軍事史的敍述最為可靠（關於戰爭早期階段，參看 139–180 頁）。其他重要研究參見 Rana Mitter, *Forgotten Ally: China's World War II, 1937–1945* (Boston: Houghton Mifflin, 2013); Hsi-sheng Ch'i, *Nationalist China at War, 1937–45* (Ann Arbor: University of Michigan Press, 1982); James Hsiung and Steven I. Levine, eds., *China's Bitter Victory: The War with Japan, 1937–1945* (Armonk, NY: M.E. Sharpe, 1992)。關於南京大屠殺，Iris Chang 的 *The Rape of Nanking* (New York: Basic Books, 1997) 引發了重要討論。更多關於大屠殺的客觀研究可以參見 Bob Tadashi Wakabayashi, *The Nanking Atrocity, 1937–18: Complicating the Picture* (New York: Berghahn Books, 2007); and Joshua Fogel, ed., *The Nanjing Massacre in History and Historiography* (Berkeley: University of California Press, 2000)。

9　Peattie, Drea, and van de Ven, *Battle for China*, 54, 86–87, 112–115, 183–184.

10　Theodore H. White and Annalee Jacoby, *Thunder out of China* (New York: William Sloane Associates, 1946), 55. 另可參見 Liu Lu, "A Whole Nation Walking: The 'Great Retreat' in the War of Resistance, 1937–1945," University of California PhD dissertation, 2002；Mitter, *Forgotten Ally*, 109–123。

11　Stephen R. MacKinnon, *Wuhan, 1938: War, Refugees, and the Making of Modern China* (Berkeley: University of California Press, 2008).

12 Peattie, Drea, and van de Ven, *Battle for China* 248–249, 256–282; White and Jacoby, *Thunder out of China*, 11–16.

13 Gerhard L. Weinberg, *A World at Arms: A Global History of World War II*, second edition (Cambridge: Cambridge University Press, 2005), 310–322.

14 Ballantine memorandum, January 21, 1942, in FRUS 1942 (Washington: Government Printing Office, 1956), 7.

15 MacKinnon, *Wuhan*, 2.; Peattie, Drea, and van de Ven, *Battle for China*, 250–251.

16 此為 Rana Mitter 的書 *Forgotten Ally*。

17 White and Jacoby, *Thunder out of China*, 62–67; Graham Peck, *Two Kinds of Time* (Seattle: University of Washington Press, 2008; 初版 1950), 378 ff.

18 雖然有其局限性，但是陶涵的書是目前關於蔣介石的最好傳記。參見 Jay Taylor, *The Generalissimo: Chiang Kai-shek and the Struggle for Modern China* (Cambridge: Harvard University Press, 2009)。關於蔣的早年生活，參見 Pichon P. Y. Loh, *The Early Chiang Kai-shek: A Study of his Personality and Politics, 1887–1924* (New York: Columbia University Press, 1971)。

19 Liping Wang, "Creating a National Symbol: The Sun Yatsen Memorial in Nanjing," *Republican China* 21.2 (Spring 1996), 23–64; Henrietta Harrison, *The Making of a Republican Citizen: Political Ceremonies and Symbols in China, 1911–1929* (Oxford: Oxford University Press, 2000), 207–239.

20 Taylor, *Generalissimo*, 74.

21 Henrietta Harrison, *China (Inventing the Nation)* (New York: Oxford University Press, 2001), 195–200.

22 Pichon P. Y. Lok, *Early Chiang Kai-shek*, esp. 64–65.

23 Taylor, *Generalissimo*, 77, 101.

24 蔣介石，年度反省，1942年，《事略稿本》第52卷，151頁。

25 蔣介石，1943年6月7日，《事略稿本》第53卷，252頁。

26 蔣介石，1943年10月31日，《事略稿本》第55卷，252頁。

27 蔣介石，1943年4月12日，《事略稿本》第53卷，220–221頁。

28 Rana Mitter, *Forgotten Ally*, 33.

29 參見蔣介石，1943年4月16日，《事略稿本》第53卷，242–243頁；1943年8月22日，《事略稿本》第54卷，355–356頁；1943年10月30日，《事略稿本》第55卷，241頁；年度反省，1943年，《事略稿本》第55卷，781頁。

30 蔣介石，1943年8月23日，《事略稿本》第54卷，361頁。

31 公安部檔案館編注，《在蔣介石身邊八年：侍從室高級幕僚唐縱日記》(北京：群眾出版社，1991)，351，367頁。

32 蔣介石，1943年2月16日，《事略稿本》第52卷，498頁；黃仁宇認為，資源的稀缺使得蔣的下屬在資源分配問題上很難有決定權，這樣一來，所有事情都留給蔣來定奪。Ray Huang, "Chiang Kai-shek and His Diary as a Historical Source," *Chinese Studies in History* 28.1–2 (Fall-Winter 1995–1996), 45.

33 吳國楨手稿，黃卓群口述，劉永昌整理，《吳國楨傳》第1卷(臺北：自由時報，1995)：390頁。

34 蔣介石，1943年3月24日，《事略稿本》第53卷，80–81頁。

35 蔣介石，1943年9月18日，《事略稿本》第54卷，552，559–560頁。

36 John Paton Davies, Jr., *China Hand: An Autobiography* (Philadelphia: University of Pennsylvania Press, 2012), 43.

37 蔣介石，1943年2月26–27日，《事略稿本》第52卷，586–587頁；1943年3月14日，3月24日，3月26日，4月1日，5月7日，5月15日，《事略稿本》第53卷，36–37，77–78，101–102，143，380–381，433頁。關於中方對邱吉爾演說的反應，也可參見Vincent to Secretary of State, April 8, 1943, FRUS 1943, 47.

38 參見蔣介石對新生活運動負責人的演講，蔣介石，1943年2月19日，《事略稿本》第52卷，528頁。

39 1943年5月23日，蔣介石日記，斯坦福大學胡佛檔案館；也可參見《事略稿本》第53卷，487頁。

40 蔣介石，1943年2月28日，《事略稿本》第52卷，593頁；月度反省，1943年9月，《事略稿本》第53卷，622頁。

41 White and Jacoby, *Thunder out of China*, 124.該書在腳注中還記錄了蔣其他36個頭銜，其中很多是各式學校的校長，蔣偶爾會蒞臨這些學校對學生訓話。

42 蔣介石，1943年9月13日，《事略稿本》第54卷，524頁；年度反省，1943年，《事略稿本》第55卷，717頁。White and Jacoby, *Thunder out of China*, 126–131.

43 "The Peanut. Thoughts by Ch. M. L.," Stilwell Papers, Box 41, Folder 2, Hoover Institution Archives.

44 關於中共的早期歷史和毛澤東在黨內的崛起，參見Alexander V. Pantsov, with Steven I. Levine, *Mao: The Real Story* (New York: Simon & Schuster, 2012) 1–288。

45 Parks M. Coble, *Facing Japan: Chinese Politics and Japanese Imperialism, 1931–1937* (Cambridge, Mass.: Harvard University Council on East Asian Studies, 1991)；楊奎松，《西安事變新探：張學良與中共關係之謎》(南京：江蘇人民出版社，2006)

46 Chang-tai Hung, *War and Popular Culture: Resistance in Modern China, 1937–1945* (Berkeley: University of California Press, 1994); MacKinnon, *Wuhan*; 楊奎松，《國民黨的聯共與反共》(北京：社會科學文獻出版社，2008)，386–399頁。

47 Herbert P. Bix, *Hirohito and the Making of Modern Japan* (New York: Harper Collins, 2001), 318–321; Edward J. Drea, *In The Service of the Emperor: Essays on the Imperial Japanese Army* (Lincoln: University of Nebraska Press, 1998), 26–32; Eri Hotta, *Japan 1941: Countdown to Infamy* (New York: Alfred A. Knopf, 2013), 119–135.

48 Peattie, Drea, and van de Ven, *Battle for China*, 288–293; John W. Garver, *Chinese-Soviet Relations, 1937–1945: The Diplomacy of Chinese Nationalism* (New York: Oxford University Press, 1988), 37–52, 102–108.

49 Chiang Kai-shek, *China's Destiny and Chinese Economic Theory* (New York:

Roy, 1947), 225. 蔣本人對這一說法頗為自得，在他看來，中共對此的憤怒反應更加坐實了他們的分離傾向。參見：蔣介石，1943年8月25日，《事略稿本》第54卷，387頁。

50 Gregor Benton, *New Fourth Army: Communist Resistance along the Yangtze and the Huai, 1938–1941* (Berkeley: University of California Press, 1999), 511–616；楊奎松，《國民黨的聯共與反共》，424–459頁。

51 關於這一時期中美關係的研究著作可謂汗牛充棟，一方面是出於兩國關係的複雜性，另一方面研究者的觀點也受到戰後蔣介石政權迅速垮台和中共勝利的影響。主要研究參見：Herbert Feis, *The China Tangle: The American Effort in China from Pearl Harbor to the Marshall Mission* (Princeton: Princeton University Press, 1953); Tang Tsou, *America's Failure in China, 1941–50* (Chicago: University of Chicago Press, 1963); Barbara W. Tuchman, *Stilwell and the American Experience in China, 1911–1945* (New York: Macmillan, 1971); Joseph W. Esherick, ed., *Lost Chance in China: The World War II Despatches of John S. Service* (New York: Random House, 1974); Michael Schaller, *The U.S. Crusade in China, 1938–1945* (New York: Columbia University Press, 1979); Han van de Ven, *War and Nationalism in China, 1923–1945* (London: RoutledgeCurzon, 2005); 齊錫生，《劍拔弩張的盟友：太平洋戰爭期間的中美軍事合作關係1941–1945》(北京：社會科學文獻出版社，2012)。

52 T. Christopher Jespersen, *American Images of China, 1931–1949* (Stanford: Stanford University Press, 1996), 24–58; Tuchman, *Stilwell*, 187–189.

53 Bix, *Hirohito*, 387–439（引文來自439頁）；Weinberg, *World at Arms*, 245–263; Schaller, *U.S. Crusade*, 17–63.

54 White and Jacoby, *Thunder out of China*, 154; 參見Weinberg, *World at Arms*, 639。

55 Arthur N. Young, *China and the Helping Hand, 1937–1945* (Cambridge: Harvard University Press, 1963), 350; 參見：齊錫生，《劍拔弩張的盟友》，339–340, 369頁。

56 Tuchman, *Stilwell*, 307–374; 關於當事人史迪威和陳納德各自的說法，參見Theodore White, ed., *The Stilwell Papers* (New York: Sloane, 1948); Claire Lee Chennault, *Way of a Fighter* (New York: Putnam, 1949)。

57 Tuchman, *Stilwell*, 246.

58 Tuchman, *Stilwell*, 266–325; Marshall to Roosevelt, October 6, 1942, FRUS 1942, 159; Taylor, *Generalissimo*, 194–216；齊錫生，《劍拔弩張的盟友》，101–296頁；Memo of conversation with Stilwell, Chiang Kai-shek and Madame Chiang, March 10, 1943, T. V. Soong papers, Box 60, folio 1, Hoover Institution Archives；對於史迪威的尖銳批評，參見van de Ven, *War and Nationalism*, 19–63。

59 Weinberg, *World at Arms*, 431–470, 586–609, 616–619.

60 Peattie, Drea, and van de Ven, *Battle for China*, 43, 428.

61 蔣介石，1943年2月21日，1943年2月6日，1943年2月14日，《事略稿本》第52卷，544，445–456，491頁；羅斯福在演說中讓蔣介石大發雷霆的詞句不過是「(盟國)將實施重大而關鍵性的對日作戰行動，將侵略者趕出中

國。」"Address to the White House Correspondents' Association, February 12, 1943", in Samuel I. Rosenman, ed., *The Public Papers and Addresses of Franklin D. Roosevelt*, vol. 12: *The Tide Turns* (New York: Russell and Russell, 1950), 79.

62 Weinberg, *World at Arms*, 642–656.

63 蔣介石，1943 年 1 月 6 日，《事略稿本》第 52 卷，204 頁。

64 Patrick Hurley memorandum, November 20, 1943, *Foreign Relations of the United States: Diplomatic Papers. The Conferences at Cairo and Tehran, 1943* (Washington: U.S. Government Printing Office, 1961), 265.（下文簡稱為 FRUS Cairo.）Cf. FRUS 1943, 26, 129–142, 166;

65 Davies memoranda, March 9 and March 15, 1943, FRUS 1943, 27, 35；貪污腐化和厭戰情緒是格拉姆‧裴克（Graham Peck）敘述戰時中國經歷的兩大主題，參見 *Two Kinds of Time*, 357–550。

66 蔣介石，年度反省，1943 年，《事略稿本》第 55 卷，723 頁。

67 蔣介石，1943 年 4 月 10 日，4 月 14 日，5 月 3 日，《事略稿本》第 53 卷，209，228，339 頁；Everett Drumright to Gauss, October 2, 1943, in FRUS 1943, 138–139; Peattie, Drea, and van de Ven, *Battle for China*, 43, 423–424.

68 White and Jacoby, *Thunder out of China*, 129–144; Lloyd E. Eastman, "Nationalist China during the Sino-Japanese War, 1937–1945," in Eastman et al., *The Nationalist Era in China, 1927–1949* (Cambridge, Cambridge University Press, 1991), 134–148; 吳國楨，《吳國楨傳》，399–400 頁。

69 Davies to Gauss, March 9, 1943, FRUS 1943, 27–28; Atcheson memorandum, April 7, 1943, FRUS 1943, 45; White and Jacoby, *Thunder out of China*, 72; John Hunter Boyle, *China and Japan at War, 1937–1945: The Politics of Collaboration* (Stanford: Stanford University Press, 1972), 316–318; Peck, *Two Kinds of Time*, 572–575.

70 "Joint Press Conference with Madame Chiang Kai-shek," in Rosenman, vol. 12, 102–103.

71 Pearl S. Buck, "A Warning About China," *Life*, May 10, 1943, 53–56.

72 Hanson Baldwin, "Review of the Chinese Situation," *New York Times*, July 20, 1943. A fuller version was published in *Reader's Digest*, August 1943, under the title "Too Much Wishful Thinking About China."

73 蔣介石，1943 年 7 月 30 日，《事略稿本》第 54 卷，186 頁。

74 Atcheson to Secretary of State, August 13, 1943, FRUS 1943, 87. 有人認為（自由派人士）對賽珍珠的文章表示滿意是因為其中強調了在中國推動民主的必要性。

75 Atcheson to Secretary of State, August 26, 1943, FRUS 1943, 106–107.

76 White and Jacoby, *Thunder out of China*, 143–144; Gauss to Secretary of State, November 5, 1943, FRUS 1943, 158–159（賈安娜和白修得在這裏的敘述是基於 Gauss 所提的《大公報》的一篇特別報道）; Atcheson to Secretary of State, June 19 and August 31, 1943, FRUS 1943, 67–68, 108–109; Peck, *Two Kinds of Time*, 532–534.

77 蔣介石，1943年5月27日，《事略稿本》第53卷，511頁；1943年7月3日，《事略稿本》第54卷，21–24頁。

78 蔣介石，1943年5月31日，1943年6月3日，《事略稿本》第53卷，525，563頁；「鄂西大捷」已經成為中國抗戰史敍述中的一個重要事件，參見：王建朗、曾景忠，《中國近代通史第九卷抗日戰爭 (1937–1945)》(南京：江蘇人民出版社，2007)，381–383頁。感謝陳驍提供這條引注。

79 Timothy Brook, *Collaboration: Japanese Agents and Local Elites in Wartime China* (Cambridge, Mass.: Harvard University Press, 2005; David P. Barrett and Larry N. Shyu, *Chinese Collaboration with Japan, 1932–1945: The Limits of Accommodation* (Stanford: Stanford University Press, 2001). 早期研究參見 Boyle, *China and Japan at War.*

80 蔣介石，1943年1月9日，《事略稿本》卷52，224頁。

81 Memo by Division of Far Eastern Affairs, November 3, 1943, FRUS 1943, 157–158.

82 Mitter, *Forgotten Ally*, 304–306.

83 Hornbeck memorandum, April 3, 1943, FRUS 1943, 43.

84 與時人做出的這一判斷相對的是，Rana Mitter 認為「蔣贏得了戰爭勝利，但是失去了他的國家。」參見 Mitter, *Forgotten Ally*, 6。在我看來，這個觀點延續了一個十分危險的錯誤觀念。最終迫使日本投降的是美國和蘇聯。雖然中國是個關鍵的盟友，但是蔣並沒有「贏得戰爭勝利」。

85 T. V. Soong memorandum, August 16, 1943, T.V. Soong Papers, Box 59, folio 22.

86 Hamilton memorandum, February 11, 1943, FRUS 1943, 9.

87 Atcheson to Secretary of State, May 28, 1943, FRUS 1943, 57.

88 蔣介石，每周反省，1943年5月9日，《事略稿本》第53卷，392頁。

89 蔣介石年度反省，1943年，《事略稿本》第55卷，718頁；Eastman, "Nationalist China," 160–169。

90 Eastman, "Nationalist China," 152.

91 Memorandum of the British Foreign Office, July 5, 1943, in FRUS 1943, 71.

92 蔣介石，年度反省，1942年，《事略稿本》第52卷，153頁。

93 同上，157頁。

94 關於設想中經由蘇聯到達新疆的路線，參見 FRUS 1942, 591–600; FRUS 1943, 590–613。當中方要求通過此路線向胡宗南的部隊運送1,100噸彈藥時，美方《租借法案》的管理部門認為「或許值得一提的是在中國人眼裏，向包圍和監視中共的部隊運送的上千噸彈藥，是通過這條路線輸送的首批物資中最重要的部分。」Stanton memorandum, July 12, 1943, FRUS 1943, 606.

95 參見 FRUS 1943, 232–233, 238–240, 344–345; John S. Service, "The Political Situation in Kansu," July 18, 1943, in Esherick, *Lost Chance in China*, 20–25；同時參見：蔣介石，1943年4月24，25，26日，《事略稿本》第53卷，281，283，287頁；《唐縱日記》，1943年4月26日，5月26日，352，358頁。

96 蔣介石，1943年5月20日，1943年6月1日，《事略稿本》第53卷，466，545頁。

97 中共在抗戰中的貢獻一直倍受爭論，參見Yang Wu, "CCP Military Resistance during the Sino-Japanese War: The Case of Beiyue and Jidong," *Twentieth-Century China* 29.1 (November 2003), 65–104. 以及 Yang Kuisong, "Nationalist and Communist Guerrilla Warfare in North China," Peattie, Drea, and van de Ven, *Battle for China*, 308–327. 關於這一時期國共關係的綜述，參見：楊奎松，《國民黨的聯共與反共》，461–484頁；關於抗戰時期中共的重要研究，參見Tetsuya Kataoka, *Resistance and Revolution in China: The Communists and the Second United Front* (Berkeley: University of California Press, 1974); Yung-fa Chen, *Making Revolution: The Communist Movement in Eastern and Central China, 1937–1945* (Berkeley: University of California Press, 1986); Odoric Y. K. Wou, *Mobilizing the Masses: Building Revolution in Henan* (Stanford: Stanford University Press, 1994); Kathleen Hartford and Steven M. Goldstein, *Single Sparks: China's Rural Revolutions* (Armonk, NY: M.E. Sharpe, 1990)。

98 蔣介石，1943年9月9日，《事略稿本》第54卷，496，499頁。這一觀點作為蔣日後一本書的主旨，同時也是國民黨反共宣傳的一貫主題，參見*Soviet Russia in China: A Summing Up at Seventy* (Taipei: China Publishing Company, 1969)。

99 蔣介石，1943年9月11日，《事略稿本》第54卷，512–513頁。

100 Vincent to Secretary of State, April 24, 1943, FRUS 1943, 50–51; Davies to Stilwell, July 5, 1942, FRUS 1942, 99–101. Davies, *China Hand*, 95.

101 蔣介石，每周反省，1943年2月14日，《事略稿本》第52卷，491頁。

102 蔣介石，致蔣夫人電報，1943年5月16日，《事略稿本》第53卷，439頁。

103 蔣介石，1943年6月12日，《事略稿本》第53卷，610頁。

104 蔣介石，每周反省，1943年6月20日，《事略稿本》第53卷，650頁。

105 蔣介石，1943年5月25日；每周反省，1943年5月31日，《事略稿本》第53卷，498，531頁。

106 蔣介石，1943年8月9日，《事略稿本》第54卷，261頁。

107 蔣介石，1943年6月17日，《事略稿本》第53卷，634頁；每周反省，1943年7月18日，1943年8月17日，8月19日，8月20日，8月29日，《事略稿本》第54卷，122，319–320，347–348，366，368，404，415頁；1943年6月29日，1943年8月17日，1943年9月9日，《唐縱日記》，365，374，378頁。

108 蔣介石，每周反省，1943年8月29日，《事略稿本》第54卷，410頁。

109 蔣介石，最近國內中共與國際蘇俄之動向，《事略稿本》第54卷，378–389頁。

110 蔣介石，月度反省，1943年8月31日，《事略稿本》第54卷，431頁。

111 蔣介石，1943年9月8日，1943年9月11日，1943年度反省，《事略稿本》第54卷，485，509–516，724–725頁。

112 Atcheson to Secretary of State, July 14 and September 17, 1943, FRUS 1943, 283–284, 340; Gauss to Secretary of State, October 14, 1943, FRUS 1943, 351–360; 蔣介石，1943年2月12日，《事略稿本》第52卷，480頁；1943年8月11日，《事略稿本》第54卷，276–277頁；1943年9月12日，《唐縱日記》，380頁。

113 蔣介石日記，1943年8月23日；《事略稿本》的編者對蔣的語言做了修飾，

把「私」改為「親信」，參見《事略稿本》第54卷，363–364頁；敏銳的讀者可以發現（蔣的用人之道）與林肯大相逕庭，參見Doris Kearns Goodwin, *Team of Rivals: The Political Genius of Abraham Lincoln* (New York: Simon and Schuster, 2012).

114　蔣介石，1943年4月27日，《事略稿本》第53卷，290頁；1943年1月10日，1943年1月12日，《事略稿本》第52卷，228，301頁；1943年8月4日，《事略稿本》第52卷，240頁。

115　蔣介石，1943年5月14日，《事略稿本》第53卷，430頁。

116　蔣對白崇禧的道歉十分高興，蔣介石，1943年8月8日，《事略稿本》第54卷，256–257頁；1943年3月31日，《事略稿本》第53卷，126頁；1943年8月20日，《事略稿本》第54卷，345頁；1943年度反省，《事略稿本》第55卷，717頁。

117　參見Chennault, *Way of a Fighter*, 226。

118　蔣介石，1943年6月28日，《事略稿本》第53卷，686頁；致蔣夫人電報，1943年6月18日，《事略稿本》第53卷，639–641頁。

119　宋子文致羅斯福電報，1943年8月30日，《事略稿本》第54卷，418–420頁；宋子文致霍普金斯電報，1943年9月15日，《事略稿本》第54卷，532頁；宋子文致羅斯福電報，1943年9月29日，《事略稿本》第54卷，607頁；參見T. V. Soong memoranda of May 10, August 20, and October 13, 1943 in T. V. Soong Papers, Box 60, folios 3–4; FRUS 1943, 135–137.

120　Tuchman, *Stilwell*, 388–395；齊錫生，《劍拔弩張的盟友》，386–408頁；Davies, *China Hand*, 170–173.

121　Joseph W. Alsop, *"I've Seen the Best of It"—Memoirs*, with Adam Platt (New York: W. W. Norton, 1992), 162–163, 213；吳國楨，《吳國楨傳》，371–376頁。

122　1942年1月22日，1942年12月29日，《唐縱日記》，252，327–328頁；Peck, *Two Kinds of Time*, 357–360, 556.

123　1943年8月15日，1943年10月3日，1043年10月16日，《唐縱日記》，373，384，387頁。在重慶流傳的關於蔣介石家庭生活不睦的消息，參見John S. Service, "Domestic Troubles in the Chiang Household," May 10, 1944, in Esherick, *Lost Chance in China*, 93–96.

124　Theodore White, ed., *The Stilwell Papers* (New York: William Sloane Associates, 1948), 223–238, 引文參見229，232。

125　1943年8月15日，《唐縱日記》，373頁。

126　蔣介石，1943年10月15至17日，《事略稿本》第55卷，106–123頁，引用段落參見118–119頁。

127　吳國楨，《吳國楨傳》，399–406頁；Alsop, *Memoirs*, 223–227；蔣介石，1943年10月18日，《事略稿本》第55卷，122頁，《事略稿本》的編者在這裏對蔣的日記做了修飾，把蔣命令宋「滾蛋」改為「離開」；1943年10月16日，《唐縱日記》，386頁。

128　蔣介石，1943年10月18日，《事略稿本》第55卷，122頁。

129　蔣介石，1943年10月17、18日，《事略稿本》第55卷，119–120，122頁。

130　蔣介石，1943 年 10 月 17 日，《事略稿本》第 55 卷，118，121 頁；參見 Ray Huang, "Chiang Kai-shek and His Diary," 105（日記條目 1939 年 4 月 2 日）。

131　Sainsbury, *Turning Point*, 61–62, 138–139, 143–147; 查爾斯‧波倫（Charles Bohlen）記錄的羅斯福與斯大林在德黑蘭的談話，參見 FRUS Cairo, 484, 530–531, 566。

132　Elliott Roosevelt, *As He Saw It* (New York: Duell, Sloan and Pearce, 1946), 143.

133　Brown memorandum, May 21, 1943, FRUS 1943, 55.

134　參見 FRUS, Cairo 部分，特別是 322–323, 334–345 頁。在德黑蘭會議，美國國務院的查爾斯‧波倫（Charles Bohlen）擔任翻譯並且詳細記錄了羅斯福與斯大林的會談內容。在開羅會議上，蔣夫人充當翻譯，國務院無人出席。參見 Davies, *China Hand*, 149–151.

135　Ronald Ian Heiferman, *The Cairo Conference of 1943: Roosevelt, Churchill, Chiang Kai-shek and Madame Chiang* (Jefferson, NC: McFarland, 2011), 72–102; Sainsbury, *Turning Point*, 165–216; FRUS Cairo, 338–350.

136　Taylor, *Generalissimo*, 248–250.

137　蔣介石，1943 年 11 月 23 日，《事略稿本》第 55 卷，470 頁。

138　齊錫生，《劍拔弩張的盟友》，412–413 頁；Davies, *China Hand*, 144–147.

139　Sainsbury, *Turning Point*, 184, 226.

140　Heiferman, *Cairo*, 121–128; Sainsbury, 110, 250.

141　蔣介石，1943 年 6 月 9 日，《事略稿本》第 53 卷，594–595 頁；蔣介石，1943 年 10 月 7 日，《事略稿本》第 55 卷，38 頁。

142　參見 Hurley to Roosevelt, November 20, 1943, FRUS 1943, 163–166.

143　蔣介石，1943 年 9 月 12 日，《事略稿本》第 54 卷，519 頁。這一建議讓蔣更加堅信史迪威是個「卑劣愚拙者」。參見 Stilwell diary, October 5, 1943, Stilwell Papers, Box 39, Folder 10；《事略稿本》第 53 卷，686 頁。

144　Roosevelt, *As He Saw It*, 163.

145　David D. Barrett, *Dixie Mission: The United States Army Observer Group in Yenan, 1944* (Berkeley: University of California Center for Chinese Studies, 1970); Esherick, *Lost Chance in China*; Kenneth E. Shewmaker, *Americans and Chinese Communists, 1927–1945: A Persuading Encounter* (Ithaca: Cornell University Press, 1971).

146　蔣介石，1943 年 4 月 30 日，5 月 1 日，《事略稿本》第 53 卷，312，331–332 頁。

147　Peattie, Drea, and van de Ven, *Battle for China*, 392–418. 有關同時代的描述，見 White and Jacoby, *Thunder out of China*, 179–198; Peck, *Two Kinds of Time*, 551–583.

148　Roosevelt, *As He Saw It*, 164.

149　William Butler Yeats, "The Second Coming."

2

蔣夫人訪美

黃倩茹
（Grace C. Huang）

　　日軍在1941年12月偷襲珍珠港後，美國和中國與24個其他國家在1942年1月1日簽訂《聯合國家宣言》，正式確立軍事同盟。宣言簽署國正式將中國列為與美國、英國和蘇聯所比肩的「四強」之一。羅斯福政府將中國視為平等盟友的做法，延續了溫德爾·威爾基（Wendell Willkie）「天下一家」的國際合作思想。後者在1940年總統大選中雖然敗給羅斯福，但是依然被羅斯福任命為他的海外特使，以此彰顯美國戰時的團結。[1]根據歷史學家章百家的研究，中國國際地位的驟然提升卻「令中美都產生了對彼此過度的期望，同時遮蔽了許多困難。」[2]中美雙方對彼此的期望和現實利益之間的差距在1943年蔣夫人訪美中表現得淋漓盡致。

　　珍珠港事件後，羅斯福政府認為邀請蔣夫人訪問美國可以向全世界和美國民眾昭示，中美同盟是有別於日本「大東亞共榮圈」的另一條選擇。邀請蔣夫人訪美不僅因為她是蔣介石的夫人，宋美齡在美國接受的良好教育使她更容易與美國民眾接觸。埃莉諾·羅斯福（Eleanor Roosevelt）在1942年致信宋美齡，邀請她訪問白宮，認為她的美國之行不但能增進羅斯福夫婦對她的瞭解，更加熟悉中國問題，還有利於向美國民眾宣傳中美兩國親密無間的關係。在結束1942年底對華訪問後，威爾基通過蔣夫人的家人勸她訪問美國，稱她為「最完美的使者」。[3]此外，由於健康原因一直希望能赴美就醫，宋美齡接受了美方的邀請。

如果以羅斯福夫人在信中提到的宣傳效果來看，蔣夫人訪美可謂大超出了預期。1943年2月19日的《生活》雜誌用「被迷惑」、「驚訝」和「傾倒」來形容美國國會議員對宋美齡演講的反應。在參議院和白宮接連發表的演講中，蔣夫人的演說「既無差池也沒有錯誤的停頓」，她「簡潔有力的英語發音比大多數美國人都要好」。[4]演說結束後，一位議員起身宣布他將起草一項提案，廢除1882年的《排華法案》（在1943年底該法案果然被廢除）。[5]當宋美齡兩個月後結束訪美時，她已聞名全美，在紐約、波士頓、芝加哥、舊金山和好萊塢無不受到熱烈歡迎。宋美齡的優雅和媒體對她的歡迎，與美英兩國宣布放棄在華不平等條約，都顯示中國以平等的姿態位列盟國之中，摘掉了「東亞病夫」的帽子。

在美國媒體和羅斯福政府的支持下，蔣夫人展現給美國公眾的是一位自信的、具有國際視野的中國女性形象。推而廣之，美國人民也想當然地認為中美聯盟自然是平等的，而蔣介石夫婦也應該是仁愛的受到人民擁護的領袖。但是本文認為，儘管蔣夫人作為新進強國的第一夫人在美國受到民眾歡迎，她的美國之行卻產生了一些意想不到的後果。最重要的是，蔣夫人訪美的成功製造了後來費正清所謂的「自由中國泡沫」（Free China bubble）。不僅是美國人，更糟糕的是連蔣介石夫婦都忽略了國民黨政權中的缺陷和種種令人不安的趨勢。正如我們即將看到的那樣，這種泡沫令中美都對彼此懷有過高的期望：中國認為自己應該得到美國更多的戰爭援助；而美方的感受則是少些滿足中國的要求，儘管大多數美國人都願意慷慨解囊。另一個未曾預料的後果是，美國之行的成功同樣膨脹了蔣夫人的權力欲。回國後，她開始積極介入中美關係事務，並產生了重要的影響。此外，宋美齡回國後似乎內心經歷了重大轉變，對中國的命運感到悲觀。總而言之，蔣夫人訪美成功可以看作是蔣氏夫婦和中國國際聲望的頂峰，儘管並未持續多久。為了理解這一巨大諷刺，本文考察了宋美齡訪美期間展現出的性別、種族和民主觀念，及其在提升中國國際地位方面的積極作用，和掩蓋中美同盟之間緊張關係與蔣介石政權內部矛盾的消極作用。這造成後來中國和蔣氏夫婦的衰落。

蔣夫人、美國媒體和中美關係

　　威爾基相信宋美齡的出訪將在美國引起轟動，因此極力勸說她和她的家人接受埃莉諾‧羅斯福的邀請，「我們需要一位集智慧、端正和說服力於一身的中國人告訴美國人中國所面臨的問題……我們對她的信任將超過所有人。」[6]的確，宋美齡的演講和交際能力，以及她努力不讓自己健康狀況影響自己公眾形象的決心，成功地展現了一個美國樂於結盟的強大的中國。

　　儘管宋美齡的個人魅力對宣傳中美關係功不可沒，美國媒體在將中國塑造為一個對美國民主的追隨者上所做出的努力，擴大了她的影響。亨利‧盧斯 (Henry Luce) 作為當時發行量極大的《時代》和《生活》雜誌的主編，視中國為美國福音 (American evangelicalism) 的輸出地和經濟合作夥伴。[7]由於蔣氏夫婦都信仰基督教，盧斯因而將他們視為理想的領袖，在1937年將蔣氏夫婦作為「年度國際伉儷」登在《時代》雜誌封面。盧斯對中國的父親般的 (paternalist) 瞭解符合當時美國向全世界傳播自由和民主的使命；[8]蔣夫人的美國背景十分符合盧斯的期望。宋美齡的父親早在15歲就來到美國並且1885年最終在范德堡大學 (Vanderbilt University) 得到神學學位，宋氏三姊妹更是都在美國接受了高等教育。宋美齡排行第四，9歲就赴美讀書，在19歲從衛斯理學院 (Wellesley College) 畢業。她的英語甚至比中文還流利，回到中國後要重新學中文。[9]蔣夫人流利的英語，對美國文化的熟悉和基督教信仰似乎讓中美兩國之間不再陌生。即便在美國公眾面前演講之前，宋美齡就已經十分矚目了。儘管宋美齡的首場演講定在十分寒冷的2月，有將近6,000人希望到場聆聽她的演講，遠遠超過了國會大廈容納673人的大廳。[10]

　　在致美國國會的演說中，蔣夫人以她的個人經歷拉近中美兩國的聯繫，並以她對美國政治文化的理解使聽眾相信美國援助中國的必要性。在演講的開篇致辭中，蔣夫人展示了她對美國民主制度的熟悉，強調演講的觀眾不僅是在座的國會議員們，更是廣大的美國人民。在參議院演講中，她「實際是向美國人民演說」；在眾議院的演講中，她「受到諸位所代表的美國人民熱情與真誠的歡迎，令我感動莫名。」[11]

蔣夫人並不避諱與羅斯福意見向左，敦促美國在戰爭中採取「亞洲第一」而非目前政府的「歐洲第一」戰略。為了說服國會的議員們幫助中國，她講了一個杜立德將軍（General Doolittle）的部下轟炸東京後不得不在中國內陸跳傘的故事，以此來強調中美兩國之間的友誼。跳傘的機組人員受到當地村民的熱情接待，中國人「都笑着擁抱他，像歡迎失散多年的兄弟一般」。這位機組人員的感受是，「當他看到我們的人民，彷彿已經回到了家」，儘管他先前從未來過中國。蔣夫人告訴在座的議員們，她此次訪美的感受就和這位跳傘的美國兵一樣，彷彿回到了家鄉。通過這則小故事，她成功地令聽眾感受到中美關係所蘊含的個人熱情而不僅僅是政治考慮。[12]

蔣夫人在演講中提倡全球性、普世性和人文關懷的價值觀，「未來之和平在精神上不至成為專對戰敗者之懲罰，在概念上不至以一區域或一國家甚或一大陸為對象，而以全世界為範圍，而其行動亦必須合乎人道主義。蓋現代科學，已將距離縮短至如此程度，以致凡影響一民族之事物，勢必同時影響其他一切民族。」[13]宋美齡在演講中用生動的語言強調彼此友誼和普世價值觀都是為了一個根本目標：敦促美國國會和民眾向中國提供軍事支持。她在演講中提到，正如國會先前向日本侵略者宣戰那樣，國會現在的任務應該是「協助爭取勝利，並創建與維護一種永久之和平」。[14]

據《時代》雜誌駐華盛頓記者弗蘭克・麥克諾頓（Frank McNaughton）的觀察，很多精於演說的國會議員都稱讚蔣夫人的演講實屬「二十年不遇」。[15]蔣在國內密切關注着宋美齡在美國的巡迴演講，在日記中對她的表現十分滿意，「國會聽眾之熱烈歡迎亦為向來所未有，此為其十年來修養與培植之苦心至今始得表現聊慰平生之願望。」[16]重要的是，伴隨着蔣夫人個人聲望達到頂峰，美國也認可了中國在國際舞台的重要性。

在第二天和羅斯福的聯合記者會上，蔣夫人保持了她在國會演講中的直率風格。當一位記者在提問中批評中國沒有投入更多人力時，蔣夫人答道如果得到更多裝備就可以武裝更多部隊參戰。羅斯福趕忙解釋說美國會以「上帝允許的最快速度」援助盟友，蔣夫人隨

圖 2.1　蔣夫人在美國眾議院發表演説。　1943 年 3 月 *Life* 雜誌

即補充道「上帝只幫助那些自助者」。她的回應引得全場大笑，並且廣泛見諸報端。[17] 蔣夫人的機智和幽默使她在與羅斯福面對面的交談中從容應對，以此展示中國在與美國同盟中的自信與平等。（蔣介石則絲毫不覺得上述對話有何幽默，在日記中寫道羅斯福「其言近於滑稽推托」，避免向中國承諾援助，儘管他「未知其語意果否如此耳」。）[18]

　　蔣夫人隨後來到紐約，她分別在麥迪遜花園廣場向 17,000 名美國民眾和卡內基音樂廳的 3,000 名美籍華人演講。在波士頓，她回到母校衛斯理女子學院發表演説。隨後她又來到芝加哥、舊金山（三藩市）和洛杉磯。在洛杉磯，亨利‧盧斯和《亂世佳人》的製片人大衛‧塞爾茲尼克（David O. Selznick）給了蔣夫人一個好萊塢式的歡

迎儀式，包括舉辦遊行和有200名影星參加的歡迎會。[19] 宋美齡4月
4日在好萊塢進行了她訪美以來最大、也是最後一場演說，30,000
名民眾在好萊塢圓形劇場一睹她的風采。

　　蔣夫人所具有的幾方面特質深化了她所展現的中國作為新進
強國的形象。正如前面提到的，蔣夫人的口才和對生僻詞彙的偏愛
讓記者們翻破了字典。三次獲得普利策獎的卡爾‧桑德伯格（Carl
Sandburg）稱讚蔣夫人是天生的演說家，「（蔣夫人）演講中的抑揚頓
挫，措辭的承上啟下令人驚嘆。但是這一切卻渾然天成，就像泰‧
科布（Ty Cobb）清楚自己是用11種滑進二壘方式中的哪一種。」[20]
還有記者寫道，在紐約麥迪遜花園的演講中，與威爾基那操着濃重
中西部口音的開場白相比，蔣夫人的英語簡直是「美國廣播中聽到的
最好發音」。[21]

圖2.2 二萬人聚集在芝加哥運動場聽蔣夫人演講。右下角為入場票存根，顯示時間為1943年3月13日。
胡佛研究所圖書檔案館圖片

　　蔣夫人的另一個優勢是她對美國歷史的瞭解。一位讀者在給《芝加哥時報》編輯的信中寫道，「蔣夫人比大多數美國人還瞭解美國歷史；發音比大多數美國人都要好；對美國自由精神的理解比大多數美國人都要深刻。我不知道別人對此作何感想，但是這促使我要更多地瞭解自己的國家。這都多虧了蔣夫人──一位偉大的老師。」[22]

　　蔣夫人對人過目不忘的能力同樣備受稱讚，這為她和美國人的交往增加了很多個人色彩，向中美同盟注入了一絲溫暖。在接受了芝加哥市長贈予的金鑰匙後，走向等待她的車子，宋美齡突然認出了人群中一位衛斯理學院已26年未見的同窗，並叫出了她的暱稱Rommie。在不得不離開之前，宋美齡緊握着這位昔日同窗的手，後者感動地落淚。[23]另一則報道注意到，在有200名好萊塢影星參加的歡迎會上，蔣夫人幾乎和每位來賓都能說上幾句親密的話，例

如問候霍安・本尼特（Joan Bennett）孩子們的情況，並感謝克勞黛・考爾白（Claudette Colbert）在一次號召救助中國的廣播中宣讀她給美國兒童的信。[24]

蔣夫人不顧嚴重的健康問題依然堅持完成巡迴演講，這種堅毅的品格令美方印象深刻。蔣夫人利用她的美國之行在美國診治她一系列慢性疾病，包括使她衰弱的蕁麻疹、嚴重腹痛和鼻炎。1942年11月27日抵達美國後，宋美齡就住進了紐約長老會醫院，直到1943年2月初才康復。她的健康狀況很差，不得不推掉一些邀請，包括接受普林斯頓大學的榮譽學位。[25]出院時，她的醫生羅伯特・勒布（Robert Loeb）一再叮囑她行程不得排得太滿，以免復發。[26]

蔣夫人不顧醫生的激烈反對，依然把自己的行程排得十分密集，但是有些行程還是因為健康問題被取消或延期，比如蔣夫人抵達芝加哥就比預計晚了一周。還有一次，在洛杉磯下榻的賓館中，她不得不拖着病體接見了當時正在亞利桑那州訓練的中國空軍飛行員代表，並向他們授予一面軍旗。根據美國媒體的報道，美國民眾對她的頑強頗為欽佩。[27]當時著名的明星八卦專欄作家海達・霍普（Hedda Hopper）記述：蔣夫人在演講中有時會面帶痛苦。蔣夫人的意志力令人刮目相看，霍普寫道，「自從住在好萊塢到現在，我還是第一次看見名流們不僅願意，竟然還急着接受後排座位——這都是為了一睹蔣夫人的風采。」[28]儘管蔣在日記中流露出「審事不周任其單身前往苦鬥之過」的悔意，然而「但深信其結果於國家前途必有良效也」。[29]

最後，幾乎所有人都讚美了蔣夫人的美麗。在芝加哥下榻德雷克酒店時，蔣夫人的出現據說令在場的人無不驚嘆和鼓掌，「她多美啊！——比照片還好看！」《芝加哥日報》社會版的編輯瓊・帕森斯（June Parsons）寫道，「沒有照片能捕捉到她那友善微笑的魅力……她遠比照片上更加甜美迷人。」[30]蔣夫人的穿着品味也影響了時尚界，時尚設計師莫里斯・倫特（Maurice Rentner）在當年夏裝設計中應用了刺繡花團和黑色絲綢穗帶等中國元素。[31]

儘管中美聯盟實際上緊張不斷，但是蔣夫人在美國名流或民眾面前表現得不卑不亢，魅力翩翩，這使得中國看起來在盟國中的地位也同樣平等。《芝加哥太陽報》的編輯特納‧卡特里奇(Turner Catledge)對蔣夫人代表中國在美國的形象進行了精闢的總結：「芝加哥對蔣夫人的愛戴，源於它對中國的尊敬——中國在我們這場戰爭中付出的巨大犧牲和勇氣；中國在戰爭中已經體現出的關鍵作用和為了最終勝利所需要的更大的作用；以及二十世紀的中國革命⋯⋯使女性可以成為為自由而戰的領袖，而蔣夫人就是這樣的代表。」[32] 但是這幅關於蔣夫人、中國和中國領導層的光輝形象卻沒能在稍後經得起美方和中方的推敲。為了理解其中的原因，我們有必要考察蔣夫人在訪美過程中展現出來的性別、種族和民主觀念，及其對中美關係的影響。

蔣夫人與美國社會對女性角色的期待

儘管蔣夫人的女性身分似乎向美國民眾和政客傳達出一種從屬的意味，她卻巧妙地避開了性別帶來的諸多限制。在當時家長式作風十分盛行的美國社會，蔣夫人十分老地道展示出女性的不同角色，進一步加強了中國在盟國中的平等地位以及國民黨政權領導者的進步與開明形象。

根據克里斯托夫‧杰斯珀森(T. Christopher Jespersen)對中國在美國形象的研究，蔣夫人作為歷史上第二位在美國國會演講的女性(第一位是荷蘭女王)，被美國各界婦女視為婦女未來地位提升方向的代表。[33] 埃莉諾‧羅斯福認為蔣夫人在國會所受到的歡迎「標誌着一位女性憑藉她自身的氣質和貢獻得到充分的認可，不再僅僅作為一位夫人(代表他丈夫)⋯⋯而是代表着她的人民。」[34] 在社會階層的另一端，來自芝加哥中國城年邁的莫伊(Moy)太太告訴記者，蔣夫人訪美給了她勇於穿着最時髦女裝的勇氣和「被解放」的感覺，似乎屬於「新中國」。[35]

蔣夫人的公眾形象和她所展示的蔣氏政權的進步色彩，在她

與蔣介石的婚姻關係中同樣得到了體現。蔣夫人在婚姻伊始就堅持維持其自主性。例如，婚後一個月，蔣夫人在給大學同窗艾瑪・米爾斯（Emma Mills）的信中寫道，「人的獨立性不應被婚姻侵蝕。因此，我希望堅持自我，而不是做委員長的太太。」[36]儘管在結婚的頭幾年，宋美齡十分低調，總是和蔣一同出現在公眾場合。但是她最終還是在中國樹立起自己的公眾形象，發起籌款運動建立軍事醫院和為陣亡將士遺孤建立學校。蔣夫人對婚姻中獨立性的追求明顯受益於她的美國教育和家庭出身的顯赫。

特別在中美關係方面，蔣夫人對她丈夫幫助良多。此次代表蔣介石訪美，宋美齡把蔣的要求以美國民眾樂於接受的方式表達出來，引起了後者的共鳴。在準備國會演講時，蔣指示她強調中美傳統友誼的五個方面、日本侵略野心的危險和強大領袖諸如華盛頓、林肯、耶穌、孔子和孫中山的重要性。[37]蔣夫人並沒有機械式列舉以上觀點，而是把它們以生動的形式講了出來。她並沒有不厭其煩地提醒國會注意日本的野心，而是巧妙地運用她對西方文化的理解做了精彩地表達：「即為國會整體利益着想，吾人亦不宜繼續縱容日本使其不獨為一主要之潛伏威脅，且為德瑪克利斯（Damocles）頭上之懸劍，隨時可以墜落。」[38]

儘管當時一些中國觀察家，例如蔣的顧問歐文・拉鐵摩爾（Owen Lattimore），質疑蔣夫人對中國國內事務的影響能力，[39]她依然是蔣最為重要的親信之一。宋美齡與她的姊姊宋靄齡、姊夫孔祥熙和弟弟宋子文構成了蔣氏家族的權力核心。[40]儘管蔣夫人的意見並不是在每個方面都有分量，但起碼在處理中美關係方面，蔣夫人的表現十分活躍並很有發言權，甚至有時獨當一面。的確，與國內事務相比，或許蔣夫人擔任國際事務發言人的角色更為出色——尤其是在她的美國之行後。

儘管美國民眾普遍視蔣夫人為強大和進步的女性，但是美國的一些報道還是差點損害了她精心打造的強大女性形象。首先，男性記者和觀察家們對她姿色和外表的重視往往超過了她的能力。例如在外貌和衣着方面，《新聞周刊》對她旗袍的描寫頗費心思，「她穿着

一件緊身長旗袍，開衩幾乎到了膝蓋。」《衛報》記者約翰‧基廷斯
(John Gittings) 在2003年對此評論道，「美國人對 (蔣夫人裝束) 的
讚美程度和他們的東方主義幻想一樣顯著。」[41] 女記者也注意到了她
美麗的外表。有報道這樣描述，「短短幾分鐘內，蔣夫人就令國會傾
倒⋯⋯嬌小地宛如一尊象牙小雕像，她穿上美國高跟鞋足有五英呎
高。」[42] 儘管上述評論中存在的性別偏見，蔣夫人的美貌和時尚穿着
最終對她十分有利，成功地吸引了公眾的關注並傳遞出中美平等的
訊息。誠如亨利‧盧斯所言，中國是美式民主的仰慕者，《時代》雜
誌社論對蔣夫人在國會演講評論稱，她不僅僅是個「迷倒國會」的「魅
力女王」，更是來自亞洲的一記強音，「提倡着 (美國) 開國元勳們所
孜孜不倦倡導的 (民主和自由) 原則。」[43]

　　諷刺的是，蔣夫人的美國之行還落入了英雄救美的比喻之
中。她關於中國需要援助的觀點與艾米莉‧羅森伯格 (Emily S.
Rosenberg) 總結的那種男性強加在女性身上的假設十分吻合，「戰
爭對家庭的讚頌⋯⋯和危險與暴力中男性的手足之情進一步擴大了
女性特質與男性特質在社會建構上的差別。」[44] 這些性別關係的假
設在美國與弱小國家的關係中體現為：例如拉丁美洲國家通常被塑
造為「淑女」形象，需要「山姆大叔」的保護。[45] 在類似的比喻中，一
位美國商人卡爾‧克勞 (Carl Crow) 把中美關係形容為山姆大叔在
追求一位穿着旗袍卻挎着一籃美國貨的中國女人。在美國媒體的筆
下，蔣夫人就像個嬌小的中國淑女，她和中國等着被一群高大的美
國人解救。[46]

　　「第一夫人」是宋美齡身上另一個性別化的標籤。在經歷了「維
多利亞式順從的女性觀與自我實現 (self-actualization) 的現代觀念之
間的衝突」，埃莉諾‧羅斯福重新定義了第一夫人的使命，令其 (在
國家事務中的) 作用大大提升。[47] 埃莉諾對自身的定位是羅斯福的
助手而非獨立的公眾人物，同時更多地投入到社會道德建設而非政
治事務中，以此避免了對她越權的指責。通過參與陣亡將士遺孤和
新生活運動，蔣夫人同樣表達了對維多利亞式女性觀的贊同，儘管
她和埃莉諾實際上已經重新定義了女性的社會角色。但是蔣夫人似

乎在各種不同的角色之間游刃有餘，而不必擔心受到非議。她可以輕而易舉地從撫育陣亡將士遺孤的「母親」轉而討論軍事援助和後勤問題。

蔣夫人承擔的多樣化角色令「她的形象超越了中美傳統社會對女性的限制」。[48] 在其後的中華民國或中華人民共和國的第一夫人們都沒有贏得能與她比肩的國際影響。但是蔣夫人1943年美國之行所起到的影響不應該被低估。除了為她自身贏得美譽之外，蔣介石在國際事務方面尊重蔣夫人意見的做法也向外界表現出國民黨領導層的開明，以及中國作為與美國平等盟友的地位。

蔣夫人和美國的種族歧視

相比性別問題來說，種族對蔣夫人來說是個頗為棘手的話題。這是因為在珍珠港事件之前，中美關係是建立在對中國人和華裔美國人的歧視的基礎上。儘管敏銳地意識到種族歧視的存在，但是蔣夫人十分清楚爭取美國對華援助是她此行的根本目的，這使得她在某些場合成了維持種族關係現狀的幫凶。在國會演講中，她避免提及中美關係中的帝國主義和種族歧視問題。蔣夫人十分清楚，演講中提到的「中美160年友誼」是不準確的——舉例來說，美國人（和英國人一起）在她的故鄉上海就擁有租界——但是這番外交辭令目的是為了不惹惱能幫助中國的美國人。[49] 儘管蔣夫人在對記者的即席發言中毫不掩飾地提及美國的種族平等問題，[50] 但是在正式場合中，蔣夫人保持着中美在外交場合的默契，避免戳到彼此的痛處：蔣夫人不談論美國的種族關係，美方也對國民黨政權的獨裁特點閉口不談。

中美在外交上的這種諒解和共識限制了蔣夫人旅美期間推動種族平等的能力。當全美有色人種協進會秘書長沃爾特．懷特（Walter White）邀請蔣夫人參加題為「膚色問題和『白人至上』在贏得戰爭與和平中的作用」的小組討論時，她婉拒了。[51] 美國著名小說家賽珍珠（Pearl S. Buck）對蔣夫人此行沒能對廢除《排華法案》的國會聽證會

發表意見表示失望。賽珍珠擔心，蔣夫人的沉默會使反對該法案被廢除的利益集團聯盟(包括美國退伍軍人大會，部分工會組織和美國南方的政客們)得逞。結果賽珍珠反而在聽證會上為華人利益仗義執言，說出了宋美齡想說但沒有機會表達的話，「在民主制度下，中國人應該與其他外國公民得到同等待遇；太平洋戰爭的成功有賴於中國相信美國國內的團結。」[52] 蔣夫人在這些場合的沉默使她沒能進一步擴大在美國受到的支持，並且默認了中國的從屬地位──因為她得罪不起那些能左右對華援助的利益集團。[53]

偷襲珍珠港後，針對死敵日本的種族主義行為在美國已經被視為合理。儘管種族主義並不適用於作為美國盟友的中國，但這足以令蔣夫人在美國表達種族問題時必須格外小心。因為美國在「種族優越感式的家長主義」(ethnocentric paternalism) 的外衣下，可能對中國有變相的種族主義偏見。在罔顧兩國存在的巨大歷史和現實差異的情況下，美國不再把中國人看作不相干的外國人，而是對美國心存嚮往的準美國人。在認識蔣夫人後，很多美國人或許錯誤地認為，所有中國人都和美國人一樣，精通美國文化，對自由和民主懷熱情。為了提升中國作為美國盟友的地位，美國媒體和羅斯福絲毫沒有糾正這種偏見。在美國之行最後一站位於好萊塢露天劇場的演講中，觀眾的狂熱主要集中在蔣夫人的一系列女性身分上，卻對她的種族身分視而不見──在整個活動中，蔣夫人沒有一次被稱為「中國人」。[54]

蔣夫人對種族問題的選擇性沉默再加上美國社會有意淡化種族不平等，這使得美國的種族關係在她訪問期間基本在原地踏步。在巡迴演講接近尾聲時，當美國許諾給中國的援助遠遠少於後者的要求時，美國黑人報紙《芝加哥捍衛者報》注銷一篇社論，重新詮釋了蔣夫人的國會演講，「蔣夫人清楚……現在日本的『德瑪克利斯』之劍並沒殺死多少白人；至少在眼下，它主要毀滅的是中國人、緬甸人、馬來人、爪哇人和印度人。蔣夫人知道他們都是世界上深膚色的民族，他們才是戰爭的真正犧牲品……而華盛頓的官員們只不過站起身，摘下帽子，拍拍手，然後再眨眨眼而已。」[55]

蔣夫人對那種中國嚮往美國的宣傳推波助瀾，使美國民眾完全

忽略了政府「歐洲第一」政策中的種族因素。在缺乏對中國真實情況的認識下，無論是戰場上士兵的需求和醫療待遇，抑或是國民黨政權的獨裁本質，美國人很少向中國領導層興師問罪或無法在對華援助物資數量上作出妥當的決定。最終，「自由中國泡沫」在美國興論中的膨脹使政客們決定，給中國任何數量的援助也都是合理的。

儘管訪美期間在正式場合沒有對解決種族問題表態，但是蔣夫人在私底下致力推動廢除1882年《排華法案》的努力與在美國的中國人和美籍華人參與戰爭的努力一起，於1943年為推進美國國內和國際上種族平等作出了很大貢獻。美國在1941年底對日宣戰促使美籍華人對自身的看法發生了很大轉變，很多人積極投身到戰爭事業中去，[56]總計13,499人（佔美籍華人成年男性總數的22%）報名參軍。[57]戰爭創造的工作崗位為華人提供了新的機會，打破傳統上華人集中在中餐館和洗衣店工作的刻板印象，參加與戰爭相關的崗位工作。紐約中國城的一個華人說，這是他第一次感受到自己是美國夢的一部分，並且對蔣介石夫婦這樣的中國英雄感到自豪，「這簡直就是兩個時代的差別，現在我們華人開始重拾自信了。」[58]

新的政治形勢令禁止華工赴美的《排華法案》顯得極度虛偽。隨着種族政策的新趨勢，蔣夫人在美國開始為她和她的家人曾經歷的美國對華人的歧視而奔走。儘管她的家庭在美國取得了成功，但是依舊面臨歧視，而蔣夫人對這些怠慢極為敏感。她的父親在美國被任命為傳教士，但是被派回中國後就降職為「本國傳教士（native preacher）」，收入比與他同級別被派往海外的美國傳教士低。蔣夫人後來告訴拉鐵摩爾，當她父親結束在中國內地傳教回到上海述職時，甚至都不得就坐。在她看來，她父親遭遇的這種怠慢充分説明美國人把他看作是低人一等的僕人，而不是平等的同事。[59]

不管宋氏姊妹表面上多麼的美國化，她們在美國還是曾受到歧視。在紐約中國城的一次演講中，蔣夫人回憶起年幼時她和兩個姊姊因為種族的緣故而不得進入佐治亞州的公立學校，只好在家接受安斯沃斯博士（Dr. W. N. Ainsworth）的輔導。[60]宋美齡曾對拉鐵摩爾説，美國人對她有一種高高在上的種族偏見態度，用如下

的口吻來評論她，「噢，是的，她當然很聰明；但她不過是個中國人。」[61]

　　或許是由於她對種族歧視的敏感，拉鐵摩爾注意到，蔣夫人訪美時總是堅持以最高規格的禮儀招待她。[62]這種堅持在她與邱吉爾的見面中體現得十分明顯。與羅斯福不同，邱吉爾毫不掩飾以帝國主義的方式看待世界秩序。莫蘭（Moran）勛爵是邱吉爾的私人醫生，他回憶道邱吉爾總是以維多利亞時代的東方主義口吻談論印度或是中國。在一言不發地聽取了羅斯福關於和中國結盟的必要性後，邱吉爾私下裏對莫蘭十分鄙夷地將中國人稱為「黃種人」。[63]在公開場合，邱吉爾也表示他認為中國不算是平等的盟友。就在蔣夫人在芝加哥演講的前一天晚上，邱吉爾在廣播講話中指出，亞洲戰場的目標在於從日本手中收復大英帝國的領土——這對於中國和殖民主義的批評者來說是直截了當的侮辱。此外，他在戰後世界局勢的恢復中絕口不提中國的參與，只說中國將會從日本佔領中被「拯救」。[64]

　　在這樣的時代背景下，蔣夫人對禮儀規格的堅持也就不難理解了。1943年5月，邱吉爾邀請蔣夫人在白宮會晤。當時她剛剛結束在全美的巡迴演講，下榻在紐約華道夫酒店。蔣夫人沒有接受邱吉爾的白宮邀請，反過來請他到紐約來看她。邱吉爾同樣拒絕了。為了化解僵局，羅斯福出面請蔣夫人來到華盛頓與他和邱吉爾共進晚餐。儘管蔣建議宋美齡應該出於禮儀與英國首相見面，同時叮囑她不要對邱吉爾耿耿於懷或討價還價，但是蔣夫人卻拒絕了她丈夫的提議。蔣不免在日記中批評她「固執己見，而置政策於不顧」。[65]令英國政府感到震驚的是，蔣夫人同樣沒有回應訪問英國的邀請。儘管蔣最初在3月26日勸她不要訪英，在5月15日卻改變主意，要她接受邱吉爾的邀請。但蔣夫人依舊以健康原因推辭了訪問。[66]儘管包括宋子文在內的一些人把蔣夫人的拒絕看作是任性的行為，但是這一做法同樣可以理解為她對平等甚至更好待遇的堅持，特別是在諸如英國那樣按人種劃定世界秩序的國家。[67]

　　在1942年5月給白宮經濟顧問勞合·居里（Lauchlin Currie）的信中，蔣夫人提到了民主國家，特別是英國，尚未將中國接納為

平等的盟友。她擔心的是，即使中國目前對戰爭的最終勝利十分關鍵，中國尚且得不到平等地位；如果在戰後重要性降低時，中國的地位就更值得擔憂了。在信中蔣夫人警告稱，「除非中國戰後在國際事務中被平等對待，否則中國人民的憤怒會掀起一場比我們目前所經歷的還要嚴重的戰爭。」[68] 在中國的地位問題上，蔣夫人表達出了她的同胞要求中國被平等對待的要求。作為蔣氏夫婦的仰慕者，蔣介石的一位專機飛行員回憶道，「在我眼中，委員長和蔣夫人把我們從受壓迫的國家解放出來……在我這一代人看來，是委員長夫婦把中國提升到了與世界其他國家平等的地位。」[69]

恰在此時，作為對蔣夫人眾議院演講的回應，紐約州民主黨眾議員馬丁·肯尼迪（Martin J. Kennedy）表示他將「趁着蔣夫人在美訪問期間的良機」推動立法廢除《排華法案》。[70] 蔣夫人則保證在非正式場合一定會趁熱打鐵協助此事。數月之後當國會就此舉行聽證會時，在一次晚宴上，蔣夫人席間向數位重要議員強調了廢除《排華法案》的重要意義，令他們明白這一法案的廢除將會提升中國的士氣，有利於戰爭形勢。[71] 羅斯福最終在開羅會議閉幕後的 1943 年 12 月 17 日簽署了廢除《排華法案》的文件。儘管這一舉動的象徵意義大於實際作用，因為新法案每年只允許最多 105 人入境，而且在頭十年中平均每年的入境人數限定為 59 人。但是這依然是推動種族平等的重要一步。中國城的一個華人說道，「既然我已經歸化為美國公民，我要把我的生日改為美國國慶日（7 月 4日）。」[72]

美方對華人態度的轉變，與蔣夫人對種族歧視的敏感，共同為美國向中國在彼此尊重的基礎上提供援助鋪平了道路。一封給《芝加哥時報》編輯的信中提到「聰明而出色的蔣夫人」十分清楚地讓我們明白「過去對中國人有多壞」，而且「多少《租借法案》的物資都無法彌補」。[73] 這似乎契合了蔣在日記中認為蔣夫人訪美傳遞給美國的訊息，即「中國要求美國補助物質非為贈予而為本分之」。[74]

儘管為了照顧美方的面子而沒有在國際或國內場合公開批評美國的種族歧視，蔣夫人還是在訪美期間努力推動了美國的種族平

等。在公開場合，她在中國城的演講中表達了種族平等的希望；在私底下，她對種族平等的堅持從與邱吉爾的來往中體現了出來。出於對蔣夫人和中國的尊敬，在訪美期間有不少個人和團體紛紛解囊向中國捐助。舉例來說，托萊多(Toledo)和密爾沃基(Milwaukee)的中國團體捐獻了2,500美元(相當於今天的35,000美元)。埃蒙斯‧布萊恩(Emmons Blaine)是聯合收割機公司創始人賽勒斯‧麥考密克(Cyrus McCormick)的女兒，捐獻了10萬美元並且全權委託蔣介石夫婦規定這筆錢的用途。[75]據估計來自全美各地大大小小的捐獻金額超過130萬美元。[76]儘管當時美國社會的種族環境十分複雜，《排華法案》的廢除和蔣夫人代表中國人與美籍華人在其中的努力提升了盟國之間平等的可能性。

蔣夫人與美國的民主價值觀

從在國會演講開始，蔣夫人訪美期間自始至終都盛讚民主價值觀，印證了盧斯關於中國是美國追隨者的觀點。但是宋美齡在訪美期間私下裏一些不太「民主」的行為與美國公眾心目中那個宣揚「民主」價值的蔣夫人出現了不小的反差。出於保持中美聯盟的考慮，儘管羅斯福政府和美國媒體盡量對公眾掩蓋這些有損蔣夫人民主形象的行為，但是這樣的做法卻對蔣夫人、國民黨政權，以至中國都產生了始料未及的後果。

為了呼應羅斯福所設想的國際民主秩序，即國家間的合作「並非是單向的」同時沒有國家可以「壟斷智慧或美德」。[77]蔣夫人積極地向美國民眾展示她代表着中國人民。以此推而廣之，也為國民黨政權增添了民主色彩。她曾經主持建立了一座位於南京紫金山下佔地上千英畝的小學，學生則是那些稱她為「媽媽」的來自最貧困家庭的烈士遺孤。[78]在戰爭期間，她親自為受傷的士兵包紮，檢驗美國運來的醫療物資，還縫製紅十字會的臂章。1943年《美國先驅畫報評論》就登載了一幅蔣夫人為受傷士兵包紮腳部的照片。[79]上述事例令人信服地塑造了蔣夫人的親民形象。

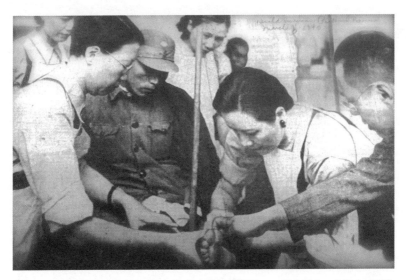

圖2.3　美國畫報讚揚蔣夫人，指一個女人的話改變了4.05億中國人，也還有時間為
傷者包紮。　《美國先驅畫報評論》1943年3月3日，胡佛研究所圖書檔案館圖片

　　在全美巡迴演講中，蔣夫人自豪地講述了中國人民在難以戰勝
的強敵面前做出了巨大的犧牲。在紐約麥迪遜花園演講中，她提到
日本王子近衛文麿曾認為三個月之內能擊敗中國，但是在多少個「三
個月」過後，他的預言還未成真。她還提到，儘管國民黨政府在重
慶為那些因日本轟炸居無定所的災民提供食物，後者卻予以拒絕，
因為他們感到自己所承受的痛苦和其他人沒甚麼分別。只有在他們
得知自己得到食物是因為對抗戰的貢獻時才肯接受。[80]與近衛王子
的妄自尊大相比，中國人民「正義的驕傲」使中國得以堅持抗戰至今。
　　蔣夫人甚至把她對平民百姓的關心帶到了美國。舊金山市長安
蓋洛‧羅西（Angelo Rossi）選擇優先與蔣夫人見面而沒有邀請碼頭
和倉庫工會代表與她見面，但是蔣夫人反而專程去拜見後者。這些
工會成員曾經在1932年發起支持中國抵制日貨的運動，並且讓華工
在碼頭上工作（相應地影響了美國工人的收入）。蔣夫人幾次在演講
中將在場的聽眾親切地稱為「工友們」以表達她的感激。一位記者記
錄了她在演講中與在場工人充滿熱情的談話：

「你們想輸掉這場戰爭嗎？」蔣夫人高喊道。

「不！」人群呐喊着。

「你們想擴大生產嗎？」蔣夫人問道。

「當然了！」

「那麼，」她喊道，「讓所有人都合作起來，擴大生產吧！」[81]

但是在公眾視野之外，蔣夫人和國民黨政權卻展現出不盡如人意的一面。儘管蔣夫人的貴族氣質並不影響她的民主形象，但是她似乎不太注意別人如何理解她的一些言行舉止，尤其在戰時緊急情況下。舉例來說，在蔣夫人一行住在白宮的12天（2月17至28日）中，她和姪子姪女們始終用拍手掌的方式來召喚工作人員，而沒有使用房間裏的手鈴或電話。有人稱「她基本上把級別低於內閣成員以下的人都當苦力使喚」。還有人認為，她在訪問白宮期間給羅斯福夫婦製造的麻煩是後者整個12年執政期間最多的。[82]當美國海關延遲了一批香煙入關時，蔣夫人手下的一名工作人員向財政部打了足足一天的電話，直到後者得到命令「把香煙運下船，空運到白宮去」。考慮到蔣夫人一行的「私德有可能對她的公眾形象產生不利影響」，羅斯福希望蔣夫人能在2月底啟程回國，但是後者直到7月4日才返回中國，而且這些被人詬病的行為在整個訪問期間並未減少。[83]

鑑於蔣夫人對自身形象的一絲不苟，對美國風俗的熟悉，和她此行赴美的使命是為中國求取援助，上述行為顯得難以理解。可能的解釋是，病痛加重了她專橫的一面，同時影響了她化解誤會的能力。國務卿科德爾·赫爾（Cordell Hull）特別顧問斯坦利·霍恩貝克（Stanley Hornbeck）注意到蔣夫人為了身體原因經常變更活動日程。儘管「美國人極強的時間觀念」，他還是建議把蔣夫人的行程排得靈活些。[84]此外，調低美方警衛人員（對蔣夫人守時）的期望也有助於減少他們抱怨冗長的等待時間和她難以預測的日程。[85]

蔣夫人的這類行為令她在美國期間一路展示出的民主形象顯得極其虛偽。儘管起初並未察覺，埃莉諾·羅斯福很快發現蔣夫人身

上流露出「不經意間的殘忍」。在白宮的一次晚宴上，羅斯福提到一位勞工領袖約翰‧劉易斯 (John Lewis) 給了他不少麻煩，並且問蔣夫人這種情況在中國該怎麼辦。根據羅斯福夫人的描述，蔣夫人比了一個「非常生動的手勢」：她靜靜地「抬起漂亮的小手，劃過喉嚨」。羅斯福趕緊給埃莉諾使了個眼色，岔開了話題。事後羅斯福還不忘拿此事向太太開玩笑，「您那位溫婉甜蜜的人怎麼樣了？」[86]

當蔣夫人看到白修德 (Theodore White) 關於河南大饑荒的文章登載在3月22日的《時代》雜誌時 (參見第10章)，她的反應則完全體現出埃莉諾所謂的「不經意間的殘忍」。白修德在文章中批評國民黨當局向饑民強徵糧食，指責當局沒有及時向災區運進糧食，避免饑荒的惡化。雪上加霜的是，在白修德結束對河南災區的訪問時，當地官員還大擺宴席為他送行。[87]蔣夫人看到文章後對白修德批評國民黨政府大發雷霆，強烈要求《時代》的總編輯盧斯開除白修德，但被後者拒絕了。[88]蔣夫人對處在水深火熱中的同胞沒有絲毫同情，似乎更關心她丈夫的政權。在這種情況下，即便是象徵性地對饑荒表達同情都會大有裨益。相反，對人民的極端冷漠顯示出蔣介石夫婦與同樣出身貴族的羅斯福夫婦的根本差別，同時反映出缺乏共同體觀念的精英式民族主義。

蔣夫人表面上對平民百姓的冷漠或許可以從她所處的派系紛爭的政治環境中找到答案。蔣介石喜好讓部下互相攻訐，但是卻嚴厲禁止對他本人、宋美齡和家庭成員的批評。久而久之，根據帕克斯‧科貝爾 (Parks M. Coble) 的研究，對批評的禁止或許讓蔣夫人認為，即便在民主制度中，她也可以免受法治的約束。[89]蔣夫人這種高高在上的心態或許還源自她信仰的基督教，令她相信她和蔣都是上帝的「選民」，是被主選中來統治中國的。[90]美國公眾對她的過分讚美或許也進一步助長了她的這種感受。格拉姆‧裴克 (Graham Peck，為美國戰爭情報局工作) 認為，以蔣夫人在美國所受的歡迎程度，「即便是一個最樸實的人也會頭腦發熱」。[91]總之，根據埃莉諾敏銳的觀察，儘管蔣夫人盛讚民主，但是民主對她來說太過抽象以致她不確定民主該如何在中國實行。[92]到了戰爭結束前，羅斯福總結認

為蔣夫人「對民主侃侃而談，但那時卻不知道如何實現民主」。[93]

　　儘管蔣夫人的巡迴演講繼續在美國受到歡迎，但是她身上流露出的違背民主價值的氣質開始引發擔憂。在1943年3月22日給羅斯福夫人勸她回訪中國的信中，[94] 賽珍珠寫道，「不少中國人都告訴我，『她的做派像個皇后……如果她能表現得更民主些，我們就會更滿意了。』」賽珍珠對蔣夫人的二姊宋慶齡 (孫中山遺孀) 沒能代表中國赴美表示很遺憾，因為後者「真正讓人民感受到她把他們的事業當作自己的來對待。」但宋慶齡顯然無法成行：對蔣氏政權的公開批評和傾向中共的立場使她當時幾乎被軟禁起來。[95]

　　賽珍珠兩個月後在《時代》雜誌上發表了她的批評，提示了關於自由中國的宣傳泡沫危機，儘管文章的口吻相對溫和。在題為〈給中國的一個警告〉的文章中，賽珍珠指出，「目前美國民間對中國好感十分高漲，甚至已經達到感情用事的程度。」她同時警告「那些急於給中國禮物的人……最終會譴責中國和所有中國人……這場戰爭的一個主要悖論在於，儘管蔣夫人是我們口才最好的布道者，但是中國人民卻是失語的。」[96] 賽珍珠的結論十分諷刺：蔣夫人看起來與把世界分成三六九等的邱吉爾有更多地共同點，而不是 (主張各國平等的) 羅斯福。

　　隨着蔣夫人在展現民主價值觀方面的言行不一，中美聯盟也開始變得緊張起來。儘管有羅斯福主張的民主國際秩序和蔣夫人的成功巡迴演講，美國政府卻沒有立即向中國輸送大批援助。事實上，在戰爭最困難也是中國最需要大筆援助的階段 (1941–1944)，美國總計只援助了中國價值2.8億美元的物資。這點數目與歐洲獲得的物資比起來「微不足道」，顯然不是「美國的重要優先考慮對象」。這一援華的目的只是讓中國有足夠援助繼續作戰，但卻無法保證戰勝日本。與此相對的是，到了1945年，中國收到了價值11億美元的物資，因為此時援助的目的轉變為擊敗中共。[97]

　　就在美國公眾對中國的好感日漸高漲之時，美國的政客和觀察家們卻開始對蔣介石和國民黨政權心存疑慮。但是鑑於保持與中國結盟在戰略上的重要性，美方有意忽略了蔣夫人的種種有違民主價

值觀的行為（包括對待白宮工作人員的態度，和無法容忍批評）。而且這種作為政治上權宜之計的選擇性忽視是集體性的，政府從上到下莫不如此。對中方來説，一味注意到蔣夫人訪美所受到的讚美卻失察於其中美方的批評和不安，或許使得中國對自身在同盟國中的地位過於自信。在蔣夫人結束訪美後，這種過度自信卻對國民黨和中國造成不利影響。

訪美落幕：蔣夫人和中美聯盟的轉折點

隨着美國之行大獲成功，蔣夫人在1943年7月回到中國後開始更加自信地發揮她的影響力。其中最重要地是，憑着自己在國際上風頭正勁，宋美齡勸説蔣介石將史迪威將軍留在中國，儘管掌握中緬印戰場的後者常常與蔣介石在使用中國軍隊方面發生激烈衝突。在陪同蔣出席開羅會議時，宋美齡與蔣介石、邱吉爾和羅斯福平起平坐的照片進一步強化了中國的大國形象和中國的進步色彩。但是蔣夫人新獲得的影響力，卻給國民黨政權和她自己造成了始料未及的後果。

1943年9月，就在蔣夫人凱旋沒多久，宋子文説服並代表蔣為驅逐史迪威而奔走。與此同時，蔣夫人和大姊宋靄齡聯手，試圖將史迪威留在中國。宋氏姊妹的做法至少部分緣於與宋子文的家族權力鬥爭。蔣夫人認為，正如拉納·米特（Rana Mitter）指出的，將史迪威趕走會讓公眾認為「在日本還威脅着自由中國的情況下，中美之間出現了巨大分歧。」此外，由於史迪威在公眾心目中是個英雄，驅逐他是不會得到軍事領導層和民眾的歡迎。[98]到了10月份，在薩默維爾（Somervell）將軍和蒙巴頓勛爵（Lord Mountbatten）的介入下，蔣最終決定接受太太的勸告，改變主意留下史迪威。蔣於是遷怒於宋子文，認為他把自己陷於不得不收回成命的尷尬境地，將宋驅逐出核心權力圈子將近一年之久。[99]

蔣夫人在此事上產生深遠的影響。她的介入不僅使蔣和史迪威之間的緊張關係又持續了一年，而且宋子文被暫時放逐出權力核心

導致他缺席了中方對翌月開羅會議的籌備工作(參見第13章)。這樣一來,作為陪伴蔣出席會議最佳人選的宋子文卻被禁止參與,代替他的則是妹妹宋美齡。[100] 蔣夫人增長的自信和影響力在11月的開羅會議上畢露無遺,以至於英國將軍艾倫·布魯克(Alan Brooke)12年後在日記中(應該是錯誤地)總結認為她才是蔣介石的「領導靈魂」。[101] 不幸的是,與她哥哥相比,蔣夫人在為談判排兵布陣方面遠沒有宋子文老練。蔣夫人糟糕的身體狀況,再加上經驗豐富的中方外事官員董顯光被排擠(因為他與宋子文關係密切),導致中方代表團遠沒有發揮出最好水平。結果蔣在開羅的表現簡直是一場公關災難,根據羅納德·海夫曼(Ronald Heiferman)的說法,僅一周之內這導致「宋美齡先前為國民黨政權和領導人樹立正面形象的努力」付諸東流。蔣由此意識到羅斯福視中國為負擔而非資產。事實上,這一態度的轉變有可能從蔣夫人訪美時就開始了,對中美兩國未來的同盟關係產生了極為不利的暗示。[102]

儘管蔣夫人回到中國後獲得了更多自信和影響力,但是觀察家們注意到她對自身和國家命運的看法開始改變。裴克注意到她「變得病態地自以為是,在私下裏總是煩躁不安,自相矛盾,這使她無論在個人和政治領域都不再像以前那樣明智了。」[103] 費正清在1943年9月採訪了蔣夫人,做出了類似的判斷:儘管她說到她的人生哲理是「人就是應該在困境中守住自己的理想」,她還是無法直面「中國的落後,包括物質、精神兩方面,以及它們之間的互相拖累」的這個現實。[104] 訪美期間,環繞左右的美國媒體和民眾對中國的讚美支持着蔣夫人樂觀地看中國。回到中國後,這些讚美的消失和中國現實的巨大反差對她打擊沉重。根據為她立傳的李台珊(Laura Tyson Li)的看法,回國前後蔣夫人性格大變,從一個通情達理的人變成一個易怒、僵化、以自我為中心和武斷的女人。等到1948年再度訪美時,蔣夫人明顯的缺乏自省使她在美國精英政治圈子中備受挫折。[105]

在訪美期間,蔣夫人在言辭中並未過度渲染中美兩國的關係,而是比較真實地反映出中美之間建立實際和互信的聯盟的可能性。儘管在事後可以輕易地對她那些不夠民主的行為評頭論足,就像埃

莉諾・羅斯福在1945年做的那樣，但是在1943年初的情境下苛責
她的所作所為，就有失公允了。無論對於蔣夫人、國民黨政權，還
是中國，1943年都是個好的開端。隨着她在國會和全美的演講大獲
成功，以上三者所蘊含的希望也達到了頂峰。如果能更多地考慮蔣
夫人的健康狀況而不僅僅是政治利益，又或者美國媒體能發表更多
批判性報道來影響民眾對自由中國的狂熱，那麼蔣夫人或許在回國
後就能從新開始她最初的理想和維持她卓越的個性。[106]與之相對的
是，蔣夫人回到中國時依然疾病纏身，而且對中國心懷失望，儘管
她為了提升中國在中美聯盟中的地位而不知疲倦地工作。最終，盟
國之間政治上的分歧，「自由中國泡沫」的膨脹，以及蔣氏夫婦把保
全他們的統治看得比中國的整體利益重要，使得國民黨政權開始走
下坡路。蔣夫人1943年的訪美之行也宛如劃過夜空的流星一般——
美麗，難忘，轉瞬即逝。

注釋

1 對威爾基來說，總統特使這個頭銜既給了他官方地位，同時又使他比較自由地
   表達個人立場。參見Steve Neal, *Dark Horse: A Biography of Wendell Willkie*
   (Lawrence: University Press of Kansas, 1989), 232, 236。

2 Zhang Baijia, "China's Quest for Foreign Military Aid," in *The Battle for
   China: Essays on the Military History of the Sino-Japanese War of 1937–1945*,
   ed. Mark Peattie, Edward Drea, and Hans van de Ven (Stanford: Stanford
   University Press, 2010), 294.

3 Wendell L. Willkie, *One World* (New York: Simon & Schuster, 1943), 141.

4 Frank McNaughton, "Madame Chiang in the U.S. Capitol," *Life*, March 8,
   1943, Henry S. Evans, clippings file, Hoover Institution Archives, Stanford,
   California.

5 Hannah Pakula, *The Last Empress: Madame Chiang Kai-shek and the Birth of
   Modern China* (New York: Simon & Schuster, 2010), 422.

6 Willkie, *One World,* 141.

7 T. Christopher Jespersen, *American Images of China,1931–1949* (Stanford, CA:
   Stanford University Press, 1999), 1.

8 同上引書，25，87頁。

9 Laura Tyson Li, *Madame Chiang Kai-shek: China's Eternal First Lady* (New
   York: Grove Press, 2007), 19, 26–43.

10 McNaughton, "Madame Chiang in the U.S. Capitol."

11 Madame Chiang, "House Speech." The text of Madame Chiang's speeches to both the House and Senate appeared in the *New York Times*, February 19, 1943, 4, hereafter cited as "House Speech" or "Senate Speech."

12 Madame Chiang, "Senate Speech."

13 Madame Chiang, "House Speech."

14 同上引文。

15 McNaughton, " Madame Chiang in the U.S. Capitol."

16 《蔣介石日記》，1943年2月20日，Box 43, Folder 1, Hoover Institution Archives, Stanford, California.

17 "Press Conference Number 881," in *Complete Presidential Press Conferences of Franklin D. Roosevelt*, vol. 21, February 19, 1943, 165, 168.

18 《蔣介石日記》，1943年2月21日，Box 43, Folder 1.

19 Jespersen, *American Images*, 101–102.

20 Carl Sandburg, "Sandburg: 'Mayling' Chiang Co-operation and Humility," *Galesburg Post*, March 18, 1943, Henry S. Evans, clippings file.

21 Herb Graffis, "Graffis: Madame Chiang, Teacher," *Chicago Times*, March 5, 1943, Henry S. Evans, clippings file.

22 "Madame Chiang" [Letter to the editor], *Chicago Times*, March 2, 1943, Henry S. Evans, clippings file.

23 Eddie Doherty, "Madame Chiang Thrills Throng; Makes Dull Day Memorable," *Chicago Sun*, March 20, 1943, Henry S. Evans, clippings file.

24 Marjorie Driscoll, "Madame Chiang Chats with Screen Stars," *Los Angeles Examiner*, April 2, 1943, Henry S. Evans, clippings file.

25 "Department of State: Division of Foreign Affairs, Memorandum of Conversation," February 16, 1943. Stanley K. Hornbeck, Box 49, Folder 1 of 4, Chiang Kai-shek and Madame Chiang, Hoover Institution Archives, Stanford, California.

26 Li, *Madame Chiang Kai-shek*, 207.

27 E.g., wirephoto, *Kansas City Star,* April 7, 1943, Henry S. Evans, clippings file.

28 Hedda Hopper, "Super Woman," *Chicago Tribune*, April 2, 1943, Henry S. Evans, clippings file.

29 《蔣介石日記》，1943年3月2日，Box 43, Folder 2.

30 June Parsons, "Madame Chiang Even Lovelier Than Her Pictures Show, Guests at Reception Find," *Chicago Daily News,* March 20, 1943, Henry S. Evans, clippings file.

31 Susan Barrett, "China Note: Introduced by Rentner," *Chicago Sun*, March 29, 1943, Henry S. Evans, clippings file.

32 Turner Catledge, "Why Chicago Loves Her," *Chicago Sun*, March 21, 1943, Henry S. Evans, clippings file.

33 Jespersen, *American Images*, 97.

34 Rochelle Chadakoff, ed., *Eleanor Roosevelt's My Day* (New York: Pharos, 1989), 283.

35 Rose Hum Lee, "Chinatown Welcomes Madame Chiang," *China Monthly*, June 1943, 21.

36 Thomas A. DeLong, *Madame Chiang Kai-shek and Miss Emma Mills: China's First Lady and Her American Friend* (Jefferson, NC: McFarland, 2007), 77, quoted in Pakula, *The Last Empress*, 184.

37 Pakula, *The Last Empress*, 420.

38 Madame Chiang, "House Speech."

39 拉鐵摩爾認為蔣夫人在蔣的內外政策制定和執行方面並無影響力。他提到只有在蔣夫人晚上休息後，蔣和他才開始討論政治。Owen Lattimore, *China Memoirs: Chiang Kai-shek and the War against Japan*, comp. Fujiko Isono (Tokyo: University of Tokyo Press, 1999), 138–139. 在內政方面，唯一的例外可能是蔣夫人在1936年西安事變中努力試圖營救蔣。蔣夫人甚至以身涉險，親自前往西安，在保全蔣的性命中發揮了重要作用。Samuel C. Chu, ed., *Madame Chiang Kai-shek and Her China* (Norwalk, CT: Eastbridge, 2005), 161.

40 Lattimore, *China Memoirs*, 142.

41 John Gittings, "Obituary: Madame Chiang Kai-shek," *Guardian*, October 24, 2003.

42 Pakula, *The Last Empress*, 421.

43 "Speech to Congress: Madame Chiang Kai-shek Calls upon the U.S. to Join China in War and Peace" [editorial], *Life*, March 1, 1943.

44 Emily S. Rosenberg, "Gender," *Journal of American History* 77, no. 1 (1990): 120.

45 Michael H. Hunt, *Ideology and U.S. Foreign Policy* (New Haven, CT: Yale University Press, 2009), 142; Jespersen, *American Images*, 88.

46 Carl Crow, *Four Hundred Million Customers: The Experiences—Some Happy, Some Sad of an American in China and What They Taught Him* (New York: Harper & Brothers, 1937), 283; Jespersen, *American Images*, 88.

47 Maurine H. Beasley, *Eleanor Roosevelt and the Media: A Public Quest for Self-Fulfillment* (Urbana: University of Illinois Press, 1987), 190.

48 Jespersen, *American Images*, 97.

49 Madame Chiang, "House Speech"; Li, *Madame Chiang Kai-shek*, 197.

50 一位記者問她對黑人（Negro Americans）是否有甚麼要講。記者複述了蔣夫人的答覆，「我對黑人沒甚麼可說的，因為我認為他們就是美國人民的一部分。當我對美國人民致辭時，我認為黑人就是這個國家的一個重要組成部分，與其他美國人沒甚麼兩樣。」蔣夫人的回答給這位記者留下了深刻印象。Deton J. Brooks Jr., "Madame Chiang Sees Race Vital in U.S. Democracy," *Chicago Defender*, March 27, 1943, 1.

51 Karen J. Leong, *The China Mystique: Pearl S. Buck, Anna May Wong, Mayling Soong Chiang, and the Transformation of American Orientalism* (Berkeley: University of California Press, 2005), 138–139.

52 Peter Conn, *Pearl S. Buck: A Cultural Biography* (New York: Cambridge University Press, 1996), 274.

53 Leong, *The China Mystique*, 139.

54 同上引書，143頁。

55 "Chinese Realism and Nordic Hypocrisy," *Chicago Defender*, April 17, 1943.

56 Ronald Takaki, *Strangers from a Different Shore: A History of Asian Americans*, updated and rev. ed. (Boston: Little, Brown, 1998), 370–371.

57 同上引書，373–374頁。

58 Diane Mei Lin Mark and Ginger Chih, *A Place Called Chinese America* (Dubuque, IA: Kendall and Hunt, 1982), 97–98.

59 Lattimore, *China Memoirs*, 141.

60 Mary Hornaday, *"The Greatest Woman in the Public Eye,"* Christian Science Monitor, April 10, 1943.

61 Lattimore, *China Memoirs*, 141.

62 同上引書。

63 Lord Moran, *Winston Churchill: The Struggle for Survival, 1940–1965* (London: Constable, 1966), 599.

64 Li, *Madame Chiang Kai-shek*, 222.

65 高素蘭編輯：《蔣中正總統檔案：事略稿本》第53卷（臺北：國史館，2011），428，456頁。

66 同上引書，101–102，433頁。

67 Leong同樣以性別關係的視角進行了分析。*The China Mystique*, 146–147.

68 Mme. Chiang's letter from Chongqing, May 18, 1942, Lauchlin B. Currie, Box 1, Folder, Correspondence: Madame Chiang Kai-shek, Hoover Institution Archives.

69 Li, *Madame Chiang Kai-shek*, 468.

70 Leong, *The China Mystique*, 150.

71 Takaki, *Strangers from a Different Shore*, 376.

72 同上引書，378頁。

73 F. M. Shureman, "Letter to the Editor," *Chicago Times*, March 25, 1943, Henry S. Evans, clippings file.

74 Chiang Kai-shek diary, February 27, 1943, Box 43, Folder 1.

75 Thomas J. Watson, "The Crossroads of America," in *The First Lady of China: The Historic Wartime Visit of Madame Chiang Kai-shek to the United States* (New York: International Business Machines, 1943).

76 在蔣夫人紐約演講後，亨利・盧斯注意到當場捐獻的金額就有30萬美元，還有約100萬美元的捐款已經敲定。T. Christopher Jespersen, "Madame Chiang Kai-shek and the Face of Sino-American Relations: Personality and Gender Dynamics in Bilateral Diplomacy," in Chu, *Madame Chiang Kai-shek and Her China*, 137. Since Madame Chiang was still in the early stages of her tour, this suggests that the total amount of aid was likely much higher.

77 Tony McCulloch, "Franklin D. Roosevelt in US Foreign Policy and Democracy Promotion," in *US Foreign Policy and Democracy Promotion,* ed. Michael Cox, Timothy J. Lynch, and Nicolas Bouchet (New York: Routledge, 2013), 82.

78　Li, *Madame Chiang Kai-shek*, 87–88.

79　*Herald American Pictorial Review*, March 3, 1943, Henry S. Evans, clippings file.

80　Watson, "In the City of Skyscrapers," in *The First Lady of China*.

81　Leong, *The China Mystique*, 147–148.

82　Doris Fleeson, " Madame Chiang Gave Roosevelts a Record Number of Headaches," *Buffalo Evening News*, December 14, 1945.

83　Barbara W. Tuchman, *Stilwell and the American Experience in China, 1911–45* (New York: Macmillan, 1971), 352–353.

84　Correspondence to Mr. Hamilton and Mr. Welles, March 4, 1943, Stanley K. Hornbeck, Box 49, Folder 3 of 4: Chiang Kai-shek and Madame Chiang, Hoover Institution Archives.

85　Pakula, *The Last Empress*,428.

86　Roosevelt, *This I Remember* (New York: Harper & Brothers, 1949), 284.

87　Theodore H. White, "Until the Harvest Is Reaped," *Time*, March 22, 1943, 21–22.

88　Li, *Madame Chiang Kai-shek*, 219.

89　Parks M. Coble, "The Soong Family and Chinese Capitalists," in Chu, *Madame Chiang Kai-shek and Her China*, 76–77.

90　Li, *Madame Chiang Kai-shek*, 475.

91　Graham Peck, *Two Kinds of Time* (1950; reprint, Seattle: University of Washington Press, 2008), 477.

92　Roosevelt, *This I Remember*, 283.

93　"Madame Chiang Chided by Mrs. Roosevelt," *New York Times*, December 5, 1945.

94　1943年羅斯福拒絕了中方提出的讓埃莉諾回訪的請求，原因在於他擔心埃莉諾訪華會給自己更多壓力，不得不提升中國戰場的優先級別。根據埃莉諾的密友和傳記作家，她「毫無怨言地接受了羅斯福的決定」。但是羅斯福還是察覺了她的失望，轉而勸她訪問澳洲和新西蘭。Joseph P. Lash, *Eleanor and Franklin: The Story of Their Relationship, Based on Eleanor Roosevelt's Private Papers* (New York: W.W. Norton, 1971), 679–680.

95　Theodore F. Harris, *Pearl S. Buck: A Biography*.Vol. 2. *Her Philosophy as Expressed in Her Letters* (Omaha, NE: John Day, 1971), 321–322.

96　Pearl S. Buck, "A Warning about China," *Life*, May 10, 1943.

97　Zhang Baijia, "China's Quest for Foreign Military Aid," in Peattie, Drea, and van de Ven, *The Battle for China*, 303–304.

98　Rana Mitter, *The Forgotten Ally: China's World War II, 1937–1945* (New York: Houghton Mifflin Harcourt, 2013), 303.

99　Tuchman, *Stilwell and the American Experience in China*, 395.

100　Ronald Ian Heiferman, *The Cairo Conference of 1943: Roosevelt, Churchill, Chiang Kai-shek and Madame Chiang* (Jefferson, NC: McFarland, 2011), 48.

101　出自布魯克的日記，引自Pakula, *The Last Empress*, 472.

102 *Heiferman, The Cairo Conference*, 159–160.

103 Peck, *Two Kinds of Time*, 477.

104 John King Fairbank, *Chinabound: A Fifty-Year Memoir* (New York: Harper & Row, 1982), 245–246.

105 Li, *Madame Chiang Kai-shek*, 471.

106 如果蔣夫人沒有病的那麼嚴重，或許她就不會那樣頤指氣使而受到詬病。大劑量安眠藥、各種慢性病的折磨和令人精疲力竭的日程安排，可以讓哪怕鋼鐵般的心靈屈服。Li, *Madame Chiang Kai-shek*, 477–478.

3

新疆和自由中國的救贖希望

金家德（Judd C. Kinzley）
賈建飛（Jia Jianfei）

1942年，中國最西部省份新疆的控制權易手。在經歷了蘇聯十多年的操控後，新疆督辦盛世才（1897–1970）背棄蘇聯轉而效忠蔣介石的國民政府。身處陪都重慶的中國官員們把新疆回歸視為一場重要的勝利，正如蔣在1942年12月的日記中將其稱為「國民政府自成立以來最大之成功」。[1] 對蔣和國民政府來說，新疆作為孤懸西北邊陲的貧窮省份，提供了國家統一甚至是國家救贖的期望。

國民政府對西北邊疆所寄予的厚望表明，1943年對於千瘡百孔的中華民族是個轉折點。從很多方面來說，重新收復新疆平衡了1931年日本對東北的佔領，而且也極大地振奮了致力收回清朝曾擁有領土的國民黨的士氣（參見本書第13章）。[2] 然而，國民黨在新疆的勝利只是心理上的。國民政府被日軍壓縮在中國西南山區（俗稱「自由中國」的國民黨統治區），與國外的陸上通道被徹底切斷，國統區內正被瘟疫和饑荒所困擾，同時極度缺乏自然資源用於戰爭。新疆的回歸似乎可以為上述問題的解答提供答案。新疆提供了通過蘇聯、伊朗和英屬印度向中國運輸物資的可能性；其廣袤的土地可以用來安置內地不斷增多的災民；新疆豐富的自然資源可以緩解戰爭亟需的礦產資源短缺，同時促進中國未來的發展。對蔣介石和國民政府來說，來自西北的這一意外收穫似乎驅散了籠罩於重慶上空的陰雲。

　　如果國民政府想好好利用這塊從天而降的領土，那就需要大費周折地把新疆更清晰地納入中華民國的版圖。1942年10月底，地質學家黃汲清（1904–1995）奉中央地質調查所的命令，前往考察新疆的礦產資源，並且開始規劃開採和向西南運輸的計劃。「到新疆去愈快愈好。」[3]隨着1942年底至1943年許多類似指令的下達，國民政府開始制訂一系列雄心勃勃的計劃，史無前例地加強新疆與內地的聯繫。通過廣泛使用國民黨資料，包括很多從未被引用的位於大陸和臺灣的檔案，本文考察了中國政要、地質學家和經濟規劃者在1943年將新疆納入中華民國的努力。

　　國民政府在規劃新疆的過程中充滿了樂觀情緒，與學者們筆下1943年戰時中國其他方面的暗淡無光形成了鮮明對比。正如本書其他幾章所揭示的那樣，本文對新疆的研究同樣表明，抗戰並非完全如這一時期大多數學者所研究的那樣，僅充斥着戰場廝殺、饑荒和難民、財產的毀壞、政府的腐敗等苦難經歷。在1943年中國遙遠的西北邊疆，一個預示着戰爭救贖和中國光明未來的機會正擺在國民政府面前。國民黨官員在規劃新疆這片失去已久的領土過程中洋溢的樂觀情緒，揭示出中國抗戰歷史敍述的複雜性，同時表明抗戰歷史的研究應該不再局限於國統區的政治、經濟中心和中共根據地。

俄國在中國的腹地

　　新疆（現在的新疆維吾爾自治區）是中華民國最西端的省份。當地非漢族人口在1920年代超過95%，其中大部分是穆斯林。這個貧瘠的地區在歷史上與中亞有着很強的經濟、政治和文化聯繫。新疆與中國的政治聯繫可以追溯到公元前二世紀漢武帝派兵在此地屯田戍邊。此後的很多朝代仿效漢武帝的做法，把新疆作為中國與歐亞強鄰之間的緩衝地帶。清朝在1759年平定該地，將其命名為「新疆」。

　　十九世紀後期俄國和英國對新疆的覬覦，促使清廷開始史無前例地將新疆整合到帝國之中。[4]但是清朝當時的政治和經濟形勢卻無力支持這些政策。在清朝最後20年中，嚴重的財政危機阻礙了中央

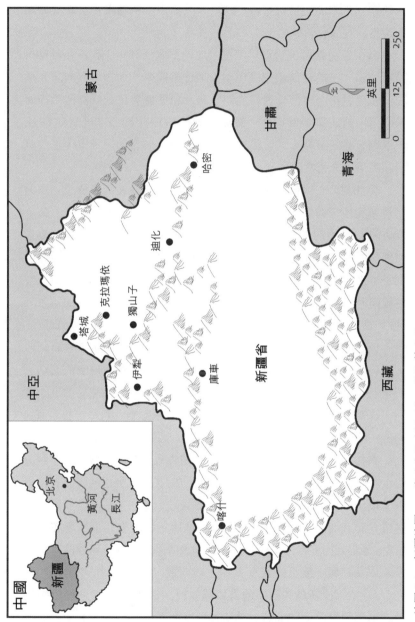

地圖 3.1　新疆地圖。　修改自 Debbie Newell 繪製地圖

在新疆建設交通基礎設施、建立政治機構和開採自然資源。中華民國的建立也未能讓情況好轉，經濟和政治因素依然阻止着新生的民國對新疆實施有效統治。

　　為了避免捲入民國初年席捲內地的軍閥混戰，新疆首任督辦楊增新（1864–1928）試圖把新疆與內地分割開來。面對中央向新疆徵稅、修建連接內地的交通線、開發礦產和派遣農民赴新疆開墾等要求，楊增新統統予以拒絕。從楊增新在1912年開始掌權到他1928年遇刺，儘管新疆形式上屬於中華民國的一個省，但是與內地的政治和經濟聯繫相當薄弱。

　　與此同時，蘇俄開始通過向新疆修築鐵路擴大其影響力，削弱了清朝和後來的民國把這個邊疆省份整合進中國版圖的努力。截至1899年，俄國的鐵路網已經逼近新疆的西部邊界。交通運輸的改善使俄國能以低廉的運費向新疆輸送大批商品並佔領當地市場，同時便利了軍力的投送和新疆自然資源的外運。當蘇聯在1927年準備在當地規劃另一條鐵路時，中國駐伊爾庫茨克領事發回一封急切的電報，「雖其表面所宣布之理由純以經濟為主在發展邊境工商業……實際上自不免含有政治上之目的。」[5]的確，隨着1928年這條幾乎與新疆西部邊境平行的鐵路線的落成，新疆與蘇聯的聯繫也變得空前密切。截至1920年底，蘇聯商品充斥着新疆的市場；盧布在交易中更受歡迎；蘇聯地質學家和工程師把開採新疆自然資源納入到蘇聯的經濟計劃中。蘇聯利用完備的基礎設施把新疆納入其廣闊的經濟腹地。

　　最終，1933年新疆的政權更迭危機導致了蘇聯對新疆的控制。盛世才，一位出生在東北的滿族軍官，在1933年憑藉蘇聯的直接軍事支援消滅了政治對手迅速崛起。整個三十年代，蘇聯以貸款、運送糧食和武器，甚至乾脆直接出兵（1938年將一支紅軍部署在新疆哈密）等形式向盛世才提供援助，幫助後者最終奪取了新疆的軍政大權。作為回報，盛世才接受共產主義學說，提出「六大政策，八項宣言」，把維持新疆和蘇聯的密切關係視為當務之急。[6]通過給予盛世才軍事和財政上的支持，莫斯科得以和新疆簽訂貿易協定，並獲得了直接利於其重工業發展的利潤可觀的開礦和採油許可。

為了表示他對斯大林和蘇聯的忠誠，盛世才在多個場合都希望蘇聯能兼併新疆，甚至在1936年勸斯大林吞併整個中國。三十年代末至四十年代初，由於盛世才對財力雄厚的靠山的熱忱與需求，新疆實際上已經變為蘇聯的殖民地。1941年德國入侵蘇聯的前夜，蘇聯的地質學家積極努力將新疆的礦產資源納入蘇聯的國家經濟規劃；蘇聯商人在新疆土特產貿易中位居主導地位；蘇聯顧問幫助新疆制訂其內外政策；蘇聯紅軍在新疆的活動也十分頻繁；包括漢族在內的所有非蘇聯公民在新疆境內的活動都受到嚴格限制。儘管國民政府的外交官會定期就新疆和蘇聯的密切關係向後者提出嚴重外交抗議，新疆對蔣介石和國民黨政府來說依舊是鞭長莫及。

但是到了1942年，蘇聯作為新疆主要盟友和靠山的地位開始動搖。盛世才把希特勒1941年6月入侵蘇聯看作是不祥之兆。自1941年9月30日至12月5日，蘇軍傷亡達50萬，67.3萬人被俘，還損失了1,242輛坦克和5,412門火炮。1942年春天，蘇德雙方在斯大林格勒反復拉鋸，難分勝負。[7] 這樣一來，蘇聯對新疆的援助和投資開始放緩，與此同時蘇聯官員開始設法把新疆的資源用於戰爭。鑑於蘇聯逐漸開始要求回報並且在可預見的未來不會給予新疆軍事和財政支持，盛世才開始物色其他的靠山，以求穩固他在新疆——這片至少在名義上屬中國的地區——的軍政大權。珍珠港事件後與美國結盟的國民黨政府和蔣介石似乎成為了盛世才的一個選擇。

1942年夏，盛世才與蔣介石之間上演了一出微妙的雙簧，雙方都在努力探查對方的動機和意圖。在不危及自身統治的情況下，盛世才急於迅速結束與蘇聯的關係。蔣介石則希望在不激怒蘇聯的前提下，迅速收回新疆。當年夏天，國民政府的一些高級官員來到省府迪化（現在的烏魯木齊）與盛世才商定新疆與蘇聯決裂的細節。8月底，在宋美齡訪問新疆後，雙方達成了非正式協議。1942年秋冬，在國民黨政治、經濟和軍事的支持下，盛世才抓捕了新疆省政府中的親蘇分子（包括毛澤東的弟弟毛澤民），同時將所有在新疆的蘇聯軍民驅逐出境。

1943年初，新疆的邊界擠滿了離境的蘇聯技術人員、專家顧

問、士兵和外交官。一同離開的還有滿載着工業設備、軍事裝備和近十年來蘇聯在新疆積累的報告和檔案的車隊。蘇聯遺棄的工業場區、軍事設施和礦場散布在新疆廣袤的土地上。就在一年前還在高速生產的獨山子油礦，隨着蘇聯撤走人員和主要設備，「留下的只有嚴重損壞的3.5千瓦發電機、抽油機、車床、鑽床、電焊各一台、十幾部破舊汽車」和幾座舊房屋。[8]

重慶趕來的國民政府官員，急切地踏進這片宛如浩劫之後的土地。他們努力將自由中國的政治機構擴展到新疆：修建連接新疆與內地的公路；把新疆的礦產資源納入中國的經濟計劃；向新疆派出漢族農民實施屯墾。國民政府希望藉此將新疆完全整合為中國的一個省，同時也希望能夠挽救日趨惡化的抗戰形勢。但是在此之前，國民政府的首要任務是讓新疆真正成為中國的一部分。1942年底至1943年，國民黨開始在新疆展開政治制度建設，以求讓新疆永遠屬中國。

新疆再轉向

1942年7月9日，為了打擊盛世才，蘇聯駐中國大使向蔣介石呈上一封信，其中詳細記載了盛世才分裂新疆和針對蔣本人的一系列陰謀：包括盛世才曾主動請求蘇聯兼併新疆，要求蘇聯征服中國，甚至在1936年建議蘇聯派特工暗殺蔣介石等。蔣十分平靜地接受了信，並禮節性地告訴蘇聯駐華大使，「關於新疆問題蘇聯政府理應直接與中國中央政府接洽，而不是新疆省政府。」[9]蔣這個看似有力的聲明卻掩蓋了國民黨在新疆缺乏基本政治組織和無法行使其政令的現實。新疆在1943年將經歷一次政治大轉向：蔣和國民黨官員努力在新疆建立政治組織來加強它與中央的聯繫。

1942年夏天，蔣在新疆省府迪化設置了外交部駐新疆的特派機構，掌管新疆省內國民黨相關事務，核心工作則是監視新疆與蘇聯的關係。從二十年代末至三十年代初蘇聯支持下的中共與國民黨之間的武裝對抗，到1941年斯大林背信棄義地與日本簽訂中立條

約，蔣和國民政府許多高級官員一直對蘇聯極不信任，但是由於蘇聯在反法西斯同盟中的重要地位，中國需要與蘇聯維持合作關係。派駐迪化的外交特派機構就是要在不激化中蘇關係的前提下切斷新疆與蘇聯的聯繫。蔣介石任命有留英背景的吳澤湘（1897–1973）為外交部駐新疆特派員。吳的任務是解除盛世才的外交自主權，包括接受新疆與蘇聯的各項談判，並召回盛世才派駐蘇聯中亞地區的領事。國民政府外交部規定，「遇有原則或關國家主權及經濟利益之各問題，無論案件之巨細，應先請示中央核辦」，[10] 吳澤湘和外交部在1943年應確保重慶壟斷新疆所有的對外聯繫。[11]

除了在新疆設立特派員，蔣介石同樣試圖平衡蘇聯在該地區的軍事存在。國民黨從駐紮甘肅的新二軍派出四個滿員師在1943年源源不斷開進新疆。據估計，到1945年，國民黨在新疆的駐軍達到10萬之眾。[12] 為了進一步削弱蘇聯在新疆的影響力，蔣試圖將蘇聯之外的外國人引入新疆。截至1943年4月，應中國外交部的邀請，英美兩國都在新疆首府迪化設立領事館。隨之而來的是大批英美的商人、政客和傳教士，蔣希望藉此讓新疆脫離蘇聯的影響。

在加強對省政府控制的同時，國民黨開始在新疆建立基層黨組織。重慶方面最初的想法是用國民黨黨部替換已經遍布全省的「反帝會」組織。反帝會由盛世才在1934年建立，在全省有巨大數量的成員，發行月刊宣揚盛世才和蘇聯在新疆的形象，其地方機構遍布新疆全境。1943年，國民黨努力在新疆增強政治權力並加強政治組織建設，以備未來可能發生的政治、經濟和社會變局，同時防止任何蘇聯再次控制新疆的企圖。

1943年1月16日，新疆各地舉行升旗儀式慶祝國民黨在迪化重建新疆省黨部。[13] 此後大批國民黨幹部、教師和政府公務員湧入新疆。國民黨宣傳機構一方面打出諸如「立國之基在西北」等新口號，同時以漢代張騫出使西域和班超長期駐守西域的事迹來激發人們的愛國熱情。

新疆的政治轉向還包括嚴格禁止傳播與蘇俄和馬克思主義有關的學說及標誌。國民政府和新疆省政府開始積極鏟除過去十年間蘇

聯在新疆的意識形態遺物。在1942至1943年與莫斯科的通訊中，蘇聯外交官抱怨新疆省政府官員大肆清除了與蘇聯相關的各種標誌物。列寧和斯大林的畫像從學校、政府機關和私宅的牆壁上摘下；馬克思的著作也被查禁銷毀。[14]

為了長期推行反蘇政策同時杜絕意識形態領域在未來或再次動搖，蔣決定重塑新疆的意識形態基礎。省城迪化的學校開辦了以孫中山「三民主義」為核心的課程。國民黨在當地的政治學校訓練了3,000名幹部和20,000名新黨員，他們將成為國民黨統治新疆的中堅力量。此外，國民黨還舉行了三民主義知識競賽和徵文比賽：全省建立了43個「中山室」來傳播三民主義和國父遺教，還建立了一個新的黨務出版社；該出版社在1944年已經編印了七本由省黨部精選、有關黨務培訓的新書刊。[15]

在新疆建設國民黨的政治機構，宣揚孫中山的三民主義思想，以及與盛世才爭奪新疆原有的政治機構等，都是國民黨政府在新疆實施的政治一體化的中心組成部分。儘管其中的有些措施並不成功，但是國民黨政府的官員們還是希望此舉能夠使新疆更為靠攏重慶。

拯救國家

收復新疆對重慶來說是個極大的勝利。在很多人眼裏，新疆的回歸簡直就是上天的恩賜。報紙上鋪天蓋地報道西北的文章將其稱為「奇迹」。曾親歷三十年代初新疆亂局的國民政府官員吳靄宸（1891–1965）注意到，「各界極感興奮」，[16]這種欣喜表露出人們對民國未來的樂觀情緒。的確，收復新疆不僅意味着在戰爭的困難階段振奮中國的民族主義，它似乎還能醫治飽受戰爭摧殘的中國面臨的各種問題：新疆回歸將結束自由中國與外部世界的孤立；新疆可以提供戰爭所需的礦產資源；新疆還可以提供糧食，同時將內地過剩的災民安置到新疆屯墾。

交通建設

截至1942年初，日本幾乎完成了對中國的孤立和封鎖。自1937年入侵中國以來，日軍將國民政府壓縮到落後的中國西南山區。日本海軍控制着中國的主要海港。1940年9月法屬印度支那向日本投降迫使中國關閉了南部邊界。1941年4月日蘇聯與日本簽訂中立條約，隨後緩和的日蘇關係似乎也阻斷了中國西部和北部的對外通道。1941年底美國對日宣戰一度令中國不再孤軍奮戰，但是隨着1942年初日軍攻佔緬甸，連接緬甸南部海港仰光和中國的滇緬公路被迫關閉，希望最終破滅了。

對國民黨來說，控制新疆似乎可以提供中國所亟需的對外陸上交通線。「凡關心國際通路者，莫不期望及早加強西北運輸以克服敵人封鎖我國之企圖。」一位在1942年夏季考察了新疆交通設施的國民黨官員寫道。[17] 國民黨希望可以通過新疆來接收盟軍的軍事援助物資，因此盟軍規劃了一條以卡拉奇港為起點，經由伊朗，穿過蘇聯裏海地區到達新疆的鐵路運輸線。[18] 在1942至1943年間，從倫敦的戰時內閣到華盛頓的國務院，運輸線路的策劃者着手處理微妙的外交關係和複雜的後勤工作。

國民黨方面在1943年則重點建設連接新疆與內地的交通線。1942至1943年間，考察隊開始在新疆全省展開測繪工作，為建設新的交通運輸網做準備。僅在1943年一年，檔案資料顯示五支考察隊耗資400萬元，開始實地探查規劃中從甘肅西部至新疆邊境城市塔城的鐵路線。[19] 中央研究院的一支隊伍完成了1943年在新疆為期最長的一次考察，他們行程2,300多公里，耗時170多天。[20]

國民黨的計劃是修建一條鐵路或公路主幹道，將整個西北的交通線連成網絡。線路的起點在陝西省西安或寶雞，向西經過甘肅省天水，穿過交通樞紐蘭州，向北通過甘肅西部的玉門關，經由河西走廊進入新疆，沿天山北麓哈密到達首府迪化，再向西經過曾經屬蘇聯的獨山子油田，最後到達新疆西北的邊境城市塔城。整條線路穿越崎嶇的西北，綿延將近3,500公里。[21] 此外，1942至43年的運

輸線還計劃連接內蒙古的包頭、青海的西寧和南部的四川成都。整個鐵路網全長共計5,840公里（其中最長段為甘肅至塔城的線路），計劃在10年內完工；連接甘肅和新疆塔城的線路預計將在1953年通車。[22]

採油和開礦

對國民黨來說，礦產和石油是持續抗戰的重要資源。除去國內工業的需要，在國際市場上銷售鎢礦和銻礦可以讓這個戰時政權獲得一筆可觀的收入。礦石可以用作貸款抵押和支付援助物資的預付款，以確保從蘇聯和美國更順利地獲得物資援助。如果把眼光着眼於未來，新疆的礦產資源則被視為戰後中國繁榮發展的基礎。新疆回歸幾個月之後，政府派出大量地質學家和調查團赴新疆考察，準備把開採新疆的礦業資源納入國家經濟發展計劃中。[23]

根據一位地質學家1945年的報告，就在回歸後的幾個月內，地質學家和各種考察團迅速湧入新疆，「陸續不斷，有各種考察團體組織，前往新疆作實地之調查」。[24]盛世才本人在1942年12月申請建立中國中央地質調查所新疆分所，並得到國民黨國民政府資源委員會的迅速批准。新疆分所在1943年3月建立，在當年餘下的幾個月裏就有21支地質考察團來到新疆考察開礦事宜。[25]重慶各機關開始定期收到關於新疆油田、錫礦、鎢礦、銅礦和瀝青資源的調查報告。[26]經濟部西北工業考察團1943年初的報告稱，「該省幅員廣大，物產豐富，工業發展之條件較陝、甘青寧均佳。」[27]

國民黨政府對新疆豐富的石油資源尤其感興趣，位於新疆中北部著名的獨山子油田就是由蘇聯投入大量資源發展起來的，時任國民政府經濟部長的翁文灝（1889–1971）應盛世才的邀請在1942年夏天考察了這座油田。[28]

除了石油資源，鎢礦作為另一種被蘇聯成功開採的資源也受到重視。鎢礦對國民黨政府的戰時財政尤為關鍵。作為製造武器所需要的合金鋼的重要原料，鎢礦被用於貸款抵押並出口至國際市場。[29]

新疆鎢礦工程處於1943年建立，其職責是鑑定蘇聯的礦山作業並勘探新疆鎢礦的分布和儲量。緊接着在1944年，由15人組成的科考隊從蘭州出發，西進新疆考察當地鎢礦，並開始制訂計劃將其納入全國發展規劃。[30]

安置災民

國統區的饑荒和隨之而來的大量災民是國民黨政府在1942至1943年面臨的重要困難之一。1937年抗戰以來，大量農民背井離鄉逃難到相對安全的西南。大量災民的湧入給本來可耕地面積就有限的自由中國造成困難，人地矛盾更為尖銳。1942至1943年華北的饑荒和傳染病盛行進一步加重了災民問題，當地400萬災民逃亡陝西和西南諸省（參見第10章）。新疆的回歸似乎為此提供了出路。新疆可以為無家可歸的災民提供耕地和工作，天山北麓富饒的耕地也可以向內地供應糧食。就在投靠重慶幾周後，盛世才和第八戰區長官朱紹良（1891–1963）共同提出將30,000至50,000人立即送往新疆屯墾，未來預計還會再派出100萬人。[31]

起初，國民政府企圖利用新疆的回歸來精簡其臃腫的官僚機構。1942年9月，蔣介石的設想是削減一部分軍政機關人員，把裁汰下來的人員派往西北。[32]1942年夏天華中和華北的一場大旱導致大量民眾流離失所，中央政府決定利用這個機會，將部分災民運往西北安置，一併解決開發新疆所需的勞動力問題。這些開荒者將成為新疆發展的中堅力量，為建設這個自由中國的「大後方」做出貢獻。正如一名官員在給蔣的報告中指出，「西北修路修渠缺人正多，或另興其他工作。」[33]另一位高級官員在報告中建議，解決「人口問題」的辦法是將河南災民安置在甘肅的河西走廊或新疆東部。報告建議政府撥出3,000萬元用於支付將50,000災民安置在新疆的運輸、住屋、衣物、設備等起步投資；這些安置在新疆的災民「可為國家保存元氣，並可增加生產建設力量」。[34]

在增加西北勞動力和解決內地災民的雙重驅動下，中央政府迅

速制訂了向新疆移民的計劃。在早期的設想中，蔣認為派出50,000人的計劃過於保守；在他看來，小小的寧夏省所擁有的可耕地就足以額外吸納200,000戶或是1,000,000災民。國民政府認為新疆移民計劃是個一箭雙鵰的好辦法，既可以安置內地數量眾多的災民，也能為裁減下來的政府公務員和士兵提供出路。

國民政府交通部、經濟部和農林部的官員們在1943年起草了從內地大規模向新疆移民的計劃。不過，由於後勤能力有限，最終決定在1943年先派遣30,000難民進入新疆。[35]農業專家也被派往新疆指導水利建設，增加當地的可耕地面積。1943年，開辦五個大型農場的草案被送往重慶。[36]根據農林部的一份計劃，截至1944年新疆共有100萬畝耕地經過考察，為大規模屯墾做好了準備。[37]

樂觀破滅

1943年對新疆來說意味着一系列雄心勃勃的規劃：政府官員和考察團起草或編纂了大量開發新疆的規劃藍圖、新疆地圖和調查報告。表面上，新疆似乎已蓄勢待發，隨時準備為抗戰作出貢獻，並為戰後經濟建設打下基礎。但是在1944年，這些規劃在殘酷的現實面前都成為泡影。如果新疆真的是中國抗戰時期的救星和戰後復蘇的關鍵，那麼就應該將國家的寶貴資源集中到新疆；中央政府也需要明確對新疆實施控制；並且與蘇聯政府簽訂和平條約。缺乏這三個因素，國民黨政府在新疆就很難立足。截至1943年底，上述目標無一實現，這導致來年國民黨在新疆的地位於內外勢力的打擊下被嚴重削弱。

如果國民黨政府要把新疆變成中國的一部分，就必須對新疆實施絕對的控制。民國建立以來，無力控制新疆督辦始終是中央政府控制新疆的重要阻礙。如果想要取得突破，國民政府的官員就需要有效確立重慶對迪化的約束。但中央政府很快發現，無論是派遣特派員還是建立國民黨黨部都不足以馴服新疆，因為盛世才根本不願意出讓任何實權。即便是在相對簡單的外交政策問題上，盛世才在

1942年底也不顧中央政府的命令，繞過重慶的外交特派員直接回應了蘇聯的一次外交抗議。[38]盛世才在1943年依舊抗命中央，因為他抵制了國民政府官員試圖接管他對駐中亞領事館的控制權的行動，確保了自己的親信在省內擁有實權，阻止了任何妨礙其在新疆獨攬大權的行為。

國民黨在新疆的政治建設並不成功，這體現在它未能阻止盛世才針對蘇聯公民的一次恐怖行動上。1942年底至1943年，面對新疆回歸中央後蘇聯的一系列激烈反應，盛世才決定驅逐所有在新疆的蘇聯公民，並發動了針對蘇聯人和任何隸屬於蘇聯駐新疆機關工作人員的抓捕行動。[39]正如一位蘇聯外交官在1943年向蔣介石提出的抗議，「今年4、5月期間新疆省內各級政府對當地蘇聯公民和機構的態度急劇惡化。」[40]顧忌到反蘇行動對中蘇關係的長期影響，外交部要求盛世才與蘇聯人打交道時要更加審慎。在與蘇聯的交涉中，國民政府的官員極力撇清他們與盛世才所作所為的關係，並強調盛世才在位的日子已經屈指可數，以此將外交影響降到最低。但是盛世才在1943年莽撞的反蘇行動最終嚴重影響了國民黨對新疆的控制。

如果蔣介石和國民黨有能力加強新疆與內地的交通聯繫，就能緩解蘇聯對新疆的威脅和抑制盛世才的我行我素。但是面對已是無底洞的戰爭開銷，國民政府根本無力支付連接新疆與內地公路和鐵路網所需的天文數字花費。儘管政府部門在1943年就開始研究建設新疆與內地交通線的計劃，但是巨大的資金缺口令他們一籌莫展。正如先前的清政府和民國的北京政府所同樣清楚的，修建連接新疆與內地的鐵路、公路和灌溉設施所費不貲。[41]為期10年的西北鐵路建設計劃花費巨大，交通部所計算的第一年費用就已達到驚人的6.57億元；穿過新疆南部的鐵路線還要額外花費4.44億元。[42]安置華北災民的計劃同樣花費高昂，僅在1944年，運輸災民和在當地建立農場的費用就高達1.5億元。[43]開發新疆的礦產和石油同樣需要巨額投資。但官員們在草擬採礦計劃時，誰也不清楚何時方能還清這些資本投資。

中央政府在1943年對新疆財政投入的義務日趨增加。國民政府並非沒有將新疆整合進中國版圖的規劃，而是缺乏相應的手段。自由中國在1943年的財政狀況令人絕望：財政收入大幅下降，戰爭開銷卻在增長，經濟還面臨嚴重的通貨膨脹（參見第9章）。中央政府在1943年及其後對新疆的投入少得可憐。連接內地和新疆的公路沒有完工；規劃中的西北鐵路甚至沒有破土動工；儘管制訂了大規模的農墾計劃，有限的財政投資導致屯墾最終失敗。到了1947年，前往新疆墾荒的災民紛紛給農林部發電報要求回到內地。正如一個滿腹牢騷的開荒者寫道，「新省水利如不完成，實無墾區可言。」[44]

由於缺乏足夠的財政支持，國民黨沒有能力建設新疆與內地的交通線，也無法將其整合到全國的商品和勞動力市場中。這就給了蘇聯可乘之機。沒有聯繫新疆與內地的強力基礎設施，盛世才背棄蘇聯投靠國民黨基本上毫無意義可言。蘇聯可以輕易運用其在新疆的影響力顛覆國民黨在新疆的各種規劃。儘管國民黨為使新疆完全轉向而做出了種種努力，但是他們對新疆發展的憧憬以及1943年中國的救贖卻依然完全操之於蘇聯之手。

即使是計劃中經由新疆的國際運輸線也因為地緣政治因素擱淺。1943年9月底，中蘇之間的緊張關係已持續一年有餘，蘇聯攔截了經中亞和新疆開往自由中國的載有500噸美國援華物資的車隊。[45]蘇聯的做法出於三方面的考慮：斯大林擔心中國開通新的國際交通線會導致蘇聯獲得的援助物資減少；擔心損害業已緊張的日蘇關係；擔心加強美軍在中國西北的軍事存在。在蘇聯的反對下，中國希望新疆作為國際運輸線的願望破滅了。

蘇聯不僅阻斷美國的援華物資進入新疆，還大幅降低與新疆的貿易往來。新疆從十九世紀以來，對俄貿易保持很高的依存度，而1942至1943年期間，雙方的貿易額卻降低了85％。[46]新疆的經濟因此遭受重創。落後的交通運輸使得內地運往新疆的商品數量根本不足以彌補貿易缺口。關閉邊境加劇了布匹、金屬製成品、茶、糖等生活必需品在新疆市場上的短缺，並導致商品價格大幅上漲。[47]對國民黨來說更糟糕的是，由於蘇聯停止與新疆貿易，新疆的原

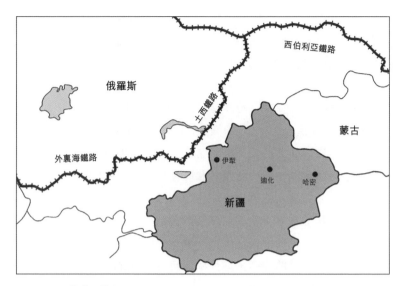

地圖 3.2　西伯利亞鐵路。 *修改自 Debbie Newell 繪製地圖*

材料失去了主要的出口市場。1943 至 1944 年，新疆出產的皮毛和
畜產品在當地堆積如山，收購價格劇烈下降，有些產品降幅達到
90％。[48] 很多牧民在 1944 年面臨生計困難，騷亂此起彼伏。新疆的
經濟困難，導致當地民眾中產生了反對國民黨統治和反漢情緒。為
了加強對新疆的控制，避免危機進一步擴大，蔣介石在 1944 年 9 月
免去盛世才新疆省主席的職位，將其調往重慶，然而已於事無補。

　　在 1943 年對納粹德國轉入反攻後，蘇聯決定利用它在新疆製
造的動盪奪回對新疆的控制權。1943 年 5 月，蘇共政治局改變了自
1910 年代以來支持新疆漢人的政策，轉而扶植伊斯蘭勢力推翻盛世
才在新疆的統治。1943 至 1944 年，為了打擊盛世才及其背後的國
民黨，蘇聯政府開始秘密向新疆的遊牧勢力提供武器。蘇聯甚至在
中亞建立基地，派紅軍教官培訓自新疆流亡而來的突厥穆斯林。

　　1944 年 11 月，裝備精良的哈薩克和維吾爾武裝分子向新疆西
部城市伊犁進軍。在蘇聯的大力支持下，這場小規模的騷亂演變為
一場危及新疆全境的排華親蘇叛亂。叛亂者佔領了邊境城市伊犁、

塔城、阿勒泰（有可能並非巧合，以上三個城市是新疆礦產最豐富的地區），以「東突厥斯坦共和國」的名義成立了新政府，史稱「三區革命」。由於蘇聯不願叛亂進一步擴大影響美蘇關係，「東突厥斯坦共和國」軍隊沒有進攻新疆其他地區。直到國民黨政府在1949年垮台，「東突厥斯坦共和國」始終盤踞在三區。

與1942年底至1943年的樂觀情緒形成鮮明對比的是，1944年意味着國民黨對西北的希望破滅了。三區革命的爆發使得人們不再幻想新疆可以成為中國的救贖者和戰後中國重建中的關鍵因素。此外，三區革命導致新疆再無可能作為國際運輸線；由於失去了礦產資源最為豐富的地區，新疆的礦業開發也擱淺了；即便是最有前景的在北疆安置災民的計劃也因為三區革命而陷入混亂。來自西北的這一縷希望之光轉瞬即逝。即便中國可以得到拯救，救贖的希望也不會是來自新疆。

結論

毫無疑問，國民黨在1943至1944年錯失了在新疆建立有效統治的機遇。蔣介石既沒有足夠的經濟實力把新疆整合進中國的貿易、商品和勞動力市場，也缺乏足夠的政治資本在當地建立新的政治組織來更好地控制新疆。最終，新疆未能拯救中國。這個失去的機會不僅影響了中國的戰後重建，而且也使得新疆直到新中國時期一直處於邊緣地位。但是國民黨1943年在新疆進行的大量調查、科考以及起草的很多規劃對戰後中國乃至1949年後新疆的建設和開發都至關重要。[49]很多規劃在1950至1960年代終於付諸實踐，最終把新疆牢固地與內地連接到一起。

國民黨1943年在新疆活躍的行動充分說明，與當時中國的政治、經濟和文化中心重慶和延安相比，新疆並非是個無足輕重的配角。中國的邊疆並不僅僅是蔣所說的「大後方」，廣義上來說，它也是抗戰的前線。正如盛世才在1943年和新疆其他政府官員的感受一樣，新疆不再是民國的「後院」，它已經變成了中國的「前院」。[50]從

蔣介石把新疆回歸視為民國成立以來「最大之成功」而言，他至少當時對此也並不否認。

不管屬前線還是後方，新疆在1943年的故事提示我們注意邊疆地區與宏觀戰時敘事的關係。本文的研究表明，任何全面瞭解中國抗戰的研究都不能僅僅把目光停留在「中國本土」所發生的事情。有別於過去以國民黨統治的中國內地為中心的戰時敘述，本文對1943年新疆的研究提出了一種研究戰時中國的新取向。這一新取向融合了國家與地方層面的敘事，使看起來地處邊陲的新疆既沒有被忽略，也沒有被降格為內地抗戰的「後方」。

注釋

1　盛世才：〈四月革命的回顧與前瞻〉，《新疆》，1943年4月12日，14頁。

2　同上引書，蔣在同一篇演講中指出，「其面積實倍於東三省」。

3　黃汲清：《天山之麓》（烏魯木齊：新疆人民出版社，2001年），2頁。

4　關於這一過程的研究，參見Joseph W. Esherick, "How the Qing Became China," in *Empire to Nation: Historical Perspectives on the Making of the Modern World*, ed. Joseph W. Esherick (Berkeley: University of California Press, 2006); Judd Kinzley, "Turning Prospectors into Settlers: Gold, Immigrant Miners and the Settlement of the Frontier in Late Qing Xinjiang," in *China on the Margins*, ed. Sherman Cochran and Paul G. Pickowicz (Ithaca, NY: Cornell University East Asia Program Press, 2010), 17–41.

5　〈蘇俄實行建築上西鐵路事呈送蘇聯交通部長之報告及路線圖事〉，1927年4月，外交部03–05–059–02–001，臺灣臺北中央研究院近史所。

6　參見Andrew Forbes, *Warlords and Muslims in Chinese Central Asia: A Political History of Republican Sinkiang, 1911–1949* (New York: Cambridge University Press, 1986)。

7　以上數據參見蔡錦松：《盛世才在新疆》（鄭州：河南人民出版社，1998），325頁。俄國學者Barmin認為盛世才是出於野心和貪欲而背棄蘇聯的，V. A. Barmin, *SSSR i Sin'tszian, 1941–1949* [The USSR and Xinjiang, 1941–1949] (Moscow: Barnaul, 1999), 13。

8　劉月華：《民國新疆石油開發研究》，碩士學位論文，新疆大學歷史系，2005年，32頁。

9　〈潘友新與蔣介石會談紀要：新疆地區問題〉，1942年7月9日，參見沈志華編譯：《俄國解密檔案：新疆問題》（烏魯木齊：新疆人民出版社，2013年），123–124頁。

10　引文參見Justin Jacobs, "Empire Besieged: The Preservation of Chinese Rule in

Xinjiang, 1884–1971," PhD dissertation, University of California, San Diego, 2010, 361.

11 盛世才積習難改，在1942年底直接回應了蘇聯的一次外交抗議。對此，外交部提醒吳澤湘，「以後有此類案件，最好不由省府徑覆，仍由該特派員商承省府轉覆蘇方」，同上引書，361–362頁。

12 Forbes, *Warlords and Muslims*, 168.

13 黃汲清在回憶錄中提到新疆北部獨山子油田的升旗儀式，參見黃汲清：《天山之麓》，40頁。

14 Barmin, *SSSR i Sin'tszian*, 30.

15 黃建華：《國民黨政府新疆政策研究》（北京：民族出版社，2003年），89頁；張大軍：《新疆風暴七十年》（臺北：文海出版社，1980年），5837–5841頁。

16 Jacobs, *Empire Besieged*, 364，原文參見吳靄宸：《新疆紀遊》（上海：商務印書館，1944），前言。

17 〈龔學逐關於新疆省交通運輸研究報告〉，1942年7月，參見《中華民國史檔案資料彙編財務經濟10》（南京江蘇古籍出版社，1991年），371–387頁。

18 這條國際運輸走廊最初是由英國戰時內閣下屬的中國石油補給委員會（Subcommittee on Chinese Oil Supplies）提出，後者稍後更名為援助中國執行委員會。該委員會主要負責處理與這條運輸線有關的中美蘇多邊外交關係，以及長距離國際運輸所需的後勤問題。該委員會的完整記錄參見British Library in the India Office Collection, file numbers L/PS/12/4618 and L/PS/12/4617。

19 〈蔣介石關於建設西北鐵路今後步驟與張嘉璈等來往代電〉，1942年10月，參見《中華民國史檔案資料彙編財務經濟10》，192–194頁。

20 新疆維吾爾自治區地方志編目委員會：《新疆通志第九卷（下）地質礦產志》（烏魯木齊：新疆人民出版社，1999），818頁。

21 〈蔣介石關於建設西北鐵路今後步驟張嘉璈等來往代電〉，192頁。

22 〈交通部關於擬發「西北十年交通建設計劃」致中央設計局秘書處公函〉，1942年10月，參見馬振犢編輯：《抗戰時期西北開發檔案史料選編》（北京：中國社會科學出版社，2009），220頁。

23 Judd Kinzley, "Staking Claims to China's Borderlands: Oil, Ores and Statebuilding in Xinjiang, 1893–1964," PhD diss.,University of California, San Diego, 2012, 238–243.

24 據估計有四個政府部門都向新疆派出了自己的科考隊，調查礦產資源。米泰恆：《新疆礦產紀略》，1942年，中央地質調查所信息室：編號2857，中國中央地質調查所。

25 〈各地呈請開採礦產〉，1942年12月24日，礦業管理003–010307–0026；國史館，臺北，25–27；〈查關於新疆省籌設地質調查所一事前奉〉，1943年10月11日，經濟部門：18–24C，14–4，臺灣臺北中央研究院近史所，3。

26 米泰恆：《新疆礦產紀略》；黃汲清：《烏蘇獨山子油田》，中央地質調查所信息室：編號4565，中國中央地質調查所，北京；黃汲清：〈新疆烏蘇獨山子石油及煤氣礦床説明書〉，1942年，中央地質調查所信息室：編號743，中國中央地質調查所；文龍：《新疆喀圖山金礦報告》，1942年，中央地質調查所信息：編號935，中國中央地質調查所；王恒生：《新疆地質調查概況及礦產公布》，1943年，中央地質調查所信息室：編號1142，中國中央地質調查所。

27 〈林繼庸關於西北工業狀況的考察報告〉，1943年2月18日，參見《中華民國史檔案資料彙編財務經濟10》，167–172頁。

28 翁文灝的估計頗為樂觀，如果國民黨向採油和煉油生產投入巨資，油田的產量將從每天1,000加侖上升到每天7,000加侖。出產的石油將通過新修建的運輸線運往前線。翁文灝，〈新疆省獨山子油礦視察報告〉，1942年，中央地質調查所信息室：編號3684，中國中央地質調查所。

29 截至1944年，中國的戰時財政幾乎完全依賴鎢石出口。很多情況下，鎢礦被直接用於交換美國提供的軍服和藥品。1944年9月3日，礦業管理001–113100–0004；國史館，臺北，94。

30 參見Kinzley, "Staking Claims to China's Borderlands," 241–242。

31 蔡錦松：《盛世才在新疆》，363頁。

32 〈蔣介石關於中央各機關裁員三分之一移局西北事致孔祥熙，何應欽〉，1942年9月22日；馬振犢：《抗戰時期西北開發檔案史料選編》，166頁。

33 〈蔣介石關於張鈁呈擬移殖豫省災民到河西安置致孔祥熙等快郵代電〉，1942年9月27日；同上引書，167–172頁。

34 同上引書。

35 〈關於移民新疆三萬人一案〉，1943年4月5日，經濟部門：20–26 52–8，臺灣臺北中央研究院近史所，3。

36 建成這些農場預計花費1,500萬元。〈新疆省政府建設廳民國三十二年水利農場建設經費計劃總表〉，1944年3月3日，經濟部門：20–00–61，臺灣臺北中央研究院近史所，1–3。

37 〈三十三年農林部建設計劃〉，1944年5月1日，經濟部門：20–00–61，1–4，臺灣臺北中央研究院近史所，4–5。

38 參見Jacobs, *Empire Beseiged*, 285–386。

39 根據蘇聯官員的描述，蘇聯公民在街上經常遭到侮辱；當地居民被禁止向蘇聯人賣食物等商品，否則就會被投入監獄；蘇聯人在新疆經常遭到當地警察和邊檢侮辱性地搜身。〈阿斯塔霍夫致杰卡諾佐夫函：新疆的反蘇活動〉，1943年6月15日，參見沈志華編譯：《俄國解密檔案：新疆問題》，152–155頁。

40 同上引書。

41 參見Kinzley, "Staking Claims to China's Borderlands," chapters 1 and 2。

42 〈交通部關於擬發「西北十年交通建設計劃」致中央設計局秘書處公函〉，1942年10月，第220頁。

43 〈中華民國三十三年二月一日起至三十三年十月三十一日止〉，1944年，經濟部門：20–26，33–8，臺灣臺北中央研究院近史所，1。

44 〈為呈請政府運回原籍事〉，1947年12月10日，經濟部門：20–26，33–12，臺灣臺北中央研究院近史所，1。

45 蘇俄攔截運輸車隊的舉動令英美中十分震驚。在1942至1943年與蘇聯進行多輪談判後，盟軍誤以為蘇聯同意了經這條國際運輸線向中國輸送援助。參見"Prospects of Opening the Sinkiang Route" (January 24, 1944), India Office Collection: L/PS/12/4918, British Library, London. 關於中方資料，參見David Wang, *Under the Soviet Shadow: The Yining Incident, Ethnic Conflicts and International Rivalry in Xinjiang, 1944–1949* (Hong Kong: Chinese University Press, 1999), 81n. 96.

46　厲聲：《新疆對蘇（俄）貿易史，1600–1990》（烏魯木齊：新疆人民出版社，1992年），511頁。

47　根據歐文‧拉鐵摩爾（Owen Lattimore）的研究，這些商品的市場價格在1942至1945年上漲了750倍。參見 Owen Lattimore, *Pivot of Asia: Sinkiang and the Inner Asian Frontiers of China and Russia* (Boston: Little, Brown, 1950), 179。

48　厲聲：《新疆對蘇（俄）貿易史，1600–1990》，500頁。

49　曾參與勘察和規劃新疆的黃汲清和翁文灝在1949年之後都為新中國服務。很多科學家和技術官僚在1949年後都留在大陸，為新政權服務，這在當時十分常見。參見 Morris Bian, *The Making of the State Enterprise System in Modern China: The Dynamics of Institutional Change* (Cambridge, MA: Harvard University Press, 2005); Judd Kinzley, "Crisis and the Development of China's Southwestern Periphery: The Transformation of Panzhihua, 1936–1969," *Modern China* 38, no. 5 (September 2012): 559–84; William Kirby, "Continuity and Change in Modern China: Economic Planning on the Mainland and on Taiwan, 1943–1958," *Australian Journal of Chinese Affairs* 24 (1990): 121–141。

50　Allen Whiting and Sheng Shih-ts'ai, *Sinkiang: Pawn or Pivot?* (East Lansing: Michigan State University Press, 1958), 155.

4

帝國 vs 民國
香港在同盟國之間

Nobchulee (Dawn) Maleenont

1945年9月，英國皇家海軍的戰艦開進了香港，這標誌着英國正式收回這片被日本佔領長達三年多的殖民地。但是英國人的回歸並沒有受到香港人的歡迎。相反，他們遇到的是空前高漲的民族主義浪潮：「在每個舢舨和幾乎每棟房子上都飄揚着中國國旗。」當地民眾希望香港能早日回歸中國。[1]數十年之後，《蔣介石評傳》的作者們將戰後香港的歸屬問題稱為1943年中英「平等」新約的最大諷刺。[2]

戰時戰略下的香港

香港在二戰期間的地位頗為特殊，它絕非是1997年回歸中華人民共和國時那樣的國際大都市。實際上在1940年代初，香港的經濟基礎無足輕重，也並無重要的戰略地位。但是在1942年底，香港淪陷一年時，中英兩國卻為戰後香港的歸屬吵得不可開交。在新約談判的過程中，香港問題始終阻礙着雙方最終簽訂條約，並對戰時中英同盟產生了重要影響。從表面上看，香港重要性的驟然上升似乎難以理解。但是當我們將關於香港的談判置於戰時的歷史情境中，就會發現香港的戰後地位和兩國關係與下列因素密切相關：戰爭進程、兩國在歷史和意識形態上的衝突、以及雙方在戰後亞太地區的影響力與地區安全的不同設想。

對於中國國民黨來説，英國統治下的香港代表着近代中國與列強不平等條約的起源，同時也始終象徵着國恥。1842年，鴉片戰爭戰敗後，清朝被迫和英國簽訂《南京條約》，割讓香港島。1860年第二次鴉片戰爭失敗後，九龍半島也被割讓給英國。1898年，英國以99年為限「租借」了新界，到1997年為止(譯者按：在本文中，「九龍租借地」即1898英國通過租借得到的「新界」，並非1860年《北京條約》中割讓給英國的九龍半島)。1898年清政府與列強簽訂了一系列割地條約，中國面臨被瓜分的境地。但是彼時的大英帝國卻如日中天，成為全球最大的帝國。

到了1930年代後期，昔日的日不落帝國開始走下坡路。由於在本土忙於和德國作戰，英國的亞洲殖民地在日本的擴張下岌岌可危。面對日軍的威脅，英國政府做出了一個迅速卻不情願的決定：放棄守衛香港的希望。正如邱吉爾所認為的，香港「無法防守」。[3]隨着納粹德國橫掃歐洲，英國無力保衛其亞洲殖民地。1941年聖誕節，在堅持抵抗不到三周後，香港陷落。日軍佔領香港開啟了大英帝國在遠東的崩潰：新加坡、馬來半島和緬甸在數月之內相繼失守，徹底動搖了英國在亞洲的統治。

與之相對的是，中國在同盟國中的地位卻開始上升。與1941年底和1942年盟軍在太平洋戰場上的敗績相比，中國在對日作戰中的頑強和勇敢顯得尤為突出。隨之而來的是中國收回完整國家主權的要求得到美國的支持，後者支持受壓迫和殖民國家的獨立。美國對中國示好的目的是也為戰爭服務。美國需要中國在亞洲戰場牢牢地拖住日本；它還計劃以中國為基地對日本發動最終反擊，徹底消滅日本帝國。[4]

與此同時，從西方盟國參戰，到英美在太平洋戰爭初期對日作戰失利，再到同盟國「重歐輕亞」的戰爭策略，中國的心態也經歷了矛盾和變化。儘管同盟國對中國的積極宣傳是為了鼓舞士氣，但是這種有時過於誇張的宣傳給國民黨和同盟國帶來的是對中國不切實際的幻想。不管怎麼説，中國是不可能憑藉自己的力量贏得戰爭的。在最初西方對日宣戰後，國民黨領導人認為日本的戰敗只是時

間問題。但是隨着太平洋戰場初期美英的失利，以及同盟國將更多的資源投入歐洲戰場，中方開始懷疑盟軍對日作戰的決心。1942年5月，英國在重慶的大使館報告稱，中方「擔心在擊敗德國後，英美將不會繼續對日作戰。」[5]隨着緬甸的陷落和滇緬公路的切斷，中國失去了唯一與外界相連的國際運輸通道，這種擔憂進一步加深了。最終，儘管同盟國輿論界不遺餘力地宣傳中國的抗戰努力，有傳言稱國民黨政府開始考慮和日軍媾和。[6]

雖然中國在1942年被寄予厚望，但是盟軍卻開始喪失對英國的信心(尤其是在亞洲戰場)。一位英國駐華軍官警告稱，「我們的士氣不振，而且有進一步低落的危險。」連英國外相安東尼・艾登(Anthony Eden)也認為「有必要盡一切努力打消中方的悲觀」。[7]英國認為，廢除中國長期以來視為國恥的治外法權能以最小代價提升英國在華的形象。艾登認為，「戰爭結束後⋯⋯維持我們在華的治外法權絕無可能」；一旦「中國政府意識到是我方主動提出(廢除治外法權)」，兩國關係會得到極大改善。[8]因此在1942年10月10日，英美聯合宣布準備廢除在華治外法權。但是出乎英國意料的是，國民黨反而拋出了一個令英國人難以接受的要求：將新界收回中國。新界的回歸將危及大英帝國在香港島和九龍的統治。

學界對戰時香港的研究比較充分。重要的作品包括安德葛(G. B. Endacott)的《香港之蝕》(Hong Kong Eclipse)和菲利普・斯諾(Philip Snow)的《香港陷落》(The Fall of Hong Kong)，記述了日佔時期的香港。托尼・班納姆(Tony Banham)的《毫無勝算》(Not the Slightest Chance)關注了參與香港作戰的英國軍官和平民。但是關於戰後香港歸屬的研究則相對較少。安德魯・懷特菲爾德(Andrew Whitfield)的《香港、帝國與戰時英美同盟》(Hong Kong, Empire and the Anglo-American Alliance at War, 1941–1945)一書僅敍述了英國方面對香港的政策，對中方的決策幾乎沒有涉及。懷特菲爾德認為，香港問題體現了英國帝國主義與美國的新世界秩序的衝突，而後者則是披着「民主」和自由外衣下的「霸權」。[9]

曾銳生(Steve Tsang)在《香港：迎向中國》(Hong Kong: An

Appointment with China）一書中採取更加平衡的角度，把香港問題置於中英兩國關係的背景下進行研究。但是該書的重點是1960年後英國和新中國之間的外交關係，及其對1997年香港回歸後的影響。目前關於戰時香港問題最詳盡的研究當屬陳劉潔貞（K. C. Chan）的《中國、英國與香港》（*China, Britain, and Hong Kong*）。該書中陳劉潔貞認為自1943年1月11日中英簽訂新約後，英國在戰後拒絕歸還香港的立場比1942年更加強硬，而國民黨則「不再大張旗鼓地要求（收回香港）」。[10]但是作者沒有回答為何蔣介石在1943年開始低調處理香港問題。

基於陳劉潔貞的研究和部分結論（即新約簽訂後，英國對香港政策開始強硬而中國則相反），本文討論的是國民黨政府在1943年對香港問題的決策過程，以及國內外政治形勢是如何影響這一決策的形成。[11]在中英於1942年底的談判以及1943年關於香港戰後歸屬的激烈爭論背後，雙方的戰略都是甚麼？中英雙方是如何看待對方在香港問題上的立場？雙方對香港戰後的規劃又是甚麼？總之，本文的主題是1943年新約簽訂前後英國的帝國主義和中國的民族主義是如何通過香港問題體現出來，以及雙方政策背後的意識形態和現實考量。

新約談判中的僵局

儘管英國人對自己的日不落帝國引以為傲，但是他們還沒有過於自負地認為在二戰結束之後，對亞洲各殖民的統治地還能維持戰前的狀況。在決定放棄保衛香港時，邱吉爾就意識到，他將在未來的「和平會議」上提出香港殖民地的未來歸屬問題。[12]早在1942年春季，英國政府殖民地部（Colonial Office）的官員們就承認，「面對戰後的中國政府，（香港）殖民地和港英政府的地位一定會有大變動。」[13]英國外交部同樣開始討論香港在戰後的命運，其中包括將香港部分領土還給中國的可能性。但是與此同時，為了加強與中國的關係，鞏固其在亞洲和全球的聲望，英國需要得到中國政府的好感。由

於同盟國對中國的同情和支持與日俱增，英國除了與這個它曾經鎮壓、剝削和簽訂不平等條約的國家合作之外，別無選擇。在1942年，英國政府決定放棄一系列從不平等條約中攫取的在華特權，以此向重要盟友中國示好。

1942年10月30日，國民政府收到了英方呈送的新約草案。除了治外法權和最惠國待遇，英國同樣放棄了天津和廣州的租借，以及在主要貿易港口上海的特權。英國政府希望以此換得中方的感激和好感，並從此不計前嫌。但是出乎意料的是，國民黨政府反而提出了一系列其他條款，其中包括收回英國租借的九龍租借地，而後者正是香港殖民地的重要組成部分。

英國駐美大使哈利法克斯（Viscount Halifax）對中方要求的反應頗有代表性：他認為這些要求完全不可理喻，而且「事出突然」。[14]但是任何中國問題專家都清楚，收回九龍租借地，甚至整個香港，對中國來說既非「突然」，更不是隨意而為。在起草新約前，英國政府就收到過來自內部官員的警告。駐華的英國特別行動處（Special Operations Executive）官員約翰・凱斯維克（John Keswick）在1942年夏季就指出，「中國人已經開始關注香港（的地位問題），這是無可置辯的事實。」[15]當英國在10月宣布準備放棄在華特權後，英國駐華大使薛穆（Sir Horace Seymour）以《大公報》的一篇文章總結了中國人民對此的態度：文章認為英方的聲明開啟了一個「新的時代」，英美「意識到中國和其他盟國一樣，肩負起同等責任」，因此「不應該再被視為半殖民地」。中國公眾相應地期待「任何違背國際法平等原則的列強在華利益和特權，都應被廢除。」其中包括領事裁判權、通商口岸的租借（concession）和租借地（leased territory）（例如新界）。文章還特別指出香港島「或許不在目前的討論範圍之內」。這意味着儘管中國認為目前的新約談判不包括永久性割讓給英國的殖民地（例如香港島），但是他們還是希望最終能夠將其收回。[16]

時任中國外交部長的宋子文聲明，中國政府收回租借領土的要求不過是奉中國人民和國民參政會的意志行事罷了。對於中國民眾來説，廢除治外法權不僅意味着收回司法主權，更標誌着期盼已久

的「不平等條約被斬草除根地終結」。[17]基於此，中國要求英國明確廢除所有不平等條約下的在華特權，並且從此承認中英雙方的關係是平等而互惠的。[18]這意味着被「租借」的新界，甚至包括香港島，都屬英國要放棄的在華特權。不幸地是，收回香港的要求成為兩國新約談判中的巨大障礙。截至1942年12月中旬，在新約談判中，英方已經同意了中方除收回香港以外的其他要求。但是任何一方都不願在租借地問題上讓步，都威脅拒絕在新約上簽字。[19]

為了理解二戰時期香港的重要性，我們首先需要明白為何中英雙方在租借地（即新界）問題上爭執不下。與英國在亞洲的其他殖民地不同，香港缺乏自然資源和物質生產能力。[20]從貿易的角度來說，上海的地位更重要（而英國願意放棄在滬的租借和特權）。中英雙方都認為香港沒有戰略價值。與之相對的是，新加坡對英國十分重要，因為它是重要的海軍基地。[21]就實際價值而言，在英國的遠東帝國版圖中，香港既非最著名的，亦非最關鍵的。但是中英雙方在香港歸屬問題上的僵局表明，香港更多地具有象徵和情感意義。

從談判最初開始，薛穆大使就提醒外相艾登，中國人不會在新界問題上讓步，因為他們希望和英國享有平等關係，英國必須承認中國政府對所有的租借和租借地擁有主權。薛穆的個人意見是放棄新界，這樣會在談判中為英國贏得保住九龍半島和香港島的砝碼。[22]但是雙方對香港稍有常識的官員都明白，失去了新界的自然資源（淡水）和設施（機場），香港就無法維持，而中國收回香港也就是時間問題了。艾登和他的下屬明白，國民黨政府意在徹底鏟除英國在華勢力。因此，英國外交部的很多官員認為「不管香港被收回後我們的對策是甚麼，現在必須抵制（中國人）的要求。」[23]艾登手下的兩位外交部次長對此表示同意。他們認為「（向中國人）讓步既不明智也不穩妥」，英國應該拒絕中國的要求，「即便是以新約談判破裂為代價」。[24]艾登對此表示認同，「中國人總會在租借問題上得寸進尺，我寧願寸步不讓（不交還任何租借）。」[25]但是英國外交部也清楚，直截了當地拒絕不但會與中國，甚至美國發生衝突。最好的策略是將這一問題擱置到戰後。

因此薛穆大使告知中方，九龍租借地的歸屬不在新約談判的討論範圍之內。英國人同時認為他們在其他問題上已經讓步很多，保留香港是為同盟國的戰後重建服務。中方則反駁稱，沒有把香港島像九龍租借地一樣納入談判中已是寬宏大量了。中方進一步指出，如果不將收回新界納入新約，後者也就沒無法起到它徹底消除中英之間誤解的作用。[26]

12月中旬，杭立武——國民黨內的親英派——私下建議中方讓步，接受英方的條件。杭立武提出，中國在新約中不涉及九龍租借地的歸屬問題；作為回報，英國同意在日後商討此事。[27]薛穆擔心，蔣介石堅持要求英國在戰後歸還新界。[28]薛穆的擔心不無道理。蔣在12月22日的日記中就明確表示收回九龍租借地的立場，並稱如果英國不同意，他就拒絕批准新約。[29]薛穆還是把杭立武的意見轉給艾登，並且敦促外交部接受這個妥協意見，因為他認為中方現在已經騎虎難下。[30]

12月22日，中國駐英大使顧維鈞介入談判，開始游說英國。[31]顧維鈞強調，考慮到委員長的脾氣秉性，英國只有把歸還新界寫入新約，蔣才會簽署條約。[32]但是艾登拒絕讓步，他表示如果中方拒絕簽約，那麼英國也就只好坐視談判破裂。[33]實際上在英國方面，邱吉爾和艾登的立場與蔣一樣強硬。出於民族尊嚴(對英國人來說，則是帝國的尊嚴)，中英雙方都拒絕讓步。英國對此極為不滿：他們為自己沒做到也沒承諾的事情而遭到中方的責難表示不滿，而且中國人也沒有感激他們主動提出廢除治外法權。[34]由於香港問題，本應提升中英關係的新約現在卻在兩國之間製造了巨大分歧。

打破僵局

從外交立場和當時的全球輿論角度來說，英國比中國處在更加不利的地位。儘管新約談判的破裂會損害中英關係，並且讓中國可能喪失來自英國的援助。但是藉着廢除不平等條約、收回完整國家主權的東風和美國的支持，國民黨政府實際上並不需要英國的批准

來收回故土，它甚至可以單方面取消英國的在華特權。在 12 月 21
日的內閣會議上，很多英國官員表達了這樣的擔憂：

> 拒絕在新約上簽字並不意味着我們會保住治外法權：中國和
> 美國簽約後，治外法權自然就會被廢除；但是（不簽署新約）
> 意味着我國在華公民將無法得到任何新約所規定的補償性保
> 證條款和權利。中國人會把九龍租借地和天津與廣東的租借
> 相提並論⋯⋯這不僅對本國的輿論產生影響，而且也不會在
> 美國獲得支持。[35]

如果新約談判真的破裂，英國不僅會失去在華的領土和利益，而且
會嚴重損害其世界強國的名望。

截至 1942 年 12 月，來自外界的壓力促使中英雙方開始在新約
簽訂上加緊步伐。中英兩國關係的破裂將嚴重影響盟軍對日作戰。
由於美國此時主導着同盟國的戰略，而美國領導層相信中國在人力
資源和地理位置方面對擊敗日本具有決定性作用。但是在對日反攻
前，中國軍隊亟需整補和重新裝備。向中國運輸大量物資必須奪回
滇緬公路，而這需要英國軍事力量的幫助，尤其是皇家海軍。

與此同時，中美雙方已經完成了新約的談判，並準備在 1943
年元旦對外宣布。而且令蔣感到惱火的是，國民黨《中央日報》在
1942 年 12 月 27 日洩露了新約在元旦發布的消息。[36]現在就差中
英雙方達成協議了。為了和美國保持一致，英國在條約上不少問
題都採取了讓步態度，其中就包括英國頗為看重的貿易「國民待遇
（national treatment）」。[37]為了趕上元旦的截止期限，英國人同意杭
立武的提議，將九龍租借地問題留到戰後討論。[38]但是英方的讓步
僅限於此，艾登想讓美國向中方施壓接受讓步。[39]

與此同時，中國也面臨簽約的巨大壓力：一方面是因為不想得
罪英美，另一方面是中方得知南京政府主席汪精衛已經飛往日本，
和東條內閣商談廢除日本在華特權事宜。[40]蔣對於中美新約簽字的
推遲十分惱怒。他認為是英國從中作梗，斥之為「可惡」。[41]宋子文
和顧維鈞則努力促成新約早日簽訂。儘管宋子文承認他希望迫使英

國在九龍租借地問題上盡可能多點讓步，但是並不想以犧牲整個條約為代價。[42] 隨着 12 月接近尾聲，宋子文極力游說顧維鈞和他一起勸蔣同意簽約。

在回憶錄中，顧維鈞寫道，他面見蔣介石，試圖平復蔣的憤怒並勸他接受條約。他告訴蔣，英國認為新約是給中國的一份禮物，而禮貌的做法是先接受這份禮物，畢竟中國在日後總可以重啟九龍租借地的談判。根據他在倫敦與一些英國官員的會面，顧維鈞認為英國對於歸還香港的態度是真誠的。[43]

1942 年 12 月 30 日，宋子文和顧維鈞再次面見蔣介石，表示英國維持現有立場，並希望中方明確聲明在條約中不涉及新界問題。蔣則大怒，認為這是無法接受的條件。但是與此同時，中美英三方正在計劃 1943 年初的緬甸戰役。國民黨政府也面臨收復緬甸的國內輿論壓力。[44] 蔣心中清楚，在這個節骨眼上得罪英國會危及奪取滇緬公路戰役的進行。就在當天，蔣終於決定讓步，在日記中寫道，「一俟戰後，用軍事力量由日軍手中收回，則彼雖狡猾，亦必無可如何。」[45] 1943 年 1 月 11 日（日本和南京政府在兩天前簽訂了日本放棄在華特權的條約），中英兩國終於簽訂了新約，耗時兩個多月的談判終於落幕。

為甚麼英國不願在香港問題上讓步？部分原因出於是面子和尊嚴。對中國、英國、甚至美國而言，戰後香港的歸屬是各方在遠東地位和實力的體現。英國人擔心，一旦在香港問題上對中國讓步，就埋下了「在其他事務上面對中國壓力」的可能性。[46] 英國外交部北美部的巴特勒（N. Butler）認為英國同樣也不應該屈從於美國：

> 我們在無論何種情況下都不應該向來自美國的壓力讓步……最壞的情況莫過於讓美國人相信，我們是在他們的壓力下才「公正地對待中國」。這或許會讓美國在其他事務上做出令我們不快的結論。[47]

「其他事務」和「令我們不快的結論」意味着英國對中國的影響力和大不列顛帝國在戰後其他地區的地位問題。說到底，英國人擔心的是

暴露帝國的脆弱性，並且在戰後彌補這種脆弱性的可能。在香港問題上讓步意味着中國和美國會在戰後進一步威脅大不列顛帝國的地位。帝國主義霸權的終結對英國政府來說是不可想像的事情，尤其是對邱吉爾這樣徹頭徹尾的帝國主義者來說。

對中國而言，香港在當時的象徵意義遠大於其實際價值：收回不平等條約體系下中國喪失的所有領土是國民黨政府的重要目標。蔣在《中國之命運》中對此極為強調（參見第6章）。蔣在《中國之命運》不僅宣示了中國要重返世界強國之林，更表明了要將帝國主義勢力徹底逐出中國的決心。《中國之命運》將近代中國所有的不幸和問題統統歸結於外國的影響（特別是帝國主義）。帝國主義給中國帶來的種種苦難包括：延長了中國陷入內亂的時期，阻礙了中國展開國防所必須的經濟重建，以及將中國變為「東亞病夫」等等。[48]因此收回香港意味着國民黨在驅趕帝國主義在華勢力上邁出了成功的一步。但是從另一個方面來說，《中國之命運》所宣揚的排外觀點和當時國民黨中國的現實是矛盾的：沒有西方盟友的援助，國民黨連抗戰都無法打贏。除非國民黨中國已經強大到毋須西方的援助，蔣不可能將這種對西方的強硬態度堅持到底。很不幸地是，這使中國陷入了一個困境：為了打贏抗戰，國民黨需要的援助恰恰來自那些曾經讓中國陷入積貧積弱的西方列強。

妥協的根源

隨着包括香港問題在內的談判以妥協告終，英國得以暫時擱置香港的戰後地位問題。但是問題卻依然存在：日本戰敗後，誰將佔據九龍租借地和香港島呢？到那時中英兩國該如何處置此事？陳劉潔貞認為，中英新約簽訂後，英國「對香港的態度開始強硬起來」。[49]但是通過研究英國殖民地部和外交部的文件，以及國民政府高層的往來通信，我認為1943年英國在香港未來地位問題上的立場與先前保持一致，並未出現顯著變化。1943年盟軍的軍事勝利和帝國主義信心的恢復給了大不列顛帝國復蘇的希望。舉例來說，

一方面由於英國在同盟國中地位的上升，同時受到中國協會 (China Association，位於英國代表在香港英商利益的機構) 的壓力，殖民地部開始制訂更清晰的戰後香港政策。1943年夏，殖民地部成立了香港計劃小組 (Hong Kong Planning Unit) 負責制訂英國收復香港後的改革行政等方案。此外，殖民地部還推動英國政府內部各機構的磋商，討論英國是否要在日本投降時佔領香港，以及如果答案是肯定的，將制訂一個怎樣可行的計劃來達到這個目標。

　　1942年新約談判中堅持英國對香港主權的外交部在1943年對這一問題的熱情有所減退。英國外交部的約翰·布瑞南 (John Brenan) 指出，無論中國在戰後的統一程度如何，中國政府都不會坐視香港不管；「即便是某些人把香港當成戰亂時期避風港的想法，也無法和中國收復其所有領土的要求相比。」英國當局的很多官員都益發認為「不值得為香港一戰」，他們建議用香港作為交換的籌碼，保證英國在亞洲其他殖民地的利益。外交部的很多官員擔心，堅持對香港的主權會促使中美兩國走得更近，並站在英國的對立面。他們的想法是，如果香港問題得到解決，英國則有可能在未來「與中國位於緬甸、馬來亞和其他地方的衝突中得到美國的支持。」[50]

　　英國首相邱吉爾的態度對制訂戰後香港政策也毫無幫助。邱吉爾在1942年底聲明，他不會眼睜睜看着大不列顛帝國的解體。邱吉爾在1943年10月與美國國務院的斯坦利·霍恩貝克 (Stanley Hornbeck) 談話時重申了這一觀點，同時指出「香港是英國的領土，他 (邱吉爾) 看不出任何結束這一狀態的理由。」邱吉爾認為「或許可以和中國達成某些協議，(香港的) 主權可以進行一些調整，但是英國必須保留對香港的行政權和在政治上的控制。」邱吉爾進一步強調稱「他對上述 (關於香港的) 立場十分堅定，可以對任何人直言不諱。」邱吉爾的帝國主義立場決定着他的香港政策和對待整個中國的態度。他告訴霍恩貝克，即便中國變得比以往強大，「把中國看成是和美、英、蘇等量齊觀的強國依然是荒謬可笑的」。[51]或許邱吉爾對中國的蔑視使他不屑於考慮英國對戰後香港的政策。儘管在香港的歸屬權問題上立場十分堅定，但是邱吉爾並不認為制訂長期政策或

戰略會有益於在戰後收回香港，或確保整個大英帝國的海外利益。用邱吉爾的話說就是，「先抓兔子後烹調（譯者按：意指切勿謀劃過早），現在做任何結論對於未來都毫無幫助。」[52]

總而言之，英國方面1943年對香港的戰後政策與1942年談判時基本一致：如果中方希望縮短新界99年的租期（1997年到期），英國願意和中國在戰後就此談判。香港島則不在討論的範圍之內，因為它已被永久割讓給英國。[53]直到1944年底英國才制訂出更為統一和成熟的香港戰後政策。

從表面上來看，中國在簽訂新約後對香港的政策比英國更為模糊。儘管陳劉潔貞令人信服地說明了中方在1943年初開始就不再要求收回香港，但是和英國方面的記錄比起來，同時期中方關於戰後香港政策的記載卻十分缺乏。[54]即便如此，現有的中國外交部的資料也足以支持陳的觀點。誠如曾銳生所言，「國民黨的外交部門根本就沒準備好行使它所保留的與英國在抗戰末期重啟新界談判的權利。」[55]但是從另一個方面說，收回香港是國民黨收復所有喪失領土和最終與西方盟友平起平坐的重要一步。香港的回歸意味着中國在英國面前不再低人一等，任由其擺布。因此我們需要分析的是，為甚麼具有如此重大象徵意義的香港卻在1943年被中國「忽視」了？換句話說，為了理解1943年圍繞香港的策略，我們需要把眼光放寬，認識到香港問題與戰爭和戰時的同盟關係不可分割。中方最終要收回香港的立場在1943年並未改變；變化的卻是同盟國各國的國內形勢和全球戰爭形勢。

中國之所以沒有在1943年繼續表明收回香港的態度，部分原因是受到1943年1月簽訂的新約的影響。嚴格意義上說，儘管英國既未保證將九龍租借地歸還中國，也沒有允諾把香港島納入到戰後談判中，但是英國人確實同意了在戰後開啟關於新界的談判。英國的這個承諾再加上其他一些英國官員的口頭表態，使中方相信抗戰結束後中國能以某種方式收回香港。首先，根據顧維鈞的回憶，他在1941至1942年與英國政府官員就香港問題進行的對話顯示，英國官員甚至邱吉爾本人都視香港為負擔，表示在戰後會迅速歸還中

國（邱吉爾的態度與1943年他和霍恩貝克談話時形成了對比）。[56]其次，根據蔣介石的記載，英國駐華前大使卡爾（Sir Archibald Clark Kerr）曾表示英國願意將香港還給中國。[57]

國民黨政府的組織結構也導致其外交政策的制訂存在缺陷。1942年11月，英國駐華大使薛穆就指出，國民黨外交部的弱點影響了中國前一年在外交領域的表現。[58]這一問題在1943年依然存在。外交部長宋子文長期駐外，並且經常和蔣直接聯繫，因此外交部對於戰後香港問題的計劃和進展一無所知。[59]外交部副部長吳國楨將香港問題交給歐洲司司長梁龍。儘管曾在英國留學，但是由於畏懼上級的批評，梁龍制訂的戰後香港政策十分平庸，僅指出英國「應該公平地對待中國」。[60]

1943年春，位於重慶的美國駐華大使館收到一份來自中方的匿名信。信的內容是一份關於香港戰後發展規劃草案，詳細闡述了香港在數個方面的發展潛力。最重要的是，匿名信的作者認為英國應該主動把香港還給中國，作為「中英兩國人民友誼的標誌」；香港應作為自由港，在戰後促進各國投資工商業，發展航運業，和戰後文化交流。美方認為這「反映出中國民眾對香港的態度」。[61]國民政府始終沒有制訂出任何收復香港的計劃，直到1945年初在中國戰區參謀長魏德邁將軍（Lt. Gen. A. C. Wedemeyer）的幫助下，中國統帥部制訂了「兵人」和「白塔」的反攻計劃，準備奪取包括香港在內的華南地區。值得注意的是，魏德邁本人「反對任何英國重新佔領香港的行動」。[62]但是由於日本戰敗前中國內政的混亂，上述武力奪取香港的計劃從未實施。國民黨最終將軍隊用於內戰的準備，而不是奪取香港。

中國頹勢漸露

到了1943年，戰爭的總體形勢也在轉變。軸心國已經顯出敗相，勝利的天秤開始向同盟國傾斜：美國在太平洋戰場開始取得主動權，英國和蘇聯在北非和東歐戰場取得勝利。但是中國戰場的情

況卻正好相反，國民黨統治區更見動蕩。通貨膨脹和饑荒在國統區
肆虐（參見第9和10章）。政府在1月份開始實行的限價令最終徹底
失敗，並且遭到輿論的嘲諷。《大公報》批評「政府陷在了限價措施
導致的泥潭中」，並且挖苦「當局是否為從事黑市交易的人準備好了
數量足夠的牢房」。[63]日軍在5月份佔領了位於宜昌和漢口之間的糧
食產區，導致重慶米價飛漲60%。很多軍隊都缺乏給養，士氣低
落，士兵逃亡屢見不鮮。[64]

在重慶以外，河南正遭受着饑荒的打擊。災情隨着當地軍政官
員向災民強徵糧食而加劇：「很多地方都變成了無人區，城鎮裏每
天有幾百人死亡，倖存者靠吃草、樹皮、花生殼，甚至人肉來生
存。」[65]根據一位曾深入淪陷區負責救援戰俘的英國情報人員的回
憶，1943年中期廣東國民黨統治區的死亡率很高。儘管沒有新聞報
道的每天死亡上千人那麼誇張，但是「實際情況已經足夠糟糕了」：

> 死亡人數大概在平均每天100人左右。從台山到周圍一個村
> 莊的路途中，他看到了八具尚未被掩埋的屍體。最糟糕的是
> 當地出現了人相食。人肉的價格是五美元一盤。父母們故意
> 將孩子遺棄，任憑人肉販子捕殺。[66]

與此同時，國統區內的湖南、貴州、甘肅和四川都開始出現政
治和軍事動蕩。腐敗的官員、苛捐雜稅和拉壯丁導致農民起義和軍
隊譁變。更糟糕的是，有些報告指出，「派去鎮壓叛亂的部隊反而掉
轉槍口，加入了叛軍。」[67]國民黨軍官的士氣和忠誠度也成了問題。
根據英國外交官布萊恩（H. D. Bryan）的報告，他發現駐守韶關的粵
軍余漢謀部「忠誠度很低，實際上有隨時倒戈的可能性」。[68]至於其
他地方的國民黨部隊「和日偽軍給農民造成的負擔幾乎一樣大」。[69]

愈來愈多的外交官對國民黨政府的執政能力感到失望，後者
堅持抗日的決心也遭到質疑。早在1942年11月，英國情報機構
就已經對國民黨軍隊感到失望了：「國民黨軍隊一心剿共……惠州
（Waichow）以南一片混亂。重慶方面命令張將軍（General Cheung）

對中共的紅軍發動持續而無情的攻擊。他務必徹底擊敗紅軍，否則就面臨被解職。」[70]與國民黨方面的負面形象相比，中共的形象則日趨正面。荷蘭人布朗基(C. A. M. Brondgeest) 1942年初逃出北平後，在前往重慶的路上曾經短暫地在延安居住。布朗基在後來向英國情報部門提交的報告中寫道：「在離開延安奔赴重慶的同時，我告別了這個沒有人力車、壓榨、妓院、煙館和乞丐的地方。這裏的確是個奇怪的中國！在這裏他們不討論『新生活運動』，他們實現了它。」布朗基還寫道中共的領導層「願意與國民黨合作，但是不願信任後者……在他們封鎖我們，不願意支持我們抗擊共同的敵人，在我們的邊境布下重兵的情況下，我們怎麼信任他們(國民黨)？」[71]

　　就連美國官員都開始對中共產生了同情和仰慕，而對國民黨的失望則與日俱增。約翰‧戴維斯(John Paton Davies Jr.)是史迪威將軍(General Joseph W. Stilwell)的政治顧問。在他從1943年中期開始發回美國的報告中，戴維斯對國民黨政府的批評愈來愈多。1943年6月，宋子文報告了戴維斯對中國時局的看法：

> 中共軍隊為抗日出力甚多。但是中央政府卻派了多達40萬軍隊監視邊區。根據日本的報道，近幾個月來日本投入的與中共軍隊作戰的人數是它同國民黨軍隊作戰人數的兩倍。[72]

　　在中外官員眼中，蔣介石作為「得到普遍信任……作為抗戰領袖」的形象從1942年開始迅速破滅。[73]就在1942年初，英國駐華大使卡爾還寫道：

> 在這個獨裁者遭到批判的時代，令人不可思議的是，居然還有(像蔣這樣)徹頭徹尾的獨裁者得到上億人的信賴和擁護。蔣介石神話依舊牢不可破，當下中國的命運繫於他一人之手。蔣在民眾中的聲望無懈可擊。[74]

　　但是到了1943年，中共被認為「向中央政府強烈呼籲實施民主」，而蔣則被看作是頑固的反共獨裁者，「中國的佛朗哥」。蔣努力

增強空軍力量並向美國索求援助，為戰後發動內戰做準備。[75] 中國的自由派知識分子們通常較少直接批評政府，但是國民黨的獨裁主義令他們愈發難以忍受，開始採取更加主動的方式表達他們的民主訴求和對政府的不滿（參見本書第8章）。例如民盟幹將張君勱就曾以國民參政會「不夠民主為理由」拒絕參加一次會議。[76] 國民黨中國的自由派知識分子們1943年7月，國民參政會議員錢端升甚至直接致信邱吉爾內閣，批評蔣介石政權。據說信中包含以下幾點內容：「1.國民黨是獨裁政黨；2.無黨派社會精英無法參政；3.經濟局勢十分危急，權力濫用無處不在。此外，高級政府官員也參與腐敗和挪用公款。」[77]

從1943年夏季直到年底，美國國務院收到了更多關於國民黨中國的悲觀報告。美國駐華使館代辦喬治・艾哲遜（George Atcheson）寫道，「人們普遍感到，形勢在很多方面已經失去控制，而（形勢）在幾乎所有方面都在惡化。」[78] 西方盟國對中國能否堅持抗戰表示懷疑。1943年6月，英國外相艾登收到了來自美國大使館和澳洲使館的報告，其中指出「形勢難以持久，中國堅持的時間不會超過六個月至一年。」[79] 儘管薛穆大使試圖減輕外交部的擔憂，聲稱「對中國會在近期崩潰的猜測是毫無根據的」，但是他也承認「形勢在逐漸惡化」。薛穆還告訴艾登，「愈來愈多的中國人開始相信中國無法自救，而且現在也開始懷疑中國是否能堅持足夠長的時間來得到盟友的幫助。」[80] 薛穆大使還擔心如果形勢持續惡化，國民黨政府「將只有表面價值，中國將完全陷入軍閥各自為政，正如在目前國統區某些地方那樣。」[81]

抗戰前期西方對中國頑強抗日和戰爭潛力的誇大宣傳也是導致1943年以來中國逐漸令西方感到失望的原因之一。戴維斯認為，《生活》和《財富》雜誌等美國媒體對國民黨中國的誇大宣傳是造成美國駐華官員對中國惡感的重要原因。[82] 連宋子文都開始對國民黨慣用的虛報傷亡人數的做法表示極度擔憂。他在7月份向蔣心煩意亂地報告稱：

難怪美國戰爭部和史迪威不相信鄂西會戰的慘烈程度，更不用說日軍進攻陪都重慶的企圖了。我再次向美國戰爭部和那些關注中國戰況的人描述了戰局。我認為我方的軍事宣傳太過幼稚 (naïve)，簡直如兒戲一般。此外，這類誇大的戰果報告給政府造成的損害甚於敵方宣傳。其惡果不亞於第五縱隊。[83]

不管是西方對華過度宣傳所造成的心理落差，還是西方觀察家們在重慶、河南和廣東等地所報告的惡劣情況，毫無疑問的是中國在盟友心中的形象日益負面。一份秘密報告總結了多個西方盟友對中國各方面的批評，大多數都指向腐敗無能的國民黨政府：

大多數中國領導層只關注中國在當下和戰後的利益所得，而不是如何打贏戰爭；儘管中國民眾團結一致渴望戰勝日本，但是因為無能而自利的官員所造成經濟困難和通貨膨脹，他們對當局已經失望透頂；中國政府對亟待進行的軍事、經濟和社會改革幾乎毫無作為；國民黨當局，特別是將軍們，通常將國家和個人的「面子」置於中國和盟友們的實際需要之上。[84]

中國內部局勢的惡化，再加上美軍在太平洋戰場上實行的「跳島」戰略，使得中國戰場在最終擊敗日本的重要性大大降低了。中國戰場地位的下降威脅了中國在未來與西方盟友的平等地位，影響了中國在戰後重塑世界格局中的影響力，損害了國民黨政權在戰後中國政治中的絕對 (或許是唯一) 地位。而最後一項對國民黨政府來說尤其重要，因此它的首要目的就是在軍事、政治和經濟上強大起來。為此，中國需要西方盟友更多的援助。

儘管1942年中國已得到了美國一筆數目巨大的貸款，並且得到了更多物資援助的承諾，但是滇緬公路阻斷後與外界陸上交通的阻斷使中國實際只獲得了很少一部分援助。為此，中國當前首要的

外交任務是協調與英美聯合實施的緬甸戰役，奪回滇緬公路。除此之外，尚有來自英國的價值5,000萬美元的貸款正在談判中；國民黨政府還與西藏當局進行談判，討論經由西藏運輸非軍事援助的可能性。中國對戰爭援助的渴望意味着國民黨政府無法承受與西方盟友關係的破裂，尤其是在例如香港戰後歸屬這種儘管十分重要但卻並不十分迫切的問題上。

宋子文在1943年8月初對英國的訪問體現了國民黨政府安撫西方盟國以求得援助的想法。在與包括艾登和邱吉爾等多位英國政府要員的會面中，宋子文對香港的戰後地位問題隻字未提。在蔣的叮囑下，宋子文深知自己此行的主要目的是與英國商討緬甸戰役。為此，蔣甚至表示願意在西藏問題上讓步；蔣保證不再向西藏政府施壓或向當地派遣偵察機。在蔣看來，當前最重要的事情就是不要與英國為敵，或給後者任何藉口拖延甚至取消緬甸戰役。[85]中方認為在此時提出香港問題不僅於事無補，而且不利於與英國當前的談判。宋子文在給蔣的電報和個人備忘中寫道，「只有羅斯福總統才能對英國政府施壓」，因此宋子文「有意識地避開香港問題……因為羅斯福對此自有辦法，我才沒有就此提出問題」。[86]這表明三點內容：首先，儘管國民黨在新約簽訂後暫時擱置了香港問題，但是在戰後收回香港的決心沒有改變；其次，在1943年中國將收回香港的努力主要寄託於來自美國政府，確切地說是羅斯福的支持；第三，收回香港儘管對國民黨來說十分重要，但是其緊迫程度卻比不上國際援助和內部穩定，因為增強中國的實力並打敗日本才能為國民黨贏得在戰後世界的強國地位。不幸地是，抗戰末期收回香港的努力也最終因此而擱淺。

美國的態度

儘管避免在香港問題上與英國衝突，可是國民黨政府在1943年卻希望獲得美國的幫助。雖然美國國務院傾向於避開這個問題，但羅斯福卻公開表示支持中國。在3月份，羅斯福建議蔣與英國人

達成妥協：即香港成為自由港，同時中國承諾保護英國在這片前殖民地的權益。蔣對此表示接受，但是強調這項協議不得成為英國歸還香港的前提條件。蔣的想法是，英國首先歸還香港並認可與中國的平等地位，然後再由中方將香港闢為自由港。[87]到了5月份，宋子文與羅斯福煞有介事地開始討論戰後香港作為自由港的計劃，彷彿英國已經同意將它歸還中國似的。[88]到了6月份，羅斯福和宋子文對於英國歸還香港表示了十足的信心。

聯想到英國在1942年談判時連九龍租借地都不願歸還，中美雙方此時在香港問題上的樂觀簡直到了自負的程度，這可以從以下三個方面來解釋。首先，除去前面提到的卡爾大使在重慶的表態和顧維鈞從英國官員得到的感受之外，宋子文認為在1942年的談判中「英國表達出在戰後協商歸還九龍租借地的意願」。從嚴格意義上說，英國同意討論的是「租借地問題（question of lease）」而非「歸還（hand-over）」。但是宋子文卻自信地認為，「就其經濟地位而言，如果中國將香港視為外國領土，香港最終會破產。」[89]因此宋子文認為，或許英國在戰爭結束前會意識到出於尊嚴保住香港是毫無意義的。其次，在1943年4月，美國國務院從政府內部權威人士處獲知，中英雙方關於香港問題的談判已在進行當中。[90]或許這讓美國政府認為，如果中方同意英方的一些條件，英國就會在香港問題上鬆口；儘管前面提到的霍恩貝克與邱吉爾的會晤所表現的與此相反。

第三，根據羅斯福兒子艾略特（Elliott）的回憶，羅斯福想當然地認為，包括香港在內的英國海外殖民帝國的戰後命運完全取決於他的安排。在開羅會議上，羅斯福與蔣達成了一項協議。蔣在中國組建民主政府，羅斯福作為回報將站在中國一邊，結束英國在香港的殖民統治。艾略特警告他的父親稱，「在那個問題（即殖民地問題）上與邱吉爾很難達成協議。」但是羅斯福卻不以為然：

> 此事不容置疑，因為是打敗日本靠的是99%美國人力和物資……美國戰後外交政策必須讓英國、法國和荷蘭像我們管理菲律賓那樣對待他們自己的殖民地。（譯者按：美國在戰後結束了在菲律賓的殖民統治。）[91]

由於羅斯福在戰爭結束前就去世，預測他的承諾對香港前途的
影響儘管很困難，但並非不可能。大多數羅斯福關於香港的許諾都
是他和蔣兩人之間的口頭約定。即使美國在亞太地區具有強大的影
響力，但英國也沒有承認任何中美之間對香港未來的協定，而且美
國也沒有提出對香港的佔領要求。此外，羅斯福對美國在全球力量
的信心和優越感常常使他做出武斷的承諾。在開羅會議上，羅斯福
一方面答應支持中國收回在不平等條約中喪失的領土，另一方面在
隨後的德黑蘭會議上他又向斯大林許諾，保證蘇聯佔有大連港。[92]

此外，美國總統的對華政策與其國內媒體對國民黨政權的粉飾
是一致的；這自然和國統區的實際情況差距愈來愈大。這種反差在
羅斯福自己的談話中就可見一斑。在開羅會議上羅斯福答應支持中
國對於香港的領土要求，他又詢問史迪威：「你認為蔣的政權還能
撐多久？」雖然史迪威在整個戰爭期間勸總統採取更為務實的對華
政策，並且要求美國對華援助必須見到成效，但是羅斯福依然支持
國民黨政權，儘管他同時也意識到戰爭末期國民黨統治區的嚴重危
機。[93] 畢竟美國的對華戰略是「使中國持續對日作戰，並在戰後站到
美國一邊」，即便依照最壞的打算，「如果找不到一個能替代蔣介石
來使中國保持統一的領袖（中共顯然不在討論範圍之內），那麼就無
論如何也要支持蔣的政權」。[94]

開羅會議或許是中華民國歷史上最大的諷刺之一。在1943年
行將結束之際，通過與世界上最有權勢的兩個國家平起平坐、共商
大計，中國在表面上風頭正勁（參見本書第13章）。如果羅斯福在開
羅的承諾算數，那麼蔣一定感到十分寬慰，認為收回香港、將英國
勢力逐出中國已是十拿九穩。但是諷刺的是，國民黨中國連能否堅
持到抗戰勝利都成了未知數。

抗戰時期，中英兩國關於戰後香港的政策與戰爭的進程，以及
中英雙方的內政與雙邊關係緊密相連。在1942至1943年新約談判
期間，雙方在香港戰後歸屬上的巨大分歧從表面上看似乎與香港在
當時的地位並不相稱，但是這卻顯示出二戰期間同盟國之間外交的
一個普遍現象：各國在外交政策上無不面臨着當下戰爭需求和長期

國家利益之間的矛盾。中英兩國在九龍租借地（以及地位更重要的香港島）上爭執不下，體現了儘管逐漸式微卻拒絕讓步的英國帝國主義，以及上升中的中國民族主義。另一個方面來說，各方對香港問題在1943年的沉默又說明意識形態比不上戰爭的緊急需求。最終，戰局的走向決定着哪一方在外交政策上讓步較多。由於中國的戰局和內政在1943年開始逐漸惡化，這使得中國難以在急需的戰爭援助與長期的領土要求與民族尊嚴中找到平衡。但是英國最終在香港問題上的勝利並不能歸結於其強硬的政策，而是緣於以下三個方面的因素：戰局朝着有利於英國的方向發展、反對帝國主義的羅斯福突然去世、以及中國的內部危機。

1945年9月，日本剛剛投降之際，國民黨軍隊在廣東保持着對香港英國守軍的絕對優勢。但是在此時，國際格局已經徹底改變了。羅斯福逝世後，美國在外交政策上不再將中國置於英國之前；更重要的是，國民黨政權的重心開始轉向與中共的戰爭。鑑於蔣把剿共視為頭等大事，收回香港不但在政治上失去了優先地位，在實際層面也不再可行。

注釋

1　F. S. V. Donnison, *British Military Administration in the Far East, 1943–46* (London: H. M. Stationery Off., 1956), 202.

2　汪榮祖、李敖：《蔣介石評傳》(臺北：商周文化事業股份有限公司，1995)，第3部分。

3　Churchill to Maj. Gen. Ismay, 7 January 1941, quoted in Winston Churchill, *The Second World War Vol. 3—The Grand Alliance* (London: Cassell, 1950), 157.

4　關於中國抗戰史的英文作品，參見Rana Mitter, *Forgotten Ally: China's World War II, 1937–1945* (Boston: Houghton Mifflin Harcourt, 2013); Mark Peattie, Edward J. Drea, and Hans van de Ven, *The Battle for China: Essays on the Military History of the Sino-Japanese War of 1937–1945* (Stanford: Stanford University Press, 2011).

5　Seymour to Eden, tel. 764, 28 May 1942, in Paul Preston, Michael Partridge, and Antony Best, eds. *British Documents on Foreign Affairs—Reports and Papers from the Foreign Office Confidential Print. Part III, Series E (Asia),* vol. 5. *Far Eastern affairs, January 1942–September 1942* (Bethesda, Md.: University Publications of America, 1997), 129, 下文縮略為BDFA.

6　Halifax to Eden, tel. 165, 15 May, and Seymour to Eden, tel. 975, 11 July 1942, *BDFA* 5:128, 229.

7　A. Clarke Kerr to Eden, 28 January 1942, *BDFA* 5:13.

8　Eden to Clarke Kerr, tel. 410, 28 March 1942, *BDFA* 5:37.

9　Andrew Whitfield, *Hong Kong, Empire and the Anglo-American Alliance at War, 1941–1945*, (Houndmills, Basingstoke, Hampshire: Palgrave, 2001), 3. 懷特菲爾德關於美國戰後外交的理解得到了 E. B. Reynolds 的印證。Reynolds 認為美國戰後在亞太的政策是「『自由世界』式的帝國主義……承認對方的獨立地位並提供經濟援助，作為回報，受援助的國家在經濟上要實行『門戶開放』並向美國提供駐軍的方便。」參見 E. Bruce Reynolds, *Thailand's Secret War: OSS, SOE, and the Free Thai Underground During World War II* (Cambridge: Cambridge University Press, 2005), 457.

10　Chan Lau Kit-ching, *China, Britain and Hong Kong, 1895–1945* (Hong Kong: Chinese University Press, 1988), 310–311.

11　同上引書。

12　Churchill to Maj. Gen. Ismay, 7 January 1941, quoted in Churchill, *The Second World War,* 3:157.

13　Gent memorandum, 14 February 1942, The National Archives of the UK (TNA): CO 825/42/15.

14　Halifax memorandum, 13 January 1943, TNA: FO 371/35680/F 412/G.

15　Keswick memorandum, enclosed in E. Teichman to Edgcumbe, 30 July, 1942, *BDFA* 5:252.

16　10月19日《大公報》，譯文參見 Chungking tel. 1444, 21 October 1942, TNA: FO 381/31662.

17　T. V. Soong to Seymour, as reported in Seymour to Eden, 13 November 1942, and tel. 543, 7 December 1942, *BDFA* 6:66–67, 107.

18　The Chinese first counter draft, in Seymour to Eden, tel. 1550 and 1551, 13 and 14 November 1942, *BDFA* 6:58–60.

19　Seymour to Eden, tel 1651, 7 December, and Eden to Seymour, tel. 1641, 8 December 1942, *BDFA* 6:77, 99; 參見蔣介石日記，1942年12月22日，高素蘭編：《蔣中正總統檔案：事略稿本》，卷52（臺北：國史館，2011），102頁；本文引用的《事略稿本》日記條目與胡佛檔案館蔣的日記原本進行了核對。

20　N. L. Smith memorandum, 2 August 1942, TNA: CO 825/42/15.

21　1943年6月，〈宋子文致蔣介石電〉，吳景平編：《宋子文駐美時期電報選1940–1943》（上海：復旦大學出版社，2008），535–536頁。

22　Seymour to Eden, tel. 1564, 17 November 1942, *BDFA* 6:69.

23　Ashley Clarke to Monson, 25 November 1942, TNA: FO 371/31663 F 7822.

24　Ashley Clarke minute, 28 December 1942, TNA: FO 371/31665 F 8482.

25　Eden minute, 3 December 1942, TNA: FO 371/31663 F 7822.

26　Seymour to Eden, tel. 1678, 15 December 1942, *BDFA* 6:88–89.

27　同上引文。

28　Seymour to Eden, tel. 1651, 7 December 1942, *BDFA* 6:77.

29　1942年12月22日,《事略稿本》,卷52,106頁。

30　Seymour to Eden, tel. 1678, 15 December 1942, *BDFA* 6:88–89.

31　顧維鈞在此時陪同英國議會代表團回到中國。

32　Seymour to Eden, tel. 1709, 22 December 1942, *BDFA* 6:93.

33　Eden to Seymour, tel. 1641, 8 December 1942, *BDFA* 6:99.

34　Seymour to Eden, tel. 1732, 27 December 1942, *BDFA* 6:97–98.

35　Ashley Clarke, "Extraterritoriality negotiations: Kowloon leased territory," 28 December 1942, TNA: FO 371/31665 F 8482.

36　1942年12月28日,《事略稿本》,52卷,126頁;1943年1月3日,《事略稿本》,52卷,187頁。

37　Eden to Seymour, tel. 1616 and 1629, 22 and 24 December 1942, *BDFA* 6:93–94. 此處「國民待遇」指的是中國政府向從事中英貿易的英國公民提供優惠待遇。

38　Extract from War Cabinet Conclusions 171 (42), 21 December 1942, TNA: FO 371/31665 P8397.

39　Eden to Seymour, tel. 1641, 8 December 1942, and Eden to Halifax, tel. 8264, 29 December 1942, *BDFA* 6:99, 110–111.

40　1942年12月20日,《事略稿本》,卷52,93頁;1942年度總結,《事略稿本》,卷52,149頁。

41　1943年1月1日,《事略稿本》,卷52,174頁。

42　顧維鈞:《顧維鈞回憶錄》(中文版——北京:中華書局,1983),16–18頁。

43　Wellington Koo, *Reminiscences of Wellington Koo* [Original English edition] (Glen Rock, NJ: Microfilming Corp. of America, 1978), 32–34;參見1942年12月27日,《事略稿本》,卷52,122–123頁。

44　Seymour to Eden, tel. 543, 7 December 1942, *BDFA* 6:104.

45　1942年12月30日,《事略稿本》,卷52,138–139頁。

46　Ashley Clarke, "Extraterritoriality negotiations: Kowloon leased territory," 28 December 1942, TNA: FO 371/31665 F8482.

47　M. Butler minute, 22 January 1943, TNA: FO 371/35680 F412/G.

48　Chiang Kai-shek, *China's Destiny & Chinese Economic Theory*, trans. Philip J. Jaffe, (New York: Roy Publishers, 1947), 78–79, 86, 91.

49　Chan, *China, Britain and Hong Kong*, 310.

50　M. Butler minute, 23 January 1943, TNA: FO 371/35680 F412/G.

51　Hornbeck memorandum, 10 and 15 November 1943, Hornbeck Papers, box 468, folder November 1943, Hoover Institution Library and Archives.

52　Churchill to Eden, 18 October 1942, TNA: FO 954/7B.

53　Paskin's letter to Clarke, 27 August 1943, TNA: CO 825/42/15, 228–231.

54　Chan, *China, Britain and Hong Kong*, 310–311;公開出版的中方文件參見秦孝儀編:《中華民國重要史料初編——對日抗戰時期:戰時外交》(臺北:中國國民黨黨史委員會,1981),卷3,751–784頁;但是該長編卻沒有收錄1942年12月7日至1943年1月8日這段關鍵時期的文件。

55　Steve Tsang, *Hong Kong: An Appointment with China* (London; New York: I. B. Tauris, 1997), 37.

56　Wellington Koo, *Reminiscences*, 29.

57　《事略稿本》，卷53，28頁。

58　Seymour to Eden, tel. 453, 2 November 1942, *BDFA* 6:82.

59　吳國手稿、黃卓群口述、劉永昌整理：《吳國楨傳》(臺北：台灣自由時報企業股份公司，1995)

60　Tsang, *Appointment with China*, 37.

61　John Carter Vincent to Secretary of State, April 2 and May 6, 1943, National Archives and Records Administration (NARA).

62　Tsang, *Appointment with China*, 38. 這些計劃是基於先前史迪威制訂的作戰計劃。後者曾在開羅會議上令英國人大為光火，因而沒有得到實施。參見 *Foreign Relations of the United States: Diplomatic Papers. The Conferences at Cairo and Tehran, 1943* (Washington: U.S. Government Printing Office, 1961), 159–160; Keith Sainsbury, *The Turning Point: Roosevelt, Stalin, Churchill, and Chiang Kai-shek, 1943. The Moscow, Cairo and Teheran Conferences* (Oxford: Oxford University Press, 1985), 181–183.

63　Seymour to Eden, tel. 127, 4 February 1943, *BDFA* 6:226;《大公報》因此受到國民黨當局停刊三天的懲罰。

64　Seymour to Eden, tel. 545 and 594, 7 June and 29 May 1943, *BDFA* 6:395, 368.

65　E. Teichman to Eden, tel. 8, 1 June 1943, *BDFA* 6:372.

66　Edwin Ride, *BAAG: Hong Kong Resistance, 1942–1945* (Hong Kong: Oxford University Press, 1981), 113–114.

67　Seymour to Eden, tel. 545, 7 June 1943, *BDFA* 6:396.

68　H. D. Bryan, Report on Visit to Kwangtung, etc., from 23 March to 22 April 1943, *BDFA* 6:380.

69　Ride, *BAAG*, 110.

70　同上引書，110–111頁。

71　Extracts from a Report by M.C.A.M Brondgeest, enclosed in Seymour to Eden, tel. 612, 29 December 1942, *BDFA* 6:183.

72　《宋子文駐美電報選》，533頁。

73　Report on the Political Condition of China, *BDFA* 6:195.

74　A. Clark Kerr to Eden, 3 February 1942, *BDFA* 6:139.

75　《宋子文駐美電報選》，533–535頁。

76　Seymour to Eden, tel. 24, 4 January 1943, *BDFA* 6:192.

77　《宋子文駐美電報選》，538頁。

78　Hornbeck to Leahy, 2 June 1943, Hornbeck Papers, box.276, Folder Leahy, William D.

79　Eden to Seymour, tel. 563, *BDFA* 6:390.

80　Seymour to Eden, tel. 545 and 594, 7 June and 29 May 1943, *BDFA* 6:395, 368.

81 Seymour to Eden, tel. 545, 7 June 1943, *BDFA* 6:397.

82 《宋子文駐美電報選》，534-535頁。

83 《宋子文駐美電報選》，541頁。

84 Secret Report on Conditions in China, 1 October 1943, Hornbeck Papers, box.468, folder October 1943.

85 《事略稿本》，卷54，155-156頁。

86 宋子文在其親筆備忘錄中記錄了他與顧維鈞在1943年8月在倫敦的會面，T. V. Soong Papers, box 29, folder 17 "Great Britain: Foreign Relations with China," Hoover Institution Library and Archives；參見《宋子文駐美電報選》，548頁。

87 《事略稿本》，卷53，28-29頁。

88 《宋子文駐美電報選》，522頁。

89 《宋子文駐美電報選》，534頁。

90 Memorandum dated May 6, 1943, enclosed in John Carter Vincent to Secretary of State, 2 April 1943, Dispatch 1044, File 846g.01, Central Decimal File, 1940–1944, Box 5098, Record Group 59, NARA.

91 Elliott Roosevelt, *As He Saw It* (New York: Duell, Sloan and Pearce, 1946), 164–165.

92 Andrew Whitfield, *Hong Kong, Empire and the Anglo-American Alliance*, 161.

93 Tang Tsou, *America's Failure in China, 1941–1950* (Chicago: University of Chicago Press, 1963), 92–95.

94 Barbara W. Tuchman, *Stilwell and the American Experience in China, 1911–45* (New York: Macmillan, 1970), 353, 355, 410.

5

把三民主義寫進法律
司法改革和治外法權的終結

吳爾哲
（Thomas R. Worger）

今後一切法制，法規，法令，法例，凡可以形成法律者，無論在創法方面，或執行方面，或讀法方面，或解釋法方面，不僅以貫徹三民主義為要旨，且必須以三民主義為最高指導原則。

——居正：《為甚麼要重建中國法系》，1946年9月[1]

我志願成為一名中華人民共和國執業律師，我保證忠實履行中國特色社會主義法律工作者的神聖使命，忠於祖國，忠於人民，擁護中國共產黨的領導，擁護社會主義制度，維護憲法和法律尊嚴，執業為民，勤勉敬業，誠信廉潔，維護當事人合法權益，維護法律正確實施，維護社會公平正義，為中國特色社會主義事業努力奮鬥。

——《律師宣誓誓詞》，中華人民共和國司法部，

2012年3月2日[2]

2012年3月，中華人民共和國司法部推出一項規定，要求中國所有首次取得或者重新申請取得律師執業證書的人員必須參加宣誓。在這段不長的誓詞中，除了規定律師要公平、正義地履行法律外，還

充滿爭議地寫入了擁護中國共產黨和社會主義的條款。儘管沒有更多規定表明違背上述誓詞會受到怎樣的懲罰，一些海外的中國觀察家們和中國國內的法律界人士還是將其視為黨對發展中的司法系統進行滲透的徵兆。[3] 司法部認為，宣誓制度和誓詞的意義在於增強律師的「職業道德素質」和培養法律界的「社會責任感」。[4] 儘管一些人將律師宣誓詞看作是中國新威權主義抬頭的一個表象，在中國目前一黨專政的格局下，司法系統還是保持着民國以來名義上的獨立地位。[5]

70多年前的1943年，英美和國民黨政府簽訂新約放棄在華的治外法權。這不但意味着列強在華司法權的終止，同時開啟了中國歷史上政黨控制司法的先河。在十九世紀，列強以清代司法系統的野蠻和原始為理由提出在華實行治外法權。到了二十世紀初，以西方為模板實施的司法系統改革被認為是促使列強結束治外法權的最好辦法。建立西方式司法獨立和培養具有專業法律素養、不受政治左右的新型法律人才，是當時法學家和改革者們的目標。在他們看來，改革司法是收回列強在華司法特權的當務之急。但是隨着治外法權終於在1943年被廢除，清末以來關於司法改革的論證也告一段落。與法學家們不同，國民黨無意令司法系統保持獨立，反而致力於實現司法黨化。儘管國民黨的司法改革延續了之前20年黨對司法系統逐漸增強的影響，治外法權的廢除和中國收回完整司法主權徹底斷絕了司法獨立的任何可能。

在中國被普遍視為國恥的治外法權（extraterritoriality），指的是一國（對其國民）的司法管轄權延伸到了境外。如果A國在B國享有治外法權，則A國國民在B國停留時，依舊享受A國法律賦予其國民的各項權利，同時A國國民不受B國法院的管轄。相比普遍適用於外交人員的外交豁免權而言，治外法權的範圍更大，實際上在司法上以屬人管轄原則（nationality principle）取代屬地管轄原則（territorial principle）。在實踐上，具體的司法程序和適用法律都要根據被告所屬國家而定。舉例來說，1909年美國駐上海的領事法庭根據美國法律判處一個美國公民流浪罪，但是後者卻自稱已於十年前向南非布爾共和國宣誓效忠，因此美國法庭無權審判他。最終法庭維持原

判，因為他拿不出證明自己已經成為布爾共和國公民的任何證明。[6]
總之，在治外法權制度下，只要罪犯是外國人，那麼他所犯的罪行
都要根據該國法律並經該國法庭來審理。

在近代中國，結束治外法權的努力始終和司法系統的改革相
伴，直到二戰期間盟軍出於戰略考慮最終廢除了在華治外法權。
1902年，清政府為了改革律例和司法系統成立了法律編纂館。編纂
館中的法學家們極力主張司法獨立，既為預備立憲做準備，同時也
能避免基層政府司法和行政不分離造成的腐敗。1911年民國成立
後，執政黨的干預成為影響司法公正和獨立的另一個因素。在1911
年，西方列強明確指出，廢除在華治外法權的前提是中國實現司法
獨立。儘管民國已經改革了司法系統並且頒布了新民法，司法與行
政沒有完全分離依然是列強拒絕取消治外法權的主要理由。諷刺的
是，隨着國民黨在1930年代開始實行「司法黨化」，司法人員的政治
化程度逐漸提高，治外法權卻在1937年實際上中止，並在1943年
被徹底廢除。列強最終放棄在華治外法權並非由於承認中國的司法
獨立，而是出於戰時的國際環境——其中包括沿海口岸的租借都被
日軍佔領——使治外法權名存實亡。

最終，治外法權的廢除使中國國民政府司法部在1943年8月頒
發了《司法人員訓練大綱》，將政治內容強制性加入司法教育，並以
法律形式固定下來。新的《訓練大綱》將國民黨黨義和法律知識培訓
置於同等重要的地位。儘管在抗戰前政治內容就已經開始進入司法
課程，但是1943年的司法改革在制度的實踐和表達層面，都為了使
戰後全國司法機構全是受過系統三民主義教育和國民黨黨義訓練的
人員，而不僅僅是熟悉法典和司法程序的專家。

雖然目前關於抗戰時期司法改革的研究還不多，但是學界關於
清末司法改革以來中國司法系統的形式、功能和本質已有相當多的
討論。國家層面的干預限制了中國通過制度變革實現國際公認的「法
治」。在中國建立起高效現代化的司法機構和滿足列強承認中國司法
主權的條件這兩個目標之間存在這不可調和的矛盾。廢除治外法權
始終是推動近代中國司法不斷改革的主要促進因素。[7]直到1943年

治外法權被廢除，西方法律理念始終是改革的基礎。因此，大多數
這一時期與法制現代化相關的資料都以英文出版，目地就是為了讓
國際法律界看到中國政府在司法改革方面取得重大進步。

下面我將首先梳理相關學者對清末至抗戰爆發前中國司法系統
改革的研究。包括司法改革在內的清末新政不再被辛亥革命的成功
所遮蔽，而是被視為中國從「傳統走向現代」的轉折。[8]但是隨後北
洋軍閥的「黑暗統治」使民國初年法制改革者的努力被嚴重低估。[9]
在英語學界，在徐曉群2008年出版《20世紀中國司法改革：1901–
1937》之前，集中討論民國司法改革的作品就只有黃宗智2001年出
版的《法典、習俗與司法實踐：清代與民國的比較》和馮客(Frank
Dikötter) 2002年出版的《近代中國的犯罪、懲罰和監獄》。

徐和黃關注的是司法獨立問題，特別是其他與法治之間的關
係。然而司法獨立這一概念本身就十分模糊。比較法專家金斯伯格
(Tom Ginsburg) 指出，「司法獨立就像個人自由一樣：人人都想要
但卻沒人知道它具體是甚麼，只有在它缺乏的時候才會被注意。」[10]
徐認為，國民黨政府在1927年後並沒有拒絕司法獨立這一概念，
而是採取了「狹義」的角度去解釋它，即避免地方官員對司法的干
涉。為此國民黨努力強化黨組織在基層的控制，以此來推動司法不
受地方利益集團的影響。國民黨放棄了先前主張的司法和行政相互
獨立的目標，將「司法獨立」狹義化，轉而推行「司法黨化」。[11]與徐
曉群不同的是，黃宗智認為國民黨在法律意識形態上並沒有與之前
存在斷裂，具體負責法律現代化的官員們大都接受過比較專業的西
方法學訓練，與具有獨裁傾向的國民黨核心統治集團不同。[12]穆瑞
(Murray) 認為1928年後的由國民黨推動的司法改革實際上是理念
上的倒退，使得以西方司法實踐為模板的改革成為了一個「被推遲的
夢」。[13]但是黃宗智認為，中國和西方學術界把西方的實踐等同於司
法現代化唯一途徑的觀點，不啻為一種東方主義式的偏見。[14]但是
黃宗智和徐曉群的研究都止步於戰前司法改革的高峰時期，即三十
年代刑法和民法典頒布後。他們都沒有涉及治外法權的廢除和國民
黨的戰時司法改革。

大多數中國學者都認為國民黨的戰時司法改革是專制和腐敗的。[15]與很多當代研究者對民國政府的批評類似，張慶軍認為國民黨統治下的司法實踐代表了法治的徹底失敗，實際上是蔣介石獨裁統治下的人治。[16]類似的研究也指出1927年後的司法在實踐和思想層面都是腐敗的。令人耳目一新的是，李在全的研究指出，儘管司法黨化受到國民黨權力鬥爭的影響並最終失敗，但它的目標是利用政治教育和對黨的忠誠來避免地方政治和經濟利益集團對司法的影響，最終維護司法的統一性。[17]司法系統通過對黨中央的忠誠增強其凝聚力，避免各地司法系統各自為政。此外，李在全認為國民黨司法黨化早在1924年就已經開始，與北洋時期的司法改革(1912–1927)有一定的重疊。

截至1943年，在改革落後司法系統和收回完整司法主權的雙重壓力下，國民黨政府試圖實現司法現代化，從地方官僚和外國政府手中奪回被侵蝕的司法權。儘管這個雄心勃勃的計劃最終歸於失敗，但是通過研究國民黨的戰時司法改革，我們得以理解當代中國政府改革和控制司法系統的歷史背景。

司法改革與治外法權的陰影

1943年治外法權的廢除普遍被視為中國百年屈辱的結束。在1842年鴉片戰爭戰敗後，中國在隨後的半個世紀中被迫與各國列強簽訂了一系列不平等條約，將治外法權讓給從日本到巴西等國。儘管這並非中國在歷史上第一次將這類特權讓與別國，但是不平等條約使列強逐漸在中國建立了一套從規模到複雜性都前所未有的司法系統。[18]1843年10月8日，中英簽訂《虎門條約》，其中第13款規定英國人在中國境內犯罪應交由英國官員根據本國法律審判。但是中國公民確不能在英國享有相應的互惠待遇。截至1844年底，美法兩國也與中國簽訂不平等條約，獲取了類似特權。儘管從理論上來說，根據被告所屬國的法律和司法程序進行審判本身並不一定是不公平的，但是現實卻並非如此。治外法權最不公平的地方在於它並

非是相互的，海外華人並不在其居住國享有同樣的權利。不平等條約體系下，治外法權在實踐過程中主要有兩方面的不公：首先，在華犯罪的外國人並沒有被引渡回國受審，而是接受列強設在通商口岸的領事法庭的審判。而這些領事法庭實際上是政府機構，其組成人員多為外交官而非專業司法人員；其次，在被告是中國人，但其違法行為也涉及到外國人的情況下，則外國列強也要列席中方的審判，並向中國法官施加壓力，為本國人爭取有利結果。[19]

列強十分清楚在華治外法權的弊病，而且領事法庭的判決往往沒有體現出司法現代化的公平和正義。1906年，一份寫給美國國會的報告中提到，美國在華領事法庭的行為遠非不稱職可以形容，簡直就是犯罪！報告指控美國駐廣東前總領事多項罪名，其中包括在一次與多名中國官員共同參加的火車站啟用儀式上喝得大醉（還威脅毆打在座的一名觀眾），更公報私仇，利用美國領事法庭判處一個仇人監禁。[20]儘管如此，列強依然以中國法律的「古舊」和「野蠻」為理由保留領事法庭和治外法權。[21]在收到1906年的舉報後，國會並沒有結束在華治外法權，反而在上海建立了美國在華法院（United States Court for China）。後者是唯一一個建立在別國領土上的美國地方法院，直到1943年治外法權廢除。但是在1941年日本佔領上海租界後，該法院實際上沒有再審理過任何案件。

在二十世紀初，廢除治外法權是歷屆中國政府和司法改革者所不懈追求但卻難以實現的目標。1901年1月29日，清廷下旨「參酌中西政要」開始變法，實行新政。[22]變法諭旨號召官員研究西方的法律和政治，以及背後指導性的原則和精神。中國的貧弱被歸結於官員腐敗不能實行仁治，舞文弄墨追逐私利。總之，「私心」被視為中國失敗和屈從於列強的根源。[23]在1902和1903年分別與美、英、日三國簽訂商約後，清廷將司法現代化提上日程。[24]以上三國一致聲明「只有在中國的法治狀況、三國在華統治和其他情況都允許的情況下」，才會開始準備放棄在華治外法權。[25]為此，清廷在1902年設立法律編纂館（1907年後更名為修訂法律館）開始修訂律例，設計司法改革。

沈家本(刑部侍郎)和伍廷芳(在英國獲得律師資格，並在香港執業)是法律編纂館的首任大臣。[26]沈家本認為司法和行政權在各級政府都應該分離，而這種分權和獨立是未來實行憲政的基礎。沈家本的建議可謂十分超前，在當時清代最基層的行政單位是縣，縣官既主持行政也審理案件。[27]1906年，各省開始建立獨立於行政機關的各級審判機構。[28]載澤在1907年的一份奏摺中提出，地方上司法和行政大權集於一人，不利於司法公正；還警告稱其他國家的經歷表明，司法不公是導致革命爆發的原因。[29]通過將司法近代化的概念(例如「保護人權」)納入當時的中國官方話語，載澤的奏摺體現了清廷自上而下實施地方司法獨立，以實現法治的目的。

沈家本和法律編纂館在《大清律例》的基礎上分別草擬了民律和刑律，以及各自的訴訟草案。儘管草案在1907年完成，但是由於保守派的攻擊和清廷的垮台，新律最終沒能實行。但是北洋政府繼承了新律中的一些條款，另一些則影響了民初的司法實踐，因為很多參與清末修律的法學家還在新政府中任職。民律和相關的訴訟草案沒有被民國政府直接採納，但是刑律則以《暫行新刑律》的名稱頒布。雖然新的民事訴訟草案未獲頒布，它的許多中心提議卻以行政命令的形式得到貫徹執行，例如《民事訴訟律草案》就屬這種情況。[30]

承襲自清末修律的《法院編制法》顯示出清廷和民國政府在司法獨立方面的努力，例如禁止法官參與任何政黨和政治組織。1914年，袁世凱也號召司法人員不得追逐私利而應該維護司法獨立精神。[31]這一禁令後來不僅適用於所有司法官員，甚至包括警察和軍隊。[32]1912年頒布的具有憲法性質的《臨時約法》為保護司法獨立提供了法理依據：第51條規定，「法官獨立審判不受上級官廳之干涉」。[33]第52條則規定，「法官在任中不得減俸或轉職。非依法律受刑罰宣告或應免職之懲戒處分，不得解職。」[34]除非被控瀆職，法官的獨立性在大多數情況下得到明確保障，免受中央和地方行政機關的干預。

清代地方政府的普遍腐敗和權力濫用行為早已被廣為詬病。[35]隨着清代選官地方迴避制度的廢止，地方精英勢力的坐大對民初立憲政府的威脅是顯而易見的。此外，由於清末實行的地方自治機構

也被廢除，在國民黨南京政府時期，地方政治陷入不穩定和混亂。縣以下仍然是「土豪劣紳」的世界，後者在地方更容易引起叛亂而不是平息叛亂。到了1934年，有五個省份在每個縣設立三至六個區，區長經縣長由省政府任命。迴避制度也被恢復，區長不得在其家鄉所在的縣內服務。[36]

根據徐曉群對江蘇的研究，民國初年各級地方審判廳建立後，地方精英就試圖左右地方司法官員的任命。在縣以下擁有長期政治勢力的地方精英們擔心司法機關會做出損害他們利益的判決。在清代，州縣官需要地方精英的合作來維護統治，包括徵稅和組織團練。民國建立後，地方上獨立的司法機構使民眾有了申冤的機會，這顯示了中央政府對傳統地方社會控制能力開始增強。為了抵制這種威脅，地方士紳們常常組織請願團體，以「玩忽職守」和「與地方習慣不符」等理由試圖讓省級政府將地方司法官免職。[37]總體來說，法官的任免還是能得到憲法的保障，但是在一些情況下，地方士紳們會先下手為強，試圖通過地方議會直接任命當地司法官員。[38]

在中國司法現代化的過程中，法官的職責和作用是長期討論的議題。曾任司法部長和法律編纂會會長（1918年任）的王寵惠接受《密勒氏評論》（*Millard's Review*）雜誌的採訪中談到，目前的修律工作將使治外法權在五年內被廢除。訪談中王寵惠亦提到古代中國司法的基礎，是法官對嚴苛刑法的武斷運用。在談到公元前2000年中國就已有成文刑罰時，王說道，「這些當然是原始和報復性的規定，很多刑罰都是摧殘人體的肉刑。」王寵惠認為，「中國的法官經常通過比附的方式來解釋法律。如果案情與律文不符，法官則會根據實際情況援引相關的律文來斷案。」而這樣的司法實踐「導致無辜蒙冤者屢見不鮮」。[39]此外，不僅中國古代的舊律十分嚴苛，執行起來也十分冷酷無情。王寵惠對古代中國司法「野蠻性」的批評是為了襯托出新修法律草案的優點，後者不僅拋棄了舊律的「野蠻」，而且要求法官遵循所謂的「西方對律文的嚴格解讀」。[40]法官除了被要求嚴格執行律文外，其個人素質則無關緊要。在王寵惠和其他法律編纂會的成員看來，一部現代的法律就足以使列強相信中國實現了司法現代化，進而放棄治外法權。

在稍後一期的《密勒氏評論》中，一位外國評論者對王寵惠的觀點提出質疑，「法律編纂完成後，下面的實質問題就是中國法官們的司法訓練和個人品格了。」[41] 評論者忽視了王寵惠提出的通過編纂法律來抗衡法官主觀意志的觀點。在爭取廢除治外法權的驅使下，司法改革中的司法教育問題就顯得頗為敏感。中國法律條文的現代化可以通過一系列立法行為來完成，但是培養一批新式的司法專業人員則需要合格並且有志於此的候選人。1915至1921年間，司法講習所一共培養了437名司法官員，其中並非所有人都成為了法官。[42] 截至1925年，全國只有995名在編司法官員。[43]

民初以來，司法改革始終受到試圖廢除治外法權的驅使。直到1926年受以下兩方面的影響下，司法改革開始改變方向：調查法權委員會爭取司法主權回歸的失敗和北伐戰爭的爆發。調查治外法權委員會是1921年華盛頓會議的產物，但是直到1926年才首次開會。該委員會由在華擁有治外法權的列強派代表組成，王寵惠任榮譽主席。最終委員會裁決中國的司法現代化的程度不足以取消治外法權。與前面提到的論者對王寵惠在《密勒氏評論》上關於法律條文本身可以保障司法公正的觀點的批評類似，英美提出拒絕廢除在華治外法權的原因也在於擔心法律的實施（司法）而非法律的制訂（立法）。列強代表們對中國司法提出的質疑包括：無法在全國各地統一實施法律、人均法庭數量少（平均每440萬人才有一座現代法院）以及法院普遍缺乏足夠人手；其中最主要的反對原因是中國無法建立起「免受行政或其他政府機關及軍隊干預」的司法系統。[44]

就在委員會作出上述決定的同時，國民黨政府正在大肆擴張其權力，重新控制了許多在清朝滅亡後就被軍閥控制的省份。與國民黨政府領土擴張相伴的，還有意識形態上的征服與控制。「司法黨化」成為了國民黨改革司法的新指導原則。簡單而言，司法黨化指的是在司法和立法實踐中服從孫中山的三民主義和其他國民黨黨義。司法院院長居正於1934年對此的解釋是，「質言之，司法黨化並不是司法『黨人化』，及是司法『黨義化』。」[45]

在黨國體制下，國民黨黨義作為一種社會責任，建立起來的「法

治」系統首先令整個社會受益，而非個人。在1930年《民法》英譯本的序言中，法學家傅秉常闡述道，「國民黨黨義不把人看作自足完備的實體，而是將人放在其所屬的社會中來理解。」[46]從社會和政治層面來說，與王寵惠所主張的編纂以西方為標準的非政治化的法典不同，司法黨化主張的是在獨裁傾向不斷增長的黨國體制下以國民黨黨義指導司法。將黨義寫入法典並不困難，但是執行法律者也必須服從黨義。正如居正所言，「司法黨化必須注重司法官黨化。」[47]

抗戰時期的司法

在抗戰期間，執掌國民政府司法機關的分別是司法院院長居正，和司法行政部部長謝冠生。二人都是國民黨元老，在戰前就已身居高位。儘管寫過很多關於司法實踐的文章，居正的聲望更多來自政界，他只在1907年旅日時在東京法學社（現在的日本法政大學）短期進修。居正在1905年加入同盟會，憑藉黨內的資歷在1932年任司法院院長。居正的文章中有很濃厚的國民黨思想，而且他還有很強的政治抱負。居正曾於1948年參加第一屆中華民國總統選舉，但以懸殊票數敗給蔣介石。[48]

謝冠生的背景和其他政府司法官員類似，都受過比較系統的司法訓練。謝是典型的學者型官員，通曉英語和法語。謝冠生於1922至1924年在巴黎大學求學，獲得博士學位，其博士論文研究的就是中國法律史。回國後，謝冠生任外交部秘書，同時兼任國立中央大學法學系主任。1937年抗戰爆發不久，謝升任司法行政部部長。[49]1943年前，國民黨逐漸將司法界的學者型官僚替換為國民黨的忠實支持者。

抗戰對中國司法機關的影響不容忽視。在日本的侵略下，民國成立以來數十年建立起來的司法系統陷入危機。維持每省一個的高等法院尚不困難，只要省還在，該省的高等法院就可以運轉，但是高等法院分院和地方法院的數量卻經歷了大起大落。1912年，全國有124所地方法庭和179所初級法院。[50]由於人事和經費困難，地

方司法機構的數量有所下降，1913年高等法院分院和地方法院的數目分別為103和134。不少縣甚至把地方審判廳也取消，恢復了縣令兼任法官的做法。[51]此外，地方的政治和經濟情況也制約着當地法院的數量。像浙江、江蘇和北京這樣的富裕地區各級法院數量都有幾十所，至於偏遠貧窮的新疆和雲南地區則各有八所不到。[52]

1926年北伐前夕，隨着機構裁併和職權變化，全國法院數量進一步減少。省級高等法院23所，高等法院分院26所，地方法院64所。[53]根據居正的估計，全國有1,950所五花八門的司法機構，其中只有不到5%符合現代法庭標準。[54]截至1936年，這一比例上升到17%。但是數量的實際上升（301所）上沒有看上去的那麼顯著，因為全國司法機構的總數下降了（1,790所）。[55]

抗戰爆發前，國民政府總計在全國設立的417所各級法院。在全國1,469個縣中，只有不到三分之一設有法庭，其中足額滿員的就更少了。[56]儘管法庭數量還遠不足以滿足全國的需求，但是其總體數量的增加還是表明地方司法獨立性的增強。但是抗戰的到來打破了全國法庭的分布格局。國民黨在1938年就失去了華東華南大片領土，這裏正好是戰前司法改革比較充分、法院分布較多的地區。而國民政府遷都重慶後控制的西南地區則是新建法院數量最少的地區。很多政府司法人員逃離淪陷區，國民政府的政策是將他們安置到國統區新設立或人員不足的法院中。但是也有不少人沒來得及或是不願意離開家鄉，其後留在淪陷區為日偽的司法機關服務。[57]很多司法人員因此在戰後被貼上漢奸或逃跑者的標籤，結束了司法服務生涯。[58]

面對抗戰帶來的變動，居正在1938年寫道，「如今中國的抗戰正在這些重要地區展開，司法院已採取必要措施，在相關省份建立更多法庭。」[59]在1938至1942年，司法院新設了85所地方法庭，大多數都在內地省份。[60]政府統計數字顯示，截至1942年底國民政府下轄各級法院516所（分為三級），其中只有373所在實際運作。[61]到了1944年7月，實際運作的法院是399所，暫時關閉的有152所。[62]在1941至1942年期間，處於實際運作中的法庭所在省份的總

人口約為338,446,910人。[63]即便我們認為這些法庭在地區上分布平均，這也意味着平均900,000人才有一所法庭，而且很多是也人手不足的。這些數字充分顯示出戰爭對司法系統造成的衝擊，法院數量遠遠無法滿足龐大人口的需要。大量積壓和潛在的民事與刑事案件都得不到審理，即便是那些經過審判的案件也並非總能符合程序上的正當性（procedural due process）。[64]與實際運作的法院數量比起來，更令人驚訝的是法院數量在戰時竟然還能增加，儘管增幅不大。

　　問題在於，哪些人在法院中任職？確切來說，政府希望哪些人在法院工作？如前所述，民國建立以來迅速發展的中國司法系統始終存在不小的人才缺口，培訓大量合格的司法人員難度很大。抗戰無疑進一步加劇了司法人員的短缺。為此，在地方法院停止運作之處，司法院允許縣政府設立司法處以承擔法院審理案件的職能。[65]與組織上獨立於行政機構的法院不同，司法處隸屬於縣政府，實際上受縣長權力影響很大。[66]

　　雖然最初只是作為非常時期的過渡機構，縣級司法處在戰時承擔了相當多的司法工作和職責。以縣政府充任臨時法庭的做法無疑是種倒退，政府在1936年以來開始設立縣級司法處，作為建立法庭前的過渡。抗戰初期有711個縣級司法處成立。我們不清楚每個縣的具體情況，但是每個司法處最少有一名合格的法官負責案件審理。雖然在這種情況下不能保證司法權在縣級完全獨立於行政權，但起碼縣長兼任法官的做法沒有出現。[67]

　　戰前國民政府對法官和司法人員的招募要求十分嚴格。1938年實施的《法院組織法》適當降低門檻，允許有實際司法經驗，但是未能通過官方司法考試者任職法院。[68]儘管如此，戰時合格司法人員依舊奇缺。截至1938年10月，在冊司法官員只有1,270人（485名法官和檢察官，639名書記，126名典獄長）。[69]根據《中國手冊》的記載，截至1941年共有1,393名司法官員；[70]在1943年，全國各級法院共有516,468件各類案件，其中除了2,914件之外都應該在年內結案。[71]值得注意的是，刊登上述這些數字的《中國手冊》是面向英文讀者發行的，實際的數字可能會更高。

抗戰爆發後，為了避免合格的司法人員擅離職守以致人才流失，司法院曾在1937至1938年命令司法人員不得隨意辭職。同時還命令只要法院還在運作，司法人員就不得撤離，違者嚴懲。[72]但是僅僅避免現有人員的流失並不足以滿足司法系統的發展要求，國民黨必須訓練更多的司法人員。隨着抗戰的進行，國民黨逐漸加強了黨義宣傳和教育。戰前負責司法官員訓練的機構是法官訓練所。儘管政治教育在戰前的司法培訓中就有不同程度的體現，隨着抗戰爆發，它的分量卻增加了不少。從1929至1941年，法官訓練所共計培養了六屆新入學學院，另有六屆培訓在職司法人員的短期培訓班畢業。一、三、五期訓練法官，二、四、六期則訓練檢察官。培訓法官和檢察官的最後兩期短訓班分別在1939和1941年結業。[73]從1941至1943年，訓練所舉辦了四屆培養縣級法院法官的訓練班。[74]

抗戰時期，法官訓練所的課程不僅包括學習法條和判例，還包括戰時特別教育，例如「識別間諜、抓捕叛徒和任何威脅國家安全者」的訓練。[75]關於後者的特訓班在1938年4月開辦，共計兩期169名學生；所有學生都是具有五年以上司法實踐經驗的國民黨黨員。[76]戰前訓練課程分別為期六個月和一年半，而戰時司法培訓只有兩個月至一年。[77]

為了招募更多的司法官員，訓練所的錄取標準下降不少：沒有專業背景者也可以報考，其中包括被國民黨選派進行司法培訓的黨幹部。[78]1943年治外法權廢除後，司法行政部在《中國手冊》中用英語清楚地規定了法官訓練所的職能是「向受訓者灌輸國民黨黨義」。[79]

下表所示的《法官班訓練計劃》包含了名目多樣、內容複雜的政治課程。根據1941年出版的《司法年鑑》，法官訓練所的目的是培養「黨化」司法官員。[80]由於不再要求培訓者擁有司法專業背景，法官訓練所在其職業生涯培訓中的地位增加了。法律知識培訓不過是《訓練計劃》六個方面中的一個，其他還包括大量的黨義學習和軍事訓練。訓練計劃的重點已經偏離了對法條的學習，而是偏重政治和道德訓練。學習內容分為三類：包括實體法（民法和刑法）、程序法以及其他類別。在法官訓練所自1929年至1941年舉辦的六期培訓

中，「其他類」佔培訓時間的比例從15.9%提高至44.44%。與此同時，「程序法」的學習時間從63.8%降至25.26%。[81]「其他」項目中包括「精神訓練」，即國民黨黨義和「司法黨化」的相關理論。

表 5.1　第六屆法官班訓練計劃

訓練綱領

1. 補充其法律學識與司法實務及偵查技術養成為具有特殊技能之檢察官；
2. 發揮其致力黨務工作之本能循率司法之程序從事檢察實務以增進黨治下檢察制度之效率；
3. 增進其對於本黨主義政綱政策、國民政府立法精神司法院部施政方針之理解使認識三民主義法治之基礎；
4. 增進其對於國際法律政治經濟文化之認識使明瞭法律與各種社會科學之關係及其動向；
5. 闡述抗戰建國之理論指示司法人員在此時期中所應負之責任以弼成國家總動員之使命；
6. 實施軍事訓練灌輸軍事學術養成軍事化之紀律生活與勇敢忠勤樸實之精神。

精神訓練（每周舉行若干次）

中國國民黨與國民革命；抗戰建國要義；黨化司法要旨；司法官之修養與職責。

學術演講（每周舉行若干次）

東西文化之比較與新文化之建設；國際政治經濟大勢；抗戰戰略與外交政策；現代法學之派別及其趨勢。

學科訓練

黨義；刑法；刑事特別法；刑事訴訟法；刑事審判及檢察實務；民法；民訴概要；民事特別法概要；民事審判實務；刑事政策；犯罪學；監獄學；法醫學；指紋學；法理學；法院組織法；公牘；外國文（英日文選修一種）。

軍事訓練

術科：各個教練；部隊教練；射擊教練；陣中勤務；學科：軍隊內務；陸軍禮節；步兵操典；陣中要務令；築壘教範；射擊教範。

黨義研究

三民主義之哲學基礎；三民主義與國民革命；三民主義之內涵；三民主義之法學基礎。

小組訓練

三民主義立法問題之研討；現行司法制度問題之探討；刑事法規之應用問題；檢察實務之技術問題。

資料來源：司法院編譯處：《司法年鑑》（長沙：商務印書館，1941），363–364頁。

在給法官訓練所1939年畢業班的致辭中，居正明確表示學生們所接受的不僅僅是專業知識教育。訓練的目的是使學生們理解和遵循國民黨黨義中的價值觀，因為後者正是畢業生們所服務的政權的思想基礎。「法官訓練所之設，爰本期指，一方面為國家樹值司法專門人才，另方面又為專門人才鍛煉身心，教忠勵勤之養成所。」居正還不忘強調戰時的物質需求，「戰時一國之內，人力資源，一切屬國家；思想意志，一切以國家之利益為前提。」[82]創建新的司法系統並訓練合格的人員來保護人民的利益是建立「三民主義法治中國」的關鍵。[83]

治外法權的終結與政治教育的「法典化」

促使西方放棄在華治外法權的不是中國司法的現代化，而是日本的軍事威脅。1941年末日美關係迅速惡化，日本嘲諷西方對中國不過是虛情假意，因為他們根本就沒有彌補不平等條約對中國的損害。[84]1941年11月26日，美國向日本提出一份雙邊聲明草案，其中規定雙方一致放棄在華治外法權，並且致力於與其他列強達成類似協議，還放棄包括「國際租借內和從《辛丑條約》獲得的其他權力」。[85]但是不到兩周之後，日本對美宣戰，美國的這一提議就不了了之。偷襲珍珠港的第二天，駐上海的日本軍隊佔領了美國在華法院，並且暫時拘禁了法官彌爾頓·希爾米克（Milton Helmick）。[86]由於日本佔領了上海公共租界，各國在華的領事法庭實際上已陷入停頓。到了1943年，列強在華治外法權基本上已名存實亡。

戰時英美雙方的記載都表明，廢除治外法權是為了顯示同盟國對國民黨政權的支持，提升中國的士氣，並不是對中國司法現代化的認可。1942年3月19日，美國國務院遠東事務部分析師沃爾特·亞當斯（Walter Adams）在備忘錄中寫道，儘管外界關於「中國已經發展進步了」的呼聲值得考慮，但是結束在華之外法權最實際的原因是認可中國對戰爭的貢獻。[87]3月17日，國務院遠東司司長斯坦利·霍恩貝克（Stanley Hornbeck）認為，如果美國廢除治外法權

——「這項美國公民已經不能行使的權力」，那麼日本無疑會將此舉視為同盟國之間虛偽的表現。[88]霍恩貝克還指出，既然治外法權在戰後也不會持續多久，不如推遲到那時再將其廢除並與中國簽訂新約，屆時美國政府也應該更加清楚其在戰後中國的潛在利益。[89]

英國方面也認為，繼續保留治外法權毫無戰略意義，因為後者在戰時「對外國人幾乎毫無實際意義」。[90]根據英方的報告，美英與國民黨在談判中只提出了放棄治外法權（由於租界的法庭被日本佔領而實際上毫無意義），但是「中國的媒體、公眾和政府卻對此過度解釋」，認為簽訂新約結束了「不平等條約」。[91]除了香港的地位問題被擱置外，英美同意放棄在華治外法權，並將租界歸還中國。

時任中國駐美大使的魏道明認為，儘管治外法權在中國當時已是名存實亡，它的廢除就好比是終結「一個過時而沒用的系統」，但是這畢竟意味着中國與其他盟國在地位上平等。[92]參議院亞瑟‧范登堡（Arthur Vandenberg，在戰後是蔣介石於美國政界的重要支持者）聲明，「（治外法權的廢除）是出於對中國之命運的信心，中國在爭取自由的戰鬥中從未退縮。」[93]各方均未提到廢除治外法權與中國司法系統進步之間的關係。

在蔣1943年的大作《中國之命運》中，治外法權不僅是主權淪喪的標誌，更是造成當前中國所有積弊的根源。蔣認為，治外法權破壞了中國法律的權威，使中國人對本國法律缺乏尊重，以致與法治難以建立。蔣還認為租界為刺探中國情報的外國間諜提供了避風港，而租界內的法庭和警察肆意抓捕和折磨中國人，違反了人權。治外法權和租界的廢除為中國法律系統在表面和實質上的復興都創造了機會。蔣提出的司法現代化道路與清廷在1901年變法詔書中的口吻有些相似：即融合中國傳統道德（國民黨對此極為支持）和西方的思想。但是蔣指出全盤西化會導致「私」並且有違傳統。[94]對蔣來說，司法現代化不僅僅意味着法典化與專業化，還包括吸取中國傳統價值觀。

1943年的司法改革，是清末新政以來政府實施得最為全面的。這次改革不再是對現有司法系統的修補，而是在理念和實踐上都做

了顛覆性改變：首先，政治教育正式進入司法人員的培訓；其次，在組織結構上，負責全國司法事務的司法行政部改為隸屬行政院。

1943年2月，法官訓練所關閉。當年8月，國民黨政府推出了新的司法人員培訓方案，標誌着戰後司法教育改革拉開序幕。1943年8月份的《司法行政公報》上刊登了《司法人員訓練大綱》，將培訓司法人員的任務轉交給國民黨自己的中央政治學校（1947年更名為國立政治大學）。這意味着司法人員將和國民黨幹部在一起接受教育。新的《訓練大綱》經過擴充和修訂後在1946年以《司法官訓練辦法》的名稱作為法律正式頒行。

1943年《訓練大綱》第一款就聲明，其使命在於將政治教育納入司法人員的培訓中。[95] 如前所述，在1941年以及更早，法官訓練所的培訓內容就已逐漸包括政治教育。但是1943年的《訓練大綱》把政治教育提升到根本性原則的高度。在1946年的《訓練辦法》中，這一原則被正式固定下來，作為對司法人員的根本要求。[96] 在六個月至一年不等的司法與政治聯合訓練下，培訓人員對抽象法律原則的學習自然會被極大壓縮。此外，政府還降低了司法人員培訓的門檻，毫無任何法律基礎者亦可報考。這就意味着一些人可能在接受短短幾個月的培訓後就進入司法機構任職。根據《大綱》和《辦法》第三款的要求，授課教員的遴選和課程內容的設定由中央政治學校和司法行政部共同決定。

在隨後四年中，中央政治學校舉辦了三屆司法培訓班：1944年3至10月培訓了131人，1945年3至11月84人，最後一班174人於1947年10月開班。[97] 第一屆培訓班接受兩個月的政治教育培訓，和四個月的專業法律訓練。[98] 中央政治學校的前身是成立於1929年的中央黨務學校，始終擔任着為國民黨培養幹部的職能，還為戰時報考政府公務員者提供政治教育。實際上中央政治學校的校長就是蔣介石本人，其在國民黨政治教育中的分量可見一斑。根據一個英國人在1942年底和1943年對國統區大學的考察，中央政治學校是當時所有大學條件最好的：沒有設備短缺、人員不足和資金缺乏的問題。但是學校的政治特徵同樣引人注目。「學校的紀律十分

嚴格，所有學生必須接受軍事訓練，無論男女。或許這座學校不夠自由，培養不出未來的領袖；但是它對於訓練（國民黨的）信徒則綽綽有餘。」[99]這位英國人隨即否定了這一論斷，指出這裏的學生們只要願意，甚至可以閱讀馬克思的著作。

最終，嚴格的司法教育標準（無論是政治還是專業內容）和司法考試，影響了蔣介石在戰後建立一支效忠國民黨的司法隊伍的設想。[100]自1943年開始，本科學生入學人數大幅增加，法律專業也依舊十分熱門。1943至1947年間，國民黨統治區的學校共向19,612名學生頒發了法律學士學位。[101]儘管有大量法學畢業生作為人才儲備，但是中央政治學校壟斷了司法專業教育，其入學考試難度很高（雖然報考者的門檻已大幅降低）。結果是司法人員的選拔渠道十分狹窄：1944至1947年間，中央政治學校總共才培養了389名司法官員。[102]

治外法權廢除後，國民黨政府的司法系統不僅改革了教育，還經歷了重大的機構調整。掌管司法事務的司法行政部不再隸屬司法院，而改隸行政院，這意味着中央政府層面司法不再獨立於行政。司法行政部下屬的各級法院、法官和檢察官們如今都歸行政院管轄，而行政院院長正是蔣介石本人。在國民黨官方出版的1944年《中國手冊》修訂版中，編者直截了當地說明了機構調整的理由，「司法行政部改隸行政院是治外法權廢除的結果」。[103]

司法權力運行機關的轉移在1946年憲法中並沒有體現出來，因為憲法只規定了五院的職權，沒有涉及各院的下屬部門。儘管法官的獨立性和司法院的地位沒有變化，正如1912年《臨時約法》和1923年《天壇憲草》規定的那樣。但是在行政院的管理之下，如何在實踐中確保司法獨立就並不明確了。司法院通過下屬的最高法院（擁有對憲法的解釋權）和行政法院在名義上保持了比行政院高的司法權威。但是隨着司法行政部隸屬於行政院，後者獲得了管轄全國各級地方法院和任命與教育司法人員的權力。

結論

對於任何二十世紀的現代國家來說，司法獨立都是法治（rule of law）最根本的特徵。在西歐以外的新興的民族國家中，是否將司法獨立視為現代化的重要標準之一，始終是爭論的焦點。這一爭論在中國延續下來，中華人民共和國建立了一套符合自身利益和原則的司法系統，但是它同樣試圖展現出職業化和規則化的形象，謀求世界其他國家的認可。[104] 1943年的司法改革清楚地表明，在西方要求中國司法獨立和現代化的壓力消失後，取而代之的是建立一種新形式司法系統的雄心。國民黨政府試圖培訓一批職業化的司法人員，來應對地方政治腐敗和派系林立對司法的干預。雖然司法機構在組織機構上保持獨立，不受行政干預，但是從根本上還是代表一黨專政的國民黨的利益。法官可以獨立做出判決，但是在經過黨化培訓後必須將其用符合國民黨黨義的形式表達出來。最終，戰後的國民黨政權卻無力貫徹這種訓練制度，而且狹窄的選拔渠道使司法系統得不到新一代受過專業訓練的人員補充。中華人民共和國對於司法人員對黨的忠誠度沒有像國民黨那樣高。儘管不如《訓練大綱》那樣嚴苛，律師宣誓制度依舊提醒着我們國家對司法人員專業行為的規範。

無論是1943年的司法黨化，還是2012年推行律師宣誓制度，二者都反映出實現國際承認的司法現代化與當局（國民黨或中共）要求建立起一支符合其意識形態需求的職業化司法隊伍之間的衝突。在地方政治和社會動蕩的四十年代，只有當法官的判決和律師的辯護符合執政黨意識形態的前提下，司法獨立才有可能行得通。70年過去了，中央政府對司法的控制與實現得到國際承認的司法獨立之間的張力在中國依舊存在。

注釋

1　居正：《為甚麼要重建中國法系》，《居正文集（下冊）》，武昌：華中師範大學出版社，1989，507頁。

2　譯文參見 James Zimmerman, "News and Views from Beijing," *China Law Deskbook Monthly*, April 2012, 1–4.

3　李莊律師的回應是，「律師只應該關注法律，而非政黨和政治。」參見 Edward Wong, "Chinese Lawyers Chafe at New Oath to Communist Party," *New York Times*, March 22, 2012, World/Asia Pacific, http://www.nytimes.com/2012/03/23/world/asia/chinese-lawyers-chafe-at-new-oath-to-communist-party.html. 李莊是重慶的一位辯護律師，2010年因為教唆當事人做偽證而被監禁18個月。很多人認為針對李莊的審判是在重慶當局的操縱下進行的。北京著名律師浦志強對律師宣誓制度的看法是，「我看不出增加這些步驟有何法律基礎，司法部這樣做的根據何在？」He Weifang, "A Letter to Chongqing Colleagues," *China Media Project*, April 12, 2011, http://cmp.hku.hk/2011/04/12/11481/. Sui-Lee Wee, "China Orders Lawyers to Pledge Allegiance to Communist Party," *Reuters* (Beijing), March 21, 2012.

4　《進入律師隊伍必須進行宣誓》，中華人民共和國司法部，2012年3月21日，http://www.moj.gov.cn/index/content/2012-03/21/content_3445267.htm?node=7318.

5　2007年中國《律師法》公布以來，黨化修辭愈來愈多地滲透到司法實踐中。Elizabeth M. Lynch, "China's Rule of Law Mirage: The Regression of the Legal Profession since the Adoption of the 2007 Lawyers Law," *George Washington International Law Review* 42 (2011): 535; see also Leland Benton, "From Socialist Ethics to Legal Ethics: Legal Ethics, Professional Conduct, and the Chinese Legal Profession," *UCLA Pacific Basin Law Journal* 28 (2011): 218–220. Carl F. Minzner, "China's Turn against Law," *American Journal of Comparative Law* 59 (2011): 949–955, 959–964.

6　Rufus Thayer, "Robert W. Sexton v. United States," in *Extraterritorial Cases*, ed. Charles Lobingier (Manila: Bureau of Printing, 1920), 183–185.

7　Jeremy Murray, "'A Dream Deferred': Obstacles to Legal Reform and Rights Reclamation in Early Republican China," in *China on the Margins*, ed. Sherman Cochran (Ithaca, NY: Cornell East Asia Program, 2010), 95–96; Douglas Reynolds, *China, 1898–1912: The Xinzheng Revolution and Japan* (Cambridge, MA: Council on East Asian Studies, Harvard University, 1993), 180–181; Xu Xiaoqun, *Trial of Modernity: Judicial Reform in Early Twentieth-Century China, 1901–1937* (Stanford, CA: Stanford University Press, 2008), 18.

8　引文參見 Reynolds, *China, 1898–1912*, 1. 另外的例子，參見 Meribeth Cameron, *The Reform Movement in China, 1898–1912* (New York: Octagon, 1963).

9　Murray, "'A Dream Deferred,'" 93.

10   Tom Ginsburg, "Judicial Independence in East Asia: Lessons for China," in *Judicial Independence in China: Lessons for Global Rule of Law Promotion*, ed. Randall Peerenboom (Cambridge: Cambridge University Press, 2010), 248.

11   Xu Xiaoqun, "The Fate of Judicial Independence in Republican China, 1912–37," *China Quarterly*, no. 149 (March 1, 1997): 27; Xu, *Trial of Modernity*.

12   Philip Huang, *Code, Custom, and Legal Practice in China: The Qing and the Republic Compared* (Stanford, CA: Stanford University Press, 2001), 51. 黃宗智指出，民國時期兩位主要的民法典改革者是王寵惠和胡漢民，兩人都不屬國民黨的核心領導層，對蔣介石的政治主張也沒有特別支持。

13   Murray, "'A Dream Deferred,'" note. 1.

14   Philip Huang, *Chinese Civil Justice, Past and Present* (Lanham, MD: Rowman and Littlefield, 2010), xvi–xvii.

15   張仁善：《司法腐敗與社會失控1928–1949》(北京：社會科學文獻出版社，2005)。

16   張慶軍：《民國司法黑幕》(南京：江蘇古籍出版社，1997)。

17   李在全：《法治與黨治：國民黨政權的司法黨化 (1923–1948)》(北京：社會科學文獻出版社，2012)。

18   1689年的《尼布楚條約》規定，清朝和沙俄的民眾在對方領土上犯罪，都要被遣送回國受審。參見Wesley Fishel, *The End of Extraterritoriality in China* (Berkeley: University of California Press, 1952), 2.

19   同上引書，19–21。儘管列強代表在法庭上沒有權力審問，但是他們可以提出抗議。在很多情況下，外國人犯罪得不到審判，而是通過清朝官員和外國領事官協商解決。

20   *Report on Inspection of United States Consulates in the Orient*, 59th Cong., 1st sess., H. Doc. 665, serial 5037, Session vol. no. 97, 13–14, 20.

21   Thomas Millard, "Why Criminals in the Foreign Settlements Are Fighting the United States Court in China," *Washington Post*, March 22, 1908, M4.

22   譯文參見Reynolds, *China, 1898–1912*, 202.

23   同上引書。

24   Cameron, *Reform Movement in China*, 171; 楊鴻烈：《中國法律發達史》(上海：上海書店，1930)，886頁。

25   "TS 430," *Treaties and Other International Agreements of the United States of America 1776–1949 (Bevans)* 6 (1968): 704.

26   Xu, *Trial of Modernity*, 27; Cameron, *Reform Movement in China*, 172.

27   Madeleine Zelin, *The Magistrate's Tael: Rationalizing Fiscal Reform in Eighteenth-Century Ch'ing China* (Berkeley: University of California Press, 1984), 120; Sybille Van der Sprenkel, *Legal Institutions in Manchu China: A Sociological Analysis* (New York: Athlone, 1966), 42–43.

28   趙玉環：《清末司法改革的啟示》，《山東社會科學》，第8期，2009，142–144頁。

29   Xu, *Trial of Modernity*, 29.

30   Huang, *Code, Custom, and Legal Practice in China*, 31.

31 Xu Xiaoqun, *Chinese Professionals and the Republican State: The Rise of Professional Associations in Shanghai, 1912–1937* (Cambridge: Cambridge University Press, 2001), 117.

32 Xu, "The Fate of Judicial Independence in Republican China," 5–6.

33 《臨時約法》使用了「法官」一詞，國民黨政府後來頒布的法律則改用「推事」。

34 《中華民國臨時約法》51、52條。

35 Zelin, *The Magistrate's Tael*, 220.

36 Philip Kuhn, "The Development of Local Government," in *The Cambridge History of China*, vol. 13: *Republican China, 1912–1949*, part 2, ed. John Fairbank and Albert Feuerwerker (Cambridge: Cambridge University Press, 1986), 351.

37 Xu Xiaoqun, *Trial of Modernity*, 123.

38 同上引書，122頁。

39 Hollington K. Tong, "China's Progress toward Legal Reform," *Millard's Review* 6, no. 2 (September 14, 1918): 53–56.

40 同上引書。

41 T. R. Jernigan, "Observations," *Millard's Review* 6, no. 3 (September 21, 1918): 88.

42 Glenn Tiffert, "The Chinese Judge: From Literatus to Cadre (1906–1949)" (October 23, 2011), in *Knowledge Acts in Modern China: Ideas, Institutions, and Identities*, ed. Eddy U. and Robert Culp (forthcoming) (available at SSRN: http://ssrn.com/abstract=1948259), 15.

43 Chang Yao-tseng, "The Present Conditions of the Chinese Judiciary and Its Future," *Chinese Social and Political Science Review* 10 (1926): 175.

44 Commission on Extraterritorial Jurisdiction in China, *Report of the Commission on Extraterritoriality in China* (Washington, DC: Government Printing Office, 1926), 97, 100, 107.

45 居正：〈司法黨化問題〉；范忠信編：《為甚麼要重建中國法系：居正法政文選》（北京：中國政法大學出版社，2009），169頁。

46 Fu Bingchang, "Introduction," in *The Civil Code of the Republic of China*, trans. Jinlin Xia (Shanghai: Kelly and Walsh, 1930), xx.

47 居正：〈司法黨化問題〉，169頁。

48 Howard Boorman, *Biographical Dictionary of Republican China* (New York: Columbia University Press, 1967), 469–475.

49 Jerome Cavanaugh, ed., *Who's Who in China, 1918–1950* (Hong Kong: Chinese Materials Center, 1982).

50 Chang Yao-Tseng, "Present Conditions of the Chinese Judiciary and Its Future," *Chinese Social and Political Science Review* 10 (1926): 172.

51 Huang, *Code, Custom, and Legal Practice in China*, 40.

52 Glenn Tiffert, "An Irresistible Inheritance: Republican Judicial Modernization and Its Legacies to the People's Republic of China," *Cross-Currents* 7 (June 2013): 89.

53　Chang, "Present Conditions of the Chinese Judiciary," 174.

54　居正:〈二十五年來司法之問題與展望〉;《為甚麼要重建中國法系》, 334頁。

55　同上引文。

56　Hollington K. Tong, ed., *China Handbook, 1937–1943: A Comprehensive Survey of Major Developments in China in Six Years of War* (New York: Macmillan, 1943), 106.

57　關於淪陷區司法實踐的例子,參見Zhao Ma, "On the Run: Women, City, and the Law in Beijing, 1937–1949," PhD diss., Johns Hopkins University, 2007.

58　Tiffert, "An Irresistible Inheritance," 94.

59　Ju Zheng, "War-Time Judicial Administration," *China Quarterly* 4, no. 1 (Winter 1938): 12

60　Tong, *China Handbook*, 291.

61　同上引書, 292頁。

62　H. P. Tseng and Jean Lyon, eds., *China Handbook, 1937–1944: A Comprehensive Survey of Major Developments in China in Seven Years of War* (Chungking: Chinese Ministry of Information, 1944), 179.

63　Tong, *China Handbook*, 2, 293.

64　關於司法程序得不到遵守的例子,參見Xu Xiaoqun, "The Rule of Law without Due Process: Punishing Robbers and Bandits in Early-Twentieth-Century China," *Modern China* 33, no. 2 (April 1, 2007): 230–257.

65　Ju, "War-Time Judicial Administration," 11.

66　Ch'ien Tuan-sheng, *The Government and Politics of China, 1912–1949* (Stanford, CA: Stanford University Press, 1950), 254.

67　Tseng and Lyon, *China Handbook*, 178

68　《法院組織法》, 1938, 33條。

69　Ju, "War-Time Judicial Administration," 14;在英美法系中,檢察官(procurator)與公訴人(prosecutor)的主要區別在於,前者負責案件的調查和起訴,而後者只負責起訴。

70　Tong, *China Handbook*, 299.

71　Tseng and Lyon, *China Handbook*, 179.

72　Ju, "War-Time Judicial Administration," 12.

73　司法院編譯處:《司法年鑑》(長沙:商務印書館, 1941), 347–365頁;關於司法教育史的細節,參見Tiffert, "The Chinese Judge," 26.

74　謝冠生:《戰時司法紀要》(臺北:司法院秘書處, 1971), 401–402頁。

75　Ju, "War-Time Judicial Administration," 14.

76　同上引書,在此之前的學員都需要經司法考試入學。

77　同上引書;Tong, *China Handbook*, 298.

78　Tong, *China Handbook*, 299.

79　同上引書, 298頁。

80　司法院編譯處:《司法年鑑》, 347頁。

81　同上引書, 349頁。

82　居正:〈第六屆法官訓練班同學錄序〉,《為甚麼要重建中國法系》, 419–420頁。

83 居正：〈法治前途之展望〉，《居正文集（下冊）》，678頁。

84 Fishel, *The End of Extraterritoriality in China*, 208.

85 "Outline of Proposed Basis for Agreement between the United States and Japan," in *Foreign Relations of the United States Diplomatic Papers: Japan 1931–1941*, vol.2 (Washington, DC: Government Printing Office, 1943), 769.

86 Eileen Paula Scully, "Crime, Punishment, and Empire: The United States District Court for China, 1906–1943," PhD diss., Georgetown University, 1993, 355.

87 Walter Adams, "Memorandum by Mr. Walter A. Adams of the Division of Far Eastern Affairs, March 19, 1942,"in *Foreign Relations of the United States Diplomatic Papers: 1942 China* (Washington, DC: Government Printing Office, 1956), 268.

88 Stanley Hornbeck, "Memorandum by the Chief of the Division of Far Eastern Affairs (Hamilton), March 27, 1942," in *Foreign Relations of the United States Diplomatic Papers: 1942 China*, 271.

89 同上引書，272–273頁。

90 Correspondence from Seymour to Eden, June 22, 1943, in *Foreign Relations of the United States Diplomatic Papers: 1942 China*, 145.

91 Correspondence from Seymour to Eden, January 4, 1943, in *Foreign Relations of the United States Diplomatic Papers: 1942 China*, 91.

92 Tong, *China Handbook*, 181.

93 "Senate Approves Treaty Giving Up Rights in China," *New York Times*, February 12, 1943, 1.

94 蔣介石：《中國之命運》（重慶：正中書局，1943），40、46頁。

95 司法行政部：〈司法人員訓練大綱〉，《司法行政公報》，卷1，第8期，1943年8月，33–34頁。

96 〈司法官訓練辦法〉，《戰時司法紀要》，406–407頁。

97 同上引書，402–403頁。

98 Tseng and Lyon, *China Handbook*, 188.

99 John Blofeld, "Report on Universities in War-time China, August 18, 1942," *British Documents on Foreign Affairs: Reports and Papers from the Foreign Office Confidential Print, Part III, 1940–1945, Series E, Asia*, vol. 6 (Bethesda, MD: University Publications of America, 1997), 12.

100 Tiffert, "The Chinese Judge," 41.

101 湯能松編：《探索的軌迹：中國法學教育發展史略》（北京：法律出版社，1995），318頁。

102 謝冠生：《戰時司法紀要》，402–403頁。

103 Tseng and Lyon, *China Handbook*, 177.

104 Randall Peerenboom, ed., *Judicial Independence in China: Lessons for Global Rule of Law Promotion* (Cambridge: Cambridge University Press, 2010).

6

辯論《中國之命運》
在抗戰時期書寫中華民族的過去和未來

羅丹
（Daniel D. Knorr）

　　1942年10月9日，蔣介石獲悉英國和美國已經決定廢除與中國在歷史上簽訂的不平等條約，作為對兩國共同盟友的友好表示。多年以來，修訂與列強所簽署的這些條約（最早始於1842年中英《南京條約》）始終是中國民族主義者的共同目標，即便是在1924年孫中山創造了「不平等條約」這個詞語之前。[1]蔣在私下裏喜不自勝，在日記中寫道，「接獲美、英自動放棄在我國治外法權，重訂新約之通告，此乃總理革命奮鬥最大之目的，而今竟將由我手中達成，中心快慰，無言可喻。」[2]他馬不停蹄地把這成果作為國民黨宣傳工作的重點，以維護其個人聲望和國民黨政府的統治。就在第二天，10月10日，蔣把這一好消息公之於眾，作為慶祝「雙十國慶」的一部分。蔣同時指示他的秘書陶希聖着手起草一部書稿，詳細地論述修訂新約在中國歷史上的關鍵地位。六個月之後的1943年3月，該書以《中國之命運》為名稱出版。

　　《中國之命運》的出版恰逢蔣本人和國民黨的一個重要時刻。隨着英美兩國在1941年末加入太平洋戰場，中國有了新的盟友，同時憑藉着多年以來的頑強抗日獲得了前所未有的國際聲譽。在珍珠港事件之後，與美英兩國軍隊在日軍面前的慘敗相比，中國的這種抵抗就更加引人注目。儘管在國內政治方面飽受通貨膨脹和饑荒的困擾（參見第9、10章），蔣卻指出中國來之不易的聲望既是人民犧牲的應得報償，也表明中國在他的領導下沿着正確的方前進。

為了讓中國人民和他的西方盟友瞭解這點，儘管對後者的影響相對較小，蔣花費了極大的時間和精力來撰寫《中國之命運》。《中國之命運》被廣泛（同時也是正確）地認為是由陶希聖代筆，但是蔣在其中的參與也是不可或缺的。該書的成功與失敗在很大程度上都應該歸於蔣本人。不幸的是，對蔣來說，《中國之命運》最終被證明是浪費了機會，並招致各方的廣泛批評。該書的歷史充分説明，蔣完全沒有預料到他的朋友和敵人都不約而同地對這本印着他名字的作品大加鞭撻。

從很多方面來看，《中國之命運》遭到批評並不意外，特別是來自中共和知識分子的批評。然而通過細讀該書的文本和來自各方的反應，我們就可以發現蔣沒能預料到這本書對於他本人和國民黨的政治合法性可能造成的衝擊。縱然蔣幾乎無意爭取中共和知識分子全都滿意，卻沒想到《中國之命運》讓一般讀者也對國民黨產生了極大的偏見。在學生和知識分子的眼裏，蔣介石對中國傳統價值觀的推崇與政治上的獨裁主義聯繫在一起，簡直就是帝制時代糟粕的重現。中共更是策略性地把批評《中國之命運》作為在國內與國外針對國民黨宣傳工作的重心。雖然國民黨通過與外國政府合作禁止了該書英文版的出版，成功地抑制了戰時來自國外的批評，但是戰後（針對該書的）反應表明，蔣介石以為《中國之命運》能夠提升他在外國讀者心中地位的看法是多麼地天真。

在上述各方之外，日方對《中國之命運》的反應完全被研究者忽視了。研究親日作家對《中國之命運》的反應主要有兩個目的。首先，正如批評者指出的那樣，蔣的部分意識形態與日本所推行的並無二致，而另外一些則比日本的法西斯主義還極端。其次，通過重複中共對《中國之命運》的批評（特別是針對蔣的意識形態與日本相似的部分），親日派的反應大大增強了中共的宣傳效果。特別在是雙方的批評文章可以被同時讀到的地區，例如淪陷區和邊區。

針對對《中國之命運》的失敗和錯失機會式的敘事，本文與近年來一些研究者努力把蔣的戰時政府從戰後美國記者和學者們的批評中拯救出來並不同。[3]造成這種分歧的部分原因在於研究者的關注對

象不同：舉例而言，由於方德萬（Hans van de Ven）研究的是國民黨的軍事戰略和動員能力，這使他基於1943年面臨的物資短缺而同情國民黨當局的處境。但是僅就《中國之命運》一書而言，物資短缺並不影響它的創作和出版。可以說，沒有甚麼力量迫使蔣務必寫作這本書，或者任何一本書不可。蔣對於《中國之命運》極為熱衷，並且在該書遭到批評時非常意外。外部條件縱然不利，但是沒能認清《中國之命運》的出版時機則是蔣自己的責任；而且把陶希聖的底稿改得密密麻麻的不是別人，正是蔣本人。為了說明這個觀點，本文將主要利用中文史料，即《中國之命運》以及對該書的批評，對於外文資料則使用較少。如果本文的觀點落入了方德萬所摒棄的「史迪威—白修德」式的對蔣介石批評，那也是因為蔣自己的話語使然。[4]

本文主要關注的是蔣的短期考量是如何影響了《中國之命運》的寫作，以及該書在歷史上的引起的直接影響。《中國之命運》很大程度上是一部應時之作。該書以主要篇幅敍述廢除不平等條約，同時認定日本的戰敗只是時間問題，這些無不是以1943年所發生的一系列事件為基礎。與此同時，1943年發生的事件也影響了各方對《中國之命運》的反應。通過論證這些聯繫，我糾正了現有研究對《中國之命運》與1942至1944年發生的歷史事件之間其關係的忽視。[5]

相對來說，《中國之命運》的長期意義更難估計。一方面來說，它既體現出一個長期以來中國民族主義敍事的傳統，又包含了盛行一時的法西斯獨裁思想。從以上兩方面來說，《中國之命運》的代表性超出其特殊性。該書作者的身分、廣泛的發行面以及出版的特定時間點，都令《中國之命運》與研究戰時中國顯得密不可分。在本文特別是引注中，我提到了一些涉及到該書意識形態問題的研究。儘管它們對於全面理解《中國之命運》十分重要，但是卻和本文對1943年的關注聯繫不大。[6]

從另一方面來說，《中國之命運》對於隨後中國歷史發展的影響同樣難以估量。直到文化大革命結束，中共統治的大陸地區並無對中國傳統文化的崇拜（就像《中國之命運》中表現的那樣）。隨着改革開放的展開和馬克思—列寧主義的式微，到了二十一世紀中國政府

開始通過復興傳統文化（包括古代和革命傳統）來尋求其統治的合法化。儘管在40多年前，《中國之命運》還不過是歷史長河中的一個毫不起眼的注腳。但時至今日，它對中國歷史的影響似乎遠未結束，這使我們更有必要瞭解它的起源。

書寫和批評《中國之命運》

《中國之命運》從始至終都是蔣介石的得意之作。1942年「雙十國慶」之後，蔣命令作為他秘書之一的陶希聖（同時也是歷史學家）起草一部書稿，底本就是蔣宣布列強即將廢除不平等條約的發言稿。[7]作為蔣的親信和陶的朋友，陳布雷協助了書稿的寫作（如果不是在此時抱病在身，陳或許應該負責該書的寫作）。[8]鑑於曾與汪偽政府主席汪精衛的合作，陶希聖的政治地位岌岌可危，即便在他回到重慶之後；因為顧及自身和家人的安危，陶希聖在準備書稿時對蔣的指示言聽計從。[9]

在書稿的起草階段，蔣始終在施加其影響。在1942年11月到12月期間，陶希聖被蔣頻繁召見。書稿也從最初的三萬字激增到超過十萬。[10]修訂結束後，原稿上密密麻麻布滿了蔣的紅色批語，完全覆蓋了陶的黑色字跡。[11]1942年聖誕節，蔣在日記中寫道，他在昨天花費很大精力修訂《中國之命運》以致失眠。[12]

毫無疑問，中國結束了不平等條約下的「百年國恥」，是（蔣寫作）《中國之命運》的最初動機以及貫穿全書的主題。由於顧忌中共得到愛國但是意識形態薄弱的青年人所支持，蔣寫作該書的用意一方面是闡明廢除不平等條約的意義，同時提升國民黨的民族主義威望。[13]蔣把國民黨視為中國偉大傳統的肩負者，和帶領中國走向富強的先驅。與此相對的是，中共放棄了中國的偉大傳統，轉而擁護新帝國主義／新軍閥式的政策（這些指控源於中共篤信馬克思主義，以及他們在第二次國共合作下要求政治與軍事的自主）。

1942年12月底，陶希聖將兩百部書稿副本分發給國民黨官員，同時負責編纂他們對書稿的意見。除了接受一些正面意見之

外，蔣拒絕了以下四點批評。這些意見的重要性在於它們預示了日後各方對該書的批評。蔣(對這些意見)的回應顯示了他的目光短淺。首先，一些評論建議該書不應對帝國主義的弊病着墨過多，因為這有可能觸犯到英國和美國這兩個中國的新盟友。由於不平等條約的廢除為《中國之命運》提供了歷史背景和敘述的支點，蔣沒有理會這條意見。其次，有人批評蔣在書中暗示戰爭會在兩年之內結束。但是蔣認為這一判斷是建立在戰爭的客觀條件上的，同時也是為了鼓舞民眾(雖然《中國之命運》幾乎沒有提到如何打贏戰爭)。第三，有人提議將書的標題從《中國之命運》改為《中國之前途》或者其他明證。蔣卻重申書名的妥帖，因為這是受到孫中山所說「國家之命運在於國民之自決」的啟發，而這也反映了全書的宗旨。第四，有些人認為蔣作為國家領袖，不應囿於黨派政治，在《中國之命運》中宣揚國民黨的特殊地位(這一建議得到了蔣的外交顧問畢范宇〔Rev. Frank Price〕的贊同[14])。蔣對此的回覆是，沒有國民黨就沒有革命，同時重申該書就是要突出國民黨在中國現代史上不可或缺的地位。[15]

蔣對以上這些初步批評的回應，體現了他寫作《中國之命運》的最初動機。「中國之前途」是個不合適的標題，因為這部書對歷史的敘述和未來幾乎一樣多。(中國的)歷史和傳統是如此重要，因為它為在廢除不平等條約後實現中國的民族精神提供了訓導的動力(pedagogical impetus)。[16]國民黨就是永恒民族精神在當下的化身，反對這點不僅在政治上不合時宜，還有違蔣對於中華民族的根本信仰。

1943年3月10日，在國民政府與美英簽訂新條約後兩個月，《中國之命運》正式出版。且不論其優劣如何，該書擁有一個絕對龐大的讀者群。蔣把它指定為軍政官員和包括各級大學、中學學生的必讀書。[17]《中國之命運》印刷精美：鑑於當時國統區缺乏優質紙張，該書價格已實屬低廉，連一般民眾都買得起(由此引發了該書的印刷是政府贊助的猜測)。[18]《中國之命運》出版後的第二天，國民黨《中央日報》刊發社論，力勸民眾速讀此書；社論的作者稱，通讀全

書僅花了他半天時間。[19] 兩天之後，《中央日報》稱第二版已經在印刷中，因為該書供不應求。[20]

除了加印和新版，[21] 王寵惠受命主持《中國之命運》的英譯工作。然而蔣的顧問們（包括王寵惠本人在內）對該書在國外引發的可能反應表示擔憂，這迫使蔣擱置了英譯計劃。蔣和他的顧問們並不熱衷於出版一個針對外國讀者的版本。[22] 蔣夫人宋美齡或許在勸説蔣放棄翻譯《中國之命運》中起了關鍵作用。在該書寫作和修改期間，蔣夫人正在美國巡迴演講。回到重慶之後，蔣夫人告訴歐文·拉鐵摩爾（Owen Lattimore），她反對在美國發行《中國之命運》。[23] 一旦該書在美國發行，毫無疑問的是，委員長在書中的排外修辭與蔣夫人演説中的親美和民主表態所形成的巨大反差會令美國讀者感到震驚。《中國之命運》的完整英譯本直到1947年才出版，王寵惠負責的官方譯本和美國左派菲利普·賈非（Philip Jaffe）編輯的未授權譯本幾乎同時發布。[24]

由於國民黨對出版物的嚴密審查（包括對駐重慶外國記者發稿的審查）和推遲翻譯《中國之命運》的決定，在國統區和（大多數）海外的報刊上看不到針對該書的負面評價。[25] 儘管不能公開批評，中國知識分子在私下裏發洩他們對《中國之命運》的不滿（其中的原因和具體批評的內容將在下文討論）。[26]

中共對《中國之命運》的批評在當時是最為公開和廣為人知的。針對書中強烈的反共內容，該書後來被中共稱為1943年夏天發起的「第三次反共高潮」在「意識形態方面的準備」。[27]《中國之命運》將共產主義看作是「五四」以來流入中國的諸多外來思潮之一（包括自由主義）。[28] 蔣同樣忽略了孫中山和中共的第一次國共合作（1924–1927），並且將1927年的國民黨清黨歸咎於中共和汪精衛。[29] 由於國共兩黨還處於統一戰線中，蔣在批評時雖然避免直呼其名，但是其筆下的「變相軍閥」和「新式封建」明白無誤地指向擁有軍隊和領土的中共。[30]

早在1943年4月底，毛澤東就指示陳伯達寫批評《中國之命運》的文章。[31] 陳後來回憶道，「一次，毛主席在和我們幾個文化人談話時說：『看來，蔣介石給你們出了題目了。』我體會毛主席的意思是

要我們寫反駁的文章。」[32]陳逐漸在黨內確立知識分子和筆桿子的地位，多少和他寫作這篇批判文章以及他在「整風運動」中的貢獻有關。毛不僅親自批閱了陳伯達的文章，而且還在開篇加上一段，特別點出該書是由漢奸陶希聖代筆。[33]

當年5月共產國際的解體和國民黨準備進攻延安的計劃引發了國共之間的政治危機，隨之而來的是兩黨之間的新一輪宣傳戰。中共直到此時才發布了陳伯達的批判文章。在國民黨宣布要摧毀中共後，6月16日的政治局會議上，毛批判了國民黨的反動法西斯主義並且指出在《中國之命運》出版後，國共兩黨的關係很難好轉。[34]在國民黨方面，蔣命令胡宗南的部隊在7月初進攻延安。通過潛伏在胡宗南身邊的間諜得知進攻計劃後，在7月7日的政治局會議上中共制訂了「以宣傳對付反共宣傳，以軍事對付軍事進攻的對策」。在7月13日的政治局會議上（此時延安已經知道國民黨的進攻計劃取消了），劉少奇進一步主張發起新一輪更為猛烈的宣傳攻勢，其中包括「對蔣介石的《中國之命運》要痛駁」。政治局隨後委派劉少奇召集幹部會議，組織批判文章的寫作。[35]針對《中國之命運》的批評，成為康生7月15日題為〈搶救失足者〉的演講中批判國民黨的重要部分，由此拉開了清除和「拯救」延安國民黨特務的「搶救運動」（參見第7章）。[36]

即使在蔣取消進攻延安的行動後，中共依舊針對國民黨展開公開的宣傳攻勢，其中對《中國之命運》的批評尤其關鍵。陳伯達撰寫的批判文章刊登在7月21日的《解放日報》上，隨後像范文瀾和艾思奇等延安知識分子也發表了批評文章。這些文章批判了蔣介石的法西斯政治學說，無能甚至賣國的軍事戰略，以及他對中國歷史和社會的荒謬看法。毛要求把陳伯達的文章印成小冊子，發行到國統區。陳伯達的批評文章甚至還被翻譯成英文，於1944年初在海外發行。與國民黨不同的是，這體現出中共對自己的宣傳能在國際上擁有號召力充滿信心。

到了1943年8月，蔣通過宣傳手段和政治壓力來打垮中共的計劃已經破滅，但是蔣依舊認為維持軍事壓力可以加速中共的滅亡。

在8月25日的日記中，蔣寫道，「中共內部之心理已起分化，余信我軍一加壓力或進攻，則其內部軍事分化必立即表面化。」[37]在蔣介石看來，中共把《中國之命運》中提到的解決中國政治局面理解為宣戰；這使得蔣認為中共並不相信「政治解決」的可能性而是認定軍事衝突不可避免。[38]

與此同時，《中國之命運》也引起了淪陷區親日輿論的注意。就在1943年夏天國共兩黨的危機過後，淪陷區的報紙上開始出現對《中國之命運》的評論，而且評論的內容顯示這並非巧合。[39]一篇題為〈重慶之命運〉的文章，利用國共之間的緊張局勢大做文章，指蔣在政治上的最好出路是與日本合作。[40]李伯敖的觀點在所有淪陷區報刊的批判文章中最為突出：《中國之命運》的出版和進攻延安的計劃充分說明，蔣委員長更願意與中共作戰並且站在日本一邊，而這與蔣所宣揚的政策正好相反。[41]儘管這些親日派作者的直接目的就是支持南京汪偽政權，他們的批評卻強化了蔣介石對日妥協政策的罪名。

對蔣來說，共產國際解體、延安搶救運動和中共對《中國之命運》精心準備的批評這一系列事件確實無法預料。但是如前所述，蔣的幕僚已經注意並提示蔣《中國之命運》可能被詬病和攻擊之處。蔣預計到中共的批判態度（甚至覺得這很有價值，因為可以揣測後者的態度），[42]但是他卻對《中國之命運》遭到中共和國外批評的殘酷性大感意外。儘管批評如潮，蔣卻不為所動，拒絕在《中國之命運》的修訂版中做出任何重要改動，「自信此書對於國家與民族之影響，將愈久愈大，聖人復起，必從吾言矣！」[43]

在全書末尾，蔣引用了《孟子》多次出現的一段話，似乎是以孟子自比：

> 楊墨之道不息，孔子之道不著，是邪說誣民，充塞仁義也。仁義充塞，則率獸食人，人將相食。吾為此懼，閑先聖之道，距楊墨，放淫辭，邪說者不得作。作於其心，害於其事；作於其事，害於其政。聖人復起，不易吾言矣。[44]

正如孟子一樣，蔣一心要鏟除異端學說，建立起「仁義」，讓正確的思想大行其道，施行合理的政策。儘管蔣關注着各方對《中國之命運》的反應，但是這些批評都沒能對該書和蔣本身的想法產生任何影響。蔣以亂世之英雄自命，但是這種自負同樣導致了《中國之命運》的失敗。在下文中我們將詳細分析其內容和各方的反應。

重新定義中華民族

如前所述，《中國之命運》既回顧了中國的歷史，也展望了未來；關於該書的批評也是如此。為了更好地理解這些批評，以及它們對戰時中國的重要意義，我們首先就要探討蔣是如何理解中華民族這一概念的，以及這種觀點是如何成為其政治學說的根本，並在此基礎上構思中國的未來發展。在全書開篇，蔣認為在中華民族的歷史上，各宗族都擁有共同的祖先。[45]通過累世通婚和相互同化，各個宗族形成了中國的民族。雷國俊（James Leibold）將這種民族團結模式（1930年代由國民黨提出）稱為「寶石型範式」。[46]在這裏，蔣實際上重新定義了「民族」一詞，意指中華民族這一整體，而非單個的種族（ethnicity）。[47]從這個角度來說，蔣在這裏否定了孫中山的「五族一家」（漢、滿、蒙、回、藏）的民族觀。[48]蔣的民族主義學說將各個少數民族統統歸在中華民族的旗下，強調這一過程是在歷史發展中自然形成的。這徹底斷絕了少數民族實行民族自決的可能性，任何少數民族的離心都被視為分裂民族團結的行徑。[49]

除了通過血統來維繫，蔣認為中華民族的形成是因為「我們中國固有的德性」。而這種德性正是中華民族得以維繫發展的動力，同時使得民族的歷史充滿愛好和平的趨向。而這與西方國家和日本所實行的帝國主義形成鮮明對比。儒家思想的忠和孝就是中華民族德性的最好體現。蔣在書中一再強調，恢復這些價值觀對於重現中國昨日的輝煌是至關重要的。[50]在一本《中國之命運》的學習指南中，作者列舉了中華民族的十大品質，包括對各族群一視同仁的平等性、調和性、保守性、堅韌性、和平性、吸收性、獨立性、統一

性和團結性。按照中華民族應該維持種族和文化團結的原則，該作者認為中國所有的「宗族」除去地域和宗教差異都是相同的。他認為漢、滿、蒙、藏、回這些分類不過是沿襲傳統，實際上並無科學依據。由於各族之間存在根本性的共同點，一旦各宗族相互接觸，特別是隨着現代交通的發展，它們自然就會融為一體。這其中最好的例子莫過於滿族，據稱「滿洲宗族」百分之九十九地被同化。[51]蔣對這種民族多樣性（或者是缺乏多樣性）觀點的總結是，「總之，中國五千年的歷史，即為各宗族共同的命運的記錄。」[52]

來自中共的批評

與《中國之命運》相似的是，陳伯達的批判文章也花了大篇幅來討論中華民族這一抽象概念。他開篇就批評了蔣對於中華民族起源和發展的觀點。陳伯達認為，中國並非如蔣宣稱的那樣由一個民族組成（包括多個宗族），他直接抬出了更權威的孫中山。孫中山認為中國是個多民族國家。陳伯達進一步指出，不同民族僅僅通過各自精英家族之間的通婚就能實現融合是十分荒謬的觀點；如果事實果真如此，「近代許多中國人娶了日本女人做妻子，中華民族也可以算成日本民族的『宗族』嗎？」此外，陳伯達認為，如果各族都屬一個民族，那麼像太平天國運動和辛亥革命這樣的起義就不能算作民族解放戰爭，而是內戰了。因為按照蔣的說法，戰爭的雙方（滿、漢兩族）都同屬一個民族。在陳伯達看來，如果蔣的中華民族觀成立，「則全部中國歷史，必須完全推翻，而我們民族也寄託於烏有」。[53]

《中國之命運》把德性作為各宗族得以融合成一個民族的觀點也遭到了批判。陳伯達認為，蔣所宣揚的儒家價值觀不過是那些與侵略者勾結的統治階級用來控制民眾的「法寶」。廣大民眾才擁有真正的民族主義熱忱，而統治階級只會追逐自身利益。陳指出日本侵略者正在淪陷區推行那些儒家價值觀來麻痹民眾。

儘管引用了階級鬥爭理論，但是陳伯達並沒否認中華民族的客觀存在。他採用的是斯大林對民族的科學定義，即共同的語言、共同的地域，共同的經濟生活以及共同的文化心理。陳伯達認為，民

族之間的偶然融合是以特定的歷史條件為基礎的(而不是一種歷史趨勢);人類歷史上各民族之間的衝突也並不是不可避免的。陳伯達關於民族差異的科學理論和蔣所宣揚的「民族血統論」形成了鮮明對比。而後者正是法西斯國家侵略全世界的工具,擁護這一理論最終必然倒台。[54]

陳伯達試圖用一種以階級為基礎的民族思想取代蔣的「民族血統論」,而這種民族思想產生於民眾當中。因為沒有中國民眾,「就沒有中華民族」。[55]陳伯達在文中把階級鬥爭和捍衛民族利益聯繫起來的做法符合中共的一貫論調。與蔣在《中國之命運》中向曾國藩[56](陳的文章中曾國藩被視為幫助滿族統治者鎮壓人民的漢奸)致敬相對的是,陳伯達(和孫中山以及其他左派知識分子一樣)認為太平天國既是階級鬥爭也是反抗外國侵略的民族英雄。蔣沒能考慮到廣大人民群眾的需求並給予他們政治權利,這是對中華民族的侮辱。[57]蔣在《中國之命運》和毛澤東在《新民主主義論》[58]中都認為,只有把中國從帝國主義的統治下解放出來,中華民族才能實現《中國之命運》中宣揚的那些民主改革。考慮到蔣關於中華民族的觀點,我們不應該把蔣對中國的統治之術僅僅當成一個政治錯誤;相反,蔣的政治學說對中華民族的危險性一點不比日本侵略來得少。

南京方面的反應

汪偽南京政府對蔣關於中華民族本質的回應表明,陳伯達把蔣介石和日本的「民族血統論」相提並論並非毫無道理。如果二者有甚麼區別的話,那就是蔣的觀點比日本人更激進。此外,來自汪偽南京的李伯敖發表文章與蔣介石就《中國之命運》展開對話這一行為本身就對蔣的聲譽造成了打擊。

李伯敖的文章大量引用了蔣的書和陳伯達的文章,從三個方面總結了蔣對於中華民族的主要觀點:一、中華民族在秦漢時期就已經基本形成;二、中國的版圖隨着中華民族的形成已經確定,並且不容置疑;三、中國所有的「宗族」都是靠一種固有的德性來維繫的。諷刺的是,李贊同陳伯達對於前兩點的批評:蔣認為中國的邊

界在歷史上是與生俱來的觀點並不符合現狀，而且是受到了像墨索里尼和希特勒這類民族擴張主義的影響。與陳伯達類似，李伯敖不同意蔣的民族理論。但是與陳不同的是，李認為不同民族之間會存在自然、文化和基因方面的密切聯繫。亞洲各民族之間的這種聯繫正是日本「大東亞共榮圈」的理論基礎。[59]李的文章反映了日本官方的態度，即中國應該是個單一民族（漢族）國家，但同時屬東亞民族共同體的一個成員，因為中國與其他東亞國家擁有共同的血脈和文化。這一理論強化了日本建立單一民族傀儡政府的政策，例如滿洲國。與此同時鼓勵少數民族爭取民族獨立，同時將它們納入到日本的文化和政治影響下。[60]

但是李的文章對《中國之命運》強調中國的「固有德性」表示完全贊同，認為這是蔣對中國古代歷史最正確的認識。中共對該書這一部分的批評引發了李伯敖的反駁，結果只是強化了陳伯達的觀點，即蔣的思想和日本侵略者別無二致。李文指出蔣的錯誤在於中國的思想和道德並非憑空產生，而是深受東亞文化的影響。因此擁有類似文化的（東亞）國家一方面應該保持自身的道德，同時吸取西方的科學技術，來對抗西方的「功利主義」；當前正在於英美和蘇聯帝國主義進行鬥爭的日本就是這方面很好的「典範」。[61]

蔣介石在《中國之命運》中抒發了對外國帝國主義的憎惡，把近代中國的道德惡化歸咎於不平等條約，以及自由主義和共產主義的影響（分別代表了英美和蘇聯在思想層面的帝國主義）。李伯敖在文中指出，「蔣先生在這一部分的見解，是完全不錯的。」李文一方面稱讚蔣對於自己的民族能直言不諱地批評，另一方面則認為如果蔣能站在日本這邊就更好了，因為後者也是西方帝國主義的受害者。[62]李的觀點當然可以說是一種宣傳策略，但從邏輯上也完全說得通，至少從蔣在《中國之命運》中表達的觀點和中共對它的批評來看。

知識分子的反應

如前所述，知識分子的反應對理解《中國之命運》在歷史上的意義十分重要。這是因為受過西方教育的知識官僚在國民黨政權中有着重要地位，蔣需要他們來實現經濟的現代化。與激怒中共不同，蔣本可以避免令知識分子失望。鑑於抗戰的進行和中國與西方盟友剛剛簽訂平等新約，1943本應是個喚醒「五四」時期民族主義和改革精神的好機會。畢竟「五四」精神的這兩個方面也是《中國之命運》的核心議題。但是蔣的做法卻與此背道而馳，或許他根本沒想過這樣做。與之相對地是蔣在《中國之命運》中表達的民族觀和國民黨一黨專政的政治構想，令中國的「出類拔萃之輩」大失所望。

首先令知識分子失望的是蔣的民族觀，即中華民族是一個跨歷史和內部一致的整體。就民族問題來說，《中國之命運》對民族自決的嚴厲否定實際上並不符合當時國民黨實施的民族政策。[63]那麼從政治上來說，在書中繼續堅持這種關於中華民族的偽歷史敘述顯得得不償失，尤其是以知識分子的不滿為代價（例如著名史學家顧頡剛、民族學家吳文藻等）。[64]

蔣以保守文化觀來定義中華民族之本性，令知識分子頗為不安。蔣提倡中國傳統價值觀的同時還將自由主義和共產主義——「五四」以來的兩大思潮——斥為帝國主義的產物。蔣在書中屢次批評中國學者對外國思想的盲從。西南聯大教授聞一多後來寫道：

> 《中國之命運》一書的出版，在我一個人是一個很重要的關鍵。我簡直被那裏面的義和團精神嚇一跳，我們的英明的領袖原來是這樣想法的嗎？五四給我的影響太深，《中國之命運》公開的向五四宣戰，我是無論如何受不了的。[65]

《中國之命運》並沒有利用民族主義將廣大民眾團結起來，反而囊括了互相衝突的義和團精神與五四精神，導致了不必要的混亂。

與「五四」時期的思想界的繁榮相比，蔣標榜的民族主義不僅要求絕對的個人權威，同時對西方思想（特別是那些同盟國所支持的

思想）持排斥態度。知識分子認為蔣自命為聖王，就像帝制時代的皇帝那樣集政治和思想權威為一身。[66]孫中山之子孫科對《中國之命運》的批評是：「這本書批評共產主義，而共產主義是我們盟友蘇聯的意識形態；它還批評自由主義，而自由主義是英美盟邦的意識形態。但是這本書唯獨沒有批評納粹主義和法西斯主義——這是我們的敵人德國、日本和意大利的意識形態。」[67]

即便在政治上與中共意見向左，讀者們也不會否認陳伯達對蔣的民族觀的批評。起碼在宣傳上，中共是支持「五四」向國外先進思想學習的開放精神。陳伯達和李伯敖把蔣對中國傳統道德的提倡與日本在淪陷區的統治相提並論。聯繫到坊間盛傳該書由漢奸陶希聖代筆，這一批評的分量就更重了。即便是政治上右傾的雷海宗也認為《中國之命運》是國民黨最糟糕的錯誤，其中錯誤百出，連「美國的漢學家都能一眼發現」。[68]很多知識分子視該書為侮辱，根本拒絕閱讀。[69]

構思中華民族的未來

知識分子擔心，《中國之命運》的獨裁主義傾向會變成現實。通過將中華民族等同於歷史的主體並且把國民黨作為中華民族利益的唯一代表，蔣禁止所有國民黨以外的個人或團體在政治上有足夠的活動能力。與之相對的是，中共在1943年對自身的定位是：它願意與任何代表民族利益的團體，特別是中國大眾，展開平等合作。即便是已經投降日本，被順理成章地稱為法西斯的南京汪偽政權都批評了《中國之命運》中違背民主價值的內容。

在該書第5章，蔣從心理、倫理、社會、政治和經濟五個方面闡述了民族復興的設想，這與他前面描述的不平等條約對中國五方面的影響如出一轍。心理建設被放在第一位，原因在於蔣認為中國民眾需要結束對外國思想的盲從，發揚民族固有的「智、仁、勇」三種德行。以此投入到科學求真中去，則會恢復「民族固有的創造

力」。蔣把中小學教師看成「無名英雄」，因為後者肩負着將此愛國與革命心理傳遞給青少年的重任。[70]

在倫理和社會重建方面，蔣強調了中國傳統文化的作用，而不必求諸於國外理念。他強調人民應該把個人利益置於國家利益之下，以此來踐行忠孝的價值觀。而對年輕人來說，實現愛國莫過於去參軍。蔣還批評中國知識分子在社會建設方面「盲目外求」，忽視了構成傳統中國大一統的各級社會組織（從保甲，到鄉社，再到縣與省）。為了增強中國社會的凝聚力，蔣鼓勵民眾走進鄉村，投入地方自治工作，而「勿流連於都市」。[71]

在討論中國未來的政治建設時，蔣對國外思想批評最甚。在蔣眼裏，「民主」與「憲政」更多地不是保護個人的政治權利，而是通過頒布憲法規定了國家權力（參見《中國之命運》第7章）。個人自由主義在中國是毫無生存空間的。蔣還引用了孫中山的觀點，即中國的問題不是人民缺乏自由而恰恰是自由太多，人民一盤散沙才受到帝國主義侵略。這促使孫中山發動革命，將「一盤散沙」的中國整合為堅強足以自我防禦的國家。[72] 從《中國之命運》的內容來看，蔣顯然認為政治上整合中國的任務還有待完成，建設強大的國家要比保障個人自由權利重要得多。

蔣同樣花了不少篇幅來論述經濟建設，強調後者對於實現民生主義的重要性。但是除了羅列十年建設計劃中一系列宏偉目標例如工礦業產量和訓練工人數目之外，蔣對如何實現這些目標卻語焉不詳。蔣提倡民眾只要抱定精誠團結的決心和精神（這顯然可以通過前面四個方面的建設來實現），就可以使中國的經濟建設克服艱難險阻，實現這些高不可攀的目標。至於更為迫切的通貨膨脹和腐敗問題，蔣卻隻字未提。

蔣在把中國建成富強和獨立的國家的具體步驟上語焉不詳，這顯示出他對民眾能動性的（忽視）態度。孫中山「知難行易」的口號貫穿全書，《中國之命運》要求人民對國民黨保持「誠心」（因為只有效忠於知道如何建設中國的國民黨才能讓實行更容易）。蔣在第7章中強

調中國國民黨和三民主義青年團是實現中國之命運的關鍵力量。在他看來，每個青年和成年人都有義務加入三青團或國民黨。[73] 蔣最後寫道，「如果今日的中國，沒有中國國民黨，那就是沒有了中國。」[74]

中共的民主

實際上，中共也要求其黨員對黨的絕對忠誠，不久就打出了「沒有共產黨就沒有新中國」的口號。[75] 但是在中共並沒有像國民黨那樣開展直白地入黨宣傳。中共的宣傳主要吸引的是那些不願意對國民黨獨裁統治保持「誠心」的人。他們厭倦了國民黨在意識形態領域的壓制而奔向延安，儘管後者的思想管制並不比他們想像的少。

從這個意義上來說，在回應蔣介石在《中國之命運》中的建國計劃時，中共作為一個在野黨擁有獨特的優勢。在批評《中國之命運》的文章中，中共並沒有提出自己的建國計劃。中共主要攻擊了蔣在書中的政治立場，強調它在未來中國建設中也佔有一席之地，因為中共同樣代表着為數眾多的「人民」（包括工人、公民、小資產階級和革命知識分子）。出於美化其政治制度的目的，陳伯達宣稱延安同樣有「民主政治」，民主黨派和無黨派人士也參與了邊區政府。

陳伯達在文中反駁了蔣介石要求民眾效忠於國民黨的觀點，指出中共和孫中山主張在中國廢除專制，而不是看到國民黨一黨獨裁。陳伯達特別譴責了國民黨特務對青年學生的鎮壓，鮮明地突出了兩黨對青年的不同態度。[76] 陳伯達的讀者當然不會知道，與此同時在延安很多青年學生被懷疑是國民黨間諜，正經歷着殘酷的「搶救運動」。

中共的批評文章還指出，蔣介石對中國之命運的理解和實現它的設想不過是一家之言，絕非不可撼動。中共強調其理論和民主實踐是建立在廣大人民群眾的物質生活發展要求上的「科學」知識，而蔣所主張的「知難行易」則是主觀、唯心和不合理的。艾思奇在批評文章中指出，蔣提出的「不誠無物」的哲學思想是落後的；而正確的思想應該是建立在客觀物質基礎上的「無物不誠」。[77] 艾思奇指出，

蔣的錯誤唯心理念體現在五項建國工作的順序上：蔣把「心理與倫理建設」放在起點，而將「政治與經建設放在程序的最後一步」，就是「把物質的諾言推到渺茫的將來，同時又夢想用這空洞諾言來換取國民今天的愚忠」。在艾思奇看來，現在中國的問題不在於改變一般民眾的心理和道德，而是在於「怎樣整頓貪污之風和那種官僚資本壟斷下的破產經濟和腐敗政治。」蔣對「知」與「行」的區分表明，民眾是消極地跟從當權者；這種錯誤的哲學思想使人們無法科學地檢討過去革命實踐中出現的錯誤。[78] 中共強調的則是「知行合一」的哲學（蔣在《中國之命運》中批評了這種王陽明式的思想）。[79]

在陳伯達發表對《中國之命運》的批評一個多月後，《解放日報》在頭版刊登了題為〈沒有共產黨，就沒有中國〉的文章，直指《中國之命運》提到的國民黨與中國的必然聯繫。[80] 儘管在口號的措辭上與國民黨相似，但與蔣不同的是，中共通過對抗戰的貢獻和代表中國人民從事解放鬥爭這兩個方面來強調自身的重要性，同時在與其他黨派和個人聯合方面也保持開放態度。

中共還指責蔣是個法西斯分子，甚至國民黨政權也為德、意等法西斯國家張目。針對蔣提出的中共放棄軍事和領土上的獨立以求中央「寬大」的要求，陳伯達在文中則反問國民黨究竟給了誰所謂的「寬大」：「是對於土豪劣紳的寬大，對於貪官污吏的寬大，對於幾百個反革命特務大隊在全中國境內橫行霸道無法無天的寬大，對於日本第五縱隊的寬大，對於汪精衛漢奸群的寬大，對於日汪奸細陶希聖、吳開先的寬大？」即便是那些與中共毫無關聯的人，在國民黨獨裁統治下也沒有自由權利。[81] 陳伯達的文章發表數周之後，中共在宣傳上把蔣和墨索里尼相提並論，而後者的政權剛剛在意大利被推翻。在諷刺漫畫中，《中國之命運》成了蔣描繪法西斯獨裁想像的教科書。在下圖的漫畫中，一個人（明顯的小鬍子似乎在暗示他有可能是東條英機、希特勒或蔣介石）站在寫着「中國之命運」的西洋鏡旁邊吆喝着，箱子旁邊畫着的萬字標誌體現了其中誘人的畫面和願景充滿着法西斯色彩。[82]

圖6.1　偽裝的法西斯主義者正在兜售看似繁榮的「中國之命運」。
1943年8月21日　《解放日報》圖片

南京方面對蔣的法西斯指控

與中共的批評相比，南京汪偽政權的筆桿子們對《中國之命運》
的建國計劃不置可否，但是在其他方面與中共的批評卻驚人地相
似。李伯敖似乎完全同意蔣改革中國的道德、心理、社會和學術環
境的看法。李和另一位淪陷區的評論者也對蔣的經濟建設計劃表達
了肯定。[83]但是問題在於建設計劃的具體實施，特別是蔣的政治目
的和政治夥伴。胡蘭成（曾任汪偽宣傳部長）認為《中國之命運》中的
經濟建設計劃純屬「空話」，因為蔣沒有提出應對國際資本主義壓力
和避免對外國資本形成依賴的辦法。[84]李伯敖的文章重申了這些觀
點，指出蔣與英美而不是日本聯盟，是在混淆敵我。[85]

　除此之外，李伯敖和胡蘭成還質疑蔣的政治意圖。儘管在文章中同意蔣對於法治的強調和封建軍閥（包括中共）對法治的破壞，但是李伯敖卻質疑蔣是否尊重法治，或者僅僅把法律當成維護自己權力的工具。[86]胡蘭成認為《中國之命運》整部書就是為鞏固蔣的統治而服務。胡還把蔣許諾的戰後政治改革與清末失敗的預備立憲相提並論，認為前者注定不會成功。[87]總之，李和胡的批評和中共極為相似：蔣是個窮途末路的獨裁者，他的那些民主說辭在最好情況下不過是一紙空文，最壞則是口是心非。

　讀者在這裏可能會覺得，汪偽政府的李伯敖和胡蘭成批評《中國之命運》中蔣的獨裁實屬五十步笑百步。然而，中共和南京汪偽政府不約而同地批評《中國之命運》的獨裁內容，無形之中加強了各自的宣傳攻勢。讀者即便對中共和南京政府都心存疑慮，也不得不對他們在批評蔣介石獨裁上的一致性表示驚訝。此外，中共和南京政府都認為蔣無心抗日。《解放日報》上一幅題為〈九一八真相〉的漫畫把蔣刻畫為日本人的幫凶：在日本吞併東北時，蔣卻一心剿共，反而刺傷了準備抗日的「中國人民」的腿。[88]李伯敖在文章中也指出蔣更熱衷於剿共，只在1936年西安事變後假意抗日，以此提高其在國內的政治威望。[89]

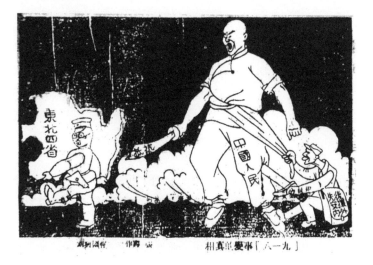

圖6.2　蔣介石拖了抗日民眾的後腿。　1943年9月25日《解放日報》圖片

知識界的失望和反對

學生和知識分子們同樣反對蔣的反動獨裁和虛假愛國主義。1944年，復旦大學的一位學生通過美國大使館轉交給副總統華萊士（Henry A. Wallace）一封信，其中寫道：

> 除了政局和軍事情況，文化和教育界也顯示出反動傾向。國民黨政府迫害、抓捕甚至殺害自由派和左翼人士。《中國之命運》是一本邪惡的書，「其中充斥着謊言和荒誕不經」，但是卻被列為全國大學和高中的必讀書。蔣介石的國民黨政府與汪精衛的偽政府實屬一丘之貉，二者唯一的區別是：前者假裝愛國，後者公開投敵。

儘管注意到信中明白的親共色彩，大使館指出中國大學中的親共分子數量不多，這封信「更多地是抗議國民黨拒絕實行民主政策，而不僅僅是聲援中共」。[90]

不管這些學生們在政治上傾向誰，很明顯的是，《中國之命運》不僅沒有讓他們認同國民黨的事業，還讓他們轉而反對它。學生們的想法與知識分子眼裏蔣自封為聖王的看法是一致的。根據費正清的觀察：

> 教授們都心情沮喪，認為中國將要實行警察統治，開明的大學教育將被扼殺，經濟生活和人們的思想都將受到控制。他們認為，沒有力量能阻擋這個進程。我則認為，這個政權即便想這樣做，也沒有可供驅使的人員。結果是要求加強政治控制的政府與要求國家發展的民眾將達成妥協。[91]

在這裏我們再次看到了《中國之命運》對於那些深受「五四」精神影響，渴望報國的知識分子造成了怎樣的打擊。對於這本被奉為國民黨「聖經」和蔣總裁「我的奮鬥」的書，知識分子的抵抗也只有拒絕閱讀它。知識分子要麼消極應付，聽憑國民黨操縱中國的命運；要麼奮起發聲，喊出他們心中的中國之命運。

結論

　　如果閱讀《中國之命運》是聞一多一生之中的轉折點，那麼這種轉變一定相當劇烈。從1943年開始，聞一多愈來愈多地開始參與政治活動；到了1944至1945年，他成為民盟的活躍分子。聞一多在演講和文章中要求國民黨政府採取民主措施，動員廣大民眾來增強抗日力量。[92]當李公樸在1946年7月遇刺後，聞一多在悼詞中怒斥國民黨特工是殺害李的凶手，儘管有警告稱他就是下一個目標。果然，在參加完葬禮回家的路上，聞一多被刺，時年46歲，留下了妻子和五個子女。

　　1945年4月23日，聞一多遇刺一年前，毛澤東中共七大的開幕詞中提到，「中國之命運有兩種：一種是有人已經寫了書的；我們這個大會是代表另一種中國之命運，我們也要寫一本書出來。」[93]毛的這番話固然體現了中共和國民黨的意識形態鬥爭，包括毛澤東與蔣介石之間的個人之爭。[94]但是毛對兩種「中國之命運」的強調——一種正確而另一種錯誤——同樣預示着中共統治時期的意識形態控制。如果簡單地將《中國之命運》一書的歷史歸於國共雙方的論戰，則不免陷入歷史的窠臼，流於簡單化。為此本文還討論了一些因為種種原因被壓制的聲音，特別是知識分子和親日派關於《中國之命運》的意見。這不僅拓展了我們對《中國之命運》的理解，而且讓我們意識到這本書與其歷史環境之間的關係，讓我們意識到《中國之命運》在1943年——那麼有意義的一年——其間的確對中國產生了重要影響。

　　《中國之命運》出版70多年後的今天，我們比以往任何時候都應該提醒自己，用杜贊奇的話來説，「所聽到的不是民族和諧而單調的聲音，而是一群交互穿插的、矛盾的、含混的聲音，彼此之間相互對抗、相互肯定、討價還價。」[95]這在中國國家主席習近平上台後顯得尤為真切，習近平政府所主導的民族主義話語中就包括對許多中國傳統價值觀的復興。而其中一些恰恰是蔣介石當年在《中國之命運》中提倡的，但卻遭到中共的批判。從短期來看，似乎毛眼裏的

「兩種中國之命運」可能融合為一種新的民族主義理論；這令人懷疑中國之命運是否變為了今日的「中國夢」。[96]

　　從民族主義的表達來看，《中國之命運》和當今中共的話語存在高度的相似，而且這種相似並非只流於表面。中共愈發強調對傳統的繼承，號召人民接受傳統價值觀，特別是對既成秩序的尊重。[97]支持任何中共認為是外來的並且與中國的傳統和現實（起碼與當前政府所提倡的）不符的思想都將被譴責。即使是社會主義理論也要被冠以「中國特色」。民族自治更是個禁忌話題。維護民族團結這個至高無上的話語有着極強的影響力，有些出版商甚至不願意出版涉及1911年辛亥革命中排滿思想的書。[98]陳伯達或許會認為歷史被「推翻」了。但是在二十一世紀的中國，不會再有政黨像陳伯達或毛澤東當年那樣提出另一種中國之命運了。

　　然而正如在1943年那樣，民族主義話語終究會得到「交互穿插的聲音」的參與，儘管它們看起來無足輕重或被有意邊緣化。即便是一些不受歡迎的聲音，例如抗戰時期親日派的話語，也同樣值得研究。正如本文所表明的，它們或許通過難以預料卻十分重要的方式對更為受歡迎的觀點做出了影響。並且在歷史的長河中，我們無法獲知哪種一度「失敗」的民族主義會在政治上變得再度可行，例如蔣所支持的民族主義思想。正如在1943年，中國之命運尚在唇槍舌劍之中，還遠未塵埃落定。

注釋

1　Dong Wang, *China's Unequal Treaties: Narrating National History* (Lanham: Lexington Books, 2005), 64–70.

2　秦孝儀編：《總統蔣公大事長編初稿》，卷5（臺北：中正文教基金會，2005），1942年10月10日，209頁。

3　Jay Taylor, *The Generalissimo: Chiang Kai-shek and the Struggle for Modern China* (Cambridge: Harvard University Press, 2009), 141–335.

4　Hans van de Ven, *War and Nationalism in China, 1925–1945* (New York: RoutledgeCurzon, 2003), 3–12.

5　近期出版有關蔣的傳記中，Jonathan Fenby 在關於宋美齡的一章中提到了《中

國之命運》，但是沒有強調該書與廢除不平等條約之間的關係，也沒有提到中共對它的批評。Jonathan Fenby, *Chiang Kai-shek: China's Generalissimo and the Nation He Lost* (New York: Carroll and Graf, 2003), 400。陶涵（Jay Taylor）則誤將《中國之命運》的完成日期標為1943年底，他很有可能把修訂版當成了初版，因此陶涵自然沒有討論各方在1943年夏天對《中國之命運》的反應。Jay Taylor, *The Generalissimo*, 259–261.

6　關於《中國之命運》在國民黨和共產黨意識形態中的地位，參見Raymond Wylie, *The Emergence of Maoism: Mao Tse-tung, Ch'en Po-ta, and the Search for Chinese Theory, 1935–1945* (Stanford: Stanford University Press, 1980), 195–225; Thomas Mullaney, *Coming to Terms with the Nation: Ethnic Classification in Modern China* (Berkeley: University of California Press, 2010), 27–30; James Leibold, *Reconfiguring Chinese Nationalism: How the Qing Frontier and its Indigenes Became Chinese* (New York: Palgrave Macmillan, 2007), 143–144; Lin Hsiao-ting, *Tibet and Nationalist China's Frontier: Intrigues and Ethnopolitics, 1928–1949* (Vancouver: UBC Press, 2011), 140–144, 155–156; Liu Xiaoyuan, *Frontier Passages: Ethnopolitics and the Rise of Chinese Communism, 1921–1945* (Stanford: Stanford University Press, 2004), 123–126.

7　李楊：〈陶希聖與《中國之命運》新解〉，《中國社會導刊》，19期，2008，44頁。

8　陶希聖：《潮流與點滴》（臺北：傳記文學出版社，1964），204頁；關於陳布雷與《中國之命運》的寫作，參見顧維鈞：《顧維鈞回憶錄》，卷五（北京：中華書局，1987），208頁；根據這條資料，鄧野認為陳布雷是《中國之命運》的作者。但實際上陳布雷自己從未承認過代筆了《中國之命運》，因此沒有理由懷疑陶希聖是該書的實際寫作者。鄧野：〈蔣介石關於《中國之命運的》的命題與國共的兩個口號〉，《歷史研究》，第4期，2008，88–90頁。

9　沈寧：《一個家族記憶中的政要名流》（北京：中國青年出版社，2008），131頁。

10　李楊：〈陶希聖與《中國之命運》新解〉，45頁。

11　沈寧：《一個家族記憶中的政要名流》，131頁。

12　秦孝儀編：《總統蔣公大事長編初稿》，1942年12月24日，248頁；關於蔣介石本人對《中國之命運》的修改意見，參見高素蘭：《蔣中正總統檔案：事略稿本》，卷52，148，203，211，223，229，230，325，357頁；蔣在該書出版後還持續修訂，參見《事略稿本》，卷53，460–461頁；卷54，112，116頁；秦孝儀：《蔣公大事長編》，409頁。

13　鄧野：〈蔣介石關於《中國之命運的》的命題與國共的兩個口號〉，88–90頁；秦孝儀編：《中華民國重要史料初編——對日抗戰時期：中共活動真相》（臺北：中國國民黨中央委員會黨史委員會，1985），1942年10月13日，136–142頁。

14　李楊：〈陶希聖與《中國之命運》新解〉，46頁。

15　陶希聖：《潮流與點滴》，204–205頁。

16　Prasenjit Duara, *Rescuing History from the Nation: Questioning Narratives of Modern China* (Chicago: The University of Chicago Press, 1995), 17–50; HomiBhabha, "DissemiNation: time, narrative, and the margins of the modern nation," in *Nation and Narration*, HomiBhabha, ed., (New York: Routledge, 1990), 298–299.

17　重慶陪都史書系編委會：《國民政府重慶陪都史》(重慶：西南師範大學出版社，1993)，443–444頁；張志紅：〈第三次反共摩擦時間研究中的兩個疑問〉，《廊坊師範學報》，21，第3期 (2005)，76頁。

18　陶希聖否定了這一說法。但是《中國之命運》的價格只需五元，是其他政府印刷品的二分之一，而且篇幅更大，紙張質量也更好。陶希聖：《潮流與點滴》，210頁；沈寧：《一個家族記憶中的政要名流》，132頁。

19　〈讀中國之命運〉，《中央日報》，1943年3月11日，2頁。

20　〈《中國之命運》出版供不應求，再版已在印製〉，《中央日報》，1943年3月13日，2頁。

21　與預計不同的是，新版本沒有對內容和結構進行大調整。參見 Report by Maj. V. F. Meisling, Enclosing a Digest by John S. Service of Chiang Kai-shek's Book *China's Destiny*, March 25, 1944 in Anthony Kubeck, ed., Committee on the Judiciary, United States Senate, vol. 1 of *The Amerasia Papers: A Clue to the Catastrophe of China* (Washington, D.C.: GPO, 1970), 409–415.

22　陶希聖：《潮流與點滴》，204頁；顧維鈞：《顧維鈞回憶錄》，207–208頁。

23　Owen Lattimore, *China Memoirs: Chiang Kai-shek and the War against Japan* (Tokyo: Tokyo University Press, 1990), 186.

24　參見 *The New York Times* for coverage of these publications: "Books — Authors," Sep. 10, 1946, 5; "Books and Authors," Jan. 14, 1947, 23; "Books — Authors," Jan. 17, 1947, 21; "People Who Read and Write," January 19, 1947, BR 8; Orville Prescott, "Books of the Times," January 28, 1947, 21; "2 Chiang Volumes Stir Controversy," Jan. 28, 21." 費正清對此發表了措辭強烈的書評，參見 "Introducing a Skeleton from the Kuomintang Closet," Feb. 9, 1947, BR 3.

25　Lee-hsia Hsu Ting, *Government Control of the Press in Modern China: 1900–1949* (Cambridge: East Asian Research Center, 1974), 126–147. 國外駐華新聞機構只允許引用國民政府信息部提供的《中國之命運》摘要。*West China Missionary News* 發布了該書非官方的英文節本。斯諾在1944年對《中國之命運》的批評文章中引用了這個節本。參見 "China's Destiny", *West China Missionary News* 45, no. 1–4 (1943): 2–3, 36–52; Edgar Snow, *People on Our Side* (New York: Random House, 1944), 280–282.

26　John King Fairbank, *Chinabound: A Fifty-Year Memoir* (New York: Harper and Row, 1982), 252.

27　上述學者包括李新、陳鐵健和黃嶺峻，參見張志紅：〈第三次反共摩擦時間研究中的兩個疑問〉，75頁。

28　蔣中正：《中國之命運》(重慶：正中書局，1943)，72頁。

29　同上引書，86–88頁。

30　同上引書，198–199頁。蔣對於這些加入這些名詞頗為自得。參見秦孝儀：《總統蔣公大事長編初編》，1943年1月25日，268頁；在共產國際解體後，蔣決定在修訂版中對此多加闡發。參見公安部檔案館：《在蔣介石身邊八年：侍從室高級幕僚唐縱日記》(北京：群眾出版社，1991)，1943年6月1日，359–360頁。

31　逄先知編：《毛澤東年譜：1893–1949》，卷2 (北京：中央文獻出版社，2002)，1943年4月22日，434頁。

32　陳伯達口述、陳曉農編：《陳伯達：最後口述回憶》（香港：星克爾出版公司，2005），70頁。

33　李楊、范泓：《重說陶希聖》（臺北：秀威諮詢科技公司，2008），161頁。

34　逄先知編：《毛澤東年譜：1893–1949》，1943年6月16日，446頁。

35　劉崇文、陳紹疇編：《劉少奇年譜》，卷1（北京：中央文獻出版社，1996），1943年7月7日，3、8、427頁。我認為與會者讀到了陳伯達4月的批評文章，並且很有可能對其進行了修改。會議命令其他筆桿子，例如艾思奇和范文瀾，寫作批評文章。

36　康生：〈搶救失足者〉，《中共黨史教學參考資料》卷17（北京：國防大學出版社，1985），380–384頁。

37　秦孝儀編：《總統蔣公大事長編初編》，1943年8月25日，361頁。

38　同上引書，362–363頁。

39　參見〈中國之命運繫於新生亞洲〉，《實報》，1943年8月14日，1。

40　吉田東祐：〈重慶之命運〉，《申報》，1943年11月24–26日，1。

41　李伯敖：〈蔣著《中國之命運》的批評〉，《政治月刊》卷7，第5期（1944），2–27頁。

42　國史館：《事略稿本》，卷54，1943年8月25日，387頁。

43　秦孝儀編：《總統蔣公大事長編初編》，1943年10月7日，409頁。

44　萬麗華、藍旭譯著：《孟子》（北京：中華書局，2006），138（原文），140–141（譯文）。

45　有些奇怪的是，在1943年出版的《中國之命運》中沒有強調中華民族擁有共同的祖先。蔣在1944年的版本和其他補充材料中加入了這個觀點。參見蔣中正：《中國之命運》，2頁；Chiang Kai-shek, *China's Destiny*, trans. Wang Chonghui, (New York: The Macmillan Company, 1947), 4.

46　Leibold, *Reconfiguring Chinese Nationalism*, 143. 寶石的頂端代表了共同承認的民族祖先，四周各頂點代表的是各個「宗族」。各「宗族」最終向下匯聚為寶石的底部定點，即統一的民族國家。杜贊奇將這一過程稱為「discent」（承異）。這一過程指的是一個群體成功地將一種傳承（descent）或（dissent）的歷史敍述結構施加於他樣的和相關的文化實際上。參見 Rescuing History, 66.

47　在中文裏，「民族」一詞既可以指單一的種族（ethnic nationality），例如蒙古族，也可以指民族國家，例如中華民族。本文採用Thomas Mullaney的區分，根據不同的語境將「民族」翻譯為nation或nationality/ethnicity，參見Thomas Mullaney, *Coming to Terms*, 16.

48　關於「五族一家」的表述，參見Joseph Esherick, "How the Qing Became China," in Joseph Esherick, Hasan Kayali, and Eric Van Young, eds., *Empire to Nation: Historical Perspectives on the Making of the Modern World* (Lanham: Rowman and Littlefield Publishers, 2006), 245–247.

49　蔣中正，《中國之命運》，5頁。

50　同上引書，7，133頁。

51　俞劍華，《中華民族史》（南平：國民出版社，1944），9–10、18–22頁。

52　蔣中正，《中國之命運》，8頁。

53　陳伯達：《評中國之命運》，《解放日報》，1943年7月21日，1。

54 同上引文；參見范文瀾：〈斥所謂中國文化的統一性〉，《解放日報》，1943年7月10日，4。

55 陳伯達：〈評中國之命運〉，《解放日報》，1943年7月21日，2；值得注意的是，中共在這裏提到的「民眾」也是以漢族為主。和國民黨一樣，在中共的統治下，少數民族的民族自決同樣得不到允許。

56 June Grasso, Jay Corrin, and Michael Kort, *Modernization and Revolution in China* (Armonk, NY: M.E. Sharpe, 1991), 103.

57 陳伯達：〈評中國之命運〉，《解放日報》，1943年7月21日，2–3。

58 陳伯達提到，鑑於中共尚未回應國民黨對毛澤東1940年發表的《新民主主義論》的攻擊，他的這篇文章算是對此作了了斷。

59 李伯敖：〈蔣著《中國之命運》的批評〉，4–5頁。

60 Kevin Doak, "The Concept of Ethnic Nationality and Its Role in Pan-Asianism in Imperial Japan" in Sven Saaler and J. Victor Koschmann, ed., *Pan-Asianism in Modern Japanese History: Colonialism, Regionalism, and Borders* (New York: Routledge, 2007): 168–182.

61 李伯敖：〈蔣著《中國之命運》的批評〉，5頁。

62 同上引書，18頁。

63 Lin Hsiao-ting, *Tibet and Nationalist China's Frontiers*, 140–141, 155–156; Liu Xiaoyuan, *Frontier Passages*, 123–124; Leibold, *Reconfiguring Chinese Nationalism*, 143–144; Mullaney, *Coming to Terms*, 27–29.

64 Leibold, *Reconfiguring Chinese Nationalism*, 138–141, 144；Mullaney, *Coming to Terms*, 56–57, 73–80；王建民：《中國民族學史》，卷一（昆明：雲南教育出版社，1997），226頁。但是該書的確避開了一些激進民族主義的方面，例如優生學。參見Frank Dikotter, *The Discourse of Race in Modern China* (London: Hurst and Company, 1992), 184–185.

65 聞一多：〈八年的回憶與感想〉，聞黎明、侯菊坤、聞立雕：《聞一多年譜長編》（武漢：湖北人民出版社，1994），662頁。

66 Fairbank, *Chinabound*, 252; Atcheson (Chongqing) to the Secretary of State, May 31, 1943 in U.S. Department of State, *Foreign Relations of the United States, Diplomatic Papers: China, 1943* (Washington D.C.: GPO, 1957), 246.

67 Atcheson to the Secretary of State, May 31, 1943 in U.S. Department of State, *Foreign Relations of the United States*, 246.

68 John Israel, *Lianda: A Chinese University in War and Revolution* (Stanford: Stanford University Press, 1998), 148.

69 Fairbank, *Chinabound*, 252; John S. Service, "Resentment of Censorship and Cultural Control by the Kuomintang", June 2, 1943, in Joseph W. Esherick, ed., *Lost Chance in China: The Wartime Despatches of John S. Service* (New York: Random House, 1974), 106.

70 蔣中正：《中國之命運》，130–132頁。

71 同上引書，133–137頁。

72 同上引書，137–139頁，181–183頁。

73 同上引書，189頁。

74　同上引書，195頁。

75　這一口號後來才被改為更為著名的「沒有共產黨，就沒有新中國」。

76　陳伯達：〈評中國之命運〉，4。

77　艾思奇：〈《中國之命運》──極端唯心論愚民哲學〉，《解放日報》，1943年8月11日，2。

78　同上引書，4頁。

79　蔣中正：《中國之命運》，162頁。

80　〈沒有共產黨，就沒有中國〉，《解放日報》，1943年8月25日，1。

81　陳伯達：〈評中國之命運〉，4頁。

82　《解放日報》，1943年8月21日，4。

83　李伯敖：〈蔣著《中國之命運》的批評〉，22頁；周毓英：〈中國之命運與東亞之命運〉，《太平洋周報》，91期 (1943)，2030頁。

84　胡蘭成：〈《中國之命運》的批判〉，《新東方雜誌》，卷9，期2 (1944)，7頁。

85　李伯敖：〈蔣著《中國之命運》的批評〉，9頁。

86　同上引書，24頁。

87　胡蘭成：〈《中國之命運》的批判〉，7頁。

88　〈九一八事變的真相〉，《解放日報》，1943年9月25日，4。

89　李伯敖：〈蔣著《中國之命運》的批評〉，15–16頁。

90　Ambassador in China (Gauss) to Secretary of State, Chongqing, July 11, 1944 in U.S. Department of State, *Foreign Relations of the United States, Diplomatic Papers: Volume 6, 1944* (Washington, D.C.: GPO, 1967), 472–474.

91　Fairbank, *Chinabound*, 252.

92　Howard L. Boorman, ed., *Biographical Dictionary of Republican China* (New York: Columbia University Press, 1970), vol. 3, 410–411

93　毛澤東：〈兩個中國之命運〉，中共中央文獻研究室：《毛澤東在七大的報告和講話》(北京：中央文獻出版社，1995)，17頁。這是毛在中共七大開幕式講話的一部分。毛提到的書就是後來出版的《論聯合政府》。

94　Lyman Van Slyke, "The Chinese Communist Movement during the Sino-Japanese War 1937–1945" in John King Fairbank and Albert Feuerwerker, ed. *The Cambridge History of China*, (New York: Cambridge University Press, 1986), vol. 13, part 2, 692.

95　Duara, *Rescuing History*, 10.

96　陶涵認為在後毛澤東 (post-Mao) 時代中國的轉型中，蔣的影響發揮了益發複雜的作用。Jay Taylor, *The Generalissimo*, 589–595.

97　類似的宣傳有很多，僅就筆者所見，最令我震撼的是2014年8月在濟南街頭看到的這條標語：「秩序──就是生命，就是公平。」

98　Joseph Esherick, "On Dealing with Chinese Censors," ChinaFile, October 14, 2014, http://www.chinafile.com/reporting-opinion/viewpoint/dealing-chinese-censors.

7

延安的鐵菩薩

在整風運動中抓特務

吳一迪
（Wu Yidi）

為了挽救失足青年，我們有菩薩的心腸，但為了堅決鎮壓特務，我們又有鋼鐵意志。

——康生，《搶救失足者》，1943 年 7 月 15 日 [1]

1943 年 7 月 15 日，在延安的中央大禮堂，康生的這篇演講拉開了「搶救運動」的序幕，同時也開啟了自 1942 年 2 月中共發起「整風運動」以來最為冷酷無情的階段。本文通過討論國共兩黨的情報工作，揭示中共是如何利用國民黨對延安的軍事威脅和特務滲透發動了「搶救運動」。

1942 至 1944 年延安「整風運動」的起因是多方面的。從中共自身的角度來說，大多數新近發展的黨員或是不識字，完全不瞭解馬列主義的農民；或是從國統區和淪陷區投奔延安的青年學生和知識分子，愛國和自由主義思想對他們的影響要勝過馬克思主義。毛澤東要在這些非無產階級思想的群眾中建立起一個意識形態高度統一的黨。從外界因素來說，中共面臨着 1941 年開始的日軍大掃蕩和國民黨軍隊對邊區的封鎖。隨着國共關係的惡化，統一戰線逐漸形同虛設，國民黨取消了原本撥給延安的資助。這樣一來，物資的缺乏與軍事上的威脅使得提升全黨的紀律和士氣成為當務之急。[2]

　　作為一場精心策劃的運動，「整風運動」歷來被看作是中共革命
最終走向成功的轉折點。[3]然而「整風運動」也有不光彩的一面，在
高層政治上有毛澤東和王明的鬥爭；在基層則是幹部的全面思想改
造，包括組織學習黨的文獻和自我批評。思想層面的改造運動最終
轉變成更為激烈的審幹和反特鋤奸。

圖7.1　康生　Wikimedia Commons 圖片

圖7.2　《搶救失足者》　孔夫子舊書網圖片

「搶救運動」與蘇聯1930年代斯大林統治下的大清洗運動有相似之處：例如刑訊逼供，幹部之間互相疑心，人人自危。[4]二者之間的聯繫與康生的作用密不可分。在1937年底與王明一同回到延安之前，康生在莫斯科待了四年。其間他學習了秘密警察的技術，不但目睹了斯大林的大清洗，或許還迫害了一些在蘇聯學習的中共成員。[5]康生把斯大林式的肅反策略帶回延安，成為中共中央社會部部長，負責情報和安全工作。康生在1941年8月被任命為幹部調查委員會主席，1942年7月則擔任中央總學委副主席（毛澤東擔任主席）。[6]同時頂着這三個頭銜，康生把文件學習、審幹與反特鋤奸結合在一起就毫不意外了。

西方學術界很早就開始關注「整風運動」，但是延安整風與「搶救運動」的關係一直存在爭議。[7]儘管康生一人同時身兼多職，學界並未總把整風與搶救聯繫起來。西博爾特（Peter Seybolt）在1986年發表的文章〈恐懼與服從：反間諜運動，整風，和群眾運動，1942–1943〉是第一篇對「搶救運動」的英語論文。西博爾特的研究表明，中共在戰時的反特務行動是為了應對來自日本和國民黨真實存在的威脅，同時也作為統一全黨和加強組織紀律的有效工具。[8]

在中共官方的黨史敍述中，康生是「搶救運動」所有錯誤的罪魁禍首，而毛則發動了「正確」的整風運動，並且在「搶救運動」出現擴大化時及時將其中止。但是康生絕不可能在沒有毛的支持下單槍匹馬地發起運動。官方的這種敍事故意把整風和搶救兩個運動分開，目的在於確立前者的正面形象，而把後者歸結為運動的「擴大化」。與官方説法相反，一些學者認為搶救運動是整風運動的重要環節。在《延安的陰影》一書中，陳永發討論了康生在搶救運動中的責任問題，以及反特行動中依靠群眾路線所產生的問題。[9]戴晴在《王實味與〈野百合花〉》中通過康生的演講把整風和搶救運動聯繫起來。[10]高華在《紅太陽是怎樣升起的》中將延安整風的源頭上溯到1930年，並且確認了毛在通過整風運動而進行黨內鬥爭過程中的核心作用。[11]

目前關於搶救運動的研究很少認為運動中所宣稱的特務真實存在，因為運動的倖存者和後來學者的研究大都認為所謂的「特務」都

是屈打成招，最終都被認為是冤枉的。與韋思諦（Stephen Averill）對1930年「富田事變」的研究類似，我感興趣的是「恐懼和緊張的氣氛」是如何激起鎮壓的。[12] 搶救運動中的確存在着很多非理性和不公正，但本文的研究表明，國民黨特務的確成功地對延安邊區政府進行了滲透，這就促使中共加強了審幹和反特鋤奸。[13]（導致搶救運動的）另一個被忽視因素則是1943年5月共產國際解散後國民黨對延安的進攻計劃。我認為國民黨的軍事威脅是真實存在的，但在延安的中共領導人早已通過安插在胡宗南身邊的間諜得知了詳細的進攻計劃，並且有意識地以一觸即發的內戰為理由發動了反特鋤奸。總之，中共對國民黨的軍事威脅和特務滲透保持警惕無可厚非，但同時有意識地誇大了內戰爆發的可能性，大大高估了可能存在的特務，並以此為理由發動了「搶救運動」。

特務在延安：戴案中的國民黨特工

> 日寇和國民黨訓練了大批偵探奸細來破壞我們，國民黨特務分子、破壞分子，……他們不是去拯救被日寇毒害的中國青年，而是將許多有為的中國青年，拉到特務的罪惡泥坑中去為日寇的第五縱隊服務。
>
> ——康生，《搶救失足者》，1943年7月15日 [14]

國民黨軍統做夢都想派特工打入延安，從內部瓦解中共。[15] 儘管這一目標從未實現，但是國民黨絞盡腦汁對邊區進行滲透，在延安建立情報站。軍統在1935年10月於西安成立了軍統西北局，任命張嚴佛為局長。1936年，軍統頭目戴笠下令建立一個特別警察訓練班，旨在訓練特工打入延安。[16] 半年之後，受訓完成被派往延安的特務們都跑了回來，據說是因為無法忍受延安的艱苦生活條件。[17] 1938年，張嚴佛把特務汪克毅安插到延安電報局工作，但是汪在幾個月後同樣返回，抱怨他無法在中共分子的包圍下工作。[18] 1942年，戴

笠向延安派出了三名刺客，但是最終無人成功刺殺中共的任何領導人。[19]時任侍從室第六組組長，主管軍事情報工作的唐縱在1942年8月31日的日記中寫道，「晚在羅家灣座談會討論共產黨問題，切實檢討，對共黨毫無內線，所得報告，皆空泛無所據，至可驚嘆！」[20]

儘管上述滲透延安的努力皆歸於失敗，中共邊區在國民黨情報機構面前也並非滴水不漏。1940年10月，慶陽中學教師吳南山主動交代他曾在軍統漢中特訓班受訓，此特訓班由戴笠在1939年建立，用於培養間諜打入延安。[21]在1942年遷至西安前，漢中特訓班共培訓八期學員，每期30人。[22]特訓班由戴笠信任的程慕頤負責，程曾經破壞了一個中共在江蘇的地下組織，並且在來到漢中前就在他的家鄉溫州辦過一個類似的特訓班。[23]戴笠對漢中特訓班寄予很高期望，在1940年秋季的訓話中，他告誡受訓學員，「要從共產黨手中拉回群眾，從日本人手中拉回漢奸。」[24]

對於國民黨情報機構來說，漢中特訓班的學員能夠成功打入邊區實屬不易。成功的部分原因在於，國民黨不再像從前那樣派遣喬裝的警察和商人進入延安，而是開始發展知識青年為間諜，因為中共此時正號召全國知識分子奔赴延安。在1939年12月〈中共關於吸收知識分子的決定〉中，毛澤東承認中共過去忽視了知識分子，明確提出「沒有知識分子參加，革命的勝利是不可能的。」[25]青年學生和知識分子來到延安，為中共注入了新的能量；同時也為國民黨情報機構提供了機會，後者利用中共對知識分子的歡迎，向延安實施滲透。具體的做法是，國民黨有時會在途中沒收前往延安學生的學校推薦信，或者乾脆在學生上路前給他們洗腦。[26]漢中特訓班成功的另一個原因是，很多受訓的青年學生都是當地人，在邊區有朋友或親戚，因而出入邊區較為容易。[27]

漢中特訓班的學員之一叫吳南山。根據郝在今的研究，吳南山高中畢業後擔任一所小學校長，由於和當地的國民黨地方官員的衝突而被免職。二十多歲的吳南山懷着報國之心報考了漢中特訓班，結果到地方後才發現所謂的「戰時游擊戰術幹部訓練班」不過是一所培養反共間諜的訓練營。[28]訓練班紀律嚴格，除了教授孫中山和蔣

介石的著作和專業特務訓練之外，學員們還要學習由已經叛變的前中共總書記張國燾編寫的教材，以便更好地瞭解中共。吳南山在特訓班中假裝積極，但是他心中並不相信教官對中共的妖魔化。他編造了一個理由以便提前畢業，回到家鄉。與此同時，在吳南山的家鄉慶陽，一個約 3,000 人的縣，當地群眾趕走了國民黨政權，建立了中共政權。吳南山回鄉後在一所中學教書。[29]

1940 年底，吳南山棄暗投明，向當地中共保衛部門交代了自己的受訓經歷。但中共並沒有抓捕或處決他，而是發展他為中共工作，準備「釣」出更多來自漢中特訓班的特務。通過吳南山等特訓班成員，中共的保衛部門順藤摸瓜，愈來愈多潛伏在邊區的國民黨間諜浮出水面。到了 1941 年中，中共已掌握了一批潛伏在邊區的漢中特訓班特務名單。1941 年 10 月，吳南山意外碰到了特訓班的同學祁三益，後者畢業後留在特訓班任教，因此瞭解吳南山離開後特訓班派的學員情況。[30]祁三益在當天即被逮捕。通過祁三益，愈來愈多的特訓班學員被發現。到了 1942 年 5 月，中共掌握了所有潛伏在邊區的特訓班成員的情況。[31]

中共保衛部門很快對這些特務實施抓捕。其中一些特務在學校學習，另一些則已經進入邊區政府部門工作，有的被提拔當幹部，其中竟然還有一組三名特務在中共的軍事安全部門工作。[32]大多數特務在被捕後都坦白交代，一方面是他們不想讓生活在邊區的家人親戚受牽連，另一方面則由於中共允諾對坦白者寬大處理。[33]很多人後來被策反，轉而為中共從事情報工作。1942 年底，大多數在邊區的國民黨間諜都已暴露，根據不同的抓捕時間和範圍，估計人數在 32 到 56 人之間。[34]直到 1943 年春天，戴笠才得知派往邊區的漢中特訓班學員都已落網。惱羞成怒之下，戴笠將負責人程慕頤免職，關閉了特訓班。[35]

但是國民黨特務的數量和滲透程度還是把中共嚇了一跳。這次間諜事件被稱為「漢中特訓班案」，簡稱「戴案」，因為與戴笠有關。領導破獲此案的布魯 (陳泊) 贏得了「延安福爾摩斯」的美譽。[36]儘管康生並沒接手此案，但是他估計在 1941 年 12 月曾聽布魯提起此

事，並向後者借閱了案件資料。[37]康生後來向毛匯報此事，毛的反應是：「這個案子給我們上了一課，特別是給那些對蔣委員長存有幻想的人上了一課。可惜我們的布魯太少了，今後要多調幾個像布魯這樣的幹部，來加強延安的保衞工作。」[38]康生認為「『戴案』給我們敲了一個思想上的警鐘」，[39]他的反思是：

> 這一案四十餘人都是青年，因此，我們審幹的重點對象也應該是青年，首先是外來的青年。其次，他們滲入到了邊區各個部門、各種工作崗位，可見他們的活動是深而廣的。面既然如此之廣，審幹、肅反也要做得廣些。[40]

在搶救運動中，來自國統區的青年學生和知識分子成為主要的嫌疑人。如果説「戴案」讓整風運動進入了「審幹」階段未免言過其實，但是「戴案」的破獲與政治運動轉向幾乎在同時發生，這恐怕不是巧合。在「戴案」的調查過程中，中共意識到的確有國民黨間諜潛伏在邊區，「審幹」應該和「整風」同時進行，才能揪出特務。

儘管「戴案」確實讓中共在審幹上更加嚴格並有意識地加強反特工作，但是「搶救運動」則更多是一場捕風捉影的鬧劇。負責「戴案」偵查的是邊區保衞部門，而「搶救運動」則依靠大規模群眾路線，顯然大多數參與者都沒有情報工作經驗。很多「戴案」中的國民黨間諜最終選擇為中共服務，但是「搶救運動」中的「特務」從此在政治上有了污點，在日後的政治運動中難逃厄運。儘管國民黨對邊區的情報威脅是切實存在的，但是「戴案」更多地成為後來政治迫害的濫觴。

張克勤案的迷思和真相

> 許多改過自新的人説：「共產黨是他們的重生父母」，從這些感激的聲音中，證明了共產黨寬大政策的偉大，黨的集體力量才是真正改造靈魂的工程師。
>
> ——康生，《搶救失足者》，1943年7月15日[41]

隨着「戴案」告一段落，「整風運動」進入審幹和反特階段。1942年6月19日，在一次關於審幹的講話中，毛暗示知識分子應成為反特的目標。在10月19日中共西北局高級幹部會議的開幕發言上，毛批評了自由主義分子對特務的麻木不仁。[42]在高幹會進行到11月時，毛提醒與會者注意反特鬥爭，「不僅要弄清無產與非無產（半條心），並且要弄清革命與反革命（兩條心）。」[43]恰在此時，似乎憑着和毛之間的某種默契，康生宣布中央社會部發現了一個名叫張克勤的特務。[44]

張克勤是甘肅人，1937年就加入了中共地下黨，1939年來到延安。他當時正在中央社會部下屬的西北公學（負責訓練情報人員）讀書。1942年夏季開始，西北公學變成了一個審幹機構。當年11月，康生命令曾經負責情報工作、現任西北公學副校長的李逸民調查所有「有問題」的學生。[45]張克勤顯而易見地成為懷疑對象：他曾在國統區求學，他的父親和太太在他前往延安後被逮捕並加入國民黨。更糟糕的是，有人舉報張克勤是國民黨特務。[46]

根據李逸民的回憶，1942年11月，對張克勤的審訊開始了。辦案人員連問了三個問題：你是怎樣來延安的？你來延安幹甚麼？你知道自己的問題嗎？已經有人揭發你來延安是搞情報的。張克勤非常震驚，但還是保持了冷靜。他交代稱自己的父親是個醫生，有時給一些國民黨官員看病。這個事實成為了張克勤的致命弱點，隨後對張克勤的審訊持續了三天三夜，集中審問他父親與國民黨的關係。在第三天凌晨五點，張克勤終於支持不住，決定「坦白」：他承認自己通過父親的國民黨官員偽裝成的患者加入了國民黨特務組織。更令人震驚的是，他交代稱中共甘肅地下黨是「打着紅旗反紅旗」，實際上就是國民黨的特務組織。[47]如果這個指控是真的，那麼其他中共地下黨自然也存在被滲透的可能和危險，這使得大規模審幹變得勢在必行。

第二天，西北公學召開全校師生大會，延安其他單位也派代表參加了會議。張克勤聲淚俱下地做了「典型發言」，哭訴自己是如何加入假共產黨並被派到延安來當特務，同時還感激組織對自己的挽

救，給了他重新做一名真正的共產黨員的機會。[48]很多與會者都被這樣一個「國民黨特務」得到「拯救」的坦白感動了，有些人當場表白自己也是特務，其他人回去後開始發動審幹以尋找本單位的「張克勤」。[49]張克勤後來被派到延安各單位去交代自己的「轉變」過程，於是更多的單位都開始找類似的典型。因為所謂「紅旗黨」的指控，大量地下黨員受到懷疑和審查。[50]

當時並非每個人都相信張克勤的「自白」，但是無人敢發表不同意見。從事情報工作的陳龍就不相信張克勤的被迫認罪，但是礙於康生的地位，他不敢公開表示質疑。在遇見張克勤時，陳龍直截了當地問道，「你胡說了些甚麼？這是哪有的事？」張克勤也一下子蒙了頭，因為從未有人質疑過他的「交代」。[51]謝覺哉在蘭州工作時認識張克勤的父親，同樣不相信張克勤的故事。[52]常駐重慶的周恩來是當時中共在國統區地下黨的總負責人，他認為「紅旗黨」也是子虛烏有，但周對於延安的反特運動也是鞭長莫及，因為他直到1943年7月才返回延安。[53]上述三人在當時都沒有公開質疑張克勤案。

對於康生來說，張克勤案簡直就是恰逢其時的一份大禮。他並不關心張克勤是否真的是國民黨特務，也不管「紅旗黨」是否真的存在，只要有了張克勤是被甘肅的「紅旗黨」派來滲透延安這個「事實」就足以令康生大做文章了：

> 這個案子使我們對國民黨的特務政策有了一個新的認識，對大後方的黨組織不能不重新估計，對延安的特務分子數目得到了一個解答。[54]

康生認為，張克勤案的破獲揭穿了國民黨特務機構滲透邊區的「紅旗黨政策」，任何人都不應再懷疑國民黨間諜在延安的存在。1942年12月，在西北局高幹會上，康生做了《關於鋤奸問題》報告。其中他首次提出「延安特務如麻」。康生將特務分成兩類：「一種特務是打進來的，如戴笠派來的特務；一種是拉出去的，即在我們隊伍裏發展他們的人做特務工作。」[55]康生的報告顯然是針對「戴

案」和張克勤案而言的。二者之間形成的對比十分諷刺：抓捕真正的國民黨特務是秘密進行的；而被屈打成招的「特務」卻到處認罪悔過。在會上康生還提出「整風必然轉入審幹，審幹必然轉入肅反，三者之間是必然聯繫，鐵的規律。」[56]可以說就是在這次高幹會之後，整風運動開始轉入審幹和反特鋤奸階段。[57]即使「搶救運動」這一名稱是在1943年7月15日康生做《搶救失足者》報告後才正式出現的，類似的審訊和坦白從1942年12月的張克勤案就開始了。

胡公冕造訪延安與四月抓捕

> 從四月十日起，我黨中央又一次的以寬大政策號召這些青年們起來改過自新，脫離特務陷阱。三個月來，經過所有共產黨員與非共產黨人的努力，促使許多失足被害的青年接受了黨的號召，起來控訴日寇與國民黨殺害青年的罪惡。
>
> ——康生，《搶救失足者》，1943年7月15日[58]

　　與中國其他地方的動盪不同，戰時延安基本上比較平靜。但是國民黨時不時的軍事威脅也足以令中共擔憂。早在1942年5月，延安就開始準備應對國民黨的「第三次反共高潮」。當年5月3日，毛澤東就提出在軍事上準備應對國民黨對陝甘寧邊區的進攻。5月19日，毛起草了致胡宗南的電報，警告他中共已經獲悉國民黨準備進攻的情報。[59]但實際上從1942年3月起，胡宗南忙於派兵進駐新疆（參見第3章），無暇顧及延安。[60]

　　或許直到1943年2月，蔣介石才開始制訂進攻邊區的具體作戰計劃。蔣親自審訂「對陝北奸區作戰計劃」，不僅發給胡宗南，還抄送給圍繞着陝甘寧邊區的甘肅、寧夏和青海等省的軍事長官。蔣命令這些地區的國民黨軍隊「於現地掩蔽，作攻勢防禦」，伺機「轉取攻勢」時，「先迅速收復囊型地帶」（即邊區南部），進而「收復陝北地區」。[61]1943年4月，蔣命令山西西南的國民黨軍隊開進陝西，緊鄰

中共的邊區。儘管當時有傳言稱蔣準備對邊區發起進攻，但其實這次調兵主要是為了躲避日軍，而非攻擊中共。[62]

為了更好地執行蔣的軍事戰略，胡宗南需要更多地瞭解中共。1943年3月底，他派胡宗冕為代表赴延安訪問，為期三個月。這一安排並非隨意，胡公冕與中共素有淵源，曾在三十年代初任紅軍軍長，後於1932年被捕。[63]四年後出獄，胡宗南即聘胡宗冕為幕僚，對這位他在黃埔軍校的老長官十分禮遇。[64]

在胡公冕來訪前，延安的政治氣氛已經稍有轉變。在1943年3月16日的政治局會議上，毛提出：

> 整風既要整小資產階級思想，同時也要整反革命。……抗戰以來，國民黨對我黨特務政策，在社會部和中央黨校都發現了許多特務。現在我們要學會識別特務和賢才。在延安，年內要完成審查幹部、清洗壞人的工作。[65]

由此可見，毛似乎聽信了康生關於國民黨特務在延安活動的判斷。毛還間接指出審幹和鋤奸應該被納入整風。稍後在3月20日，康生也就審幹問題做了報告。他確認了從審幹中發現的國民黨對延安的特務政策，因此「1943年的工作中，要把審幹工作當作重要的一項，並把延安審幹工作的經驗，寫成文件通知全國。」[66]就在同一天，康生的報告得到批准。這意味着張克勤案成為中共官方承認的典型，並被推廣到延安以外的其他根據地。自此之後，審幹開始逐步升級並向反特鋤奸發展。[67]

從4月1日晚開始，康生以胡公冕即將訪問延安為名，開始搜捕可疑的國民黨特務，以防他們與胡接頭。師哲當時在康生手下工作，他回憶道：

> 康生手裏拿着名單，以便同我們談話，一邊在名單上作記號，打圈點，嘴裏念叨：這個是「復興」，這個是「CC」、[68]「漢奸」、「叛徒」、「日特」……。畫完之後，要我們把打了「。」的都抓起來，打了「·」的，都送進邊區行政學院接受檢查。[69]

當師哲問康生抓這些人是否有確鑿證據時，康生答道，「有材料還要你們審問幹甚麼？！」[70]換句話說，在缺乏證據的情況下，康生希望通過逼供來套取所謂的「交代」。當師哲告訴康生自己弟弟的名字也被打了圈時，康生隨即將其劃掉。師哲趕忙解釋，「該抓就抓，不能因為是我弟弟。」結果康生二話不說，又把名字旁邊的圓圈改為點。[71]陳龍認識名單上的很多人，因為在此前的1941年，他曾親手排除了不少人的嫌疑，但是他們現在卻又被當成特務抓了起來。

兩天之內，共有260人在延安被捕。類似的抓捕行動在綏德和關中等邊區其他地方同時進行。被捕的人有的被押往拘留所，有的被送往邊區保衛處，也有的被送到西北公學進行審查。[72]此時已來延安三年，其後任毛秘書的李銳也在被捕之列。最初幾天他妻子還以為他幾天之內就會回來，但李直到1944年6月才被釋放。[73]時任共產國際駐延安代表的孫平（Peter Vladimirov，彼得·弗拉基米羅夫）就此事詢問康生時，後者只說「黨中央已經下令將親國民黨和日寇者隔離審查。」[74]或許在這裏「黨中央」指的是毛澤東本人。毛肯定清楚這些抓捕，或許有些還是他親自批准的。至於這些人是否真的是特務就無關緊要了。

除了抓捕行動使延安人心惶惶，另一個重大的消息是1943年4月3日，中共中央發佈了《關於繼續開展整風運動的決定》。這不僅意味着整風運動將延長一年，而且運動的方向有所調整。文件首次承認了國民黨特務對邊區的滲透：

> 自抗日民族統一戰線成立與我黨大量發展黨員以來，日寇與國民黨大規模地施行其特務政策，我黨各地黨政軍民學機關中，已被他們打入了大批的內奸分子，其方法非常巧妙，其數量至足驚人。[75]

如前所述，康生和毛先後都在報告中提到了通過「審幹」來找出隱藏的特務，因此這一政策在黨的文件中得到確認就不足為奇了。為了找出所謂的特務，整風運動調整了目標：

整風的主要鬥爭目標，是糾正幹部中的非無產階級思想（封建
階級思想，資產階級思想，小資產階級思想）與肅清黨內暗藏
的反革命分子。……整風不但是糾正幹部錯誤思想的最好方
法，而且是發現內奸與肅清內奸的最好方法。[76]

換言之，審幹和反特鋤奸被納入整風運動，而不是像官方黨史中那
樣有意把二者區別開來。總之，「糾正思想」與「肅清內奸」相結合意
味着「搶救運動」是「整風運動」的重要組成部分，二者不能分開。為
了強調二者之間的聯繫，中共中央在4月3日的文件中指出：

糾正錯誤思想與肅清內奸分子，是在整風過程中互相聯繫
着，但在性質上又互相區別絕對不能混同的兩件事。……在
各地整風的初期與中期，除領導機關的主要負責人應十分注
意外，在公開號召中，必須絕對不提審查幹部與肅清內奸的
任務……不要忙於宣布他們為內奸，只把他們當做有錯誤思
想的同志看待，以便誘使他們盡情暴露。[77]

把「有錯誤思想的同志」和內奸分開可謂是說起來容易做起來難。
4月3日的決定看起來更像是個圈套：在公開宣布反特運動前，先
引導人們自由發表意見，然後「誘使他們暴露」，再將他們定性為間
諜。儘管4月3日的文件指定在正式開始反特鋤奸之前的五個月內
糾正「錯誤思想」，但結果運動並未按計劃展開。過不了多久，審幹
和反特就主導了整個運動。

　　4月5日，毛建議召開全黨大會，鼓勵特務自首。[78]4月9至12
日期間，延安舉辦了一場來自各單位超過20,000人參加的大會。張
克勤再次作為典型當眾「坦白」。中共中央書記處成員之一的任弼時
介紹了黨對思想錯誤青年的寬大政策。但是如果拒絕坦白，那等待
他們的「就是一種極大的罪惡，是一種自己絕滅的死路」。[79]直到此
時，人們應該意識到反特鋤奸運動的嚴肅性，儘管令他們震驚的事
情還在後面。

隨着4月3日決議的出台和群眾大會的舉行，審幹和反特鋤奸由秘密轉向公開化；從涉及少數幹部和單位的事件轉化為群眾性的「坦白」運動，涉及延安各單位和每個人。4月24日，毛澤東批准用5至7月展開反特教育，具體由康生負責。[80]4月28日，毛強調在審訊過程中不得使用刑訊逼供，要重視證據，儘管後來發生的事情與他的警告背道而馳。[81]

共產國際的解散和國民黨的軍事威脅

> 這次進攻邊區，也不是胡宗南的意志，而是蔣介石親自部署的。請大家想一想，日寇汪逆要剿滅共產黨，蔣介石也動員大軍要剿滅共產黨，他們之間的區別到底在哪裏？
>
> ——康生，《搶救失足者》，1943年7月15日[82]

儘管蔣介石準備對陝甘寧邊區施加更大的軍事壓力，毛也相信在延安發動一場反特行動勢在必行，但是雙方的決策在當時深受國際環境的影響——特別是蘇聯在1943年5月解散了共產國際。蘇聯作為二戰盟軍，一方面向國民黨輸送武器，另一方面把馬列主義帶給共產黨人。共產國際成立於1919年，其目的是推動世界範圍內的無產階級革命，推翻發達國家的資產階級統治。自從蘇聯參戰以來，共產國際的地位顯得十分尷尬，它的存在阻礙了蘇聯與西方國家——正是共產國際宣稱要推翻資產階級統治的那些——組建聯盟。於是斯大林決定解散共產國際，以此向西方（特別是美國）示好。這一決定在1943年5月15日對外公布。[83]

共產國際駐延安的代表孫平以為毛會對這一消息喜出望外，因為後者和王明代表的「國際派」始終在明爭暗鬥。但是毛卻對共產國際的解散無動於衷，好像早有準備一般。[84]在5月21日的政治局會議上，毛表示他對解散共產國際完全贊同，並指示周恩來在重慶發行的《新華日報》上刊登此消息。三天後，毛致電周，要求他速回延安（最好搭飛機），以討論共產國際解散後中共的應對政策。[85]

中共在5月26日對共產國際的解散發表正式聲明：中共中央完全支持共產國際主席團做出的解散決定；共產國際完成了自身的歷史使命，包括對中國革命的寶貴援助；中共的創立是中國現代歷史發展的結果，「中國共產黨人已能夠完全獨立地根據自己民族的具體情況和特殊條件，決定自己的政治方針、政策和行動。」[86]在以上三點聲明中，如果説前兩點只是敷衍之詞，那最後一點才傳達出聲明的核心訊息：「中共始終堅持不懈地爭取其獨立性與民族性。」[87]正如歷史學家雷蒙德・懷利 (Raymond Wylie) 指出的，中共的自信並非「矯揉造作」，也絕非「對既成事實的假裝堅強」，而是「一個充滿快慰與適意的宣言」。[88]

與毛對共產國際解散的積極擁護相比，蔣的反應體現出他對斯大林一貫的不信任。儘管承認共產國際的歷史地位，蔣依然懷疑解散的消息是否真實；並且認為共產國際不過是改頭換面以別的形式存在而已，此時放出解散的消息不過是斯大林的一種政治策略和宣傳手段罷了。[89]蔣認為這將對中國的內政產生重大影響，是解決中共問題的好機會。[90]於是蔣在5月底致電胡宗南：

> 奸黨連年整風，內爭激烈，共產國際解散對奸黨是沉重打擊。你部應乘此良機，閃擊延安，一舉攻佔陝甘寧邊區，限6月底完成部署，行動絕對保密。……對共產國際解散不公開置評。[91]

與蔣2月份制訂的計劃相比，作戰計劃有了不小的改變：由於有了共產國際解散這個「良機」，蔣命令國民黨部隊直接閃擊延安，而非像先前部署的那樣先進攻邊區南部。[92]

儘管蔣實際上錯誤估計了共產國際解散對中共的影響，但是這一消息確實促使他對延安發動進攻的野心。但是蔣在日記中沒有記錄任何進攻細節，唯獨在6月17日這天簡短提到他致電胡宗南，詢問閃擊延安的準備工作。[93]6月18日，胡宗南召集軍事會議，決議以主力第37和38集團軍從西面和南面對邊區發起進攻。[94]但是這一進攻計劃卻從未付諸實踐，一方面是由於國民黨統治區內出現了延

誤進攻的新情況；另一方面則是因為中共提前獲知了進攻計劃，並搶先將其公之於眾，避免了一觸即發的內戰。

延誤國民黨進攻延安的是「甘南事變」。甘肅南部是多民族聚居區，歷史上就起義頻發。自1942年春季起，約50,000至60,000名不同民族的甘南農民組織起來，在「甘人治甘，反對徵兵徵糧，殺盡南蠻子」的口號下發動起義。[95] 唐縱在日記中坦言，甘南起義不是暴亂，而是被當年旱災和強徵軍糧被迫而起的民變。[96] 由於胡宗南和第八戰區長官朱紹良派兵鎮壓不力，起義在1943年4月愈演愈烈。[97] 蔣對此極為關切，在4月25、26兩日連續致電朱紹良，要求他務必將叛亂鎮壓下去。[98]

為此，胡宗南派麾下的37集團軍支援朱紹良鎮壓起義。6月5日至7月15日，雙方交戰40天，共進行11次交戰，國民黨部隊殺死14,000農民軍，俘虜18,000人，3,000匹馬，另解散20,000人。[99] 儘管起義被鎮壓下去，但是胡宗南閃擊延安的計劃被耽擱下來，因為所部37集團軍被調走，分身乏術。胡宗南不得不將防禦日軍的34集團軍一部從前線撤回，參與剿共作戰。[100] 儘管胡宗南十分厭惡被視為只剿共不抗日的將軍，但是為了服從蔣的命令進攻延安，他也只好暫時忽略日軍的威脅。直到7月9日預定進攻延安日期前的兩天，胡的大部軍隊都還處於防守狀態。[101]

在中共方面，至少在1943年6月，毛並未意識到內戰已經一觸即發。在6月1日發給彭德懷的電報中，毛預計抗戰還要持續三年以上，其間中共應避免與國民黨部隊發生摩擦，使後者將一切力量用於抗日。6月16日的政治局會議上，毛認為國民黨內部十分虛弱，無力向中共發動大規模進攻。17日，毛開完笑地說，「胡宗南以重兵包圍陝甘寧邊區，不過是挑了兩筐雞蛋叫賣而已，我們給他丟兩塊石頭，就全部砸爛了。」[102] 但是7月3日，毛的笑談卻應驗了：熊向暉通過八路軍駐西安辦事處通知了延安胡宗南的進攻計劃和時間。[103] 熊向暉自1939年開始擔任胡宗南的機要秘書，深得胡的信任。[104] 由於熊提供的情報，中共在情報戰中佔盡上風，獲得了幾天寶貴的時間來阻止內戰爆發。

中共隨即發起宣傳攻勢，將國民黨的進攻計劃公之於眾，警告國民黨內戰的危險後果，同時將國民黨準備進攻的消息通知堅決反對中國內戰的英美蘇三國。[105]毛澤東建議，只有將國民黨的軍事計劃公之於眾，國內外輿論才能相信中共不是在虛張聲勢。[106]7月4日，朱德致電胡宗南：

> 道路紛傳，中央將乘共產國際解散機會，實行剿共。……內戰危機，有一觸即發之勢。若遂發動內戰，必至兵連禍結，破壞抗戰團結之大業，而使日寇坐收漁利。[107]

電報中直接引用了熊向暉發給延安的情報，胡宗南對電報大為震驚。胡宗南找來熊向暉商議，「是誰洩的密？這一仗打不打？」熊向暉對此早有準備，答道，「請胡先生指定專人，將西安和參戰部隊知道這一機密的人，包括我在內，列出名單，秘密審查。」胡宗南並未懷疑熊向暉，反而採納了他的建議。由於作戰計劃已經洩露，胡宗南放棄了原定計劃，因為日軍有可能利用這個機會進攻他防區的薄弱部分。這樣一來，其他盟國就會譴責國民黨不抗日，正中中共的下懷。[108]

在國際方面，英美在重慶的外交官們都不相信國民黨會真的進攻延安。[109]只有蘇聯大使館對此頗為關切，並向國民政府提出抗議，「（蘇聯政府）的軍事援助是用來促進中國人民的民族解放鬥爭的，不是發動內戰的。」[110]蔣自然不會冒着失去外國援助的代價發動內戰，最終決定抗戰結束後再解決中共問題。7月7日，蔣同意胡宗南前一天提出的撤軍建議，但要求胡宗南徹查洩密事件。7月8日起，胡宗南開始撤軍。[111]

7月9日，延安舉行了30,000人的大規模集會，紀念抗日戰爭進入第六年，但這實際上是一場反對內戰的大會。正如共產國際駐延安代表孫平在日記中所言，「這齣表示良好願望的戲演得嚴肅而逼真，這是做給重慶看的。」[112]對於國民黨此次軍事威脅的性質，在延安也是眾說紛紜：有人認為這是內戰的開始，但其他人認為事實並非如此。來自東北的左翼作家蕭軍在其日記裏寫到，國民黨的軍事威脅一次不如一次，共產黨要用國內外輿論制止內戰。[113]

除了組織反對國民黨、反對內戰的宣傳，反特鋤奸的行動也在繼續展開。7月11日，中央總學委發布了〈關於在延安進行反對內戰保衛邊區的群眾教育的通知〉，強調群眾教育有兩個目的：「反對內戰保衛邊區」和「繼續加緊清除奸細」。儘管後一個目標顯得有些格格不入，但是〈通知〉明確指出，「在進行幹部與群眾的教育中，必須與審查幹部坦白運動密切的結合起來，利用這次國民黨正要進攻邊區的時機，繼續加緊反奸細鬥爭。」[114]值得注意的是，這是中共在整風運動中首次公開提出將國民黨的軍事威脅和中共黨內的反特鋤奸聯繫在一起。7月11日的〈通知〉預示着四天後「搶救運動」的展開。此時此刻，儘管國民黨已經放棄進攻延安並開始撤軍，但是中共依然擺出抵抗的姿態，目的是為發起黨內運動做準備。在7月13日的政治局會議上，毛就明確把〈通知〉中提出的「加緊進行清查特務奸細的普遍突擊運動與反特務的宣傳教育工作」作為應對國民黨威脅的五點措施之一。[115]因此在康生7月15日的演講前，延安實際上已經做好了發動大規模反特鋤奸運動的準備。

搶救失足者

> 今天的大會，是緊急時期的會議，是軍事動員時期的會議。因為我們這個會議是正當着國民黨……將我們邊區南線緊緊包圍，待令出擊之時來開會的。[116]
>
> ——康生，《搶救失足者》，1943年7月15日

7月15日的延安晴空萬里，但是對於坐在台下聽康生報告的人民，這注定是陰鬱的一天。[117]在延安中央禮堂，會場上高懸着「挽救失足者動員大會」的條幅。兩側的牆壁上分別懸掛着通常只在監獄裏才看得見的口號，「坦白從寬，抗拒從嚴！」[118]與會者超過1,000人，但是他們大都神色凝重，甚至不敢與熟人寒暄。[119]

時任中央黨校副校長、中央總學委負責人之一的彭真主持會議開幕。他開門見山地講到了國民黨的軍事威脅迫在眉睫，和大批「國

民黨間諜」在延安被逮捕的「事實」。彭真總結道，「特務部抓不盡充斥於延安的所有特務，因此，我部要求共產黨員們在這個事關重大的問題上給予幫助。」[120]與蘇共依靠安全機構實施的秘密清洗不同，搶救運動通過發動群眾來反特鋤奸。

開幕辭後，12名「特務」紛紛上台，供述他們是如何打入延安並為國民黨工作。作為最出名的「特務」，張克勤再一次介紹了國民黨的「紅旗政策」。儘管張克勤已經在不同場合坦白了多次，但是依然令在場的人十分震撼。另一個「模範特務」是綏德師範的學生徐曼麗，她控訴國民黨「強姦了她的精神和肉體」，逼迫她從事特務活動。[121]

會議的主體是康生做《搶救失足者》報告。康生開篇就把會議定性為「緊急時期的會議，是軍事動員時期的會議」，緊接着詳細列舉了準備進攻延安的國民黨部隊番號。[122]但實際上在此之前，國民黨部隊在7月8日就開始撤軍了，而且蔣介石和胡宗南在7月11日已經將撤軍的消息通告延安。作為中共的情報頭子，康生應該比誰都清楚國民黨的進攻已取消。而他卻利用所謂的國民黨軍事威脅為藉口，發動反特鋤奸運動。為了強調與國民黨衝突的緊迫感，康生指出：

> 現在邊區的軍隊、邊區的人民都動員起來了。因此，我們延安各機關學校更要加緊起來審查幹部，鞏固組織，清除內奸，這是我們目前急不可緩的任務。[123]

對於在場聽眾，此話目的明確：配合着國民黨的軍事威脅，這場搶救運動是一個促進自首的機會。[124]在把國民黨的進攻和搶救運動的必要性聯繫起來後，康生回顧了過去幾個月他反特和審幹的「成績」：共有450人承認自己是特務。[125]我們不清楚這450人是否都是在4月初被抓，也不確定是否全都遭到逼供，但是他們統統被康生稱為「青年失足者」，儘管他從未給出具體定義。「失足者」泛指犯過嚴重錯誤的人，但此處具體指那些承認自己為國民黨或日本工作的人，儘管他們犯了嚴重錯誤，但是可以得到「搶救」。康生發動每個

黨員幹部都去搜尋「失足者」，但卻沒有提供具體標準。結果任何人都有可能在沒有任何證據的情況下，以「失足者」的名義被抓捕。一旦某人成為「特務」，其他人就有責任去「搶救」他，而且絕不許公開表示懷疑或是同情。

康生把國民黨對特務的殘酷政策和中共對坦白之人的寬大政策進行了對比。他列舉了幾個國民黨特務案，但是後來證明涉案者都是無辜的。康生還指控王實味是托派、國民黨和日本三料特務，但王不過是寫文章批評黨員幹部，卻因此進了監獄並最終被處決。[126]在演講中，康生揭露了國民黨只反共卻不抗日的本質，把蔣介石和三個軸心國領導人相提並論。康生認為蔣介石的三民主義是「披着孫中山的外衣，暗藏希特勒的實質」。康生將體現蔣理論的《中國之命運》斥之為充斥着漢奸理論、由漢奸陶希聖代筆的書（見第6章）。[127]在20,000字的演講中，康生花了一半時間打破聽眾對國民黨、蔣介石及其學說的幻想，以此來告誡那些國民黨「特務」棄暗投明。但是根據與會者後來的回憶，幾乎沒有人提到康生對《中國之命運》的批評，每個人都被康生報告製造的恐怖氣氛嚇壞了。根據當時在場的孫平的描述：

> 一種令人窒息的寂靜籠罩着禮堂，聽眾顯然都嚇呆了。人們突然意識到，情報局頭子掌握着多麼大的權力，而膽敢捍衛真理的人，又會落個甚麼下場。[128]

正如《中國之命運》，康生的《搶救失足者》報告稍後出版了單行本。這本小冊子被發到每個單位，幹部們人手一本用來學習。

在演講快結束時，康生又表現出鐵菩薩的兩面性：他一方面鼓勵人們主動自首，彷彿這是他們最後的機會；另一方面他又警告稱，拒絕坦白者會遭到鎮壓。康生用一副對聯結束了演講，「懸崖勒馬，回頭是岸；放下屠刀，立地成佛。」[129]這似乎暗示着台下的聽眾都是一群已被判刑但還未坦白的罪犯。演講結束後，聽眾們本能地熱烈鼓掌了好一陣，儘管他們都已膽戰心驚。在彭真準備結束大會時，朱德突然走上講台，用平靜的聲音質問康生：

你的意思是不是説，開過會後，我就不能再信任我的朋友和
戰友了？這是不是説，從現在起，我就該擔心自己可能被
捕，或等着看我的朋友被捕？你怎麼竟敢用這種方式來對待
黨的積極分子，對待黨的優秀分子和骨幹？[130]

朱德在黨政軍內都享有很高的威望，但康生的反特運動讓他
覺得蹊蹺。朱德提出質疑的勇氣可嘉，但他沒有立即得到答覆。彭
真宣布大會結束，聽眾們在安靜中散場。動員大會整整持續了一下
午，直到太陽落山。[131]

康生的報告開啟了搶救運動，並且在延安內外各機關、學校和
軍隊掀起了一系列召開反特鋤奸「搶救」大會的風潮。最初，黨員幹
部們都相信確實有國民黨間諜混進了黨內，因此通過審幹來甄別可
能的特務是有必要的。作為老黨員的謝覺哉承認，由於出身非無產
階級家庭，他對無產階級鬥爭經驗不足，正是通過反特鬥爭來學習
階級鬥爭。他對那些涉世未深並且出身非無產階級的青年「失足者」
更多地表示同情而非憎恨。[132]

除了全心全意擁護黨的指示，各單位甚至還比賽誰發現的特務
多，競相超額完成任務指標。[133]這與康生在其中的鼓動分不開，他
甚至還設立了高得離譜的抓特務指標：

到延安來的黨員也好，幹部也好，有百分之七十、八十，在
政治上都是靠不住的，是各式各樣的特務、叛徒、壞人！各
單位要按照這個指標去挽救「失足者」！誰完不成指標，不是
麻木不仁，就是他本人有問題。[134]

這樣一來，幹部們不僅要積極參與反特運動，而且還不敢落後。如
果指標不完成，自己就會遇到麻煩。

隨着被揭發的「特務」數量愈來愈多，搶救運動迅速偏離了正
軌。儘管毛決定把「搶救」大會的時限從十天減少到三天，但是搶救
運動本身卻依然在進行。[135]根據李維漢的回憶，當時他所在的邊區
政府也連續召開了三次大會：第一次是「坦白」會議；第二次則是「勸

說」；到了第三次則已經上升到「控告」，「場內群情激憤，如果有人提議處以死刑，也是一定會得到通過的。」[136]曾被當作嫌疑人之一的何方回憶了他對搶救運動的思想轉變：

> 剛開始時，我還信以為真，認為組織上確定的對象沒錯，一定是有根據的。等搶救到自己的頭上，也還半信半疑，以為出於誤會。後來一看周圍，垂頭喪氣的人愈來愈多，這才認定搶救運動是胡鬧了。[137]

7月15日之後的十天內，嫌疑人超過了過去幾個月的總和。截至7月底，超過1,400人被控為特務。[138]僅1943年，邊區內40,000名幹部和學生中有15,000人被打成「特務」。[139]他們要麼是來自國統區，曾經是地下黨員，被國民黨逮捕過，要麼就是知識分子。[140]

在「特務」人數成為運動的唯一目標時，誰成為批判對象以及他們是否是真的特務已經不重要了。抗日軍政大學還發明了一種通過「照相」來炮製大批「特務」的方法：在開會時，一批人被叫上台站好，讓台下人用眼睛給他們「照相」。如果台上的人面部表情沒有變化，就可以過關；如果變化了，就會受到懷疑。[141]

在搶救運動期間，刑訊逼供幾乎是無法避免的。為了能被釋放，嫌疑人們編造出五花八門的故事來承認自己是國民黨特務。有時一組人會事先串供，每個人分派好「角色」。到時一人「坦白」，其他人紛紛出來配合，使供詞看起來可信。[142]即使在沒有審訊的情況下，人們在公開場合也會「自首」。延安的《解放日報》報道了陝北綏德師範學校的搶救大會，這所學校的學生都是十幾歲的孩子。在為期九天的會議後，230名學生（佔學校學生總數的73%），坦白自己是特務。其中有女孩承認自己參加了特務美人隊，有男生承認自己在特務石頭隊用一袋石頭作為「凶器」。[143]

人們為甚麼要紛紛承認這些自己沒做過的事情呢？部分原因或許是「坦白」之後的好處：不管供詞是否真實，作為獎勵坦白者都會被轉到一個條件較好的房間，有舒適的床，可口的飲食（通常是麵

條），獲得一朵紙紅花來慶賀「重生」。[144] 這些物質刺激對青年學生特別有吸引力：一個14歲的孩子說他承認自己是特務，只為換一碗麵條吃。當被問及甚麼是特務時，孩子答道，「有的吃烙餅，有的吃麵條唄。」[145] 諷刺地是，這些假招供的「特務們」得到表彰，並且受到優待，那些寧可誠實不願胡說的人卻被懷疑和逼供。

對於教育程度較高的知識分子來說，心理上的恐懼和孤立而非物質上的考慮更能迫使他們「坦白」。何湘回憶道，在丈夫半夜被帶走後，只剩下她和女兒。她被迫寫自白書揭發她的「特務」丈夫。她非常害怕丈夫被處決，留下她和女兒在身後。她住在山上的窯洞裏，聽着窗外的瑟瑟寒風和狼嚎，內心極度恐懼。[146] 儘管作家劉白羽沒有被指控為特務，但是他依然要寫自傳來證明自己的清白。在被打回重寫多達四次後，自傳在第五次終於獲得通過，他被要求和一個幹部談心。當幹部笑着歡迎他時，劉白羽早已嚇得痛哭流涕。[147]

在短時間內，搶救運動製造了遠比國民黨軍事威脅更嚴重的恐慌：人人自危，同時懷疑他人，直到特務嫌疑被洗清。[148] 在逼供中，延安的青年學生和知識分子編造了很多國民黨特務們做夢也想不出來的政策，但是中共的幹部們卻十分相信並嚴肅對待。[149] 搶救運動的目的是從精神和肉體上徹底控制中共黨員，切斷他們與國民黨的「聯繫」。諷刺的是，數量龐大的黨員們坦白他們曾為國民黨工作。國民黨從未承認過這些「特務」；而面對如此嚴重的「滲透」，中共竟也不以此為恥辱，反而慶祝搶救「失足者」的勝利。

結論

「搶救」運動以來的反特務鬥爭，要從兩方面去進行工作檢查。好的方面：真正清查出一批特務分子；發現與培養了一大批有能力的幹部；打破了官僚主義，提高了工作效能；暴露了許多人的錯誤，如貪污腐化等；深入地進行了階級教育。陰暗的方面：誇大特務組織，甚至弄成特務如麻；某

些部門或某些地方產生了群眾恐慌的現象；有些部門被特務
分子利用進行破壞；相當普遍地發生了懷疑新知識分子的現
象；忽略統一戰線，許多幹部對統一戰線的觀念降低。[150]

——中共中央書記處關於反特務鬥爭的會議，

1943年12月22日

發起搶救運動比失控之後再去制止要困難得多。在官方黨史敘
述中，毛澤東及時制止了運動擴大化。早在1943年7月1日，毛澤
東就提醒康生要發布防奸工作正確和錯誤的兩種路線，並反對「逼、
供、信」的錯誤路線。[151]換句話說，在康生7月15日《搶救失足者》
報告前，毛已經預料到運動有可能出問題，刑訊逼供可能是無法避
免的。

但是毛的警告實際上並沒有效果。在1943年8月15日，中共
中央在〈關於審查幹部的決定〉中也有類似的警告，決定本意是想讓
搶救運動適可而止，但實際上運動最終演變為一個遍及整個邊區的
反特群眾運動。[152]〈決定〉肯定了反特運動的必要性：「特務之多，
原不足怪。」[153]在此假設之下，運動必然會繼續進行。〈決定〉承襲
了中共對特務的寬大政策：

> 只有少捉不殺，或少捉少殺，才可保證最後不犯錯誤。留得
> 人在，雖有冤枉，可以平反。多捉多殺，則一定會犯不可挽
> 救的錯誤。[154]

延安搶救運動與蘇聯大清洗的一個重要區別在於，搶救運動堅持將
死亡人數控制到最低，儘管我們不清楚究竟有多少人在這其中自殺
或被處決：數目從3人到100人不等。[155]但是由於依賴先抓人再證
明、事後平反的政策，幹部們根本不在乎抓捕人數過多，因為錯誤
理論上在事後可以得到糾正。毛在7月底和10月初再次重申了「一
個不殺，大部不捉」這一原則，但是逮捕和死亡人數實際上都超出了
他的控制。[156]

1943年12月22日，中共中央書記處召開了關於反特鬥爭的會議，標誌着搶救運動進入尾聲。會議指出，「延安反特務鬥爭的過程，是由熟視無睹(指反特務鬥爭前)到特務如麻(指「搶救」運動以後)，現在應進到甄別是非輕重的階段。」[157]會議主要聽取康生關於反特鬥爭的報告，內容看似不偏不倚。[158]但在稍後的討論中，任弼時卻推翻了康生報告中那些模棱兩可的結論：

> 據恩來同志講，截至1943年，國民黨員有一百幾十萬，其中學生黨員約三萬人，主要在1940年以後發展的。國民黨決不會把三萬學生黨員都送到延安來，何況來延安的知識分子多數是在1937年和1938年來的。……抗戰後到延安的知識分子有百分之八十到九十是好的，他們是為了革命而到延安的。那種認為百分之八十的新知識分子是特務分子的看法應予否定。[159]

當時在共青團中央委員會工作的蔣南翔後來對搶救運動持更加批判的態度。1945年3月，蔣南翔向劉少奇呈送了〈關於搶救運動的意見書〉，反思他在搶救運動中作為幹部的經歷。[160]他承認自己強迫別人坦白的錯誤，「強制被搶救的對方戴上自己所憑空預製的帽子」。[161]他認為在自己的單位中發動搶救運動，弊遠大於利：

> 同志之間不是增加團結，而是增加隔閡；在草木皆兵的空氣下，黨與黨員的關係不是靠近，而是更推遠；同志們的工作積極性和工作效果不是提高而是萎縮。[162]

蔣南翔直言不諱地反對康生在1944年3月29日西北局高幹會以上的關於搶救運動的報告，後者基本上重複了康生1943年12月報告中模棱兩可的觀點。[163]蔣南翔指出，搶救運動是徹頭徹尾的失敗，「絕對(我敢於說是絕對！)不能自欺欺人地說是成績多於缺點。」[164]為抓特務造成的損失慘重。他把抓特務比喻成一場戰爭：

> 動員和武裝起來的將士就要尋找敵人作戰，但敵人是非常之
> 少而又非常之隱藏，於是找錯對象，自相火併，也就只能命
> 定地成為必然的結果了。在這種盲目的戰鬥中，雖然也會碰
> 巧擊中一些敵人，但卻更多地傷害了自己。[165]

在蔣看來，搶救運動不僅僅找錯了對手，傷害了革命同志，而且浪費了幾乎兩年時間從事無謂的審幹和反特，白白耗費了人們的革命熱情。考慮到當時的歷史背景，國民黨沒有進攻延安，反倒是中共對自己人開戰了。

如果說搶救運動有甚麼積極影響的話，那也純屬意料之外。根據塞奇和阿普特的研究，在搶救運動中較少受到影響的紅軍幹部和戰士們（大多出身貧苦農民背景）減少了先前對知識分子的反感，開始對知識分子產生同情，並且對他們的階級出身感到自豪。[166] 但是中共如何在搶救運動之後再次贏得知識分子的忠心呢？很多回憶錄對此的答覆是：毛的真誠道歉。在1944至1945年，毛多次在公開場合對搶救運動致歉，並對所有錯誤承擔責任。[167] 被冤枉的「特務」或許由此得以釋懷，繼續跟隨中共。毛也在黨內贏得了更高的信任，儘管他顯然是「搶救運動」的幕後指導者。

在延安整風期間，從一系列審幹和反特行動開始，直到群眾性的搶救運動爆發，整風運動經歷了從思想改造到強迫坦白的轉變。搶救運動的最初目的是反特鋤奸，但現在看起來更像是一場政治迫害，雖短暫卻可怕。國民黨情報機構對邊區的滲透以及軍事威脅是運動爆發的原因之一。但是中共卻過高估計了可能存在的特務數量，並有意誇大了內戰爆發的可能性，結果導致大量冤假錯案。搶救運動已經不是中共歷史上第一次混淆敵我，而且不幸地是，這也不是最後一次。延安搶救運動的教訓直到文革結束後才得到重視，但此時付出的慘重代價早已無力償還。

注釋

1 　康生：〈搶救失足者〉，《中共黨史教學參考資料》(北京：國防大學出版社，1985)，384頁；康生報告的英譯本參見John Byron, *The Claws of the Dragon: Kang Sheng, the Evil Genius Behind Mao and His Legacy of Terror in People's China* (New York: Simon & Schuster, 1992).

2 　Frederick Teiwes, *Politics and Purges in China : Rectification and the Decline of Party Norms, 1950–1965*, 2nd ed. (Armonk: M.E. Sharpe, 1993), 52–53.

3 　Joseph W. Esherick, "Ten Theses on the Chinese Revolution," *Modern China* 21, no. 1 (January, 1995): 67.

4 　關於蘇聯大清洗的研究，見Robert Conquest, *The Great Terror: A Reassessment* (New York, NY: Oxford University Press, 1990); J. Arch Getty, *Origins of the Great Purges: The Soviet Communist Party Reconsidered* (New York, NY: Cambridge University Press, 1985), and Robert Thurston, *Life and Terror in Stalin's Russia, 1934–1941* (New Haven, CT: Yale University Press, 1996).

5 　Byron, *The Claws of the Dragon*, 18.

6 　同上引書，173，174頁。

7 　英語學界對此較早的研究參見Merle Goldman's work *Literary Dissent in Communist China* (Cambridge, MA: Harvard University Press, 1967)，其中一章的內容關於知識分子對延安生活的批評以及整風運動早期階段針對知識分子的思想改造運動；Mark Selden在 *The Yenan Way in Revolutionary China* (Cambridge, MA: Harvard University Press, 1971) 中對抗戰時期的邊區評價很高，研究了高層政治之外的經濟發展和社會變革；Frederick Teiwes的 *Politics and Purges in China: Rectification and the Decline of Party Norms, 1950-65* (New York, NY: M.E. Sharpe, 1979; reprint with new introduction, 1993)，提出「從說服到強制」的一體化，以便把中共歷次整風運動放到這一序列中考察。他的模型提供了整風和搶救運動內在關聯的理論基礎，作者以此解釋了為何1943年延安整風能夠成功，而1950年代整風卻失敗的原因；Raymond Wylie在 *The Emergence of Maoism: Mao Zedong, Chen Boda and the Search for Chinese Theory* (Stanford, CA: Stanford University Press, 1980) 中不僅討論這一時期延安的高層政治，還涉及當時的國內外政治形勢，包括備受中共批評的蔣介石《中國之命運》的出版，以及斯大林格勒戰役和共產國際的解體如何促使蔣決定進攻延安；David Apter和Tony Saich在 *Revolutionary Discourse in Mao's Republic* (Cambridge, MA: Harvard University Press, 1994) 中採訪了延安整風的倖存者，試圖瞭解為何很多幹部樂於執行整風，以及整風運動如何加強中共的黨內凝聚力並最終奪取政權；Tony Saich和Hans van de Ven編輯了論文集 *New Perspectives on the Chinese Communist Revolution* (Armonk, NY: M.E. Sharpe, 1995)，其中包括Apter、Saich和Teiwes的文章，他們都利用1980年代之後出版的資料研究搶救運動。

8 　Peter J. Seybolt, "Terror and Conformity: Counterespionage Campaigns, Rectification, and Mass Movements, 1942–1943," *Modern China* 12, no. 1 (January, 1986): 39–73.

9　　陳永發：《延安的陰影》(臺北：中央研究院近代史研究所，1990)

10　　Dai Qing, *Wang Shiwei and "Wild Lilies": Rectification and Purges in the Chinese Communist Party, 1942–1944* (Armonk, NY: M. E. Sharpe, 1994).

11　　高華：《紅太陽是怎樣升起的：延安整風運動的來龍去脈》(香港：香港中文大學出版社，2000)

12　　Stephen Averill, The Origins of the Futian Incident, in Tony Saich eds, *New Perspectives on the Chinese Communist Revolution* (Armonk: M.E. Sharpe, 1995), 86, 110.

13　　關於國民黨對邊區的滲透，國民黨反攻高潮與延安審幹的關聯，見盧毅：〈延安審幹運動中的國民黨因素〉，《黨內文獻》，第2期，2011，80–85頁。

14　　康生：〈搶救失足者〉，380頁。

15　　張嚴佛：〈抗戰前後軍統特務在西北的活動〉，陳楚君編：《特工秘聞：軍統活動紀實》(北京：中國文史出版社，1990)，235頁。

16　　參見Frederic Wakeman, *Spymaster: Dai Li and the Chinese Secret Service* (Berkeley: University of California Press, 2003)

17　　馬振犢：《國民黨特務活動檔案大解密》(臺北：靈活文化實業有限公司，2010)，147頁。

18　　陳楚君編：《特工秘聞：軍統活動紀實》，237頁。

19　　沈醉：《沈醉回憶作品全集》(北京：九州圖書出版社，1998)，172–173頁。

20　　唐縱：《唐縱失落在大陸的日記》(臺北：傳記文學出版社，1998)，272頁。

21　　郝在今：《中國秘密戰：中共情報、保衛工作紀實》(北京：金城出版社，2010年)，244頁。

22　　良雄：《戴笠傳》(台北：傳記文學出版社，1985)，110頁；徐恩增：《細說中統軍統》(臺北：傳記文學出版社，1992)，342頁。

23　　沈醉：《沈醉回憶作品全集》，169頁。

24　　郝在今：《中國秘密戰》，248頁。

25　　〈中共中央關於吸收知識分子的決定〉，逄先知：《毛澤東年譜》(北京：中央文獻出版社，2002)，145頁。

26　　沈醉：《沈醉回憶作品全集》，168頁。

27　　郝在今：《中國秘密戰》，248頁。

28　　蔣巍：《紅色福爾摩斯：布魯與公安系統第一奇案》(上海：學林出版社，2003)，103頁；郝在今：《中國秘密戰》，242頁。

29　　郝在今：《中國秘密戰》，243–244頁。

30　　修來榮：《陳龍傳：中國隱蔽戰線的卓越指揮員》(北京：群眾出版社，1995)，134頁。

31　　郝在今：《中國秘密戰》，255頁。

32　　修來榮：《陳龍傳》，135頁。

33　　朱鴻召：《眾說紛紜話延安》(肇慶：人民出版社，2001)，109頁。

34　　郝在今：《中國秘密戰》，258頁；蔣巍：《紅色福爾摩斯》，108頁。

35　　馬振犢：《國民黨特務活動檔案大解密》，148頁。

36　　蔣巍：《紅色福爾摩斯》，108頁。

37　　郝在今：《中國秘密戰》，250頁；師哲：《在歷史巨人身邊：師哲回憶錄》(北京：中央文獻出版社，1991)，248頁。

38　蔣巍：《紅色福爾摩斯》，109頁。

39　朱鴻召：《眾說紛紜話延安》，110頁。

40　師哲：《在歷史巨人身邊》，249頁。

41　康生：〈搶救失足者〉，381。

42　高華：《紅太陽是怎樣升起的》，479–480頁。

43　華世俊：《延安整風運動始末》(上海：上海人民出版社，1985)，66頁。

44　宋曉夢：《李銳其人》(鄭州：河南人民出版社，1999)，197頁。

45　陳永發：《延安的陰影》，69頁。

46　王素園：〈陝甘寧邊區搶救運動始末〉，中共中央黨史研究室編：《中共黨史資料》第37輯(北京：中共黨史出版社，1991)，209頁。

47　李逸民：《李逸民回憶錄》(長沙：湖南人民出版社，1986)，113–115頁。

48　同上引書，115頁。

49　陳永發：《延安的陰影》，63，66頁。

50　王素園：〈陝甘寧邊區搶救運動始末〉，210頁。

51　修來榮：《陳龍傳》，142，144頁。

52　謝覺哉傳編寫組：《謝覺哉傳》(北京，人民出版社，1984)，292–293頁。

53　楊尚昆：《楊尚昆回憶錄》(北京：中央文獻出版社，2001)，218–219頁。

54　王素園：〈陝甘寧邊區搶救運動始末〉，210頁。

55　高浦棠、曾鹿平：《延安搶救運動始末——200個親歷者記憶》(香港：時代國際出版有限公司，2008)，79頁。

56　中國人民公安史稿編寫組：《中國人民公安史稿》(北京：警官教育出版社，1997)，117頁。

57　Kuo, *Analytical History of the Chinese Communist Party* (Taipei: Institute of International Relations, 1968), 398.

58　康生：〈搶救失足者〉，380.

59　1942年5月3日，5月19日，中共中央文獻研究室：《毛澤東年譜》(北京：中央文獻出版社，2002)，379，381頁。

60　楊者聖：《在胡宗南身邊的十二年：情報英雄熊向暉》(上海：上海人民出版社，2007)，188頁。

61　熊向暉：《我的情報與外交生涯》(北京：中共黨史出版社，1999)，14頁。

62　師哲：《峰與谷：師哲回憶錄》(北京：紅旗出版社，1992)，7頁。

63　陳永發：《延安的陰影》，176頁。

64　楊者聖：《在胡宗南身邊的十二年》，189頁。

65　胡喬木：《胡喬木回憶毛澤東》(北京：人民出版社，1994)，276頁。

66　王秀鑫：〈延安搶救運動述評〉，《黨的文獻》第3卷(北京：中央文獻出版社，1990)，71–72頁

67　高華：《紅太陽是怎樣升起的》，487–488頁。

68　復興社和CC系都是國民黨的情報組織。

69　師哲：《峰與谷》，241頁。

70　師哲：《在歷史巨人身邊》，250頁。

71　師哲：《峰與谷》，241頁。

72　修來榮：《陳龍傳》，143頁。

73　李南央編：《父母昨日書(1938–1949)》(廣州：廣東人民出版社，2008)，418–419頁，463頁。

74　Peter Vladimirov, *The Vladimirov Diaries : Yenan, China, 1942–1945* (Garden City, NY: Doubleday, 1975), 112.

75　中央檔案館編：《中共中央文件選集》，第14冊(北京：中共中央黨校出版社，1989)，30頁。

76　同上引書，29，30頁。

77　同上引書，30，31頁。

78　1943年4月5日，《毛澤東年譜》，433頁。

79　王秀鑫：〈延安搶救運動述評〉，72頁。

80　1943年4月24日，《毛澤東年譜》，434–435頁。

81　胡喬木：《胡喬木回憶毛澤東》，276頁。

82　康生：〈搶救失足者〉，383頁。

83　Raymond Wylie, *The Emergence of Maoism: Mao Tse-tung, Ch'en Po-ta, and the Search for Chinese Theory, 1935–1945* (Stanford CA: Stanford University Press, 1980), 201.

84　Vladimirov, *The Vladimirov Diaries*, 116–117.

85　1943年5月24日，《毛澤東年譜》，440頁。

86　〈中國共產黨中央委員會關於共產國際執委主席團提議解散共產國際的決定，1943年5月26日〉，中央檔案館：《中共中央文件選集》，第14冊，38–40頁。

87　Vladimirov, *The Vladimirov Diaries*, 117.

88　Wylie, *The Emergence of Maoism*, 202.

89　秦孝儀編：《總統蔣公大事長編初稿》(臺北：中正文教基金會，1978)，323頁。

90　1943年5月24，25日，高素蘭編：《蔣中正總統檔案事略稿本》，53卷(臺北：國史館，2003)，497，498頁。

91　熊向暉：《地下十二年與周恩來》(北京：中共中央黨校出版社，1991)，22頁；楊者聖：《胡宗南這個人》(上海：上海人民出版社，1996)，252頁。

92　楊者聖：《在胡宗南身邊的十二年》，193頁。

93　1943年6月17日，高素蘭編：《事略稿本》，53卷，634頁。

94　楊者聖：《胡宗南這個人》，253頁。

95　胡宗南上將年譜編纂委員會：《胡上將宗南年譜》(臺北：文海出版社，1978)，118–121頁。

96　唐縱：《唐縱失落在大陸的日記》，320頁。

97　胡宗南上將年譜編纂委員會：《胡上將宗南年譜》，119頁。

98　高素蘭編：《事略稿本》，53卷，283，287頁。

99　胡宗南上將年譜編纂委員會：《胡上將宗南年譜》，119，121頁。

100　楊者聖：《胡宗南這個人》，253頁。

101　楊者聖：《在胡宗南身邊的十二年》，200頁。

102　1943年6月1日，16日，17日，《毛澤東年譜》，443，446，447頁。

103　熊向暉：《我的情報與外交生涯》，15頁。

104　楊者聖：《胡宗南這個人》，185頁。

105　范碩：《葉劍英傳》(北京：當代中國出版社，1995)，187頁。

106 楊迪：《抗日戰爭在總參謀部：一位作戰參謀的歷史回眸》(北京：解放軍出版社，2003)，184頁。

107 〈朱總司令為呼籲團結避免內戰致胡宗南電，1943年7月4日〉

108 楊者聖：《胡宗南這個人》，256–257頁。

109 *Foreign Relations of the United States*, 279; Kenneth Bourne, *British Documents on Foreign Affairs: Reports and Papers from the Foreign Office Confidential Print* (Frederick, MD: University Publications of America, 1983), vol. 7, 22.

110 Vladimirov, *The Vladimirov Diaries*, 129.

111 楊者聖：《胡宗南這個人》，257頁。國民黨此時撤軍並不意味着蔣介石徹底放棄未來進攻邊區的可能。在蔣1943年8月13日的日記中，他感覺務必要在歐戰結束前打敗共產黨。但此文僅限於考察1943年7月15日之前國民黨的軍事威脅對共產黨的影響，因此對之後的國民黨軍事變化沒有涉及。

112 Vladimirov, *The Vladimirov Diaries*, 129.

113 蕭軍：《延安日記》(香港：牛津大學出版社，2013)，176頁。

114 〈中央總學委關於在延安進行反對內戰保衛邊區的群眾教育的通知，1943年7月11日〉，《中共中央文件選集》，第14冊，74–75頁。

115 1943年7月13日，《毛澤東年譜》，456頁。

116 康生：〈搶救失足者〉，380.

117 謝覺哉：《謝覺哉日記》(北京：人民出版社，1984)，512頁；朱鴻召：《延安日常生活中的歷史 1937–1947》(桂林：廣西師範大學出版社，2007)，185頁。

118 林青山：《康生傳：一個陰謀家的發跡史》(長春：吉林人民出版社，1996)，100頁。

119 朱鴻召：《延安日常生活中的歷史》，155頁。

120 Vladimirov, *The Vladimirov Diaries*, 130. 這裏的特務部指的是康生的中央社會部。

121 朱鴻召：《延安日常生活中的歷史》，156頁。

122 參見本節開頭的引文。

123 康生：〈搶救失足者〉，380。

124 蕭軍：《延安日記》，129。

125 康生：〈搶救失足者〉，380。

126 同上引書，381頁。關於王實味，參見Dai Qing, *Wang Shiwei and "Wild Lilies"*。

127 同上引書，381–383頁。

128 Vladimirov, *The Vladimirov Diaries*, 130.

129 康生：〈搶救失足者〉，384。

130 Vladimirov, *The Vladimirov Diaries*, 131；參見朱鴻召：《延安日常生活中的歷史》，184頁。

131 石瀾：《我與舒同四十年》(西安：陝西人民出版社，1997)，94頁。

132 謝覺哉：《謝覺哉日記》，521頁。

133 朱鴻召：《延安日常生活中的歷史》，189頁。

134 仲侃：《康生評傳》(北京：紅旗出版社，1982)，90頁。

135 陳永發：〈延安的整風、審幹與肅反〉，中央研究院近代史研究所：《抗戰建國史研討會論文集 1937–1945》，卷2 (臺北：中央研究院近代史研究所，1985)，782–783頁。

136 李維漢：《回憶與研究》下卷 (北京：中共黨史資料出版社，1986)，512頁。

137 何方：《從延安一路走來的反思——何方自述(上)》(香港：明報出版社，2007)，112–113頁。

138 華世俊：《延安整風運動始末》，68頁。

139 高浦棠、曾鹿平：《延安搶救運動始末》，105頁。

140 高新民：《延安整風實錄》(杭州：浙江人民出版社，2000)，374頁。

141 徐向前：《歷史的回顧》(北京：新華書店北京發行所，1984)，462頁。

142 師哲：《在歷史巨人身邊》，252頁。

143 〈綏德失足青年紛紛悔過，控訴國民黨特務機關萬惡罪行〉，《解放日報》，1943年9月21日。

144 師哲：《峰與谷》，14，243頁。

145 修來榮：《陳龍傳》，148頁。

146 延安中國女子大學北京校友會：《延水情：紀念延安中國女子大學成立六十周年》(北京，中國婦女出版社，1999)，372–382頁。

147 劉白羽：〈心靈的歷程〉，劉白羽：《劉白羽文集》，卷9 (北京：華藝出版社，1995)，449–452頁。

148 王若望：《王若望自傳》，卷2 (臺北：星光出版社，1992)，294頁。

149 韋君宜：《思痛錄》(北京：北京十月文藝出版社，1998)，13頁。

150 1943年12月22日，《毛澤東年譜》，487頁。這一結論來源於康生，並得到毛的批准。參見胡喬木：《胡喬木回憶毛澤東》，278–279頁

151 1943年7月1日，《毛澤東年譜》，448頁。

152 〈中共中央關於審查幹部的決定〉，1943年8月15日，《中共中央文件選集》，第14冊，89–90頁。

153 同上引書，89頁。

154 同上引書，94頁。

155 David Apter, Tony Saich, *Revolutionary Discourse in Mao's Republic* (Cambridge, MA: Harvard University Press, 1994), 363, note 20.

156 1943年7月，1943年10月9日，《毛澤東年譜》，460，475.

157 1943年12月22日，《毛澤東年譜》，487頁。

158 參見本節開頭的引文。

159 胡喬木：《胡喬木回憶毛澤東》，279頁。

160 高浦棠、曾鹿平：《延安搶救運動始末》，406–425頁。

161 蔣南翔：〈關於搶救運動的意見書〉，中共中央黨史研究室：《中共黨史研究》，卷4，1988，64頁。

162 蔣南翔：〈關於搶救運動的意見書〉，65頁。

163 Kuo, *Analytical History of the Chinese Communist Party*, 412–423.

164 蔣南翔：〈關於搶救運動的意見書〉，66頁。

165 同上引書，66–67頁。

166 Apter, Saich, *Revolutionary Discourse in Mao's Republic*, 167, 171, 177.

167 胡喬木：《胡喬木回憶毛澤東》，280–281頁；參見李逸民：《李逸民回憶錄》，118–119頁；師哲：《在歷史巨人身邊》，259頁。

8

激辯憲政與民主
抗戰末期的憲政運動 1943–1944[1]

陳驍（Chen Xiao）

引言

1943年9月，31歲的英國作家羅伯特・白英（Robert Payne）開始在西南聯大講授英語文學，他發現聯大的學生們都滿懷一種憧憬：「一個嶄新、人道的中國即將誕生，知識分子將在其中大顯身手。」[2]與此同時，費正清（John K. Fairbank）即將結束他駐華政府工作人員的生涯，日後他在回憶錄中提到，（國民黨統治區的）知識分子從1943年後期開始逐漸對蔣介石和國民政府失去了信心。[3]到了1944年7月，時任美國駐華大使的高思（Clarence Gauss）在一份備忘錄中提到，那些在一年前還堅定支持着蔣介石的自由派知識分子，「如今認為蔣領導下的中國毫無希望」。[4]

有趣地是，白英和費正清對1943年前後知識分子與國民黨政府的關係有着不同的判斷：費正清的看法相當悲觀；而白英則看到了希望和信心。白英和費正清都在戰時的國統區待過較長時間，與昆明和重慶的知識分子圈子[5]也多有交往：白英與包括聞一多在內的眾多聯大教授都是朋友，費正清則與更多中國知識分子都有過談話。二人觀點的差異可能更多地源於觀察角度的不同。費正清在戰前就來過中國，而恰好在抗戰開始以來中國知識分子最為壓抑的時期返回中國；白英在1943年末剛剛踏上中國，因而更多地感受到知識分子們的希望。此時的中國國內政治究竟出現了甚麼變化，以至

於影響了知識分子們的情緒和對政府的看法？只有試圖重訪當年的歷史場景，我們才能回答這一問題。白英所說的「嶄新、人道的中國」究竟指的是甚麼？為甚麼又如高思所言，「希望」在1944年中期落空了？

1943年，抗日戰爭已經進入到第六個年頭。翻閱當時的主要報刊雜誌，中方輿論對有利的國際形勢信心十足：盟軍在太平洋和歐洲戰場都取得了戰略性的勝利；美英兩國取消了多年來的對華不平等條約，同時開始增加對華經濟和軍事援助。然而中國的國內形勢就沒有那麼明朗了：國軍在正面戰場戰果甚微，[6]卻愈來愈多地捲入和共產黨軍隊的摩擦；大城市中的通貨膨脹已經讓專業人士階層焦頭爛額，普遍的腐敗行為也愈發令民眾感到憤怒（參見第9章）。逐漸增多的西方媒體對國民政府的批評也令蔣介石不厭其煩。[7]

國內政治局勢自皖南事變[8]以來陷入低潮。對於那些依舊關注中國內政的人來說，1943年的好消息是國民政府終於開始向憲政大步前進。1943年9月，蔣介石在國民黨十一屆五中全會上宣布，國民大會（憲政階段的最高權力機關）將在抗戰結束一年內召開。幾周之後，憲政實施協進會（以下簡稱協進會或憲政協進會）作為一個建議性機構成立。它的主要職能包括兩方面：向政府提出與憲政有關的建議，比如向1936年制訂的「五五憲草」[9]提出修改建議；籌備地方自治。[10]憲政活動的另一個重要平台是國民參政會，這是一個隸屬於國民政府的準代議機構，代表成員來自國共兩黨，其他抗日黨派和無黨派人士；從性質上說，國民參政會只有建議和諮詢權，並無實際決定國家事務的權力。參政會和協進會的多數成員都是國民黨員，但是中共、民盟和無黨派人士也有代表參加。[11]在下面我們可以看到，知識分子的民主活動決不僅僅局限於以上兩個官方平台。在9月份蔣介石發表憲政演講後不久，報紙、雜誌、公共演說、甚至大學壁報上都迅速出現了關於憲政問題和民主權利的討論。這場關於民主憲政的大討論持續到1944年後期，在中國官方的近代史敘述中，被稱為「第二次憲政運動」。[12]在本文中，為了避免混淆，我將1943年至1944年與憲政有關的社會現象稱為「憲政運動」。

　　本文關注的時間範圍是短暫而關鍵的1943年末至1944年。在憲政運動開始的頭幾個月，很多知識分子明確表示願意協助國民政府來實行憲政。但是在有關憲政運動的話語上，知識分子和國民黨有着本質的不同。國民黨人，例如立法院長孫科，堅持執行的是孫中山的憲政學說。在國民黨方面看來，實現地方自治和召開國民大會是憲政的根本。知識分子強調的是民主，例如對基本人權（言論、出版和身體自由）的保護。[13] 隨着憲政運動的發展，知識分子逐漸對國民黨失去信心，因為他們發現一黨專政的國民政府不但無法滿足他們對民主權利的要求，同時在1944年面對日軍「一號作戰」軍事上的失利也釀成了更大的危機。

　　本文試圖在以下幾個方面對1943年至1944年的憲政運動做出新的闡發。首先，通過利用新近發布的史料，本文認為蔣介石發起憲政運動，其目的在於抑制中共並取得對後者在輿論上的優勢。其次，知識分子關於民主和人權的話語極大地挑戰了國民黨為憲政運動設計的原有框架。再者，憲政運動的失敗歸結於國民黨既不能實現自己的憲政目標，也未能滿足知識分子對人權的要求。[14] 最後需要指出的是，儘管知識分子在憲政運動中發揮了重要作用，但是本文並非局限於戰時知識分子的憲政思想史。我試圖展現的是憲政運動中國民黨政府與知識分子間複雜的互動關係。與目前大多數關於憲政運動的研究不同，本文不僅研究了知識分子的憲政話語，還討論了國民黨政府在其中的角色，展現出政府是如何發起憲政運動並回應知識分子的民主要求。

憲政運動的發端

　　為了更好地明白憲政運動的本質，我們需要瞭解蔣介石為何在1943年9月「突然」宣布關於戰後的憲政安排？必須指出的是，即便是在憲政運動已經開始幾個月之後，包括國民黨官員在內的很多人士，對蔣介石關於實施憲政的許諾依舊十分懷疑。在1944年初的一系列演說中，孫科不斷努力打消聽眾的這種疑慮，並宣稱國民黨對

實施憲政是十分認真的。[15]與此同時，中國青年黨領袖、民盟秘書長左舜生，提到他在昆明和桂林的知識分子朋友都對國民黨能實施憲政深表懷疑。[16]

這些疑慮並不是空穴來風，因為國民黨已經在履行憲政的時間表上有過不良紀錄。1939年的國民黨五屆十一中全會上就做出了在1940年11月12日召開國民大會的決議。1939年末，主要由國民參政會成員組成的憲政期成會成立。它的職能是向1936年制訂的「五五憲草」提出修改建議。時任國民參政會副秘書長的雷震回憶道，憲政期成會成員對憲草的討論十分投入。然而，到了1940年中，國民黨突然宣布，由於戰事的惡化和交通的困難，原定召集的國民大會將被推遲。這給參加國民參政會的知識分子帶來巨大的失望。[17]隨後爆發的皖南事變更是將憲政問題擱置起來。在1941至1943年末期間，主要的報刊雜誌幾乎找不到討論民主憲政的文章。與此同時，即便是在被譽為「民主堡壘」的西南聯大，學生們也沒有組織過任何關於呼籲民主憲政的大型集會。[18]

國民參政會是戰時知識分子參政的主要平台，其中的知識分子成員對國民黨在國民大會召集上的食言相當失望。陳啟天是中國青年黨的負責人之一，同時也是國民參政會議員。他在回憶錄中總結認為，國民參政會對憲政的關心程度與政治氣候的變化有密切關係，具體可以分為三個階段。自1938年成立至1941年初皖南事變，參政會議員對憲政保持很高的熱情；此後直到1943年10月，熱情為最低；自1943年10月之後，陳啟天認為國民參政會的議員們恢復了對民主要求的熱情，但是戰時民主運動逐漸從國民參政會轉移到了外部。[19]陳啟天似乎是在暗示，1943年之後知識分子推動民主憲政的活動已經不僅僅局限在國民參政會內部，而是推進到了公共空間。陳啟天的觀察也說明，知識分子對憲政的關注度很大程度上取決於國民黨對憲政的態度。

目前為止，沒有直接的證據顯示蔣介石為何在1943年9月宣布戰後的憲政安排；關於憲政運動的研究大多對這個問題一帶而過。馬克思主義史學的觀點是，蔣的這一決定是迫於人民的壓力。[20]然

而實際的情況是，恰恰是在蔣宣布這一決定之後，媒體上才開始出現各種要求民主和憲政的文章。根據黃炎培的日記記載，美國總統羅斯福向蔣介石施壓，建議後者從速實行憲政。但是這種説法目前僅見於黃的記載，而且並非黃本人親耳所聞（黃聲稱是自己的一個朋友從一位國民黨官員的口中得知）。[21] 黃的記載或許並非空穴來風，黃炎培早年參加過同盟會，與不少國民黨高級官員過從甚密。儘管在美國外交關係文件中沒有看到羅斯福對蔣介石關於中國憲政問題的這則消息，但是我並不能排除羅斯福或許通過其他私人渠道向蔣介石帶了口信。[22]

令人欣慰的是，新近出版的一些史料有助於釐清憲政運動的起源。熊式輝——蔣介石的重要親信，在1943年8月4日的日記中寫道，蔣在一次早餐談話中透露他將在9月的國民黨中央政治會議上宣布兩項重要決議。第一項是蔣決定繼任已故的林森為中華民國總統（後者剛剛死於車禍）；第二項則是在來年的10月10日（「雙十」國慶）召集國民大會並正式通過憲法草案，前提是「國內軍事政治統一」。[23] 蔣還特別強調關於憲政問題的決定務必要在他與羅斯福秋季的會面（為年底的開羅會議做準備）之前公之於眾，這樣公眾就不會誤以為他是受羅斯福所迫而為之。此外，蔣還認為對於憲政的決定他可以宣而不行。談話三天之後，熊式輝與王世杰見面，詳細討論蔣的兩項決定。熊與王對兩項決定都不認可，認為實行憲政並非一個簡單的程序問題，而需要堅定的決心和周密的準備。8月9日，熊式輝與王世杰再次討論了憲政問題，得出兩點結論：第一，如果宣布實施憲政的日期卻不能如期進行，民眾會對政府產生極大不滿；第二，蔣介石試圖利用憲政來迫使中共交權，統一全國軍隊，這看起來既無必要也不現實。[24] 如果我們採納熊式輝的説法，那就可以認定，蔣介石許諾實行憲政其實是出於壓制中共的考慮，試圖在國內和國際輿論方面爭取對中共的優勢。

由於資料的缺乏，蔣介石究竟在1943年何時做出實行憲政的決定已經無從得知。但是間接的證據顯示，早在當年7月，蔣就開始布局宣布憲政了。[25] 根據蔣的日記記載，1943年7月8日，蔣接

受了羅斯福在當年秋天會談的邀請，但要求日期定於9月之後。蔣還特別補充道，如果羅斯福決定在9月之前舉行會談，務必要提前兩周以上通知他。[26]五天之後，1943年7月13日，根據黃炎培日記的記載，蔣介石邀請國民參政會的幾位議員（包括黃本人）進餐，並聽取他們對國內外局勢的看法。席間蔣透露憲政的實施應該從速進行。[27]

總而言之，根據目前搜集到的證據，我們可以對憲政運動的起因做出以下幾點結論。蔣做出宣布實行憲政的決定並非經過深思熟慮。蔣並未與他的幕僚詳細討論實施憲政的細節，而且他們也沒有對即將實施的憲政運動做出周密準備。由於沒有直接的證據，羅斯福在1943年中期就憲政問題對蔣施壓的說法值得懷疑。但蔣確實意識到美方針對國民政府缺乏民主的批評。1943年5月共產國際的解散很有可能促使蔣做出啟動實施憲政的決定。由於蔣一貫（錯誤地）認為中共高度聽命於共產國際，他應該認為後者的解散對前者是個重大打擊。正如馬克思主義史學指出的，1943年中期國民黨一系列軍事和宣傳攻勢被稱為「第三次反共高潮」。最後，根據熊式輝的記載，我們可以看出蔣試圖利用憲政運動來迫使中共放棄其武裝力量。

由此我們可以認為，蔣在1943年中葉匆忙做出關於實施憲政的決定，是源於他一貫的反共思維模式。從這點來看，蔣是否受到羅斯福關於憲政的壓力已經不重要，重要的是蔣試圖利用憲政運動來取得輿論上的優勢，達到壓制中共的目的。

討論憲政的平台

1943年末到1944年初，有關憲政問題的討論在國民黨統治區的內的大城市裏迅速展開。除去政府每月召開一次的憲政實施協進會，其他討論機構由民盟成員或其他機構（如《憲政月刊》雜誌）出面召集。各大報刊雜誌也定期刊發討論憲政問題的文章。起初，討論會和文章的主題集中在五五憲草及其修改意見上。

民盟成員在討論和宣傳憲政問題上發揮了主要作用。1944年1

月初，左舜生和張君勱在重慶組織了首個憲政討論會，每月召集一次。討論會在重慶的知識分子圈子裏迅速受到歡迎。在1944年5月的第五次會議上，有超過60人參會，其中不乏許多民盟重要人士，甚至一名來自中共的代表。到了1944年9月的第九次會議，討論會達到了高潮並演變為一個大規模的群眾集會。超過800名背景各異的人聚集在重慶遷川工廠的大禮堂裏，其中包括馮玉祥和邵力子這樣的國民黨要員，以及民盟的主要成員。一些年輕的觀眾甚至激動地倒地叩頭，大聲呼喊民主訴求。[28]

重慶另一個重要的憲政討論會是由黃炎培以《憲政月刊》和《救國通訊》（以下簡稱《國訊》）兩本雜誌的名義創立的。討論會同樣吸引了不少有影響力的知識分子，包括律師和法律專家。每月討論會的摘要都刊登在重慶主要的報紙上，比如《大公報》、《新民報》和中共的《新華日報》。根據《憲政月刊》和《國訊》一位資深編輯的回憶，討論會起初像個「沙龍」：會議在中國交通銀行二樓舒適的會議室召開，參與者不乏工商界名流。[29] 在成都，民盟主席張瀾於1944年2月組織了民主憲政促進會，主要由中國青年黨和非國民黨人士參加。[30]

有關憲政問題的討論在昆明也進行的十分熱烈。昆明有兩個很重要的憲政討論會：一個由國民黨雲南黨部建立，參與者是熱心憲政的國民黨員和知識分子；另一個則由雲南的民盟成員和西南聯大的教授組成。[31] 由於資料的缺乏，我們目前對重慶、昆明和成都之外的憲政討論活動知之甚少。

總之，通過討論會就憲政問題和時局發言或討論，知識分子們得到了一個可以向公眾發聲的平台，這是1941年以來所沒有的現象。儘管蔣介石把憲政運動看成「近年來最好的社會現象之一」（另一項是青年從軍運動），在運動的一開始，他還是對有關憲政問題的言論十分警惕。1944年1月8日，在向國民黨中央訓練團幹部的訓話中，蔣這樣說道：

> 現在陪都文化界人士，已在舉行憲政座談會、講演會等等，我們黨部事前不能首先發動，為之倡導，已是落人之後，現在他既已成立，我們只有努力參加，力圖補救，不過這已經

是很費力了。在重慶還比較容易，其他各省地方黨部與政府
以後一定要由中央通令，使之切實掌握各種研究會、座談會
等。如果不能掌握，寧可不令成立。[32]

由此可見，蔣敏銳地感覺到關於憲政的討論（通過報刊或者討
論會）有可能左右輿論並被用來針對政府。或許是得到了蔣的授意，
一些親國民黨的知識人也通過在官方或半官方的報刊上發表談論憲
政問題的文章，極其有限地參加了這場大討論。儘管蔣並不喜歡非
國民黨員組織的公眾集會，但值得注意的是，起碼在1943和1944
年，政府並未取締類似的憲政討論會。

作為憲政運動的官方平台，憲政實施協進會有以下三項功能：
首先，協進會就憲政籌備向政府提建議；其次，協進會成員應調查
地方自治的實施情況（我會在後文詳細闡述）；最後，在籌備憲政方
面，協進會是溝通政府與公眾的重要渠道。[33]協進會成員在一次採
訪中透露，協進會在1944年1月至5月的會議進程是討論五五憲草
的主要條款並吸納來自公眾的修改意見。[34]截至1944年10月，協
進會一共收到來自公眾的269條憲草修改意見，共計提出了32條修
正建議。有研究者認為，在憲草的修訂上，比起1940年憲政期成會
的努力，1944年憲政協進會的成果太過保守。[35]雷震在回憶錄中寫
道，協進會的很多成員並不熱心，黃炎培和左舜生總是抱怨會議毫
無價值。[36]總之，從運動的最初目的，即政府動員民眾來提建議修
改憲草來看，憲政運動並沒有達到預期的效果。誠如陳啟天所言，
儘管對要求民主權利的熱情開始復蘇，但是戰時民主運動的中心已
經從國民參政會（官方平台）轉移到了公共空間。[37]

參與一場精英運動

民盟成員和很多無黨派知識分子積極投入到憲政運動中去（儘
管可能不是以國民黨所預計的方式）。更重要的是，知識分子把他們
當作運動中當仁不讓的領導者。

　　1944年1月初，左舜生就認為當前憲政運動的命運有賴於中國知識分子的行動。左舜生回顧了民國成立以來的憲政活動，批評知識分子(無論在朝還是在野的)應該為歷次憲政運動的失敗負責。舉例來說，如果沒有知識分子的支持，袁世凱復辟將會困難的多。左認為，中國知識分子沒有向民眾灌輸「正確的政治價值觀」。正因為如此，「中國民眾政治水平不足」的觀念才從清末一直持續到1940年代。左舜生的知識分子精英論在近代中國並不鮮見，但值得注意的是，左是民盟的領導人之一。左的邏輯說明，中國知識分子把他們自己當作憲政運動主要的領導和貢獻者。左同時強調憲政運動的鼓吹者「並非政治失意人士，想藉着民主的幌子來撈取政治資本」。很明顯，左舜生試圖打消人們的一種誤解，即小黨派的知識分子想利用憲政運動來增加政治影響力。[38]

　　除去社會學家和聯大教授的頭銜，潘光旦還是民盟雲南支部的重要成員。潘眼中的憲政運動同樣應該是精英主義的：他認為憲政的本質實際上是一種「賢人政治」。通過才能和品德(潘用的詞是「才品」)，人可以分為上中下三等。而「賢人」起碼要從中等人以上產生，儘管只能代表部分民意。潘認為全體民意的體現是不可能實現的，所以理論上的「民治」是沒有意義的。因此，潘認為，具有足夠才品的賢人最能夠代表人民的意願。[39]

　　總而言之，左舜生和潘光旦認為知識分子當仁不讓地領導憲政運動。那麼知識分子在他們眼中指的是哪些人呢？左舜生認為知識分子應該具有以下三個方面的特質：首先，知識分子對中國政治懷有熱情和抱負；其次，知識分子明白中國的歷史和現狀，並且瞭解關於世界的知識；第三，知識分子不僅領導中國民眾，同時還能指導執政者。[40]

　　很明顯，左舜生對知識分子的定義寬泛而彈性。通過把商界領袖和專業人士這些通常不會把自己看作「知識分子」的人拉進來，運動的受眾得以擴大。黃炎培和張志讓在重慶交通銀行籌組的憲政討論會就包括這些人士。例如，在1944年3月、5月和6月的討論會上，會議的議題是對私人資本的保護，工商界人士紛紛參會。[41]另

一個例子是8月的討論會吸引了很多律師參加，會議的議題正是保障身體自由。[42]

一部「無關緊要」的憲法

「憲政運動」這個詞並不是由歷史學家創造的，而是在1943年運動一開始就存在了。國民黨和知識分子都認可這種表達，並且在公眾演講和報刊上廣泛使用「憲政運動」一詞。儘管國民黨是憲政運動的發動者，但是我要指出的是，憲政運動後來的走向實際上與國民黨最初的構想大相逕庭。

根據國民黨的設計，修訂和討論五五憲草是憲政運動最重要的目標。儘管「憲政運動」一詞被廣泛地使用，實際上在官方出版物中，憲政運動的全稱是「研討憲草運動」。蔣在多次演說中強調，憲政運動的目的之一是讓中國公眾熟悉憲草，並且提出修改意見。[43]1943年12月，在憲政協進會建立一個月之後，國民黨中央通訊社宣稱憲政運動已經在全國廣泛展開，並號召大學、機關和國民黨各支部廣泛研討憲草，並在1944年5月前向憲政協進會提交修改意見。[44]

地方自治機構的建立，比如縣議會，是憲政運動的另一項重要目標。根據孫中山的學說，國民大會由超過2,000名來自各縣議會的代表組成。蔣介石曾向國民參政會許諾，地方自治機構的建設將會在1944年完成。[45]在1944年5月的國民黨第十二屆五中全會上，行政院在報告憲政運動進展時稱「地方自治機構的建立是籌備憲政最基本、最實際的工作。」[46]

由此可以清楚地看出，在國民黨政府眼中，修改憲草和籌備地方自治機構是憲政運動的主要目標。此外，政府更是憲政運動當仁不讓的領導者。梁寒操，國民黨中央宣傳部長，在一次記者會中宣稱，目前進行的憲政運動與歐洲和晚清的憲政運動相比，顯著的區別是前者是由國民黨發動並領導，而後者則主要源於民眾對憲政政府的要求。[47]

但是憲政運動的發展遠遠偏離了官方的路線圖，因為公開討論的話題已經遠遠超越了憲草的修訂和地方自治機構的建立。知識

分子們提出了一系列引人注目的話題並使它們成為了運動的主要議題，這些話題包括：民主與憲政的區別；政治民主和經濟民主的結合；憲政與中國政治和戰時動員的關係等等。這些話題被不同背景的知識分子廣泛討論。但是在我們進入從知識分子的角度來討論這些話題之前，有必要先考察一下國民黨設定的兩個憲政運動的目標是如何失敗並最終失去對知識分子的吸引力。

憲政實施協進會作為憲政運動的官方平台作用甚微。正如前面提到的，1939年國民政府就向國民參政會許諾憲政很快會施行。憲政期成會作為一個建議性機構在1939年底成立並且對憲草提出了一系列十分激進的修改意見。1939年的憲政期成會和1943年的憲政協進會主要有以下兩個方面的不同。首先，在人員組成方面，1939年的憲政期成會主要由非國民黨成員組成，包括國民參政會的議員和知識分子，而1943年的憲政協進會減少了知識分子的比例，反而加進了不少國民黨高級官員，包括蔣本人。[48]

其次，與1940年憲政期成會提出的修改意見相比，1944年憲政協進會最終形成的修正意見顯得十分保守，憲草的主要結構和大部分條款得以保留。舉例來說，由於國民大會每三年才召集一次，1940年憲政期成會建議在國民大會閉幕期間成立一個常委會。常委會和立法院共同行使議會的功能。司法院則不再行使行政職能，而是轉變為一個最高法院。[49]由此可見，期成會提出的修改意見體現了西方三權分立的原則，挑戰了三民主義憲政階段的制度設計。憲政期成會的這些修改意見在國民黨看來自然十分激進，當然沒有被採納。實際上，最終在1946年制訂的憲法和1936年的憲草並無重大區別。換句話說，在修訂憲草方面，憲政運動中的憲政實施協進會幾乎沒起甚麼作用。

儘管憲政協進會的成立受到輿論矚目，同時被寄予改善法治的厚望，協進會的不少成員，無論是知識分子還是國民黨官員，似乎都對會議討論毫不關注。根據雷震的回憶錄，國民黨的一些高官，例如行政院長孔祥熙和熊式輝等人，從未出席過會議。立法院院長孫科和國民黨中央秘書長吳鐵成都只參加過一次會議。左舜生和黃

炎培這樣的知識分子告訴雷震，他們參會不過是給國民黨面子。左
舜生認為協進會並無用處，因為知識分子在1939年憲政期成會上的
努力最終不過是徒勞而已。[50]憲政協進會很快就停止了定期召開，
並且直到1946年3月才最終提交了憲草的修改建議。根據黃炎培的
日記，協進會的最後一次會議是1944年12月26日，那時會議連最
少的法定召集人數都無法保證。[51]

　　實際上，僅僅討論和給憲草提修改意見對知識分子來說實在沒
有甚麼吸引力。憲政運動中的知識分子普遍認為，僅僅通過頒布憲
法就能實行憲政是徒勞的。吳之椿是聯大政治系的著名教授，吳認
為，在西方，存在於社會領域的憲政精神（即民治）實際上要先於政
治上憲法的頒布。吳列舉了一系列有憲法卻專制的國家，例如西班
牙、巴西和波蘭。[52]

　　知識分子認為法治的健全對實行憲政意義重大。吳和其他知識
分子都意識到法律在中國沒有被很好地遵守和履行。在法律中規定
的人民權利實際上得不到保障。他們試圖利用憲法作為工具來改革
社會，「除非人民享有平等的政治、經濟和受教育權利，憲法將不會
長久。」[53]憲政運動的參與者們並不局限於討論和傳播憲政思想，他
們還在努力迫使政府做出實際行動來改善法治。黃炎培在《憲政月
刊》的討論會上稱，關於憲政的討論不可流於泛泛。討論會於是集
中在人民自由權利方面，特別是身體自由方面。大多數與會者都同
意黃炎培的務實態度。黃認為國民政府首先應該在實施憲政前認真
遵守已經實行的臨時約法。在1944年5月17日的演講中，黃炎培
呼籲政府停止不作為，為憲政的實行掃清道路。[54]

　　余家菊，作為中國青年黨元老和國民參政會議員，有着和黃炎
培一樣的務實態度，認為憲法的推行絕非實行憲政最關鍵的一步。
余認為，當務之急是在憲政推行之前制訂幾部重要的法律，例如起
草政府組織法來限制政府濫用權力。[55]張志讓，一位法律專家同時
是《憲政月刊》的主編，建議政府立法滿足幾項迫切的民主需求，例
如對人權（身體和出版自由）的保障。張甚至引用孫中山的著作來申
明憲政的實行實際上先於憲法的頒布。[56]

或許令讀者們感到諷刺的是，很多知識分子並不認為憲法的頒行是憲政運動的核心任務。他們反而迫使國民政府遵守現行法律並起草新法律來保障人權。正如我在下面要談到的，隨着知識分子的民主要求得不到滿足，知識分子和國民政府對憲政運動的分歧更加明顯了。

建立地方自治：一座空中樓閣

從國民黨政府的角度來看，除了修訂憲草，憲政運動的另一目標就是建立地方自治機構。但是這一目標失敗了，緣於國民黨領導人例如孫科等人，缺乏解決基層選舉和行政問題的切實辦法。

根據孫中山的理論，憲政的實行是自下而上完成的。憲政的根本在於每個縣地方自治機構[57]的成功，因為地方自治機構訓練人民行使公民權利。在訓政期間，國民政府應該幫助每個縣都建立自己的地方自治機構，使民意得以體現。只有在全國半數以上的縣都建立地方自治機構之後，憲政的準備才可以開始。孫中山這樣設計，並不是為了分權到各縣，而是為了讓人民得到行使四權[58]的訓練。

作為對憲政運動最為熱心的國民黨高層官員，孫科積極鼓吹地方自治的建立。在1944年元旦的全國廣播講話中，孫科批評了當前幾種關於憲政運動的錯誤觀點。孫科聲明當前憲政運動對中國的政治發展至關重要，戰時的憲政建設使民眾滿懷希望去努力贏得戰爭。孫科號召人人要研讀憲草，經過八年的戰爭，國內形勢的變化使得憲草的修訂變得十分必要。[59]

在建設憲政方面，孫科是其父的忠實信徒。因此他堅持認為地方自治機構的建立對憲政至關重要。[60]他建議憲政協進會去基層調查有關憲政問題的民意。孫科也受邀到新近建立的重慶市議會（重慶市的自治機關）去討論地方憲政事宜。[61]

孫科公開批評國民黨政府忽視對人民的訓練，並且承認訓政階段還有很多任務沒有完成。[62]儘管一些地方已經建立了市、縣議會，孫科指出這些自治機構中的代表並不是由民眾選出，而是由上

級政府指派的。這樣一來，人民的權利就得不到有效的行使。[63]但是孫科同時強調，為了趕上世界民主的潮流，如果等到在全國半數以上的縣建立完善的地方自治機構，再去準備憲政的實施未免太遲。[64]孫科進一步指出，很多縣級以下的政府機構被地方豪強和劣紳把持，因而腐敗橫行。[65]孫科感嘆道，地方上的腐敗分子本來是國民黨革命的對象，現在卻成了執行政府命令的官員！[66]

但是除了號召聽眾回歸國民黨的「革命精神」，孫科在他的一系列有關憲政的演說中沒有提供任何有關建立地方自治的實際措施。我同意歷史學家高華對孫科的觀點：孫科的海外教育背景和實際執政經驗的缺乏，使他對中國農村和基層問題束手無策。[67]

根據孫中山學說構建的「地方自治」在實踐中究竟表現如何呢？需要注意的是，地方自治機構的建立直到1940年代初才陸續開始，而憲政運動加快了這個進程。地方自治機構實際上是通過一系列基於居住地或職業的選舉來產生。民眾通過地方自治機構來（間接地）行使「四權」中的選舉和罷免權。蕭公權，畢業於康奈爾大學的政治學家，同時也是協進會的一名無黨派議員，在他關於地方自治機構的調查報告中繪製了下表，闡釋各級自治機構之間及其與民眾的關係：

表 8.1　地方自治政府的架構

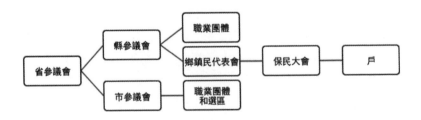

資料來源：蕭公權：《憲政與民主》（北京：清華大學出版社，2006），84 頁。

由上表可知，只有市議會和保民大會是由民眾直接選舉產生的。選舉以戶為單位，每戶擁有一票。其他自治機構，例如省、縣參議會和鄉鎮民代表大會都是由下級自治機構代表通過間接選舉產生。縣級以下政府的官員任命，是由同級別的自治機構選舉產生，但

是候選人卻是由更高一級政府選定的。舉例來説，縣長是由縣議會選舉產生，但是縣長候選人是由省級政府選定。此外，對於候選人的資格還有一系列限制——只有最基層的甲長是由保民大會直接選出。

張篷舟，[68]《大公報》資深記者，在一篇題為〈四川走向憲政之路〉的調查報道中，發表了截止1944年8月四川首批26個縣、市議會的選舉情況。張的報道主要集中在成都八個區（相當於縣）的區長和副區長選舉上，因為這是「中華民國歷史上首次選舉區長（縣長）」。但是選舉中暴露出一些嚴重的問題。例如候選人數少，政府只為每個職位指定了三名候選人。鄉鎮民代表大會的代表抱怨説，他們直到選舉前一天才被告知候選人的姓名和資料，而根據選舉規定，至少要提前五天公布。簡單説來，根據張篷舟的觀察，政府所作實際上是「逐步將權力回歸人民」，所以「民主還有很長的路要走」。[69]協進會成員的調查報告還披露了更多地方選舉的問題。[70]

儘管蔣介石在匆忙中宣布憲政運動，而且只希望利用它來抑制中共，國民黨在運動中依舊有自己的路線圖。在國民黨政府看來，憲政運動應該主要包括兩項憲政實施的準備工作：憲草的修訂和地方自治機構的建立。然而，蔣和他的官員們要麼三心二意，或是根本沒能提出實際的解決措施，國民黨設計的憲政運動兩項目標最終失敗了。

知識分子的民主要求和政府的回應

知識分子對憲政運動的理解和國民黨大相逕庭。如果沒有知識分子和民主黨派的參與，憲政運動就不會有後來這麼大的勢頭。連蔣介石都承認國民黨已經在憲政運動中落後，沒能擔負起領導運動的職責。知識分子在憲政運動中提出的民主和憲政主張如此之多，以至在本文中無法窮盡。在這裏，我選取的是一些在輿論中頻繁出現並經過認真討論的主題，以此來説明知識分子和國民黨在憲政運動中分歧很大。最後，我將討論國民黨政府是如何回應知識分子的民主要求的。

正如前面提到的，在運動的開始，知識分子就意識到憲政運動不能局限在給憲草提建議上。這點可以從知識分子話語中「民主」與「憲政」用法的區別得到體現。通常情況下，民主與憲政兩詞是可以互換使用的。如前所述，「憲政」一詞較多用於國民黨官方話語。但是一些知識分子卻煞費苦心地去分辨「民主」與「憲政」的區別。蕭公權在1943年末的一篇文章中指出，「憲政的本質」是「法治」，而「民主的本質」則是「民治」。[71] 梁漱溟（民盟的核心成員之一）在1944年題為〈中國憲政之路〉的長文中同意蕭公權的這個區分。梁漱溟強調的是民主（即民治）的兩個方面：個人自由權利的保護和公眾對國家大事的參與。梁進一步認為民主（民治）是憲政（法治）的一種高級形式。梁漱溟以英國為例稱，憲政早在距今幾百年的近代早期就已經建立，但是人民的很多民主權利（例如普選）直到本世紀早期才實現。梁漱溟的結論是「憲政之出現於人類歷史，不外是政治上漸次開發其民主精神」。[72]

對「憲政」和「民主」的精細區分當然不是一場文字遊戲。通過突出憲政與民主的區別，蕭公權和梁漱溟意在說明，與僅僅討論憲草和召開國民大會相比，他們對民主權利的要求更為迫切。沈志遠，民盟成員和馬克思主義經濟學家，批評了只重憲政而忽視民主的觀點。沈舉例說戰時的日本和德國都是憲政體制，但是本質上卻是法西斯政權。沈建議政府應該切實保障人民的一些基本權利，例如言論、集會和人身自由。[73] 儘管政治立場不盡相同（蕭公權和政府走的比較近；梁漱溟比較中立，並且身在廣西；沈志遠是左派），蕭、梁、沈這樣的知識分子都不約而同地認為，中國應該通過憲政運動來建立法治並保障人民的自由和權利。從這個角度來說，憲政運動當然不應該局限在對憲草的討論上。

很多民盟中的知識分子都同意沈志遠對保護人權的看法。實際上，對個人自由和權利的呼籲是憲政運動中最重要的主題之一，並且貫穿運動始終。1944年1月憲政協進會的第一次會議上，張君勱就提出保障人民三項基本權利提案。第一、人身自由的保護：只有法庭有權批准拘留；必須在拘捕24小時內通知被拘捕人的家屬；被

拘捕者有權上訴；對以上權利的限制必須以法律形式固定下來。第二、結社和集會的權利。第三、言論和出版自由：容忍對現有社會制度的批評，例如政府、宗教組織和經濟情況。[74]張君勱認為，對以上三種自由權利的保護是區別民主和專制政府的標準。他特別提議出版物事前檢查應該被廢除，相關的出版法律應該迅速出台。[75]

出版和言論自由被視為憲政的必要條件，因此是知識分子的迫切要求。羅常培，著名語言學家和聯大教授，在一篇文章中列舉了民國成立以來有關保護言論自由的法律。羅提出了幾點有關言論自由的建議：首先，政府應該放寬對印刷品的檢查；其次，只有當出版物內容違法才可以被查禁；最後，立法機構應該迅速制訂出版法。[76]

針對知識分子對言論自由的要求，國民黨政府一方面辯稱審查制度是出於國家安全的考慮，但同時也在緩慢地作出改善。在1943年10月12日，憲政運動伊始，蔣介石在憲政協進會演講中談及言論自由，透露出審查制度有鬆動的迹象：

> 現在關於出版著作的限制是戰時國家所必需的，尤其是我國抗戰尚在我們國土之內進行，自應審慎自重，這是所共認的。但是，對於管理言論出版自由，在方法方面有沒有商榷的必要？在範圍方面有沒有可以調整的地方？使人們的言論與行動更能接近於憲法？這也是本會所應當研究的。[77]

憲政實施協進會迅速向行政院提出建議，請求放寬出版和言論自由。實際上，早在1943年11月13日的第一次集會上，改善當前出版條例就是協進會做出的幾個決議之一。[78]在1944年5月12日的國民黨十二屆五中全會上，國民黨中政會建議改善當前的審查制度：事前檢查制度將被部分廢止；當前各個審查機構將改變各自為政的局面，合併為一個機構並隸屬於行政院。[79]1944年6月，一項關於言論自由的法案得到通過，但是事前檢查制度並沒有像預期的那樣得到廢止。令人失望的是，法案規定只有非軍事和政治類的書刊可以免於事前檢查。[80]

由於缺乏對國民黨的審查制度的充分研究，我們無法確定抗戰

末期的審查制度是否改善了(或惡化的程度)。一方面來說,更多披露政府不法行為的報道開始見諸報端。另一方面來講,審查制度也依舊在起作用。《自由論壇》(憲政運動中最有影響的政論雜誌之一)的編輯抱怨稱,一篇討論戰時審查制度的文章未能過審;由此可見政府並沒有兌現改善言論自由的承諾。[81]

抗戰末期政府和媒體的緊張關係逐步升級。一些重慶和成都的報社遭到查抄。例如,1944年末至1945年,據說中共的《新華日報》被國民黨執法機構和秘密警察騷擾300多次。很多報紙被沒收,報社人員也遭到毆打。[82]儘管這些查抄帶來的是人員被打和報紙被沒收,但是情況起碼還沒有後來內戰期間糟糕(一些記者遭到秘密警察的殺害)。

國民政府對保障人身自由的要求的回應,在知識分子眼裏,簡直和改善言論自由的做法一樣令人失望。一項名為《保障人民身體自由》的法案在1944年8月通過。這項法案是源於知識分子對非法拘禁的抗議。隨後的8月31日,在黃炎培組織的憲政討論會上,出席的律師和法律專家對法案並不滿意,因為它並不能解決有關非法拘禁的擔憂。與會人員中有三位法律界人士:沈鈞儒,民盟成員,與中共較為靠近;方仲穎,資深法官;吳昱恒,資深律師,民盟的秘密成員。三人對法案的批評主要有以下幾點:首先,除了執法機構,法案規定軍事機構也有逮捕和拘留權;其次,具體哪些機構有逮捕和拘留權,法案並無明確規定(根據法案,行政院每半年發布一次此類機構的名單),民主人士因此擔憂,很多臭名昭著的國民黨軍事和情報機構依然有逮捕權;第三,法案規定在沒有指控的情況下,拘留時間最多可達48小時,這要比國際通行的24小時長。[83]就在討論會進行的8月31日,行政院公布了具有逮捕和拘留權的機構,其中包括五花八門的軍事機構,例如戰區長官部、衛戍總司令部等。[84]很顯然,逮捕和拘禁權並沒有如知識分子所願僅僅保留在執法機關手中。

幾個月前的國民黨十二屆五中全會做出了部分廢除事前審查制度和結束非法拘禁的決定。隨後,為了回應知識分子對人權的要

求，國民政府出台了上述兩個保護個人自由、言論和出版的法案。然而在上述法案中，政府對於人權的改善只做出很小的讓步，這令知識分子大失所望。

社會主義作為憲政的備選：經濟民主

經濟民主是知識分子憲政話語中另一個十分重要的概念。《救國通訊》雜誌的一位編輯在後來的回憶錄中承認，「經濟民主」實際上和「社會主義」是同義詞，後者因為在當時的審查制度下是敏感詞。[85] 實際上，經濟民主在1940年代的語境下有更廣泛的含義，社會主義只是其中的一個方面。自1930年代開始，社會主義經濟思想，例如計劃經濟和社會公平與正義的理論在受過西方教育的中國知識分子及一些國民黨左派之中深受歡迎。很多後來鼎鼎大名的中國知識分子，例如張君勱、羅隆基、王造時和費孝通，在1920年代都曾在倫敦政治經濟學院學習並受到哈羅德‧拉斯基 (Harold J. Laski) 的影響，後者當時執教於倫敦政治經濟學院，是著名的英國社會主義理論家、費邊社成員，以政治多元主義和強調社會平等的社會民主主義聞名。在1930和40年代，至少有八部拉斯基的作品被翻譯成中文出版。[86]

拉斯基本人甚至受邀寫了一篇題為〈對於中國勝利展望的一些感想〉的長文，發表在1944年10月8日的《大公報》上。拉斯基認為，除非戰後中國建立經濟民主，否則勝利將不會持久。拉氏向國民政府提出了幾點建議，大多數都體現了社會主義思想並已經在蘇聯付諸實踐。拉斯基建議「對於經濟生活的重要部門……應該公有和公營……外國投資家協助開發中國的經濟，也應該有一個範圍……他投資的條件，並沒有賦予它干涉中國內部生活的權力……生產者 (小農和小手工業者) 應該合作起來。」拉斯基反復強調，資本主義的中國是不會走向民主的。他總結道「在蘇聯可以成就的，在中國未嘗沒有成就的可能……一部分是大規模的重要工業，由國家單獨主有和管理……一部分以農業為主要的成分，用合作制的生

產和銷售作為組織原則。」[87]黃炎培在日記中寫道，他對拉斯基的觀點深以為然，讀了此文之後更加堅定了他對經濟民主的信念。[88]

社會主義經濟思想之所以在中國知識分子（包括受過西方教育的自由派）中有廣大市場，主要是由於蘇聯的快速發展。1936年蘇聯宣布實現社會主義和重大社會進步，其中包括全民教育和人民福利的提升。實際上，自由派知識分子就一致認為，儘管蘇聯是一黨專政，但是其人民在經濟地位方面享有高度平等。[89]梁漱溟也認為經濟民主是邁向民主不可或缺的一部。梁氏認為，生產力的提高會帶來全民教育的推廣，而人民知識水平的提高自然會提高民主程度。受到馬克思主義經濟理論和蘇聯實踐的影響，梁把蘇聯視作實現憲政的另一模式，與以英國為代表的西方模式相對。[90]羅隆基，留學美國的自由派知識分子以及民盟的活躍成員，在自己創辦的《民主周刊》創刊號上發表題為〈民主的意義〉的文章。羅隆基在文中強調政治民主應該和經濟民主齊頭並進。羅認為，法國大革命代表了政治民主，而蘇聯的建立則代表了經濟民主。[91]張申府，另一個自由派知識分子，總結了幾種民主潮流，聲稱「任何不包括經濟民主的民主發展都是偽民主」。[92]

蕭公權在一篇寫於1947年、題為〈論民主〉的文中寫道，政治民主強調個人自由而經濟民主強調平等。蕭公權承認二者很難調和，因為財富方面的平等必然傷害到某些人的自由。但是惟有把政治和經濟民主聯合起來，中國才能有「為了人民的民主」。[93]

儘管討論很熱烈，但是經濟民主的要求大多停留在紙面上，幾乎沒有知識分子提出如何把經濟民主的觀念應用在中國實踐上。急劇惡化的經濟和軍事局勢，很快把憲政改革推到了一個次要的位置上。

軍事失利，聯合政府的號召和憲政運動的失敗

在憲政運動早期，不少知識分子對國民政府寄予厚望。國民黨官方和知識分子都試圖驅散公眾對於憲政運動的懷疑。褚輔成，國民黨元老，自1930年代就是憲政積極分子，公開談到他對當前的憲

政運動和政府對待憲政的態度都充滿信心。[94]民盟的主要成員例如黃炎培和左舜生都在公開場合表達了類似褚輔成的觀點。1944年3月，自由派雜誌《自由論壇》刊發的社論中也聲明「我們目前對憲政的未來充滿信心……空氣中充滿了討論憲政的氛圍」。[95]

到了1944年中期，一些知識分子開始對政府不滿並失去耐心，因為後者並沒有傾注足夠的努力來實行憲政。1944年5月，民盟發表了一篇措辭嚴厲的聲明，聲言中國應該加速轉向民主，並強調這一轉變務必在抗戰結束前完成。[96]聲明警告說，如果民主沒有在戰爭結束前實現，那麼留給戰後中國人民的就是一個毀滅和分裂的國家。民盟在聲明中對國民黨的統治表達了極度的不滿，並且敦促當局還政於民。[97]張友漁，一位法律專家，寫了一篇名為〈憲政和戰爭〉的文章獻給即將在1944年5月召開的國民黨十二屆五中全會。張在文中強調兩項關鍵問題需要得到解決：開始實施憲政和改善經濟狀況。張抱怨稱，距離上一次國民黨中央會議已經過去了半年，但是這兩個問題都沒能得到改善。張建議政府應該從速實行憲政來更好地動員人力物力打贏戰爭，而非拖到戰後。[98]

除了國民黨在實施憲政和改善人權上的不作為，一系列的軍事失利也助長了人們對政府的失望。1944年4月底，日軍在河南發動了名為「一號作戰」的攻勢。戰役的目的是摧毀美軍在華的空軍基地並打通中國至東南亞的交通線。[99]截至5月，河南就失陷了。到了8月，隨着很多華中、華南城市的失陷，大後方出現了恐慌。據說一張離開桂林的火車票價值高達10萬元。[100]輿論界充滿了「拯救當前危局」和「尋求中國出路」之類的社論。

1944年9月，作為中共在國民參政會的代表，林伯渠提出了在戰後建立聯合政府的建議。這一提案獲得了政治上極大的成功，起碼受到了知識分子的歡迎。如歷史學家鄧野所言，聯合政府的提案意在結束國民黨的一黨專政，使得其他黨派也能參政，這其中就包括民盟。[101]

隨着國民黨軍隊在前線損失慘重，華南很多城市失守，知識分子開始向政府拋出更加激進的要求。1944年10月，自由派雜誌《自

由論壇》的一篇社論中甚至説，「民主是一把鑰匙。一旦我們得到
它，所有的問題都會迎刃而解。勝利和光明的未來就在眼前。」[102]

到了1944年11月，張申府，著名哲學家和民盟成員，寫道目
前有三種實現民主的方式。第一種就是國民黨的做法，即建立地方
自治並召開國民大會。張申府認為，在當下國內的危急局面下，這
種做法是不啻是在繞遠路。第二種做法則是保障人民一系列的自由
權利。這正是知識分子幾個月以來所呼籲的。但是張申府認為政府
不可能給予人民這些自由權利，而這些權利也只有在憲政建立之後
才成為可能。最後，張申府點出了最為合理和及時的第三種方式：
由於民主必須建立在全體民意的基礎上，因此全國軍事和政治的統
一就是必不可少的。不同黨派和團體都應該在政府中佔有一席之
地，這樣各自的利益才能被代表。張申府雖然沒有使用「聯合政府」
一詞，但是他明顯是在呼應中共的這一提法。[103]

與此同時，《自由論壇》雜誌發表的一篇社論〈展望中國民主〉，
呼籲政府開放黨禁。文章的作者自稱是西南聯大的教師，認為民
主的一個前提是國民黨承認其他黨派的合法活動，而不僅僅是像目
前這樣把其他黨的首腦看作社會賢達。[104]黃炎培在1944年11月協
進會的一次非正式聚會中提出，憲政問題應該讓位於國家權力的統
一。孫科贊同黃的觀點，甚至提議其他黨派應該和國民黨一同訓
政。黃在日記中提到在場的其他成員都同意他和孫科的建議。[105]

綜合上述，在1944年末，知識分子關於個人自由的呼籲已經
讓位給更急迫的要求——迅速改革政府並建立全國統一的聯合政
府。與此同時，這意味着憲政運動開始退潮：民盟把政治參與置於
民主要求之前。或許這提醒我們注意，知識分子在憲政運動中的民
主要求既有自由 (liberal) 的一面，同時亦有政治性 (political) 的一
面：自由的一面在於要求政府立法保障人權；而政治性一面則在於
小黨派的知識分子將民主視為一種「生存手段」，因為抗戰時期除國
民黨之外的黨派活動都被禁止。[106]聯合政府對與小黨派的知識分子
十分有吸引力，因為向後者提供了參政的可能性。

結論和對憲政運動的進一步思考

　　1943年到1944年的憲政運動是由國民黨最高層發動的。學界長期以來忽視了國民黨在憲政運動中的角色，這就導致了對運動複雜性的低估。馬克思主義史學和一些近期的研究作品認為，憲政運動是由「民主黨派發動的」。[107]然而沒有蔣介石的首肯，知識分子是不可能在輿論上大造聲勢並推動民主憲政的討論和傳播的。諷刺的是，蔣多半是出於在輿論上壓制中共的考慮才發起憲政運動的。

　　本文的主要目的之一是闡述國民黨是如何發起並參與憲政運動的，但是並非表彰其所為。國民黨和知識分子在憲政運動的話語中存在重大差異：前者依據孫中山憲政理論為路線圖，後者更關注的是個人自由和人權。

　　在憲政運動中，國民黨沒有兌現承諾並滿足知識分子的民主要求，這無疑加速了抗戰末期知識分子對政府的離心。從修辭上來說，很多1943年末和1944年初刊登在黃炎培《救國通訊》雜誌上的文章都試圖說服讀者要對當局有耐心和信心。然而到了1944年末，黃炎培在一期雜誌的序言中也要求政府從速實行憲政。[108]這點很值得關注，因為在民盟中，黃炎培一向以較為中立的形象示人，至少遠不像沈鈞儒那樣左派。1944年中期以來逐漸惡化的經濟和軍事狀況加劇了知識分子對國民政府的失望，他們最終選擇支持中共關於建立一個各方政治力量都能參加的聯合政府的提議。

　　從國民黨政府的角度來看，儘管國民大會在1946年召開，憲法也最終頒布，1943年開始的憲政運動依舊是失敗了，因為它的兩個主要目標沒有實現。特別是作為孫中山憲政理論核心的地方自治機構問題重重，這無疑讓憲政成為空中樓閣。從知識分子的角度看，憲政運動也是失敗的，因為他們的民主遠未得到滿足。在1945年初，一些知識分子承認在過去的一年中「社會進步甚微」。[109]

　　儘管本文著重探討了1943至1944年的時代背景對憲政運動和知識分子民主觀念的影響，但是在文章的末尾，我們有必要將抗戰末期短暫的憲政運動置於民國時期國民黨政府與知識分子的長期憲

政鬥爭中進行一番考察。早在1928年，在國民黨政府建立之初，胡適就批評國民黨在「清黨」中非法抓捕共產黨員和嫌疑人。他敦促政府自身也要守法，樹立法治的榜樣。胡適還要求國民黨政府迅速起草憲法，並頒布相關的法律和規定來保護人權。[110]

在抗戰時期的憲政運動中，中國知識分子提出的很多民主要求實際上和胡適沒有多少區別，除了基本不再要求憲法之外（因為憲法的吸引力下降了）。有些諷刺的是，知識分子一方面不願意討論憲法——國家最根本的法律，立國之本；而另一方面熱衷於要求政府迅速頒布一些「實際」的法律來保障人權。這種矛盾恰恰反映了知識分子在面對日漸強大的國民黨政府和抗戰非常時期的一種妥協。正如葉文心指出的，面對着國家權力不斷增長的政府，中國知識分子甚至缺乏公開發表自由言論的安全。[111]這在抗戰時期反映的更加突出：1941至1943年，國統區的中國知識分子幾乎完全被「噤聲」。此外，抗戰非常時期還讓主張民主自由的知識分子們陷入兩難：他們當然不願意看到一個弱小的戰時政府，但是更不願意犧牲長期以來追求民主和人權的主張。在新近發表的關於抗戰時期知識分子的研究中，馮兆基論證了戰時國統區的中國知識分子調和「救國」和「啟蒙」的努力。[112]馮兆基和黎安友（Andrew Nathan）都注意到知識分子們在民主要求中的功利主義傾向。例如沈鈞儒、羅隆基和梁漱溟，就明確將保護人權和堅持抗戰聯繫在一起。[113]黎安友指出這種策略中存在的風險：「對於那些將個人自由與增強國家實力視為對立或不相關的人來說，這種（功利主義的）策略很可能並不奏效。」[114]

如前所述，知識分子的民主要求最終讓位於建立聯合政府的迫切需求。在1944年初期，當大多數知識分子都對憲政運動充滿信心的時候，梁漱溟發表了〈談中國憲政問題〉一文，令人驚訝地發表了對當前憲政運動的悲觀看法。儘管梁的文章登在兩種主要報刊上（《民憲》和《雲南日報》），可是梁觀點無論是在當時還是在後世歷史學家中都沒有引起任何迴響。[115]梁氏堅稱中國自晚清以來的歷次憲政運動與西方的「真」憲政運動都有區別，因為中國的憲政運動總是在國家危亡時才出現。中國的歷次憲政運動都歸於失敗因為他們並

不致力於實現真正的憲政，不過是一種「救亡」的手段罷了。他隨即預言當下的憲政運動也會在「救國第一」的口號下失敗。不幸的是，梁漱溟的先見之明最終應驗了。

注釋

1 作者特別感謝 Joseph Esherick 和 Matt Combs 對本文細緻而重要的建議。

2 John Israel 對 Robert Payne 的採訪，參見 John Israel, *Lianda: A Chinese University in War and Revolution* (Stanford: Stanford University Press, 1998), 333。

3 John K. Fairbank, *Chinabound: A Fifty Year Memoir* (New York: Harper and Row, 1982), 264.

4 *Foreign Relations of the United States: Diplomatic Papers, 1944, China* (Washington, DC: Government Printing Ofce, 1957), 492, 參見 Lloyd Eastman ed., *The Nationalist Era in China 1927–1949* (Cambridge: Cambridge University Press, 2001), 176。

5 在 20 世紀近代中國的語境下，「知識分子」一詞的內涵十分微妙，並有可能造成混淆。我主要採用左舜生在 1944 年一篇文章的說法。左舜生對知識分子有三個層次的定義：首先，知識分子對中國政治懷有熱情和抱負；其次，知識分子明白中國的歷史和現狀，並且瞭解關於世界的知識；第三，知識分子不僅領導中國民眾，同時還能指導執政者。參見左舜生：〈談實施憲政的先決條件〉，《憲政月刊》，1944 年第 2 期，5 頁。

6 1943 年中日會戰的結果存在爭議。白修德指出，1943 年鄂西所謂的「大捷」不過是「證實了幻滅和絕望」而已，參見 Theodore White, *Thunder Out of China* (New York: William Sloane Associates, 1947), 139；在近年出版的抗戰通史中，中國歷史學家承認鄂西會戰中國民黨軍隊傷亡慘重，但是認為日軍確實是被擊敗了，參見張海鵬主編，《中國近代通史》，第 9 卷（江蘇人民出版社，2008），381–383 頁。

7 蔣介石在 1943 年的日記中多次提到美國輿論界對「中國的誹謗」。參見高素蘭編輯：《蔣中正總統檔案：事略稿本》，第 54 卷（臺北：國史館，2011），88 頁。

8 皖南事變發生於 1941 年 1 月，是抗戰期間國共最嚴重的軍事衝突。在軍事鬥爭之後，國民黨政府對國內出版物加強了審查制度。

9 在立法院長孫科的推動下，「五五憲草」的制訂始於 1932 年。作為憲政實施的準備，五五憲草在 1936 年公布。五五憲草的一個特點是強大的總統制，即總統有召集國民大會的權力，政府的五院也對總統負責。五五憲草賦予了國民大會選舉總統、副總統和五院首腦的權力。正如張君勱所認為的，在五五憲草之下，人民只享有很少的權利，而總統的權利卻無限強大。張君勱：〈保障人民三項基本權利〉，《再生雜誌》，1944 年總第 94 期，36–42 頁。

10 Chinese Ministry of Information, ed., *China Handbook*, 1937–1945 (New York: Macmillan Company, 1947), 119. 在中央層面，國民大會由超過 2,000 名來自各

縣的代表組成，代表人民行使四權。在市縣一級，縣議會和市議會由當地居民選舉產生。在最終實現憲政的訓政階段，國民黨應該幫助人民建立地方自治。地方自治完成之後，國民大會隨即召開，並起草和通過憲法，這標着憲政的實現。孫中山：《孫中山全集》，第9卷（中華書局，1984年），227–228、325頁。但是孫中山和國民黨政府並沒有提供召集國民大會的明確時間。在要求停止訓政的呼聲下，1937年2月15日召開的國民黨五屆三中全會宣布，國民大會應該在當年11月召集，但是這一進程被7月爆發的中日全面戰爭打斷。

11　民盟在1941年作為一個小黨派和政治團體的聯盟而成立；成員首先必須來自一個非國共兩黨的政治團體。民盟的成立緣於國共兩黨不斷升級的衝突，其主要目標是在中國實現民主政治和軍事力量的統一。民盟在調解國共兩黨的關係中發揮了重要作用，特別是皖南事變。民盟的正式名稱是「中國民主政團同盟」，直到它在1944年9月重組並改名為「中國民主同盟」。重組的目的是為了吸納無黨派成員。為了行文方便，我在文中僅使用民盟一詞。

12　「第二次憲政運動」一詞首先由中共領導人在1944年提出，用以區別1940年初的「第一次憲政運動」。1939年至1940年，民主黨派的中國知識分子和國民黨左派要求政府停止訓政，立即召集國民大會。這在馬克思主義史學中被稱為「第一次憲政運動」。

13　「身體自由」一詞在當時知識分子的話語中經常出現，其主要的含義是保護人民不受非法拘禁。在後文關於知識分子話語的小節，我將對身體自由這一概念做詳細闡述。

14　在現有研究中，馮兆基和聞黎明的研究對抗戰末期的憲政運動最為紮實。但是他們的作品主要是從知識分子的角度出發，因此對國民黨在憲政運動中的活動關注不夠。此外，聞和馮也並未強調在憲政運動中知識分子對政府態度存在着由抱有信心到失望的轉變。Edmund S. K. Fung, *In Search of Chinese Democracy* (Cambridge: Cambridge University Press, 2000). 聞黎明：《第三種力量與抗戰時期的中國政治》（上海：上海書店，2003年）。

15　孫科：《三民主義新中國》（重慶：商務印書館，1944年），47頁。

16　左舜生：〈談實施憲政的先決條件〉，《憲政月刊》，1944年第2期，5–9頁。

17　雷震：《中華民國憲政史》（臺北：稻香出版社，2010年），117–151頁。

18　西南聯大除夕副刊編輯：《聯大八年》（新星出版社，2010年），65頁。

19　陳啟天：《寄園回憶錄》（臺北：商務印書館，1965年），186頁。

20　李蓉：《抗戰時期大後方的民主運動》（北京：華文出版社，1997年），89頁。

21　黃炎培：《黃炎培日記》第8卷（北京：華文出版社，2008年），58頁。

22　Roosevelt, Elliott, *As He Saw It* (Duell, Sloan and Pearce, 1946), 164.

23　熊式輝：《海桑集》（香港：明鏡出版社，2008年），418頁。

24　同上引書，418–419頁。

25　截至7月，憲政或許是蔣介石解決中共問題的多種選擇之一。如第7章所示，至少在7月初，蔣還在積極策劃進攻延安。

26　高素蘭編輯：《事略稿本》，第54卷，57頁。

27　黃炎培：《黃炎培日記》，第8卷，50頁。

28　〈召開國是會議，成立聯合政府〉，《新華日報》，重慶，1944年9月25日。

29　尚丁：《芳草斜陽憶行蹤》（上海：文史出版社，1997年），7–10頁。

30　〈渝憲政首次座談〉，《雲南日報》，昆明，1944年1月3日；〈憲政運動在成都〉，《雲南日報》，昆明，1944年2月12日。

31　〈憲政討論會昨開成立大會〉，《雲南日報》（昆明），1944年1月12日；〈昆明學術界昨成立憲政研究會〉，《雲南日報》（昆明），1944年2月7日。

32　秦孝儀編輯：《先總統蔣公思想言論總集：演講》，第15卷（臺北：中央文物供應社，1984年），302–308頁。

33　〈協進會〉，《新民報》，重慶，1943年10月12日。

34　〈協進會工作近況〉，《雲南日報》（昆明），1944年1月9日。

35　馬啟華：《抗戰時期的政治建設》（臺北：近代中國出版社，1986年），473頁。

36　雷震：《中華民國憲政史》，231頁。

37　陳啟天：《寄園回憶錄》，186頁。

38　左舜生：《談實施憲政的先決條件》，5–9頁。

39　潘光旦：〈民主政治與中國社會背景〉，《自由論壇》，昆明，第2卷第3期，1944年，8–16頁。

40　左舜生：《談實施憲政的先決條件》，5頁。

41　〈私人企業與憲政〉，《憲政月刊》，第7期，1944年，第13頁；〈民生主義中的保護私人企業〉，《憲政月刊》，第6期，1944年，第15頁；〈本刊第三次憲政座談〉，《憲政月刊》，第2期，1944年，12頁。

42　〈本刊第八次論壇〉，《憲政月刊》，第9期，1944年，20頁。

43　〈蔣主席訓詞〉，《新華日報》，1943年9月19日。

44　〈發起討論憲草運動〉，《大公報》，1943年12月17日。

45　〈蔣主席訓詞〉，《新華日報》，1943年9月19日。

46　〈十二屆全會憲政報告〉，《新中華雜誌》，第2卷第7期，1944年，2頁。

47　〈梁部長談憲政〉，《新民報》，1944年2月19日。

48　聞黎明：《第三種力量與抗戰時期的中國政治》，49頁。

49　同上引書，59頁。

50　雷震：《中華民國制憲史》，195頁。

51　黃炎培：《黃炎培日記》，第8卷，132頁。

52　吳之椿：〈轉變社會中的憲法與憲政〉，《自由論壇》，第2卷第3期，1944年，15頁。

53　吳之椿：〈轉變社會中的憲法與憲政〉，16頁。

54　〈憲政月刊社的二次座談會〉，《雲南日報》，1944年2月12日；〈我們共同協助政府促成全國上下盡力奉行約法〉，《憲政月刊》，第6期，1944年，1–2頁。

55　余家菊：〈憲政的機能〉，《憲政月刊》，第3期，1944年，8頁。

56　張志讓：〈憲政與現階段建國工作〉，《憲政月刊》，第2期，1944年，1–6頁。

57　「地方自治」一詞源於西方並在晚清傳入中國。孫中山借用地方自治一詞使得自己的理論更易被理解。張申府編輯：《民主與憲政》（重慶：峨嵋出版社），37頁。

58　孫中山：《孫中山全集》，第9卷，127–128頁。孫中山認為「權」屬人民，而「能」屬政府。孫中山認為人民的四種權利——選舉，罷免，創制，複決——在中央和地方都要得到行使。

59　〈認識憲政與研究憲草〉，《雲南日報》，1944年1月8日；〈有關憲政諸問題〉，《憲政月刊》，第3期，1944年，32頁。

60　孫科：《三民主義新中國》（重慶：商務印書館，1944年），48、112頁。

61　〈憲政協會通過六要案〉，《雲南日報》，1944年2月1日；〈重慶市臨時參會組織地方自治協進會〉，《雲南日報》，1944年2月13日。

62　孫科：《三民主義新中國》，111頁。

63　同上引書，32、112頁。

64　同上引書，34頁。

65　同上引書，50、86頁。

66　同上引書，88頁。

67　高華：〈論抗戰後期孫科的左傾〉，《民國研究》，第2期，1995年，45頁。

68　張篷舟是以筆名楊繼署名該文。

69　楊繼：〈四川邁向憲政之途〉，《大公報》，1944年9月20日。

70　蕭公權：《憲政與民主》，89頁。

71　同上引書，190頁。

72　中國文化書院編輯：《梁漱溟文集》，第6卷（北京：中國文化書院，1993年），473–475頁。

73　〈有關憲政諸問題的商榷〉，《國訊》，第360期，1944，2–3頁。

74　〈憲政協會通過六要案〉，《雲南日報》，1944年2月1日。

75　張君勱：《保障三項基本權利》，36–42頁。

76　羅常培：〈言論自由在憲政中的保障〉，《自由論壇》，第2卷第3期，1944年，20–25頁。

77　羅常培：〈言論自由在憲政中的保障〉，23頁。

78　〈第一次大會決議〉，《新民報》，1943年11月13日。

79　〈十二中全會通過四項要案精神要點〉，《新中華》，第2卷第7期，1944年，162–164頁。

80　〈戰時出版品書刊審查兩項法規〉，《新聞戰線》，第4卷3–4期，1944年，10–11頁。

81　〈編後記〉，《自由論壇》，第2卷第3期，1944年，35頁。

82　江沛：〈南京政府時期輿論管理評析〉，《近代史研究》第3期，1995年，105、107–108頁。

83　〈本刊第八次座談〉，《憲政月刊》，第10期，1944年，30–32頁。

84　〈確定有權捕人機關〉，《大公報》，1944年8月30日。

85　尚丁：〈民主憲政的先鋒戰士張志讓與憲政月刊〉，《文史資料選輯85》（北京：文史資料出版社，1983年），33頁。

86　蕭延中：〈現代中國費邊主義的思想啟示〉，《二十一世紀》，第108期，2008，39頁。

87　拉斯基：〈中國勝利的幾點展望〉，《大公報》，1944年10月8日。

88　黃炎培：《黃炎培日記》，第8卷，122頁。

89　〈訪英團歸來〉，《自由論壇》，第2卷第3期，1944年，2頁。

90　中國文化書院編輯：《梁漱溟文集》，第6卷，444頁。

91　羅隆基：〈民主的意義〉，《民主周刊》，第1卷第1期，1944年，3–8頁。

92　張申府編輯：《民主與憲政》，9頁。

93　蕭公權，《憲政與民主》，161–170頁。

94 〈褚輔老談憲政〉,《雲南日報》,1944年1月12日。

95 〈編後記〉,《自由論壇》,第2卷第3期,1944年,35頁。

96 但是民盟的這篇〈宣言〉究竟在當時有多大影響力還有待研究,我在當時重慶和昆明各大報刊上沒有找到這篇〈宣言〉。

97 〈時局宣言〉,參見 Documents on the Democratic League (Washington, D.C.: Center for Chinese Research Materials, Association of Research Libraries. 1969), 18。

98 張友漁:〈抗戰與憲政〉,《國訊》,第368期,1944年,111頁。

99 Mark Peattie, Edward J. Drea, Hans J. van de Ven eds., *The Battle for China: Essays on the Military History of the Sino-Japanese War of 1937–1945* (Stanford: Stanford University Press, 2010), 392–418.

100 曾昭掄:〈冷靜與鎮靜〉,《自由論壇》,第2卷第6期,1944年,4頁。

101 鄧野:〈聯合政府的談判與抗戰末期的中國政治〉,《近代史研究》,第5期,2002年,200頁。

102 〈政治上的思路與活路〉,《自由論壇》,第3卷第2期,1944年,12頁。

103 張申府:〈民主與哲學〉,《憲政月刊》,第10期,1944年,10頁。

104 澄之:〈展望中國民主〉,《自由論壇》第3卷第3期,1944年,11–12頁。

105 黃炎培:《黃炎培日記》,第8卷,132頁。

106 Edmund S. K. Fung, "Chinese Nationalism and Democracy during the War Period, 1937–1945: A Critique of the Jiuwang-Qimeng Dichotomy," in *Power and Identity in the Chinese World Order: Festschrift in Honour of Professor Wang Gungwu*, ed. Billy K. L. So (Hong Kong: Hong Kong University Press, 2003), vol. 1, 211.

107 聞黎明:《第三種力量與抗戰時期的中國政治》,24頁。

108 〈前言〉,《國訊》,第378期,1944年,2頁。

109 〈歲首編言〉,《憲政月刊》,第12期,1945年,1頁。

110 Yeh Wen-hsin, "Discourse of Dissident in Post-imperial China," in *Realms of Freedom in Modern China*, ed. William C. Kirby (Stanford, CA: Stanford University Press, 2005), 180–181.

111 同上引書,196頁。

112 Fung, "Chinese Nationalism and Democracy during the War Period," 211–215.

113 同上引書,212頁;Andrew J. Nathan, "Redefinitions of Freedom in China," in *The Idea of Freedom in Asia and Africa*, ed. Robert H. Taylor (Stanford, CA: Stanford University Press, 2002), 256.

114 Nathan, "Redefinitions of Freedom in China," 256.

115 中國文化書院編輯:《梁漱溟文集》,第6卷,455頁;梁漱溟:〈談中國憲政問題〉,《雲南日報》,1944年1月14日。

9

1943年的重慶
民生、限制物價與政權合法性

李皓天
（Matthew T. Combs）

    每天清晨，重慶的挑水工都要在江邊打滿水桶，然後挑着擔子，沿着峭壁攀登700多級石階回到城內。嘉陵江與長江在重慶城外交匯，沖刷堆積形成一片三角形的陸地。截止1943年，重慶城就坐落在岸邊高達230英呎的峭壁上，[1]而城市的水源則來自山腳下的江水。[2]江水也是重慶連接外部世界的貿易航線，江邊身着藍色和白色衣服的人群來來往往。[3]跋涉在城內泥濘的街道上，「大片的泥水濺落在塵土飛揚的路面上」，[4]挑夫會經過商舖、飯店、小販和小吃攤，空氣中混雜着商販的叫賣聲，食物的氣味，鐵匠的敲敲打打，裁縫的縫紉機唷唷作響，豬和雞的嘶叫，行人的竊竊私語或大喊大叫，嬰兒的啼哭，以及偶爾駛過的軍用卡車和救護車的隆隆聲。昏暗的路燈下，小販們在「漆黑潮濕」的夜晚遊走在街頭叫賣，直到深夜。[5]上千條小巷從主幹道沿着山坡放射出去，這些小巷曲折上下，大多數本地人就住在裏面。[6]正如從河裏擔水一樣，重慶的大多數貨物都要靠苦力來搬運。他們的「步態如同奴隸一般⋯⋯似乎片刻都不能停下來甩甩胳膊，喘口氣。」[7]

    重慶的夏天悶熱潮濕，然而六個月的冬天裏「全城就被霧和雨籠罩，街道泥濘不堪」。[8]但是濃霧同樣保護這座城市在冬季免遭日軍轟炸。在1939至1940年的夏天，陪都重慶遭到日軍猛烈而密集的轟炸，數千人被炸死。在間斷了一年多後，1943年8月23日，日軍對重慶進行了最後一次轟炸，造成15人死亡，32人受傷。[9]

圖9.1　重慶被高空轟炸。　美國國會圖書館圖片

　　在戰爭還未涉及重慶的1937年，當地人口約為26.1萬人。根據麥嵐（Lee McIsaac）的估算，重慶城的人口密度達到每平方英里10.4萬人，堪稱當時世界上最擁擠的城市之一。[10] 截至1939年底，隨着國民政府遷都重慶，政府機關人員和難民蜂擁而至，這座本來已經擁擠不堪的城市的人口超過100萬。[11] 由於人口眾多，重慶市民面臨嚴重的缺水（通常每人每天只有一盆水）以及隨之而來的衛生和健康問題：包括痢疾、霍亂、麻疹、寄生蟲以及堆積如山的垃圾。[12] 儘管重慶市政府的衛生部門在1943年給市民接種疫苗，成功避免了霍亂的爆發，[13] 但是其他傳染病卻橫行無阻。每年秋天瘧疾都會流行，[14] 1943年狂犬病的爆發促使當局推出新的養犬規定。[15] 鼠患同樣十分猖獗，「有時在晚上踱步的時候，老鼠竟會聚到你的腳邊。報紙登載過老鼠在搖籃裏咬死嬰兒的事情」。[16] 為了消滅老鼠，重慶衛生部門發動「抓老鼠運動」，每隻死老鼠能換兩分錢。但是懸賞捕鼠很快就停止了，因為有些人竟然藉此養鼠牟利。[17]

在戰時擁擠的重慶，疾病比以往傳播的更加迅速和廣泛。重慶人口的瘧疾感染率非常高，而戰前這裏根本沒有瘧疾。此外，「很多人成為慢性瘧疾感染者，病情反復發作」。[18]肺結核在重慶也十分普遍，尤以大學和高中學生易受感染，這是因為疾病在他們侷促簡陋的臨時宿舍中更容易傳播。儘管重慶亟需容納 500 人的肺結核病區，但是全市只有 60 個床位。[19]病人通常負擔不起醫療費用，也不能工作養家。根據林語堂的描述，1943 年底，在重慶的一個公交車站，一位衣着得體的女士用卑微的語氣開口向人群乞求幫助。她掏出人人都必須持有的身分證，告訴人們她的丈夫是一個公務員，已經因病臥床不起好幾個月了。[20]

在戰爭的摧殘下，重慶城市建築的耐久性大打折扣。這其中的原因除了日軍轟炸，還有嚴重的通貨膨脹危機。1943 年，在重慶歷經轟炸後的大街小巷中，人們正在緊張忙碌地搭建着簡易房屋。外表看似牢靠的建築，「實際上內部的房樑都是由裸露的細木條組成，牆壁也是空心的，以劈開的竹子編在一起，外面糊上泥和白灰就是牆。這一切都是為了防備日軍轟炸」。[21]漫畫家黃堯在畫中描繪了一幢類似的新簡易房在轟炸結束後三個小時內就能搭建起來。[22]由於建築材料十分昂貴而且不易獲得，重慶大多數的新造房屋都是臨時性質。一方面是因為如果被炸，損失也不會太大；另一方面則是由於「當政府在戰後遷都長江下游，這些房子也就都沒用了」。[23]通貨膨脹導致的建材價格持續上漲造成了一個奇怪的現象：兩幢毗鄰而居的房子雖然建造年代和材質都不同，但是價格卻一模一樣。例如一棟 1939 年建造的三層磚石結構廣播大樓竟然和旁邊建於 1943 年的一座竹子和泥巴糊成的簡易平房價格相同。[24]在他標誌性的幽默筆調下，這種奇特的並列景觀使林語堂這樣描述重慶：「（重慶）既非城鎮，亦非農村；不是城市，也不是郊區；它只不過是戰爭帶來的一堆游擊隊式的臨時建築。」[25]擁擠的城市和高昂的建材價格意味着簡陋的居住空間：成千上萬從內地逃難到重慶來的難民，特別是政府公務員、教師、學生，幾乎都面臨住屋困難，「很多習慣了寬敞住屋的人們如今不得不擠在悶熱骯髒的房間裏」。[26]但隨着 1943 年 8

月日軍轟炸的結束，持續惡性的通貨膨脹開始嚴重影響重慶市民的日常生活，隨之而來的是飢餓、焦慮、財產的流失和人們進一步惡化的健康與住屋狀況。

圖9.2　重慶市中心。　美國國會圖書館圖片

親歷通貨膨脹

　　通貨膨脹為我們提供了觀察重慶市民1943年日常生活狀況的一個窗口。通貨膨脹無處不在，儘管對各階層人們的影響不盡相同。在重慶生活的人們共同經歷了大轟炸，但是轟炸僅限於夏天，而且次數在1940年之後銳減。當時人們面對防空警報已經習以常，冷靜地跑到防空洞裏，傷亡人數也很少。[27]如前所述，日本對重慶的轟炸在1943年8月後就結束了。但是通貨膨脹卻沒有停止：1943年的物價以每月10%的速度持續上漲。不管是購買糧油、車票，還是一頂新帽子，上漲的物價都是生活的現實處境。在1943年1月，據重慶一位不願意透露姓名的官員稱，「通貨膨脹的問題比戰爭還嚴重。」[28]通過研究人們在通貨膨脹下的經歷揭示了大多數老百

姓遭受的苦難，同時也突顯出政府在為人民提供最基本生存保障方面的失敗。

作為戰時陪都，重慶是中國國民黨的大本營。但是國民黨政府並不是重慶接納的唯一逃難者：重慶像磁石一樣吸引者中國各地的逃難者。人們逃往重慶是因為他們把這裏看作抗日的象徵和國家的希望，正如老舍在1942年的戲劇《誰先到了重慶》中表達的那樣。在老舍的劇中，主人公們試圖逃離淪陷的北平，投奔重慶。在劇終，重慶似乎取代了天堂，正如將死的吳鳳鳴最後説，「還是我先到了重慶。」[29]

戰時重慶80%的人口都來自全國各地的逃難者。重慶這個容納了上海人、廣東人、北方人以及其他地區居民的大熔爐儼然成了中國的縮影。[30]重慶並不是唯一一經歷通貨膨脹痛苦的城市，甚至也不是最嚴重的。[31]但是由於重慶擠滿了全國各地的戰時逃難者，隨着他們在戰後返回家鄉，痛苦的記憶也傳遍了全國。而且正因為重慶是陪都，人們對政府未能控制通貨膨脹就更加難以原諒。

通貨膨脹的定義和與魏瑪德國的比較

「通貨膨脹」一詞的本義是「膨脹」的貨幣供給；[32]更廣泛的意思是價格持續上漲，通貨膨脹率是通過計算「籃子商品」(例如食品、衣服、住房、建材、交通以及燃油)平均價格的年度增長率得出的。大多數現代中央銀行認為每年「較低但是積極」的1–3%的通貨膨脹率是健康指標。[33]通貨膨脹可以被理解成一種稅收，因為貶值的貨幣價值將財富從持有貨幣的公眾手裏轉移到發行貨幣的政府。[34]儘管二戰時期中國的通貨膨脹並不是歷史上最嚴重的，但是它卻滿足經濟學家眼中惡性通貨膨脹的兩個條件：第一、通貨膨脹的長期程度，即保持五年以上超過20%的年通脹率；第二、通貨膨脹的嚴重程度，即通貨膨脹期間一至兩年(或更長)的年通脹率達到80–100%(甚至更高)。[35]事實上，從1939至1945年，連續七年重慶的通脹率都在100%以上。[36]

迄今為止關於通貨膨脹研究最充分的案例是一戰後的魏瑪共和國，後者的通貨膨脹通常與政治不穩定和納粹的興起聯繫起來。[37]儘管德國在一戰期間和戰後始終經歷通貨膨脹，但是最嚴重的情況直到1922至1923年才出現，通脹率達到每月300%以上。[38]魏瑪德國的例子說明，通貨膨脹通常（但並非總是）和戰爭有關，而且並不一定都是壞事。研究一戰德國的歷史學家一致認為，通貨膨脹對於戰後德國利大於弊，例如吸收戰爭消耗、付給遺孀等等；在1922年通脹率急劇上升以前，通貨膨脹並未削弱政府的合法性。[39]

與戰時其他國家的通貨膨脹進行對比，有助我們理解中國的情況。四十年代初，美國的年通脹率約為9.6%；整個戰爭期間商品批發價格上漲了70%。[40]美國政府通過債務支出而非徵稅來維持戰爭開銷，利用限價措施和配給制度來控制通貨膨脹。[41]與此相對的是，英國在凱恩斯的建議下，採取高稅率，強制儲蓄和限價措施來應對戰爭花費和通貨膨脹。[42]結果英國的通脹率維持在每年4.4%，而且生活成本在1939至1945年只上漲了28.4%。[43]納粹德國在1939至1943年物價只上漲了10%，代價是大多數日常消費品的短缺；低通貨膨脹率是通過實行嚴格的食物和消費品配給實現的。弗蘭茲·紐曼（Franz Neumann）在1944年10月寫道，由於限價措施和配給制度，「實際上，德國現在並沒有通貨膨脹」。[44]

與戰時歐洲和美國的通貨膨脹相比，1937至1945年重慶平均年通脹率高達150%以上；1945年的物價水平超過戰前（1937年）2,000倍以上。重慶平均每個月的物價漲幅已經達到了美國每年的通脹率（甚至更高）（參見表9.1）。為了控制通貨膨脹，國民政府於1942年秋季公布了《限制物價辦法》，並於1943年1月15日正式執行。

政府應對通貨膨脹的措施

新出台的《限制物價辦法》雄心勃勃地規定，所有商品價格、交通費用以及工資，都不得超過1942年11月的水平。[45]雖然這已經

不是國民政府首次實施限價措施，但是政府這回對限價令十分重視並寄予厚望。在政策出台的前幾周，人們幾乎天天都能在重慶各大報紙上看到相關討論。[46]這項政策由《國家總動員法》授權，蔣介石以行政院長的身分親自下令執行。其命令包括推行限價措施的具體辦法。[47]作為政府的一項重要民生承諾，當時的報紙這樣報道，「如果限價令不成功，整個中國經濟都將崩潰。」[48]

蔣介石十分清楚通貨膨脹問題的嚴重性。他在 1942 年 10 月 29 日的日記中寫道，當前價格十分混亂，民生和軍需都深受其害。[49]蔣認為所有經濟部門應該通力合作控制物價上漲，因為經濟問題事關國家民族的生死。[50]一周以前，在 10 月 22 日第三屆國民參政會的開幕式上，蔣在致辭中高度強調了經濟問題對抗戰的影響：

> 現代戰爭不僅關乎軍事行動，經濟事務也是另一重要方面。因此《國家總動員法》的實施和經濟政策的推動會對戰爭形勢產生巨大影響。如果我們不能調動人力，有效控制經濟、穩定物價、協調生產和分配，戰場的勝利也不能挽救國家的敗落。[51]

在這裏蔣把控制通貨膨脹與軍事行動相提並論，事關國家的生死存亡。直到 1942 年底推出限價令時，與通脹有關的話題始終在蔣的日記中有所出現。[52]但是在此之後，蔣似乎認為問題已經得到了解決：在 1943 年的餘下時間裏，蔣在日記中雖然記錄了經濟問題，但是對任何解決危機的新措施卻隻字未提。[53]

《限制物價辦法》要求各級政府 (從省、市、縣到鄉) 推行限價措施並成立新的政府機構實施商品交易管制。這些政府機構的職能包括：確定某些商品的生產、批發和零售的最高限價；打擊黑市；沒收零售價高於最高限價的商品。八種實行最高限價的生活必需品是食品、鹽、食用油、棉布、棉紗、棉織品、汽油和紙張。[54]但是當限價令在重慶推行時，多達 1,000 種商品實施了最高限價，包括各種糧食、油和布匹。[55]除了限價，其他措施還包括號召人民厲行節

約、減少政府開支、調整稅率增加政府收入、改善交通，和進一步控制商業貸款。[56]

執行限價政策的法令與政策本身在同一天頒布。政府在1943年預算中撥出至少3%用於執行上述措施。地方政府在執行限價措施時應該與當地貿易協會和商人協調，根據1942年11月30日的價格制訂最高限價。商戶需要將政府規定的商品價格以列表形式公示在其經營場所，或貼在待售的商品上。除非得到允許，商戶不得擅自更改限價商品的售價。黑市更是被嚴格禁止，任何違反法令擅自提高價格者將會被厲行禁止。[57]不按政府規定的數量和價格販賣食物的商戶將按照交易的一半至全部金額處以罰款。[58]此外，有些違反限價令的商人遭到遊街示眾的處罰，以此作為羞辱。[59]

政府對囤積居奇，特別是囤積食物，制訂了極為嚴格的處罰措施。囤積小量食物將會被處以拘留和1,000元的罰款；大量囤積米麥的處罰從六個月徒刑至終身監禁不等，甚至會被判死刑。[60]儘管政府制訂了上述嚴格限價和相應的處罰措施，通貨膨脹絲毫沒有得到抑制。有人指責囤積者以限價商品為代價，造成持續的通貨膨脹。[61]

從某些方面來說，《限制物價辦法》從一開始是注定不成功的。重慶的平均物價指數在1942年11月至1943年1月間就已經上漲了10%，等到1943年2月限價令開始實行時又增長了12個百分點。[62]在這種情況下，怎麼還能指望價格維持在1942年11月的水平呢？實際的情況也是否定的。儘管1944年版《中國手冊》(*China Handbook*)的作者聲稱，在《限制物價辦法》實施後，「截至1944年6月，由於目前戰局穩定，加之政府實施限價令並增加必需品的供給，物價十分穩定」。[63]但是這一說法明顯是不準確的。重慶作為「實施限價令的模範城市」，商品價格未能在1944年6月趨於穩定。儘管食品價格在1944年下半年波動不大(已經是戰前的477倍)，但是卻比1943年12月上漲了155%。至於其他商品的價格指數在1944年6至12月間漲幅從28–174%不等。[64]這樣的價格上漲顯然不能用「穩定」來形容。

　　《限制物價辦法》的失敗從布疋和豬肉的情況就可見一斑。布疋是批評限價政策不切實際者最常引用的例子。對布疋限價的荒唐結果是，一匹布的標價甚至比生產它所需的棉紗的價格還低。這意味着在嚴格遵守限價的情況下，製造商在賣出布疋的同時就已賠本。如果計入將棉紗加工成布疋的成本，損失會更大。這導致一些製造商不願再生產棉布，市場上布疋的供給量降低，進一步推高了布疋的價格。[65]隨着大量逃難者湧入重慶，日常消費品特別是布疋和食物的需求大漲。因此在1943年限價政策實際上加劇了布疋價格的上漲，令民眾難以承受。

　　豬肉的情況則很好地說明了民眾是如何規避限價措施的。零售價被限制後，豬肉就從官方流通渠道消失了，因為出售豬肉的所得還不足以支付農民將豬從農村拉到重慶。由於限價遭遇失敗，豬肉被禁止在市場上售賣。但是人們卻依然在飯店裏點豬肉做的菜，造成了「一邊禁止卻一邊吃」的奇怪局面。[66]豬肉限價在重慶顯得匪夷所思，因為四川並不缺乏生豬，而且交通不便也阻礙了生豬外運。與布疋的情況類似，限價導致先前並不短缺的豬肉供應緊張。由此人們不顧政府的禁令，只得從黑市上購買豬肉。[67]

　　《限制物價辦法》無論在實際執行還是基本概念層面都是失敗的。失敗的原因之一是不同政府機構相互推卸執行限價的責任。1942年2月，新建立的經濟事務部下屬的商品管理處負責限價工作。但是這個機構卻在當年12月被解散，後繼者是日常商品管理處。但是棉花和棉織品的限價卻由財政部內的棉線和布疋管理處負責。隨後蔣簽署任命國家總動員執行委員會「暫時作為全國限價政策制訂的最高機構」。[68]儘管掌握着政策的制訂權，但是執委會卻不得不與其他幾個負責商品限價的部門協調工作：交通部負責制訂交通費用；食品部負責食品定價，但是鹽價卻由財政部管理；經濟部負責日常必需品和礦業與製造業。這種疊床架屋的管理結構是由蔣在制訂限價令一手造成的：每種商品的限價由指定政府機構負責，其他機構不得過問。但是政令卻是由省級以下各級政府具體執行。

中央政府也意識到了執行的懈怠，在1944年中期通過了一系列「緊急措施」來加強地方政府對中央限價命令的服從。[69]

《限制物價辦法》失敗的另一個可能原因是政府官員的腐敗，特別是基層低收入公務員。[70]本文稍後討論了基層公務員是如何通過「壓榨」來勉強餬口的。經濟學家李卓敏感嘆外國人不能很好地理解中國的情況，將限價的失敗歸咎於「中國經濟的本質」。[71]與李卓敏不同，林語堂認為限價失敗是中國人而非中國經濟的本性使然：

> 中國的通貨膨脹只有通過個人主義而非集體主義的手段來解決。中國人的教育水平和守法程度都不足以實行限價法令：此外，為三億中國人印刷配給證會用光國統區的紙張。(限價令)是行不通的，因為中國人會抵制它。[72]

費正清和他的中國朋友把限價政策看作是蔣介石另一個缺乏周密計劃而失敗的政策。在回憶1943年初時，他寫道蔣介石試圖用固定肉類價格的辦法對抗價格上漲，但是卻失敗了。費正清的朋友李濟告訴他，「委員長親自出面限制物價簡直就是一場鬧劇，就好像他要憑藉一己之力改變經濟規律似的。」[73]儘管最終限價政策失敗，經濟並沒有如預期那樣崩潰，但是通貨膨脹卻如故，結果是更加的民不聊生，進一步削弱了人民對國民政府的信心。

1943年1月，國防部的王寵惠表示，政府「充分意識到目前局勢的危險」，同時在盡一切努力穩定幣值，降低通脹率，但是「人人都明白政府既不能削減(通過濫發鈔票導致的)戰時債務，也無力把更多地物資運進國統區，除非與外界的陸地交通恢復」。[74]到了1943年9月，隨着經濟形勢進一步惡化，一位政府官員私下表示，「除非能在一年內收復一些失地，否則政府面臨的困難將極大增加。」[75]除了實行限價政策，國民政府試圖解決經濟困難的手段還包括：對工人實行食物配給、稅收調節、爭取更多外國貸款，和號召節儉。

1943年限價法令中規定人們應該生活節儉以促進抗戰：宴請、婚禮和葬禮、節慶和新年禮物，甚至生日聚會以及「其他各類不必要開銷」都要被限制或禁止。[76]1943年2月19日，在紀念新生活運動開始九周年的演講中，蔣介石力勸民眾注意節約。蔣在演講中指出，通過遵守新生活運動的原則，人民的生活水準就可以提升，中國也能向發達國家看齊。[77]為了響應蔣的號召，婦女被禁止燙鬈髮；奢侈商品也被禁止銷售。軍官不得乘坐人力車或轎子，甚至連打撲克牌都要受法律制裁。[78]

國民政府依靠借債維持戰爭開銷的做法是惡性通貨膨脹的元凶之一。蔣頻繁地向英美要求經濟援助，同時暗示如果不能從速提供援助，他會向日本做媾和的試探。蔣的這種做法往往令他在史書中備受惡評。但其實國民黨領導層對國外經濟援助的渴望，部分原因就是為了解決通貨膨脹；如果國民黨能獲得更多戰爭援助，那就不必濫發鈔票，進而減少政府赤字，同時抑制可能的嚴重通脹。[79]儘管政府絞盡腦汁實施限價或其他措施，通貨膨脹得不到絲毫抑制。

數字中的通貨膨脹：重慶 1937–1945

中國在抗戰期間經歷了急速的通貨膨脹，陪都重慶也不例外。在國民政府1938年底轉移到重慶之前，重慶的物價水平相比戰前已經上漲了40%。從1939年1月至1942年12月，重慶的平均生活成本上漲超過48倍。[80]1943年一年下來，重慶的生活成本已經達到年初的3倍，是戰前水平的208倍。[81]下圖顯示的是物價的翻倍情況：物價指數相對戰前第一次翻倍是在1939年7月，距離基準點足有30個月。在戰爭頭兩年，通貨膨脹水平早已遠遠超出現代國家的正常標準：物價在1937年上漲11%，1938年上漲34%（如前所說，1–3%才是正常水平）。從1939年中期開始，每六個半月物價就翻一倍；1940年4月左右，物價已達戰前水平的四倍；到了1945年7月戰爭結束前夕，物價達到1937年水平的2,048倍！

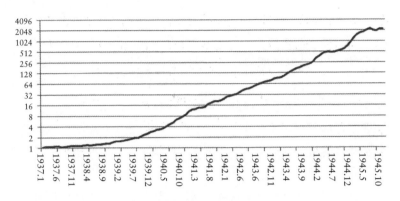

表 9.1　　1937–1945 年重慶批發價和生活成本上升

X 軸是時間，反映每月價格資料。Y 軸是以 2 為底的對數表。在數值上，戰前一年
（1936 年 7 月至 1937 年 6 月）每月價格指數為平均，該數被定為戰前價格基數，或 I。
此圖以重慶每月通脹率報告為基礎。作者根據楊格匯報、南開大學提供的平均批發
價和生活成本指數繪製此半對數圖。

　　重慶通貨膨脹率的增速十分驚人：1939 年底的物價水平比
1938 年同期上漲 99%；1940 年比 1939 年上漲了 301%；1941 年則
比前一年增長了 144%（以下均為相比去年同期的增速）；1942 年增
長 154%；1943 年增長 192%；1944 年增長 186%；1945 年增速達
到了 256%（表 9.2）標出的是從 1937 至 1945 年重慶平均物價指數和
每月通脹率增幅。[82]

表 9.2　　1937–1945 年重慶平均價格指數與平均每月通脹增幅

	1937	1938	1939	1940	1941	1942	1943	1944	1945
平均價格指數	1.08	1.27	2.09	6.37	19.38	51.36	137	446	1,735
價格指數中平均每月增幅（%）	1.01	2.49	5.98	12.41	7.87	8.16	9.45	9.42	11.93

我們可以從上述數字中得出很多結論。很明顯的是，1943年標誌着失控的通貨膨脹的開始。除了在1945年秋季有短暫的停歇之外，惡性通脹一直延續到國共內戰期間，直到1950年初中共掌權後才得到控制。儘管通貨膨脹在1939年就已十分嚴重，1940年的通脹率達到了整個抗戰期間的高峰。但是就整個40年代來說，1941年和1942年的通脹率反而降低了。但從1943年開始，通貨膨脹率卻突然增高，直到抗戰結束也未能降低。此外，重慶的物價指數在1943年先後達到了戰前的100和200倍。

但是重慶的普通百姓卻沒機會知道具體的通貨膨脹數據，除非他們能有機會定期查閱由中國農民銀行發布的中國各重要城市零售物價指數月報（封面有「秘」字，一般人看不到）等報表。[83] 對普通人來說，他們只有在去商店買食物和日常必需品時才能真切地感受到通貨膨脹。

戰時通貨膨脹的成因

戰時中國失控的通貨膨脹之成因可以歸結為如下幾個方面，儘管各因素的影響程度不同：供給問題，需求增加，投機倒把，濫發紙幣，和政府債務。這些因素都彼此相連，最終都歸結到戰爭。

供給問題幾乎完全是戰爭所致，由於日本佔據了中國沿海省份，港口城市和交通樞紐，切斷了外部商品向國民黨統治區的運輸通道。[84] 供給的增長很大程度上源於佔領區難民的流入，截至1940年，湧入的難民數量使中國非佔領區的人口總數增加了25%。[85] 大量逃難民眾增加了食物和布疋的通脹壓力。

在中國媒體的報道裏，囤積居奇和投機倒把是造成通貨膨脹的另一個原因。儘管農民、小商販和家庭都小規模地囤積物資，但是與富人們和特別是一些私營金融機構的大規模投機倒把相比，簡直是小巫見大巫。[86] 根據國民政府金融顧問楊格（Arthur Young）的觀察，「除了四大國有銀行，其他銀行都在為投機倒把提供資金支持，或直接參與其中。」[87]

雖然上述因素都部分導致了戰時中國無處不在的通貨膨脹，但是通貨膨脹的罪魁禍首當屬政府濫發鈔票。隨着日本侵佔愈來愈多的領土，國民政府失去了大量稅收收入；戰爭和修建內地落後基礎設施的費用又消耗了大量政府開支。國民政府只有通過加印鈔票來平衡財政赤字。[88]總而言之，不管上述各因素在導致通貨膨脹中的權重如何，民眾承受的是通脹的後果，而非成因。

通貨膨脹：贏家和輸家

1943年末至1944年初生活在重慶的林語堂把通貨膨脹形容為家門口的戰爭，「通脹使得人們在吃、住、行等生活的方方面面都感受到戰爭的存在。」[89]1941年後日軍對重慶的轟炸次數逐漸減少，直到1943年8月底最後一次轟炸，此後通貨膨脹幾乎就成了戰爭對重慶市民日常生活的唯一影響。以下分析顯示不同階層民眾在通貨膨脹下迥異的生存狀況：一部分人損失慘重；一些人受到的影響甚微；還有一些人甚至從通貨膨脹中受益。

輸家／失敗者

「在這個年頭誰不是過一天算一天，能夠活下去就算好的了」，汪文宣說道。[90]汪是巴金小說《寒夜》的主角，小說以1944年的重慶為背景，講述了很多小人物在重慶的艱難生活。目前關於戰時惡性通貨膨脹下民眾境遇最豐富的記載，主要集中在那些依靠工資過活的公職人員，例如大學教授、講師、政府公務員和軍官等。但是在討論他們的處境之前，我們首先應該考慮的是通脹下「最大的輸家」——失業者。顯而易見的是，失業者很難養活自己和家人。無論是那些重慶的失業者還是前來逃難沒能找到新工作的人，他們很快就會發現通貨膨脹逐漸將存款吞噬殆盡。重慶在1943年物價上漲了200%，儲蓄也貶值了三分之二。下面討論重慶地方法院在1943年的幾個案件，足以說明人們因為生計而迫不得已去犯罪。但是這些案件的判決也體現了一些法官對因生計所迫而違法者的同情。

　　33歲的廚房幫工黃伯明失業後，窮困無着之下偷竊被子和衣服變賣。在發現他是出於生計所迫而偷竊後，法庭從輕處理，只判了40天監禁以示懲戒。[91] 截至1943年中，重慶的布疋價格已經比1937年上漲了20,000%。或許黃認為偷盜衣物應該能賣到不少錢。[92] 另一個名叫鄭繼綱的犯人同樣因為偷盜衣物被抓，被判處200元罰款和勞役。[93]

　　另有一些犯人因為偷現金被抓。1943年5月2日，23歲的徐海林和13歲的王三在街上扒竊400元現金時被抓個正着。徐被判三個月監禁；而法庭認為王三年齡太小，將他無罪釋放。[94] 同樣因年齡太小被寬大處理的還有16歲的朱家聚。1943年3月31日，朱潛入一戶人家試圖偷取800元，但是卻被戶主抓住並送到警察局，他供認不諱。考慮到年齡較小（不到18歲）和貧窮狀況，法院判處朱入獄僅三個月，和前面23歲盜竊犯徐海林只偷了400元受到的判決一樣。[95] 34歲的王靖若被控偽造文件，冒充一戶人家的親屬要求對方匯錢。由於王極度貧困，而且家裏上有老下有小，法院只判他入獄四個月。[96]

　　上述法庭判決都宣稱對犯人有一定程度的憐憫。儘管一些判決看起來沒那麼仁慈，但是法官恐怕已經充分考慮到這些犯人的經濟困難並且對他們開恩了。或許法官的同情源於他們和其他公職人員一樣，薪水根本無力應對物價飛漲，只得靠政府發放的食物補助來勉強過活。[97]

　　儘管公職人員的工資在惡性通脹面前縮水嚴重（月收入的購買力遠遠追不上物價的快速上漲），政府採取直接發放食物或以低價出售米、鹽、煤和其

節省人力物力的標語下教授自擔「平價米」回家。

To Economize man-power, the professor himself carries his cheap-ration rice home.

圖9.3　《戰爭中的中國人》圖片

他生活必需品的方式來補助。[98]政府還向學生每月發放口糧補助。[99]1943年6月出版的《漫畫重慶》，漫畫家黃堯刻畫了一個為了省錢的窮教授把糧食補助帶給家人。[100]同理，在黃堯的筆下，不得不開源節流的教授們甚至捨不得買雨傘而選擇更便宜的竹帽。[101]

冒雨去上課的教授戴了笠帽。
（農人的笠帽比雨傘經濟與方便，大學教授冒雨去上課也採用了這個。）
The professor goes to class in a bamboo rain hat,
more economical and convenient than umbrella and rain coat.

圖9.4　《戰爭中的中國人》圖片

糧食補助雖然保證了最低限度的主食攝入，但是缺乏副食導致很多人營養不良。例如一位國營工廠經理的工資僅夠買他自己和女兒的糧食。[102]另一位政府公務員說，依靠他的工資平時幾乎吃不上肉，更買不起書籍和報刊。[103]中國的教授們也從戰前舒適的中產階級生活陷入貧困：「沒有人再衣冠楚楚，很多教授都吃不飽。」[104]一則黑色幽默反映了當時人們在惡性通貨膨脹下食不果腹的苦澀：醫生在解剖了一具屍體後，認為他死於腹脹。法官大惑不解，問道，「死者皮包骨頭，怎能死於腹脹呢？」醫生答道，「他是被物價脹死的！」[105]

大多數中國家庭在通脹開始前就已經處於營養不良的狀態，這也是造成他們對食物匱乏產生焦慮的原因之一。「個人或家庭購買力

不足」是造成長期營養不良的主要原因。[106]大多數中國人堪稱「素食主義者」，飲食缺乏動物蛋白、礦物質和維生素攝入。[107]但是戰時政府和企業只向員工補助主食（例如大米），後者必須依靠自己的薪水來購買肉或其他副食。[108]但是持續的物價上漲使得購買這些副食和肉類變得越發困難，「工薪階層和士兵們缺乏平衡的飲食逐漸削弱他們的精力，嚴重影響整體國民」。[109]

當時的一項醫學研究指出，普遍營養不良的必然結果是「各種營養缺乏病流行、抵抗力下降和預期壽命的降低」。[110]換句話說，失控的通貨膨脹導致民眾營養水平降低，繼而增加了感染疾病的可能性。人一旦染病，就要面臨藥品同樣昂貴和短缺的事實。林語堂對此感嘆道，「人實在是病不起。」[111]此外，正如巴金在《寒夜》中描寫的，不僅藥品價格很高，而且也不能休病假。[112]當時有傳言稱紅十字會也在囤積藥品，儘管紅十字會代表對此極力否認。還有報告指出有士兵將領到的藥品拿去販賣。[113]

除了營養不良，公務員和教授們還發現他們的購買力在持續下降，因為通貨膨脹令實際收入下降了超過80%。[114]在《寒夜》中，主角的母親建議他們去看電影放鬆，汪文宣答道，「現在讀書人是下等人了。看電影看戲，只有那班做黑貨白貨生意的人才花得起錢。」[115]或者像卡通漫畫家黃堯1943年創作的卡通畫中寫的，「每個人連人生樂趣也顧不了地忙着掙飯錢。」（圖9.5）[116]

每個人連人生樂趣也顧不了地忙着這碗「帽兒頭」（「上尖兒白飯」的四川名字）

Everyone is so busy for earning his rice he has no time to enjoy.

圖9.5 《漫畫重慶》圖片

　　收入和生活水平的急劇下降令很多「正直的人」離開了政府，另謀生路。至於那些留下來的，很多都傾家蕩產。他們不得不賣掉家具和其他財物，幾乎所有的家庭開銷都用在購買食物和生活必需品上。一個極端的例子是：一戶家庭多年以來為兒子積攢了一大筆教育儲蓄，結果到了他18歲生日時正趕上戰爭末期，這些錢只夠買一個生日蛋糕。[117]

　　布疋的高昂價格和巨大的食物開銷甚至讓穿新衣服都成為一種奢侈。一件新裙子要花費一個月的工資，而一個銀行經理的月薪也只夠買一套新西服套裝，以至「重慶幾乎沒有人買布做新衣」。[118]一位政府職員說，他穿的衣服是一個已經參軍的朋友送給他的舊衣服，平時連「替換已經穿破的襯衫、襪子和內衣都十分困難」。[119]巴金在《寒夜》中描寫了工薪階層對衣料價格上漲的感受：書中的一個人物抱怨稱她可憐的外孫已經連續三年穿着同一件破外套了。儘管這件衣服明年就不合身了，但是他們卻無錢添置新衣服。[120]黃堯在漫畫中也描述了人們在穿衣上是如何因陋就簡：一個西裝革履的大學生不再穿皮鞋，改穿涼鞋（圖9.6）；有人把廢舊輪胎改做鞋底（圖9.7）。[121]

大學生穿慣跳舞皮鞋的腳。
（大學生穿跳舞皮鞋的腳，也穿了堅實而輕鬆的草鞋。）
The college student puts sandals on feet which are used to leather dancing shoes.

圖9.6　《戰爭中的中國人》圖片

腳上汽車——汽車胎做鞋底
（利用廢汽車胎來做堅固的鞋底。）
Old tyres become shoe-soles.

圖9.7　《戰爭中的中國人》圖片

　　惡性通貨膨脹導致政府機關腐敗橫行，人浮於事。公務員在上班時間卻不在辦公室，外出從事更有利可圖的行當。受賄等腐敗違法行為也時有發生。[122]1943年初，46歲的李鵬在法院工作，他被控在受理案件時收取1.5元的好處費。李辯稱他根本不知道這算是腐敗行為，因為這種腐敗行為實在太普遍了。[123]針對這類腐敗，一位政府官員說道，「當一個普通人面臨着違法行為與眼睜睜看着家人餓死的抉擇時，他自然而然地會感到社會欠他和家人一條生路，因此以這樣的違法方式增加收入也就順理成章了。」[124]四川省政府衛生部門的僱員也面臨着類似的道德困境。職員們對自身經濟狀況的擔憂使他們無心顧及戰事：「當這裏每一個人都在為自己每天的生活發愁時，這個機構開展建設性工作的能力就可想而知了。」[125]這些職員只能顧及自己和家人的生計，而無暇顧及工作。

　　從這些故事中，我們得以一瞥工薪階層的艱難處境：他們過着「樸素的、斯巴達式的生活，除了頭上的屋頂之外，毫無其他任何享受。」即便是這一片屋頂，有時還要三、四個人擠在一起分享，這

都是為了節約開銷。[126] 根據當時一位政府發言人的説法，「抗戰導致了一定程度的社會分化……富人變窮了，窮人卻變富了。」[127] 黃堯的一幅漫畫中就對此有所反映：畫中一個將軍和一個打扮入時的少女在公共食堂吃飯。[128] 但是根據人類學家費孝通的看法，儘管通貨膨脹導致財富在各個階層之間重新分配，「薪水被政府控制的人們獨立承擔着戰爭的負擔，而教育水平較低的民眾則免受這些負擔的困擾」。[129]

不是輸家但也不是贏家

對於教育水平較低的普通中國民眾來説，「生活不受戰爭影響」或許不甚準確。但在戰時重慶，也許我們可以説，農民、手工業者、工廠工人和其他私營企業僱員受通貨膨脹影響相對較小。他們的生活水平只有小幅下降，在某些情況下甚至還略有增長。

和公職人員一樣，工廠工人每月也有糧食補助。熟練技工比一般工人的補助更多 (甚至包括肉類)。[130] 工廠工人的工資同樣也跟不上通貨膨脹下物價的飛漲。[131] 除了食物補助外，一些工廠工人每月拿到手的只有定額工資 (二至三塊錢) 的一小部分，這使他們的收入遠低於木匠和人力車夫這類職業工種。[132] 用林語堂的話説，「工廠主必須確保工人和他們的家人起碼餓不死。但是也僅此而已，後者的生活可以説是毫無希望。」[133]

企業和私營業主發放足以應對通脹的工資，同時還向員工提供食宿。但是很多企業已經在戰爭、經濟衰退、不確定性和混亂之下備受打擊，因而在面對通貨膨脹時捉襟見肘。[134] 37歲船東繼財榮的例子就很好地説明了這點。1943年1月，繼財榮受到委託為政府運輸一船煤，但是他卻把貨物賣掉，把錢分給自己和船工們。這位「俠士」最終還是被抓住判刑。法庭經過調查發現，他的確把違法所得分給了船工，而且自己還身負3,000元債務。法官於是「寬大處理」，判其六個月監禁。[135]

並非每個人都能領到糧食補助。農民，失業者，以及像人力車夫和挑水工這樣的體力勞動者必須自力更生。農民可以自給自足，但隨着固定的貨幣地租因為貨幣貶值而減少，以及食物價格的大幅上漲，理論上來說農民的生活狀況還有可能提高。[136]但是鑑於農民在戰前的收入就已經很低，「現在只能說他們的貧困壓力相對較小」。[137]從1943年5月的一起案例中我們可以一窺當時佃戶與地主之間的緊張關係。1943年4月27日，一個地主在取消與佃戶田契的過程中，雙方發生了衝突。儘管對於地主這樣做的動機不得而知，或許是想把田地轉賣他人，或許是以此試圖抬高地租，在衝突過程中佃戶打斷了地主的肋骨。案中受害者看起來是地主，但法官卻對佃戶施以同情；考慮到後者是家裏唯一的經濟支柱，佃戶僅被判20天監禁，緩期兩年執行。[138]

同農民一樣，一些工人在戰時的經濟狀況甚至有所好轉。用費孝通的話來說，「戰前他們找工作很費勁，現在工作卻多的是，工人們可以要求更高的工資。」[139]重慶的人力車夫行業就是個很有趣的例子。1943年10月，一段十分鐘的路程收費15元，大致相當於當時一碗面或一包便宜卷煙的價錢。[140]儘管這點錢看起來微不足道，但是據說人力車夫們十有八九還不願意接受這個價格。[141]根據一位作家的描述，這些人力車夫「就像皇族後裔一般」，只在「距離短、目的地合適、價格好的情況下才拉活」。[142]天氣熱時，車夫們就整天窩在洋車棚子下面睡覺。如果你想把打盹的車夫戳醒，他在迷迷糊糊中就不住地搖頭說不。[143]人力車夫們之所以能挑三揀四是因為平時根本不愁掙錢。[144]在黃堯的漫畫中，一個人力車夫帶回家一大塊肉，「比戰前一家人一個月吃得都多」。或許漫畫有誇張之處，但是這起碼體現了當時公眾對這些體力勞動者新獲得的寬裕生活的認知。[145]

昔日有「牛角掛書」今日有「車角掛肉」
（苦力的黃包車夫，在戰時中每天工作後都能買着肉，掛在車頭上回家用餐。）
The rickshaw man brings a piece of pork bigger than
all the meat his family used to eat in a month before the war.

圖9.8　《戰爭中的中國人》圖片

　　人力車夫們之所以收入相對容易，在於他們可以在把客人送達目的地前，自主掌握車費的議價權。這使得他們的收入與通貨膨脹下日益增加的物價保持同步增長，因此可以在掙夠生活必須費用後，就毋須拼命工作。但是人力車夫的收入狀況卻比一般的「苦力」搬運工們好多了。1943年重慶最大規模的遷移工作當屬6月2日美國大使館的搬遷了。考慮到巨大的工作量，美方招募了550名搬運工和五條「又髒又舊」的中國帆船，從使館舊址沿長江而下再溯嘉陵江而上到達新址。搬遷工作從早上五點半開始，持續了整整一天，美方共支付了38,000元。[146]假設這些錢全部付給了搬運工並且平均分配，則每人得到69元左右。相比前面提到人力車夫十分鐘就掙到15元來說，搬運工的收入確實少得可憐。

通貨膨脹的贏家

　　除了通過濫發鈔票，向民眾變相大幅提高稅收的政府，通脹中的受益者當屬富裕階層（例如銀行家）或是那些有權力從銀行獲得貸

款進行投機倒把的人。[147]在戰時國難當頭的情況下，利用投機倒把來獲利是遭到普遍憎惡的行為。《東方雜誌》上一篇題為〈限價政策之檢討〉的文章認為政府不應對囤積居奇者予以姑息，「不能聽憑這些少數敗類做這種蠹賊的行為」。[148]投機者對經濟的破壞得到公眾一致認可，隨後政府開始推出措施打擊銀行信貸等有助於囤積居奇的經濟行為。[149]

政府公信力的喪失

分析人士認為，惡性通貨膨脹帶來的最大危險，在於民眾首先對貨幣失去信心，隨後就對政府失去信任。[150]收入嚴重縮水的公職人員和教師們因通脹壓力而士氣消沉，他們感受不到政府的幫助，只有自力更生。經濟學家周舜莘在1963年寫道，「通過膨脹給各階層造成的負擔不均，導致(負擔過重的)公職人員大肆貪污腐化，這是國民政府最終倒台的一個重要因素。」[151]這種情緒在巴金的《寒夜》中有所體現。主角的一個作家朋友在太太因難產去世後意志消沉，借酒澆愁道，「我們幫公守法，別人升官發財。」[152]

但是經濟學家李卓敏和作家林語堂卻認為民眾的士氣並未遭到重創。李認為，由於通貨膨脹主要波及的是城市中的工薪階層，「因此絕大多數人在通脹情況下的士氣並無問題」。至於那些在通貨膨脹下艱難度日的受過良好教育的階層，在李看來，「他們對抗戰的堅定信心不容動搖。」[153]林語堂認為，通貨膨脹已連續幾年，民眾都意識到，「通貨膨脹就是戰爭的一部分，而且每個人都想抗戰到底，他們也就明白通貨膨脹是無法避免的。」林語堂還寫道，「中國人民不會抱怨，而是更多地笑對苦難。」[154]

但是一些中國人確實會抱怨，就算不能登在受到審查的媒體上，也可以在給朋友的信中直抒胸臆。有人在信中抱怨道，儘管「為了國家的利益忍受各種苦難是每個公民的神聖義務」，但是看到「政府官員渾水摸魚，追逐私利」依然感到十分沮喪。[155]1943年，根據費正清的觀察，「中國政府對自身的名譽……和公眾形象尤為在

意。」[156]但隨着通貨膨脹不斷加劇，「工薪階層普遍營養不良，信心全無」，連知識階層也開始對政府失去信任。[157]在費正清1943年初與聯大教授李濟的談話中，後者表示「知識分子的心情是，如果知識分子能感覺到他們被動員起來，或是全國上下一起吃苦，那麼捱餓都不是問題。但是他們目睹的是高層人士的揮霍浪費，和社會上觸目可及的不平等現象。」[158]一面是高級官員們用飛機空運國外的新鮮食物，另一方面則是普通百姓靠着食物救濟苦苦掙扎，人民當然有理由感到不公平。[159]對費正清的知識分子朋友來說，在家人因為營養不良去世後，這種不公平的感受當然會加劇──李濟失去了兩個孩子，社會學家陶孟和的妻子也病逝了。因此費正清總結道，「許多知識分子感到迷茫，其中有的會死去，其他人會成為革命分子。」[160]

時任國民政府交通部長的張嘉璈認為，「蔣介石過高估計了自己克服戰時經濟困難的能力。」[161]在他看來，政府高層遵循着一套「中國傳統和現代獨裁理念的奇怪組合：哪裏有地，哪兒就有錢；哪裏有絕對權力，哪兒就有物資。」這意味着只要政府還有領土就可以發行鈔票「來調度物資用於戰爭」。[162]但是正如我們所看到的，這樣的思路完全行不通，通貨膨脹暢行無阻。

在小說《寒夜》的尾聲，主角的太太曾樹生聽到兩個人的談話，內容是關於如何從重慶設法逃跑（平民百姓得不到沿長江而下的船票）以避免餓死。他們說道，「勝利是他們勝利，不是我們勝利。」[163]

結論

戰時重慶經歷的嚴重通貨膨脹，是當時影響全中國持續上升的通貨膨脹的一部分。通過研究1943年一座城市市民的經歷，我試圖闡明民眾在物價失控上漲當中生活的苦難。1943年8月日軍最後一次轟炸重慶後，通貨膨脹取代轟炸成為令重慶市民感到戰爭的切膚之痛。儘管一些人投機獲利，通貨膨脹帶給大多數人的是飢餓、焦慮、疾病和惡劣的居住條件，吞噬了人們的存款，極大地降低了生活水平。

造成通貨膨脹的原因包括：囤積商品和投機倒把；交通不便和

日軍封鎖造成的物資缺乏；國統區人口迅速增加帶來的需求上漲；以及最重要的是，國民政府通過濫發鈔票來支付戰爭開銷產生的高額財政赤字。從上述方面來說，中國的通貨膨脹與魏瑪德國十分相似。魏瑪德國時期的通貨膨脹同樣使人們的實際工資大幅降低，銀行存款蒸發，給德國民眾帶來絕望、疾病和飢餓。

但與德國不同，很多中國人在通貨膨脹之前就已營養不良了。重慶相當一部分人口是靠着(政府機關、工廠和企業)發放的工資之外的食物補助(特別是糧食)捱過物價飛漲的；另一些人則盡量自給自足(例如農民)。儘管工廠和企業可以為員工持續發放補助，政府卻漸漸無力為所有公務員提供糧食——這些公職人員的收入只夠買給家人最基本的食物。這導致人們的營養不良愈來愈嚴重，疾病更加普遍。瘧疾、肺結核和其他缺乏維生素導致的疾病，在戰時重慶十分普遍。從政治上來說，這些困難令人數上雖少但政治上十分活躍的城市中產階級對政府愈加不滿。

政府應對上述危機的措施可謂毀譽參半，但大體上說是失敗的。通過推廣田賦徵實，政府得以從農民手中直接獲得糧食再分發給公務員和軍隊。正是這些糧食補助使重慶的大多數公務員不至於餓死。但是在某種程度上來說無異於拆東牆補西牆，強徵糧食有時會加劇災情(例如在河南的情況，參見第10章)。國民黨政府成功爭取到的外國經濟援助也在一定程度上減輕了通貨膨脹的影響。此外，法庭上對那些因生計所迫而違法的犯人從輕判罰或許也是一種仁慈，前提是這種行為是政府的一貫政策，而不僅僅出自某些法官一時的惻隱之心。

但是國民政府沒能控制財政赤字，結果導致不斷上升的通貨膨脹一直持續到戰後。如果把通貨膨脹看成是一種財產轉移稅(wealth-transferring tax)的話，政府通過不斷印鈔增強了自身的購買力，代價是民眾手裏的貨幣持續貶值，政府遏制通脹不利的影響就更大了。如果把飢寒交迫的平民變賣家產只求果腹和政府一邊印鈔一邊支出的財政政策放在一起，那麼蔣介石1943年2月號召民眾節儉度日就顯得十分荒謬和虛偽。

　　政府對通貨膨脹的束手無策，在1943年顯露無疑。1月份貿然實施的限價令在萬眾矚目下歸於失敗，政策最終成為一紙空文，得不到執行。到了1943年12月，不僅限價令徹底失效，平均物價指數相比1942年11月30日上漲了200%，而限價令本應把物價穩定在1942年11月的水平。限價措施的徹底失敗讓飽受通脹之苦的工薪階層對國民黨的領導更加失望。在耳聞目睹了執政者的低效、無能、貪污和浪費後，他們感到無助，覺得戰爭的苦難全部落到自己頭上。公務員們普遍士氣低落，損公肥私，因為他們時刻擔心着自己和家人的生計，想盡一切辦法賺外快貼補家用。

　　到1943年中期，重慶的「消息靈通人士」都認定日本最終會戰敗。但是戰爭「陷入僵局」，「絲毫看不到結束的徵兆」。[164]楊格斷言，國民政府「遏制通貨膨脹的失敗」和沒能實現戰後財政穩定，「使得中國具備了革命的條件」並最終導致國民黨在大陸的失敗。[165]1943年後，政府財政赤字一路攀升，「通貨膨脹在抗戰末期把國統區中國的經濟推到崩潰邊緣」。[166]本文敍述了重慶市民，特別是工薪階層，在持續快速的通貨膨脹下艱難的生活。儘管政府推出了限價措施，但是物價在1943年依舊迅速上漲，直到國民黨被中共擊敗。最終，陷入貧困的知識分子和曾經屬中產階級的公務員與教師，對國民黨政府調控經濟的能力徹底絕望。

注釋

1　Lee McIsaac, "The City as Nation: Creating a Wartime Capital in Chongqing," in *Remaking the Chinese City: Modernity and National Identity, 1900–1950*, ed. Joseph Esherick (Honolulu: University of Hawai'i Press, 2000), 174.

2　Theodore Harold White and Annalee Jacoby, *Thunder out of China* (New York: William Sloane, 1946), 6–7.

3　Brooks Atkinson, "Chungking's Mood Kindles New Hope," *New York Times*, August 20, 1943.

4　Robert Payne, *Chinese Diaries, 1941–1946* (New York: Weybright and Talley, 1970), 186.

5　Brooks Atkinson, "Chungking—Battered but Unbowed," *New York Times*, June 6, 1943; White and Jacoby, *Thunder out of China*, 7; Brooks Atkinson,

"Chungking Is Calm as Usual in Alert: Narrow Paths to Shelters Are Clogged by Persons Carrying Bundles of Treasures," *New York Times*, May 24, 1943.

6   White and Jacoby, *Thunder out of China*, 6–7.

7   Atkinson, "Chungking—Battered but Unbowed."

8   Brooks Atkinson, "Heat in Chungking Is Likened to Hell," *New York Times*, August 1, 1943; White and Jacoby, *Thunder out of China*, 5–6.

9   西南師範大學歷史系重慶市檔案館：《重慶大轟炸1938–1943》(重慶：重慶出版社，1992)，212–213頁。

10 McIsaac, "The City as Nation," 175.

11 White and Jacoby, *Thunder out of China*, 8.

12 同上引書，16頁。

13 Nicole Barnes, "Protecting the National Body: Gender and Public Health in Southwest China during the War with Japan, 1937–1945," PhD diss., University of California, Irvine, 2012, 104. Barnes指出，隨着戰爭末期通脹率增長，霍亂發病率也增加了。

14 Y. T. Yao, "Present Status of Malaria in Free China," *Chinese Medical Journal* 61, no. 1 (January 1943): 38–46.

15 重慶地方志編纂委員會：《重慶市志》(重慶：重慶出版社，1999)，448頁。

16 White and Jacoby, *Thunder out of China*, 16.

17 McIsaac, "The City as Nation," 183.

18 K. T. Chen, I. L. Tang, and M. C. Wang, "Congenital Malaria: Report of a Case," *Chinese Medical Journal* 62, no. 2 (April–June 1944): 199.

19 C. K. Chu, "The Modern Public Health Movement in China," in *Voices from Unoccupied China*, ed. Harley Farnsworth MacNair (Chicago: University of Chicago Press, 1944), 29.

20 Lin Yutang, *The Vigil of a Nation* (New York: John Day, 1945), 39.

21 同上引書，37, 38頁。

22 黃堯：《戰爭中的中國人》(桂林 桂林科技大學出版社，1943)，88頁。http://huangyao.org/assets/files/1938Cple_wartime.pdf

23 Atkinson, "Chungking—Battered but Unbowed."

24 Brooks Atkinson, "China Must Regain Some Areas Soon," *New York Times*, September 2, 1943.

25 Lin, *Vigil of a Nation*, 38.

26 Brooks Atkinson, "Economic Issues Critical in China," *New York Times*, January 21, 1943.

27 Atkinson, "Chungking Is Calm as Usual in Alert."

28 Atkinson, "Economic Issues Critical in China."

29 老舍：〈誰先到了重慶〉，《老舍全集》第9卷 (北京：人民文學出版社，1999)，537–615頁。

30 McIsaac, "The City as Nation," 176.

31 Li Choh-ming, "Inflation in Wartime China," *Review of Economics and Statistics* 27, no. 1 (February 1945): 24. 昆明的通貨膨脹是戰時中國大城市中最嚴重的。

32 Carl-Ludwig Holtfrerich, *The German Inflation, 1914–1923*, trans. Theo Balderston (Berlin: Walter de Grutyer, 1986), 11.

33 Lawrence H. White, "Inflation," in *The Concise Encyclopedia of Economics*, ed. David R. Henderson (Liberty Fund, 2008), Library of Economics and Liberty, http://www.econlib.org/library/Enc/Inflation.html.

34 Michael K. Salemi, "Hyperinflation," in *The Concise Encyclopedia of Economics*, ed. David R. Henderson (Liberty Fund, 2008), Library of Economics and Liberty, http://www.econlib.org/library/Enc/Hyperinflation.html.

35 Arnold C. Harberger, "Fiscal Deficits and the Inflation Process," in *Inflation and Growth in China: Proceedings of a Conference Held in Beijing, China, May 10–12, 1995*, ed. Manuel Guitian and Robert Mundell (Washington, DC: International Monetary Fund, 1996), 66.

36 Arthur N. Young, *China's Wartime Finance and Inflation, 1937–1945* (Cambridge, MA: Harvard University Press, 1965), 351. 年均通脹率由作者根據Young書中的數據計算得出。

37 Lewis E. Hill, Charles E. Butler, and Stephen A. Lorenzen, "Inflation and the Destruction of Democracy: The Case of the Weimar Republic," *Journal of Economic Issues* 11, no. 2 (June 1977): 299–313; Holtfrerich, *German Inflation*; Adam Fergusson, *When Money Dies: The Nightmare of the Weimar Collapse* (London: William Kimber, 1975).

38 Salemi, "Hyperinflation"; Holtfrerich, *German Inflation*, 192.

39 感謝Frank Biess在此處的提示。

40 Lee. E. Ohanian, "The Macroeconomic Effects of War Finance in the United States: World War II and the Korean War," *American Economic Review* 87, no. 1 (March 1997): 25, 26.

41 同上引書，25，33頁；U.S. Office of Price Administration, *What Inflation Means Today* (Washington, DC: Government Printing Office, 1945), World War II Posters Collection, Illinois State Library Digital Archive, http://www.idaillinois.org/cdm/ref/collection/isl5/id/156; U.S. Office of Price Administration, *Rationing Means a Fair Share for All of Us* (Washington, DC: Government Printing Office, 1943), World War II Posters Collection, Illinois State Library Digital Archive, http://www.idaillinois.org/cdm/singleitem/collection/isl5/id/65/rec/2.

42 Thomas F. Cooley and Lee E. Ohanian, "Postwar British Economic Growth and the Legacy of Keynes," *Journal of Political Economy* 105, no. 3 (June 1997): 443–445.

43 數據來自Mark Harrison, ed., *The Economics of World War II: Six Great Powers in International Comparison* (Cambridge: Cambridge University Press, 1998), 51.

44 Franz Neumann, "The Problem of Inflation in Germany (October 16, 1944)," in Franz Neumann, Herbert Marcuse, and Otto Kirchheimer, *Secret Reports*

on Nazi Germany: The Frankfurt School Contribution to the War Effort, ed. Raffaele Laudani (Princeton, NJ: Princeton University Press, 2013), 365, 366–367, 382.

45　〈實施限價今日開始〉，《大公報》，1943年1月15日；〈限價在各地展開〉，《群眾》，1943年1月16日，6頁；Li, "Inflation in Wartime China," 28, 29–30.

46　參見1943年1月1日至15日的《大公報》和《中央日報》。

47　H. P. Tseng and Jean Lyon, eds., *China Handbook, 1937–1944: A Comprehensive Survey of Major Developments in China in Seven Years of War* (Chungking: Chinese Ministry of Information, 1944), 385.

48　Atkinson, "Economic Issues Critical in China." Atkinson 在此引用了《大公報》的消息。

49　高素蘭編輯：《蔣中正總統檔案：事略稿本》第51卷 (臺北：國史館，2011)，501–505頁。

50　高素蘭：《事略稿本》第51卷，507、514–515頁。

51　Chiang Kai-shek, *The Collected Wartime Messages of Generalissimo Chiang Kai-shek, 1937–1945*, compiled by the Chinese Ministry of Information (New York: Kraus Reprint, 1969), 714.

52　高素蘭：《事略稿本》第51卷，633、645頁。

53　高素蘭：《事略稿本》第52–55卷。

54　Tseng and Lyon, *China Handbook*, 385–86, 389.

55　Young, *China's Wartime Finance and Inflation*, 147.

56　Tseng and Lyon, *China Handbook*, 386–387.

57　同上引書，388頁；根據《大公報》的報道，違反限價令者可以由軍事法庭審判。〈限價必須貫徹〉，《大公報》，1943年1月23日。

58　Tseng and Lyon, *China Handbook*, 392.

59　"Crowds in Chungking Boo Price Violators," *New York Times*, March 13, 1943.

60　Tseng and Lyon, *China Handbook*, 392. 囤積5,000磅大米的處罰最輕，僅為六個月；囤積超過68噸米則面臨終身監禁或死刑。

61　姜鵬翔：〈限價政策之檢討〉，《東方雜誌》卷39，第7期，1943年6月15日，28–34頁。

62　Young, *China's Wartime Finance and Inflation*, 351.

63　Tseng and Lyon, *China Handbook*, 381. 實際通脹數據見Young, *China's Wartime Finance and Inflation*, 351。

64　Young, *China's Wartime Finance and Inflation*, 147. 統計數字根據Young書中的數據計算得出，參見353頁；這一時期平均物價指數的漲幅是38%。

65　1943年初就有幾篇文章指出了這個問題。參見〈限價實施後的工作〉，《群眾》，1943年4月16日，114頁；王雲五：〈從限價到平價〉，《東方雜誌》卷39，第1期，1943年3月15日，58-61頁；姜鵬翔：〈限價政策之檢討〉。

66　Lin, *Vigil of a Nation*, 44.

67　Arthur Young, "Letter to Mrs. Young," March 14, 1943, cited in Young, *China's Wartime Finance and Inflation*, 148.

68 Tseng and Lyon, *China Handbook*, 383, 385. 國家總動員委員會的代表來自各個政府部門。

69 同上引書，386、388–389; Li, "Inflation in Wartime China," 30.

70 〈如何實施憑券購物制〉，《東方雜誌》，卷39，第7期，1943年6月15日，25–26頁。作者沒有明確批評政府公職人員，但認為對限價令提出質疑的人有類似批判。

71 Li, "Inflation in Wartime China," 30.

72 Lin, *Vigil of a Nation*, 43–44.

73 John King Fairbank, *Chinabound: A Fifty-Year Memoir* (New York: Harper & Row, 1982), 252.

74 Atkinson, "Economic Issues Critical in China."

75 Atkinson, "China Must Regain Some Areas Soon."

76 Tseng and Lyon, *China Handbook*, 386.

77 "Chiang Urges Frugality," *New York Times*, February 20, 1943.

78 "Chungking to Ration Meat, Sugar and Oil," *New York Times*, March 8, 1943.

79 Chang Kia-Ngau, *The Inflationary Spiral: The Experience in China, 1939–1950* (New York: MIT Press and Wiley, 1958), 15.

80 Young, *China's Wartime Finance and Inflation*, 352. 這表示漲幅為4,703%。

81 同上引書。

82 表9.1的數據基於Table 52: "Wholesale Prices and Cost of Living in Chungking, 1937–1945," Young, *China's Wartime Finance and Inflation*, 352.

83 中國農民銀行經濟研究處：《中國各重要城市零售物價指數月報》，1943年6月。

84 Chang, *Inflationary Spiral*, 12–14, 34–36, 44–45. 關於廣州灣的研究，參見第12章。

85 Chang, *Inflationary Spiral*, 14, 25–27.

86 同上引書，42頁；Young, *China's Wartime Finance and Inflation*, 325–26; Li, "Inflation in Wartime China," 28; Chou Shun-hsin, *The Chinese Inflation, 1937–1949* (New York: Columbia University Press, 1963), 257.

87 Young, *China's Wartime Finance and Inflation*, 326.

88 同上引書，299, 302, 315；Li, "Inflation in Wartime China," 27–28; Chang, *Inflationary Spiral*, 15, 17, 27, 37, 42, 47, 58.

89 Lin, *Vigil of a Nation*, 42. 林語堂直到1943年9月才到重慶，因此沒有遇上日軍對重慶的最後一次轟炸。

90 巴金：《寒夜》（上海：上海文藝出版社，1950），72頁。

91 〈四川重慶地方法院刑事判決〉，1943年5月16日，無頁數，藏Stanford University Library。

92 關於商品價格上漲的統計，參見Young, *China's Wartime Finance and Inflation*, 353.

93 〈四川重慶地方法院刑事判決〉，1943年5月8日。

94 〈四川重慶地方法院刑事判決〉，1943年6月25日。

95 〈四川重慶地方法院刑事判決〉，1943年5月29日。

96 〈四川重慶地方法院刑事判決〉，1943年6月14日。

97 Brooks Atkinson, "Chungking Prices Bar New Clothing," *New York Times*, June 10, 1943; Young, *China's Wartime Finance and Inflation*, 320; "China Curbs Students," *New York Times*, September 25, 1943; Li, "Inflation in Wartime China."

98 姜鵬翔，〈限價政策之檢討〉；Atkinson, "Chungking Prices Bar New Clothing." 工廠和企業向員工提供類似的補助，參見下文。

99 "China Curbs Students," *New York Times*, September 25, 1943.

100 黃堯：《戰爭中的中國人》，11頁。

101 同上引書，6頁。

102 Atkinson, "Chungking Prices Bar New Clothing."

103 Atkinson, "Economic Issues Critical in China."

104 Atkinson, "Chungking Prices Bar New Clothing."

105 顧樂進、王志昆、袁佳紅編：《笑林記趣》（重慶：重慶出版社，2006），頁26。

106 J. Heng Liu, and C. K. Chu, "Problems of Nutrition and Dietary Requirements in China," *Chinese Medical Journal* 61, no. 2 (April–June 1943): 95.

107 同上引書，96頁。

108 Young, *China's Wartime Finance and Inflation*, 319–320.

109 Atkinson, "Economic Issues Critical in China."

110 Liu and Chu, "Problems of Nutrition and Dietary Requirements," 95. 1941至 1943年間關於重慶不同階層日常飲食的研究表明，人們每天實際攝入的熱量低於建議額度10–15%。同上引書，97頁。關於每天建議攝入熱量額度，參見同上引書，105頁。

111 Lin, *Vigil of a Nation*, 42.

112 巴金：《寒夜》，52頁。

113 Brooks Atkinson, "Red Cross in China Find Relief Able," *New York Times*, May 16, 1943.

114 Li, "Inflation in Wartime China," 26.

115 巴金：《寒夜》，81頁。

116 黃堯：《漫畫中國》（桂林：桂林科技大學出版社，1943），73頁。http://huangyao.org/assets/files/1940/1943_chungking_in_cartoons_web.pdf.

117 Young, *China's Wartime Finance and Inflation*, 320–321.

118 Atkinson, "Chungking Prices Bar New Clothing."

119 Atkinson, "Economic Issues Critical in China."

120 巴金：《寒夜》，36頁。

121 黃堯：《戰爭中的中國人》，5、20頁。

122 Young, *China's Wartime Finance and Inflation*, 321.

123 〈四川重慶地方法院刑事判決〉，1943年2月23日。

124 Young, *China's Wartime Finance and Inflation*, 321.

125 C. C. Chen (Chen Zhiqian) in a letter to Marshall C. Balfour (officer of the Rockefeller Foundation, 1939–1944), November 6, 1940, Szechuan Provincial Health Administration files, 1939–1942, Folder 161, Box 18, Series 601,

Record Group 1.1, Rockefeller Foundation Archives, Rockefeller Archive Center, New York. 感謝 Nicole Barnes 的提示。

126 Atkinson, "Chungking Prices Bar New Clothing."

127 Atkinson, "China's Taxes Explained," *New York Times*, July 22, 1943.

128 黃堯：《戰爭中的中國人》，41頁。

129 Fei Hsiao-T'ung, "Some Social Problems of Free China," in *Voices from Unoccupied China*, ed. Harley Farnsworth MacNair (Chicago: University of Chicago Press, 1944), 62. 全書收錄了當時在美國訪問的中國學者於芝加哥大學的演講。

130 Li Danke, *Echoes of Chongqing: Women in Wartime China* (Urbana: University of Illinois Press, 2010), 123–127.

131 Li, "Inflation in Wartime China," 24.

132 Li, *Echoes of Chongqing*, 123–127; Li, "Inflation in Wartime China," 24.

133 Lin, *Vigil of a Nation*, 40.

134 Young, *China's Wartime Finance and Inflation*, 321.

135 〈四川重慶地方法院刑事判決〉，1943年3月26日。

136 Fei, "Some Social Problems of Free China," 53.

137 Lin, *Vigil of a Nation*, 40.

138 〈四川重慶地方法院刑事判決〉，1943年5月26日。

139 Fei, "Some Social Problems of Free China," 54.

140 Lin, *Vigil of a Nation*, 40–41.

141 同上引書，39頁。"U.S. Envoy in China Has Car Troubles," *New York Times*, August 15, 1943.

142 Atkinson, "Chungking—Battered but Unbowed."

143 "U.S. Envoy in China Has Car Troubles."

144 同上引書。

145 黃堯：《戰爭中的中國人》，31頁。

146 Brooks Atkinson, "550 Coolies Move American Embassy," *New York Times*, June 9, 1943.

147 Chou, *Chinese Inflation*, 256–257.

148 姜鵬翔，〈限價政策之檢討〉，34頁。

149 Chang, *Inflationary Spiral*, 39.

150 Atkinson, "Economic Issues Critical in China."

151 Chou, *Chinese Inflation*, 258.

152 巴金：《寒夜》，42頁。

153 Li, "Inflation in Wartime China," 32.

154 Lin, *Vigil of a Nation*, 42.

155 Letter from T. T. Chang, *China Weekly Review*, Shanghai, October 25, 1941, cited in Young, *China's Wartime Finance and Inflation*, 323–324.

156 Fairbank, *Chinabound*, 247.

157 同上引書，244、252頁。

158 同上引書，252頁。

159　Letter from T. T. Chang, 參見 Young, *China's Wartime Finance and Inflation*, 323–324.

160　Fairbank, *Chinabound*, 252.

161　Chang, *Inflationary Spiral*, 18.

162　同上引書。

163　巴金：《寒夜》，277頁。

164　Brooks Atkinson, "China's Arms Low but Spirits High," *New York Times*, July 8, 1943.

165　Young, *China's Wartime Finance and Inflation*, 316, 328.

166　Chang, *Inflationary Spiral*, 18.

10

救國或餓死人民？

1942–1943 年河南大饑荒

艾志端
（Kathryn Edgerton-Tarpley）

> 誰知道那三千萬同胞，大都已深陷在飢饉死亡的地獄。
> 餓死的暴骨失肉，逃亡的扶老攜幼，妻離子散，擠人叢，挨
> 棍打，未必能夠得到賑濟委員會的登記證。⋯⋯
>
> 而尤其令人不解的，河南的災情，中央早已注意，中央
> 的查災大員也早已公畢歸來，我們也曾聽到中央撥了相當數
> 額的賑款，如此紛繪半載，而截至本報通訊員上月十七日發
> 信時，尚未見發放賑款之事，千萬災民還在眼巴巴的盼望。
> 這是何故？
>
> 1943年2月2日重慶《大公報》

1942至1943年的河南大饑荒為我們理解抗戰期間中國歷史的
「轉折點」提供了一個重要窗口。據估計，在河南3,000萬受災人口
中，大約100至300萬人死於飢餓和饑荒引起的疾病，另有約300
萬人逃離河南。[1] 美國記者白修德（Theodore White）在1943年訪問
災區後寫道，「這是戰時中國最大的災難，也是世界上最嚴重的饑荒
之一。」[2] 為了紀念河南大饑荒70周年，由中國著名導演馮小剛執導
的史詩大片《1942》在2012年上映，將這場災難帶回公眾視野。該
片以河南籍作家劉震雲1990年的一部短篇小說為基礎，邀請了好萊

塢明星演員演出，以生動的視角講述了災民逃荒的艱難處境，同時描述了戰時政治環境是如何加重了饑荒。[3]

饑荒的直接起因是1942年春夏席捲河南的大旱。隨着上一年冬小麥在5、6月份的歉收，路邊的乞丐愈來愈多，人們祈求雨水，河南當地媒體在當年7月份就開始發出災荒警報。[4]極端高溫和持續無降雨天氣殺死了通常在6月播種秋季收穫的夏季作物，包括高粱、小米、玉米、黑豆和甜薯。根據安東尼・加諾特（Anthony Garnaut）的研究，「1942年河南夏季作物歉收嚴重，產量只有戰前平均水平的三分之一。」如果再算上冬小麥收成不佳，「1942年河南糧食產量比戰前平均水平下降了40%」。[5]當年9月份，河南當地的傳教士已經注意到災情。「今年教區正面臨饑荒。夏季大旱導致顆粒無收，再加上（冬季收穫的）小麥被軍隊徵走，老百姓已經陷入絕境。」[6]到了10月20日，蔣介石派出兩位國民黨高級官員赴河南視察災情。1942年末，中央和地方政府展開救災工作。中央政府向河南撥款兩億元（半數以借款的形式）用於救災支出，同時蔣下令減免河南的田賦。[7]但是救災工作趕不上災情的蔓延。根據《河南民國日報》的報道，旱災波及全省82%的耕地，超過1,200萬人需要救濟。[8]此外，維持河南境內將近100萬部隊的供給同樣迫切，官員持續向當地農民強徵糧食。[9]危機在1943年春天終於爆發，河南糧價飛漲，吃完了冬季存糧的災民開始大批死亡。

本文利用多方史料研究了河南大饑荒，其中包括：中外媒體對饑荒的報道，國民黨和中共救災官員的報告，河南當地外國傳教士的記錄，以及建國後發表的回憶錄和研究。[10]我認為1942至1943年的河南大饑荒對於中國社會的歷史進程和國際形象（尤其是美國對國民黨政權的看法）都是重要的轉折點。在國統區約佔河南三分之二數量的縣中，國民黨面對饑荒優先考慮河南駐軍而非當地百姓的糧食需求。這意味着國民黨失去了河南大部分農村人口的支持。中央政府遲緩而不充分的救災措施，也讓一些美國的中國支持者開始對蔣介石和整個國民黨政權失望。但是對於在敵後根據地組織救災的中共來說，「不餓死一個人」的承諾為其贏得了民眾的支持。[11]

河南饑荒的成因

儘管1942年的大旱是河南饑荒的導火索，但是旱災本身卻不致如此嚴重的饑荒。學者們的研究總結了大饑荒爆發的幾個關鍵因素：戰時糧食的減產，中日軍隊在河南封鎖交通線造成的運輸困難，1938年黃河決堤後對農業區的破壞，通貨膨脹引起的糧價飛漲，強徵軍糧來供應河南境內的軍隊，以及政府救災不力。[12] 穆盛博（Micah Muscolino）最近以環境史的視角研究了饑荒的成因，創造性地使用「社會新陳代謝」這一研究取向來「追蹤能量是如何在社會和環境之間以及通過二者進行流轉」。穆盛博認為戰時的生態破壞以及徵兵和逃亡帶來的勞動力損失，導致河南糧食產量銳減。但是軍隊對「能量巨大需求」（譯者注：這裏指的是對糧食等自然資源和民夫等人力資源的需求）增大了糧食供應的壓力，奪走了屬平民的熱量，「遭受戰爭破壞而處於退化中的河南農業——生態系統不得不向軍事系統貢獻能量，滿足後者的新陳代謝。」[13]

河南始終是抗戰的重要戰場，抗戰爆發不到一年，日軍就佔據了河南三分之一的領土。1942年春天旱災開始時，日軍佔據着河南111個縣中的43個；國民黨部隊控制着其餘68個縣，勢力範圍位於黃河以南，賈魯河以西和淮河以北的地區；中共的部隊則活躍在豫北和豫東地區的抗日敵後根據地。[14] 根據吳應銧（Odoric Y. K. Wou）的研究，戰爭導致了「日本、國民黨和中共的三角鬥爭」，使得河南「陷入了無政府狀態」。隨之而來的混亂局面使得糧食大幅減產，地方糧倉體系的衰敗使得農民面對旱災時更加脆弱。[15] 加諾特（Garnaut）認為，「1942年糧食的歉收並非孤立現象」。根據他對戰前和戰時政府農業產量數據的分析，1941年河南國統區的農業產量比戰前平均水平下降10%，1942年則下降了40%。在1943年，春秋兩季的農業產量開始回升，但是年度總產量依然比戰前平均水平低了20%。糧食產量直到1944年才回歸正常水平。[16]

1938年的花園口決堤造成河南頻發嚴重的洪災，使得河南遭受饑荒的風險大增。正如戴安娜·拉里（Diana Lary）的研究指出，

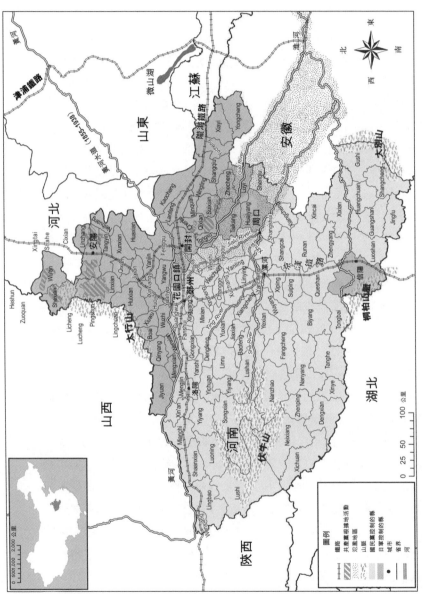

地圖 10.1　大饑荒中的河南，1942–1943。重印與修改自 Joseph W. Esherick and Matthew T. Combs (eds.), *1943: China at Crossroads* (Ithaca, NY: Cornell East Asia Program), 2015.

截至1938年5月，中國的軍事形勢已至絕境：鄭州和武漢之外的所有大城市都已陷落，而日軍正長驅直入準備進攻國民政府所在地武漢。作為河南的省會城市和鐵路樞紐，鄭州也已經岌岌可危。嚴峻的局勢迫使蔣介石和國民黨軍事將領決定在鄭州附近的花園口決堤，試圖「以洪水代替士兵」來爭取時間。[17] 花園口決堤使得黃河改道南流，奪淮入海，在河南、安徽和江蘇等地造成嚴重的洪災。當地將近200萬英畝良田在十年內無法耕作。[18] 國民政府直到1947年才得以修復大壩。由於黃河改道，流域內區域並無堤壩防護，這些地區在此後的八年裏幾乎每個夏季都要經歷洪水和饑荒。[19]

長期的洪澇災害給河南帶來了災難性後果。根據穆盛博的研究，洪災不但奪去了豫東325,000人的生命，造成至少1,172,000人流離失所，而且摧毀了河南農民賴以為生的農業土地，「嚴重削弱了農業產量」。洪水「淹沒了豫東32%的耕地」，並且「使得大片可耕地被淤泥覆蓋」。[20] 黃氾區的農民被迫離開家鄉，花園口決堤一年之內就有900,000災民從河南逃往山西。短時間內人口的大量損失意味着即便在洪水消退的冬季，受災地區也難以徵募足夠的人力用於修築堤壩來抵禦不斷變化的河流改道。「河南水利基礎設施的毀壞」使得豫東百姓完全無法抵禦1942年到來的大旱和蝗災。[21]

戰時通貨膨脹是導致大饑荒的另一個因素。張光嗣在1943年夏季被國民政府派到河南視察災情，根據張的報告，由於旱災導致糧食短缺，糧價的居高不下使得當地百姓無力購買外省運入的糧食。戰前小麥的價格是每市斗0.6元，到了1942年麥收前小麥的價格達到每市斗20元，1943年麥收時小麥價格躍升到每市斗300元。[22] 災荒史專家李文海等人的研究為戰時河南的通貨膨脹提供了更多數據。如果以1937年春天洛陽的消費價格指數為100，到了1941年12月這一數字上升到2029.5，20倍於戰前。[23] 到了1943年，甚至連陪都重慶在經歷惡性通貨膨脹。[24] 在飽受乾旱打擊的河南，通貨膨脹意味着政府的賑災款在飛漲的價格面前日趨無力。通貨膨脹也影響了傳教士在河南的賑災。「在以往的災年，糧食和其他食物的價格只上漲幾個百分點，最多不過翻倍，每人一個月的

生活成本只合幾美元，這使得賑濟饑民相對容易」，威廉·諾瓦克（William Nowack），一位駐紮在河南泌陽縣的傳教士在1943年1月寫道，「但是現在的局面已經開始惡化（不受控制），每人每月需要兩300美元才能養活，這完全超出了我們的能力。」[25]通貨膨脹令賑災款的效力大打折扣，災民在大旱中更難生存。

為了維持駐紮在河南近100萬士兵的供給，強徵軍糧使得災情進一步惡化。鑑於在公開市場大規模採購軍糧會加劇通貨膨脹，1941年7月中央政府決定推行田賦徵實，以此來保障軍糧供給。當徵收的糧食不能滿足當地駐軍需要時，政府還可以強行收購糧食，而收購價格往往低於市場價。「新稅制將更多的戰爭負擔轉嫁給了農村」，拉納·米特（Rana Mitter）寫道，「突然間，供養軍隊的負擔直接落在了農民身上。」[26]甚至連支持國民黨政府的傳教士都對田賦徵實的影響頗有微詞。凱瑟琳·西蒙斯（Dr. Catherine Simmons）描述了1943年遭災的西華縣，「徵收軍糧的負擔愈發沉重。自從我到河南以來就看到成串的大車湧出本省，車上滿載軍糧。因此本地已經沒有存糧。」[27]1949年之後的文獻對強徵軍糧有更尖銳的批評。時任河南建設廳長的張仲魯認為，蔣介石派到河南「腐敗和強盜一般的軍隊」以及湯恩伯的剝削政策是導致饑荒如此嚴重的原因之一。河南人民把湯恩伯與洪水、旱災和蝗災並列為河南「四大禍害」。[28]中國大陸學者宋致新認為，截至1943年初，國民黨政府在河南已累計徵收3.4億斤小麥用作軍糧。這一數目令中央政府兩億元救災款能購買的2,000萬斤糧食相形見絀。[29]電影《1942》把強徵軍糧栩栩如生地展現在觀眾面前——第一戰區司令長官蔣鼎文要求河南供給75萬噸糧食，當河南省長李培基請求蔣鼎文看在饑荒的分上暫緩徵糧時，蔣卻毫不留情地回答，「萬千的弟兄正在奔赴前線，誰知道一個月以後我能帶回來幾個人……如果兩個人要同時餓死的話，餓死了一個災民，地方還是中國的，如果當兵的都餓死了，我們就會亡國。」[30]

視察災情的政府專員張光嗣也認為，供給如此眾多的駐軍對河南百姓而言負擔沉重。在一份日期為1943年9月27日的報告中，張總結了河南饑荒嚴重的四個原因：「糧食價格的快速上漲，軍糧的

沉重負擔，土地貶值太快使得農民即使賣地都無法生存，地方官員
挪用救災糧款的瀆職行為。」[31]由此可見，連張光嗣這樣的國民政府
官員都認為河南的大饑荒不僅是「天災」。

報道饑荒

　　隨着河南遭災的消息開始在重慶流傳，中外記者來到河南實地
報道災情。在1943年2月初，中國最具獨立性的報紙《大公報》[32]
接連發表兩篇措辭十分強烈的調查報道，力求引起政府和公眾對河
南災荒的注意，並擴大救災措施。第一篇報道題為〈豫災實錄〉，大
公報記者張高峰生動地描寫了他在1942年12月至1943年1月訪問
災區的見聞——[33]河南3,000萬同胞的水深火熱令讀者動容。他描
寫了災民因為吃野草中毒而浮腫的臉和發黑的眼睛，以及看見野狗
噬吃主人屍體的恐怖。張的文章顯示出政府的救濟措施既無能又殘
忍。張高峰寫到，大多數想擠上開往陝西火車的災民都目不識丁，
他們看不懂張貼在車站牆上繁複的災民管理規定。因此他們根本無
從獲得登車所需要的許可證，也不知道該登上哪列火車。很多災民
乾脆試圖爬上隨便一輛火車，但是卻遭到軍警的毒打，有的還被迫
和家人分開。[34]張在文章中以事實否定了政府減徵糧食和開始救災
的報道。「據說（徵購）比去年還逼得緊」，張寫道。繳不上糧的人在
縣政府被拘留和毒打，被迫賣地來納糧。很多災民還沒有分到一分
錢或半兩糧食。[35]

　　張高峰的文章見報一天後，《大公報》主編王芸生發表了一篇題
為〈看重慶，念中原〉的社論，批評政府救災不力。王的社論，正如
文章開頭所引述，質問中央政府為為何在得知災情半年之久的情況
下，河南人民不但得不到救濟還要被迫繳納沉重的田賦。王芸生指
出，當重慶市民在慶祝不平等條約的廢除和準備春節時，他們繼續
忍受着不斷上漲的物價。而這是因為政府沒能向富人徵稅來限制他
們的購買力。王芸生最後總結道，「我們重慶人，卻必須深切自省，
莫太徵逐物欲，在這燈紅酒綠百貨上市準備過年之時，應該免抑酒

食之欲，稍節饋贈之資，以移賑河南災民。如此，還可以稍稍減輕
我們的罪戾，略略安慰我們的良心！」[36]

圖10.1　1943年河南省饑荒災民坐火車逃難。　　河南饑荒圖片，Harrison Forman
系列，美國地理學協會圖書館，威斯康辛大學密爾瓦基分校圖書館

　　國民黨政府對這些批評的反應是迅速而強硬的。《大公報》被迫
從2月3日到5日停刊三天。這就等於明白地告訴那些不想關門的
中國媒體，禁止對河南饑荒進行批判性報道。禁令對包括重慶地區
在內的大多數中國媒體起了作用，但是美國媒體和河南當地報紙在
1943年春夏還在持續報道饑荒。國民黨政府匆忙在官方報紙《中央
日報》上登出了一篇社論，從另一個角度解讀了河南饑荒。[37]
　　對美國記者白修德來說，中國政府勒令報道河南饑荒的《大公
報》停刊，「對外國媒體來說如同芒刺」。白修德的文章將河南饑荒
上升為一個國際事件。政府對「重慶最獨立的中國報紙」的公然壓制
促使他親赴河南進行調查。[38]白修德對河南饑荒的尖銳報道所造成
的影響是無論怎樣強調都不過分的。作為研究二戰中國的專家，戴
安娜‧拉里在2004年的一篇文章中寫道，「幾乎被遺忘的是，迄今

為止關於河南饑荒的最好敍述是由一位名叫白修德的年輕記者在55年前寫出來的。」[39]宋致新在2005年編輯了迄今為止關於河南饑荒最全面的史料集，她同樣肯定了白修德報道的影響力，「近年來，美國記者白修德對河南大災的回憶被介紹到國內，引起了國內文化界對於這段歷史的注目，更激發了我探究大災真相的強烈願望。」[40]劉震雲創作於1990年的小說和後來以此為基礎改編的電影劇本《1942》也大量參考了白修德和賈安娜（Annalee Jacoby）的文章。[41]鑑於這部電影的影響力，白修德的報道在可以預見的將來仍將主導河南饑荒的敍述。

在去河南災區之前，白修德對蔣介石和國民黨政權的印象相當正面。白修德關於饑荒的首篇報道刊登在1942年10月的《時代》雜誌，在文中他讚揚了政府的救濟措施，把饑荒歸咎於日軍的進攻和大旱。白修德提到國民政府「火速從陝西和安徽兩省向災區各運輸了100萬擔穀種」，動用了「1,000萬元用於直接賑濟，同時命令糧食部向災區運送穀種」。[42]白修德10月發布的這篇文章充分體現了《時代》周刊老闆亨利‧盧斯倡導的對華正面報道原則。盧斯出生在中國，父母都是長老會傳教士。他是「蔣介石在美國最堅定的支持者之一」，認為增加國民黨政府在美國受到的支持度是《時代》雜誌的「新聞職責」。[43]

在《大公報》因為報道饑荒而停刊後，白修德和《倫敦時報》的攝影記者哈里森‧福爾曼（Harrison Forman）於1943年2月飛往陝西，然後從隴海線坐火車進入河南。在為期兩個禮拜的採訪中，白修德訪問了當地農村、孤兒院和教會，採訪了農民、當地官員和軍官。[44]被災區的慘狀所震驚，白修德在第二篇關於河南饑荒的報道嚴厲批評了國民黨政府。報道在1943年3月22日的《時代》雜誌上登出，與此同時蔣夫人正在美國進行盛大的巡迴訪問。「我的文章激怒了她」，白修德在回憶錄中寫道，「她要求亨利‧盧斯開除我，但是後者拒絕了這一要求，對此我懷有敬意。」[45]

相比1942年10月的第一篇報道，白修德的第二篇文章措辭嚴厲許多。在題為〈等待收成〉的文章中，白修德寫道，「我的筆記告

訴我，我只是在報道親眼所見或得到證實的事實；但是下面所記錄的這些事情令我也感到難以置信：野狗在路邊吞噬人的屍體，農民趁着夜色的掩護尋找人肉，無數的村莊被遺棄，乞丐擠滿了城門，路旁的棄嬰在嚎哭等死……最糟糕的是，大饑荒實際上是可以被避免的。」這一次白修德嚴厲批評了中國政府在明知有饑荒的情況下，還向河南徵收重賦，以及沒有及時採取賑災行為。白修德指出賑災行動嚴重依賴於美國提供的金錢與資源，這種批評預示了在1945年中美合作時美方對國民黨的常見抱怨。「當我們到達鄭州時，碎石鋪成的街道上白雪皚皚，人們穿着破爛的藍色衣服，像鬼魂一樣遊蕩，」白修德寫道，「這裏的賑委員會幾乎全靠美國出資來維持。」[46]在戰後和賈安娜合著的《中國的驚雷》一書中，白修德和賈安娜更加猛烈地批評了國民黨的賑災措施。即便是在1943年，文章末尾的句子已經表露出白修德對國民黨政權的不滿，「在離開鄭州之前，當地官員擺了一桌豐盛的宴席為我們送行：有辣藕片、胡椒雞、荸薺炒牛肉……我們還吃了三塊沒有糖霜的蛋糕。」[47]

回到重慶後，在4月5日，白修德和福爾曼被允許面見蔣介石報告災情。蔣否認向災民徵糧，同時保證人相食的事情在中國絕無可能發生。「很明顯他（蔣介石）並不清楚災情的嚴重性。」白修德寫道。當他和福爾曼把野狗吃人屍體的照片展示給蔣時，「委員長的膝蓋開始顫抖……他隨即掏出紙筆開始做記錄」。根據白修德和賈安娜的説法，與蔣會面後，「人頭開始落地」（譯者注：白修德猜測蔣懲罰了幫助他的地方官員），「美國新聞界的力量」拯救了許多生命。[48]在白修德與蔣會面不到一個禮拜，根據《紐約時報》的報道，蔣介石下令撥款2,000萬元（約合60萬美元）用於賑災，同時下令軍隊開倉放糧，接濟災民。[49]

《事略稿本》[50]也記載了蔣介石與白修德和福爾曼的這次會面。其中的兩條記載表明，在聽到白修德的當面報告之前，蔣並不清楚河南饑荒的嚴重程度。4月5日的記載顯示，在當天下午得知河南的慘狀時，「公深以我國地方官員尚未詳報實情為痛」。[51]根據4月15日的一則電報摘要，蔣電告河南軍政首長稱中外人士在河南災區觀

圖10.2　1943年河南省，垂死的老人與小孩在路邊。　河南饑荒圖片，Harrison Forman
系列，美國地理學協會圖書館，威斯康辛大學密爾瓦基分校圖書館

察到「暴骨累累，狗彘相食」以及「埋葬過淺，臭氣外揚」。蔣稱其「不
悉此種情形」。[52]

　　鑑於《大公報》的兩篇文章早在兩個月之前就已披露了嚴重的饑
荒，並且在重慶掀起軒然大波，蔣聲稱對災情的嚴重性不知情就令人
懷疑了。蔣在和外國記者會面後才開始重視河南的饑荒表明，他十
分重視國民黨中國的國際形象。[53]事實上，上文提到的《事略稿本》中
的電報和另一封同樣在4月15日發給河南軍政首腦的電報表明，比
起河南的災情，蔣更在意的是對饑荒的報道會影響中國在同盟國眼中
的形象。在第一封電報中，蔣嚴厲批評了向白修德和福爾曼提供災
情訊息的地方官員，指責他們誇大災情，「暴露抗戰之弱點」。蔣還指
責那些「一面極言災民之慘狀，一面又對此記者以盛饌相招待」的官
員「愚魯幼稚，殊失國體」。[54]在第二封電報中，蔣既沒有向當地官員
質問如此之高的死亡人數，也沒有讓他們更有效地救災，而是下令掩
埋所有無主屍體，掩蓋大饑荒最引人不安的證據。「埋葬時其坑深必
須超過五尺，並多蓋土於其上。以免暴屍與腥臭之弊。」[55]

養民：饑荒和國民黨的政權合法性

直到外國記者向蔣介石展示饑民大量死亡的照片前，蔣對中國媒體報道的河南嚴重災情視而不見。這一方面說明外國媒體的力量，同時也表明蔣始終把戰事看得比救災更重要，直到害怕饑荒會危及國民黨在盟國之間的聲譽才迫使他命令軍隊開倉放糧。[56]與此同時，蔣一再強調地方政府瞞報災情也說明，他在拼命轉嫁自己和中央政府對饑荒早已知情卻不作為的責任。蔣對災情裝聾作啞，以及兩個月前國民黨當局關停了批評政府救災措施的《大公報》表明，對國民黨政府而言，「養民」作為古代維護帝王統治的修辭，依舊是其政權合法性的重要標誌，即便是在抗戰時期。

在帝制時代的中國，「養民」是統治者體現政權道義合法性和贏得民心的重要措施。裴宜理（Elizabeth Perry）認為，「仁政的基礎就是老百姓的生計有保障。這一觀念從孟子到毛時代再到當代，始終是中國政治哲學及其實踐的基石。」[57]政權合法性與賑災之間的聯繫根植於儒家經典之中。孟子（372–289 BCE）就主張仁義的君主要建立倉儲以備饑荒，以豐年之有餘補災年之不足。[58]孟子和西漢的董仲舒（179–104 BCE）都認為王朝的天命並非永世不變，如果統治者無道，不行仁政，那麼天命就會轉移。洪水和大旱這樣的災害被看作是上天對統治者無道的警告，如果不加以糾正就會失去天命；饑荒是由統治者的過失引起的，而非自然原因。這一原則使得救荒在中國歷史上很早就成為統治者和官僚的職責所在。[59]根據魏丕信（Pierre-Etienne Will）、王國斌（R. Bin Wong）和李明珠（Lillian M. Li）等人的研究，在帝制晚期，國家賑濟災荒的能力在十八世紀達到了頂峰。在清代盛期，充足的財政儲備和完善的倉儲系統使得國家有能力應對大規模饑荒。[60]或許是由於盛清時代的良好表現，在經歷了由於內亂、環境壓力、財政危機和帝國主義入侵導致的國家賑災能力滑坡後，政府官員和老百姓依然對國家在饑荒時的表現有很高預期。[61]

　　民國建立之後，很多現代化主義者不再相信饑荒是警告統治者無道的說法，但是讓人民免於飢餓依舊是國家政權合法性的重要標誌。[62]孫中山三民主義政治學説中的民生主義就大量吸取了古代的「養民」思想。從1894年孫中山開始提出中國現代化的理論直到1924年其學説最終成型，曾瑪麗（Margherita Zanasi）認為，「民生主義始終強調，國家應該如家長一般保障人民的福祉，以此來換取政治穩定。」1925年孫中山去世後，三民主義學成為國民黨的官方學説，民生主義自然持續影響着國民黨的統治。[63]

　　根據李明珠的研究，饑荒在政治上的重要性「透過新出現的中國民族主義被放大了」。中國近代新聞業對災難的詳盡報道和國際方面愈來愈多地參加救災活動，令災害的影響不再局限於當地，而是獲得了全國性的關注。[64]饑荒和救濟饑荒在國民黨南京政府時期（1927–1937）依舊保持着高度的政治色彩。在1928年的一次演説中，蔣介石宣布國民黨如今有能力保障中國人民的福祉，而不必依賴外國援助。根據燕安黛（Andrea Janku）對華北1928至1930年乾旱災荒新聞報道的研究，「中國的政治德行和她在國際上的形象是有意識地通過災荒來重塑」。[65]

構思《中國之命運》：國民黨對河南饑荒的敘述

　　饑荒對中國在政治和宇宙論上的重要性解釋了國民政府對《大公報》的強烈反應，後者正是指責中央政府在明知河南有嚴重災荒的情況下卻不展開賑濟。2月4日，《大公報》被迫停刊的第二天，國民黨《中央日報》發表了一篇題為〈振災能力的試驗〉的社論，意在傳達國民黨官方對河南饑荒的另一種解釋。社論開頭援引了孟子的一段話：

> 天將降大任於某一個人，必先用種種方法，勞其筋骨，餓其體膚，鍛煉他，磨折他，然後可以使他動心忍性，曾益其所不能。[66]

　　表面上看來，《中央日報》的社論似乎是要藉着孟子這段話來訴諸於傳統，實際上，作者完全顛覆了關於饑荒的傳統解釋。與孟子和董仲舒的解釋不同，饑荒不再被看作是用來警示統治者自省以保住王朝的天命。[67] 相反，社論用孟子的這段話來説明饑荒「正是用來試驗我們民族建國的本領究竟有多麼大」。作者將中國比作受到考驗的人，「一個民族一個國家也就如此，中國正式一個將降大任的國家，自然要接受種種的磨練。從這種磨練中，我們在試驗自己。政府在受試驗，人民也同樣在受試驗。」[68] 總之，饑荒就是為了「中國之命運」而擺在中國和她的人民面前的一個試驗。就在社論發表一個月後，蔣介石就出版了他的大作《中國之命運》，在書中對這一理論還多有闡發。[69]

　　《中央日報》社論承認政府有義務救助災民，並且詳細列舉了中央政府採取的賑災措施。社論的作者寫道，在1942年蔣介石就派出了國民黨高級官員去災區視察，帶去一億元資金用來平糶（以低價向市場供給國家存糧），1,400萬元用來緊急救助災民，600萬元用作以工代賑，提供500萬作為普通農業貸款，以及1,000萬農田水利貸款。此外，政府還撥款1,100萬元用於黃龍山墾區來收容豫陝災民，200萬元用於設立隴海鐵路沿線施粥廠，500萬元收容陝西難民，和100萬元收容湖北難民。社論作者總結認為，只要賑災人員能秉承中央的指示去工作，結果必定可以證明政府可以通過饑荒的考驗。[70]

　　與孟子不同，《中央日報》社論的作者轉而討論中國人民和政府都有救災的責任，「不僅政府受得起試驗，人民也必經得起磨練」。社論寫道，「我們聽説，河南駐軍的弟兄們都節省起來在捐糧捐款。」此外，由於軍隊不能缺糧，河南受災的愛國同胞即便在政府減少徵購的數額中，勉力交齊糧食，「這種難能可貴的行為，確是值得大書特書的榮譽」。[71]

　　國民黨領導層通過這篇社論否定了古代以天命為中心的饑荒解釋，以及《大公報》對政府的批評。社論沒有把饑荒理解為上天對統治者的警告，反而將其看作是體驗中國之偉大的一場考驗。其次，

根據社論提供的訊息，中央政府非但沒有不及時救災，反而已經提供了大量錢物用於救濟來通過這場賑災試驗。第三，饑荒也是為中國人民準備的考驗。河南人民就要鍛煉自己來捱過饑荒。最後也是最有爭議的是，國家並沒有強迫河南人民交出手頭最後的存糧，相反是人民主動選擇犧牲自我來支持抗戰事業。

在解釋完饑荒的意義後，《中央日報》迅速轉向那些突出國民黨成績的話題：例如1月「不平等條約」的廢除和新約的簽訂，以及在3月慶賀蔣介石《中國之命運》的出版。[72]與之相對的是，在新聞審查沒有重慶那麼嚴格的河南，當地媒體《河南民國日報》和《前鋒報》在1943年春夏還在持續報道災情。[73]《前鋒報》是一家位於南陽的民營小報，刊登了大量關於饑荒的報道，質疑政府救災措施的有效性。報紙呼籲省政府借貸給災民更多的糧食來度過5月夏收前的難關；政府機關應該停止宴請，捐資救災；同時強制「富而不仁」者交出餘糧，用於救濟災民。《前鋒報》還號召縣政府自給自足，種植蔬菜來幫助災民，更鼓勵富戶出糧幫助當地的窮人。[74]規模更大的《河南民國日報》創辦於1931年的開封，後因戰事相繼遷到南陽和魯山。該報對政府救災措施的報道比較正面，點名表揚了捐贈救濟糧的軍政首腦；並且稱讚了當地一位研製出三種救荒食品並且親身試驗的官員。[75]

河南省級報紙同樣報道了將饑荒拖進1943年秋季的洪災。就在當地農民準備收穫盼望已久的糧食時，1943年5月，豫東黃河新河道上倉促修築的大壩潰堤，決口至少有16處之多。隨之而來凶猛的洪水淹沒了130萬畝耕地。為了避免洪水蔓延，河南省政府從超過20個縣徵調50萬民夫來修補堤防。[76]這一行動干擾了「一年之內最為關鍵」的農時，農民來不及完成夏收，同時延誤了秋糧播種。[77]隨後在1943年的6月至8月，河南57個縣的農民還遭遇了毀滅性的蝗災。根據《河南民國日報》的報道，每株莊稼上都爬滿了蝗蟲。儘管省政府組織了不少滅蟲行動，但是蝗蟲依舊吃掉了相當一部分秋糧幼苗。[78]直到秋季，隨着充足的降雨和一場不錯的收成，災情終於得到緩解。[79]

《中央日報》社論中強調了河南饑荒的全國意義以及河南人民的犧牲品格，這在《河南民國日報》的社論中得到了呼應。在《中央日報》社論登出一周後，《河南民國日報》登出了一篇社論，其中提到「救濟豫災，不是一種慈善行為，而是大家應盡的責任」。因為河南一旦因為饑荒出現問題，華北的抗戰就會受到影響。社論作者感嘆道，災民們「不怨天不尤人，在這一饑寒交迫的處境中，他們始終沒有越軌的行動而擾亂社會秩序」。他們的耐心和守法精神的確「對得起國家了」。[80] 這種敘事體現了國民黨把河南饑荒看作其「民族犧牲政策」的一部分，即中國戰勝日本的唯一辦法就是「憑藉她的幅員遼闊和眾多人口，不計人員損失，以空間換時間」。[81]

中共的救災措施

河南饑荒不僅對處在困境中的國民黨形成挑戰，同樣威脅了在敵後開闢抗日根據地的中共。晉冀魯豫邊區政府十分重視河南饑荒對根據地造成的影響。[82] 其中以冀魯豫和太行根據地受影響最大。

1942至1943年上述地區糧食產量只有正常年景的20–30%。據統計，在冀魯豫邊區有大約120萬災民需要救濟，太行邊區也有超過35萬（國民黨控制下的河南則有1,200萬）。與國統區的情況類似，隨着饑荒延續到1943年夏天，邊區糧價也快速上漲。以豫北林縣的任村為例，每斤小米的價格從1943年6月的9.37元上漲到8月的19.5至21元。[83] 更糟糕的是，日偽也採取了更為強硬的徵糧政策以供給當地駐軍。中共的根據地首當其衝，因為它們處在農村地區並且位於敵後。日偽對中共根據地實施封鎖以防糧食走私，強迫所有靠近邊區的糧店搬遷到日本實際控制區，還對根據地發動搶糧掃蕩。[84]

1942年秋季饑荒剛開始時，邊區政府組建了以楊秀峰為主席的賑災委員會。兩年後的1944年8月，邊區政府發布了兩個階段的救災總結報告，分別是從1942年10月至1943年1月的第一階段和從1943年7月至1944年6月的第二階段。由於中共戰前的地下工作和

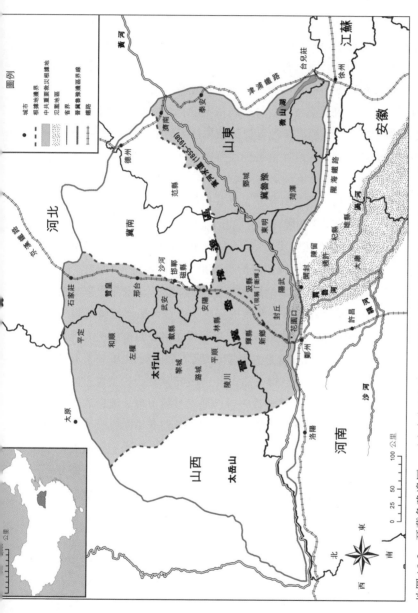

地圖 10.2　晉冀魯豫邊區。重印與修改自 Joseph W. Esherick and Matthew T. Combs (eds.), *1943: China at Crossroads* (Ithaca, NY: Cornell East Asia Program), 2015.

崎嶇地形的掩護，太行根據地是晉冀魯豫邊區的首府，也是「邊區最為安全的地方」。[85]

從某些方面來說，中共在太行根據地採取的救災措施與國民黨頗為相似。把《中央日報》和《河南民國日報》上中央政府與河南省政府的救災措施與晉冀魯豫邊區政府在太行邊區實施的救災運動相對比，就會發現雙方在1942年的做法大同小異。雙方都派出高級別官員視察災情；將災民按照自身不同情況進行分類安置；對受災地區進行減租；「打破迷信」，教育農民積極消滅蝗蟲而不是把蟲禍看作天災；組織移墾，在沿途為災民設置避難所；組織根據地群眾展開節約和捐獻；鼓勵種植蔬菜和各種代食品來應對糧食的缺乏。[86]以上許多救災辦沿用自地質時代。另一些措施例如驅除迷信和著名的以工代賑，則顯示了中國現代化建設者受到西方賑濟方法的影響。[87]

儘管國共雙方在救災措施上（特別是在1942年）有很多相似之處，但是在其他方面邊區政府的救災措施相當獨特。1942年10月至1943年6月，邊區政府通過太行根據地的297個合作戶來發放救濟。[88]此外，相比國民黨對饑荒的討論，太行根據地在救災報告中更加重視思想教育，群眾動員等一系列樹立信心的措施。太行地區救災運動中的首要措施就是讓群眾相信「不餓死一個人」。[89]但是中共的報告也指出，這一目標未能實現。1943年夏天災情嚴重時，舊時的痼疾例如以子換米甚至殺害自己兒女接連出現，威脅着社會穩定。[90]與國統區不同的是，根據太行邊區1942年第四次救災會議的一項決議，地方幹部要為其轄區出現的災民死亡負責。根據太行旱災救濟委員會作出的一項關於村級救助委員會的規定，「凡有餓死一人者，批評；餓死二人者，警告；餓死三人以上者，應撤職處分；上級責任人應受連帶處分。」[91]

救災運動早期採用的措施，例如在1942年秋季和1943年春季減免農民50%左右公糧，或者以兩倍於正常工資的價格僱用災民做腳夫運糧（從糧價較低的太行邊區西部運到缺糧的東部災區），在提供救濟的同時還提升了群眾的士氣，確保了社會穩定。[92]邊區政府的一些救災措施顯然對不少生活在淪陷區和國統區的老百姓很有吸

引力。截止1943年，大約25萬名難民從「附近缺乏政府救濟的區域」湧入太行和太岳根據地。[93] 社會動員對安置這些災民至關重要。邊區政府規定，非災區負責安置佔當地居民數目3%的災民。隨着更多災民的到來，在晉東的和順和左權縣，災民達到當地人口的30%。面對大量災民湧入的情況，邊區政府教育群眾互助友愛，打破地域隔閡。由於落戶災民和當地居民享受同等的政治經濟待遇，一個來自敵佔區的災民説，「根據地是另一個新世界。」[94]

儘管邊區政府歡迎來自國統區的災民，但也同樣擔心有敵特奸細混在災民中趁機對邊區實施滲透。[95] 在1942年10月的一則命令中，冀魯豫政府下令各縣準備安置災民，並且教育當地群眾要幫助災民。與此同時，各縣幹部要對災民進行甄別，確保他們是「良好災民」，「嚴防敵探漢奸在災民中之活動」。[96] 太行邊區的救災報告中也有類似的提醒。報告還指出，大多數災民由於生計無措而背井離鄉，但是也有人是為了逃避賦税或「為了吃賤價糧食者」，「更有發現販毒走私奸細特務者」。他們趁着嚴重的災荒散布流言，挑撥煽動群眾。邊區政府「主要着重從政治上揭發漢奸特務欺騙搗亂的陰謀，在群眾中進行廣泛防奸特務教育」。[97]

邊區政府採取了一些推動社會變化的救災措施。在1942年，90多名幹部被排到太行邊區開展紡織運動。邊區政府貸給災區婦女棉花，每斤花紡成線，發工資米二斤，線織成布，發工資米一斤」。紡織運動的成功使得根據地停止進口布匹。在林縣、安陽、磁縣、和涉縣，23,968名婦女在1942年秋季至1943年6月一共紡織了166,090斤棉花，換到386,255斤小米作為口糧。[98] 幹部們意識到，除去救濟功能，紡織運動「打下家庭工業及合作事業的基礎」，提高了婦女地位，推動婦女工作。[99] 太行邊區的救災報告指出，「婦女不只在家庭的經濟地位提高了……紡婦有了錢，參加了合作社，變成了合作社的有力股東。」有些老漢們説，「過去是男人養活女人，如今女人倒養活起男人來了。」[100]

在救災過程中，邊區政府居然還介入了家庭生活的其他方面。在1943年夏季，在乾旱、蝗災和洪水的接連打擊下，太行邊區的

災情開始惡化。災民人數超過35萬，同時出現了很多嚴重的社會問題。驚慌失措的農民開始變賣農具和牲畜，收割還未長成的青苗，以及盜竊公糧。根據救災報告的記載，「各顧各的性命，離婚事件大為增加……有婦女沿村找尋出嫁對象以圖一食者。」對此，邊區政府嚴格限制離婚，一方面是出於節約按戶分配的糧食，同時也「人與人之有愛互助及家庭互愛」。[101]

在救災運動的第二階段（1943年7月至1944年6月），太行邊區政府改變了工作的重心。面對日益嚴重的災情，政府根據過去一年的經驗開展了自我批評，採取了更為有效的救災措施。1942年的很多社會互濟和政府賑災沒有用到生產上去，「大批糧款讓災民消費甚至於浪費掉了」。甚至出現磁縣一個災民在收到200斤糧食和代食品的情況下最終還是餓死了。總之，1942年的救災行動使得邊區政府相信，如果不動員群眾而過度依靠政府，救災就難以持續，反而會變成「『消極性』的慈善事業」。[102]

從1943年7月開始，邊區政府號召「生產自救」，提出「打破迷信，人力勝天」的口號。太行邊區的幹部們一方面告訴群眾祈雨是徒勞的，同時動員群眾擔水澆苗，建造水庫和蓄水池，及時補種青苗。幹部還宣傳使用「科學方法」來消滅蝗蟲，打破「蝗蟲是神蟲……以為愈打愈多」的觀點。[103]由於缺乏外部人士的實地觀察，以上這些政策的效果還有待評估。民間和國外的報道對我們理解國民黨的救災措施十分關鍵，但目前還沒有見到研究者引用類似的關於中共救災的報道。一旦所在國家與日本處於交戰狀態，外國記者就無法進入淪陷區的敵後根據地。在河南淪陷區的傳教士也在1942年被日本軟禁起來。[104]具有獨立意識的中國記者，比如前面提到的《大公報》和《前鋒報》的記者，同樣沒有報道晉冀魯豫邊區的災情。

由於缺乏批判性的一手資料，需要指出的是，1943年晉冀魯豫邊區採用的一些救災措施和口號，在1958至1962年的大饑荒時期推廣到全國，並且產生了災難性的後果。例如為了維護社會穩定和促進自給自足（正如太行救災報告中所提倡的），民政部在1950年代早期和中期要求遭災的農民不要逃荒，而是留在村子裏恢復生

產。[105] 在隨後的大饑荒中，中共禁止災民遷移的做法產生了致命後果。[106] 同樣地，破除迷信和人定勝天的思想以更為激進和強迫性的方式在大饑荒中實施。五十年代末，除了對蝗蟲的迷信，連地方宗教、祖墳和宗廟都被視為「封建殘餘」。此外，在大躍進人定勝天的口號下，盲目興修大量水利設施和毀林開荒也極大地耗費了中國的土地和人口資源。[107]

　　1943至1944年的救災運動似乎並未開展得如此過火。根據太行救災報告，對抗饑荒的政策十分有效。由於實行了群眾路線，儘管邊區政府在1943年提供了比上一年更少的資源，但是成效卻更大。[108] 災荒史專家李文海和夏明方等人1994年的研究以太行救災報告和《解放日報》的報道為資料，認為晉冀魯豫邊區政府的救災工作在近代中國災荒救濟發展史上實屬「前所未有的創舉」。李文海等人認為，通過將政府救濟，社區互助，和人民發展生產結合在一起，邊區政府的救災模式創造了一種「真正群眾性的社會自救運動」。這種模式既超越了傳統中國以政府為中心的救災模式，而且遠遠超越了近代以來由中國資產階級及國際友好人士提倡的慈善救濟模式。[109]

　　太行邊區的救災報告和李文海等人的研究都表明，在饑荒時期中共黨組織對鄉村滲透是有效的。在1943年，黨政機關和軍隊學校的工作人員被要求減少辦公時間，以協助災民發展生產。以磁縣為例，縣政府組織來自17個單位的746人，共花費十天時間幫助災民種植蔬菜、挑肥、開荒。幹部們都是自帶糧食，和災民同吃同住，「一個幹部帶的糧食，可以附帶養三個災民」。政府和軍隊在救災過程中「與民同甘共苦」。與國統區不同，救災運動使得中共的幹部和戰士與邊區百姓建立起牢固的聯繫。[110]

　　根據吳應銑對於水東根據地戰時動員的研究，即使在水東這種規模較小、防禦較差的根據地，饑荒使得中共和當地群眾建立起一種持久的關係。水東根據地位於豫東黃汜區的陳留、杞縣、通許、睢縣和太康五縣交界處，資源遠不如太行根據地豐富。[111] 1943年春天嚴重的糧食短缺使得「水東根據地的中共領導層放棄了統一收購糧食再分配的做法，而是發動轄區各部隊主官自力更生地籌糧」。甚至

幹部和戰士「都要靠紅薯葉、麥麩和青苗來過活，很多甚至餓死」。
儘管中共在水東根據地無力救災，但是吳應銑令人信服地說明，中
共針對敵偽搶糧組織起來的聯防的確贏得了不少村民的支持。[112] 在
1942至1943年，為了應對糧食短缺，日偽「反覆組織針對國統區和
邊區的搶糧行動」。隨着災情加重，搶糧對水東根據地來說成了家常
便飯。[113] 水東根據地的中共轉而突襲國統區搶糧，並且組織起針對
國民黨和日偽的聯防行動。吳應銑認為，「正是在共同抵禦搶糧的行
動中，中共幹部同當地群眾建立起持久的關係，最終奠定了中共在
此成功的基礎。」[114]

　　一方面由於敵後根據地的中共政權所肩負的期望要遠遠低於統
治「自由中國」的國民政府，同時中共的幹部和戰士似乎比他們的國
民黨同行更能與災民同甘共苦，河南饑荒不但沒有對晉冀魯豫邊區
政府的威信造成打擊，反而增強了其合法性。相比吳應銑和李文海
等人分別在1994年出版的研究，近年來大量關於大躍進時期饑荒的
專著對那些中共曾在河南饑荒時期使用的策略和口號提出了批評。
例如對於敵特奸細偽裝成災民的恐懼，對迷信思想的攻擊，號召人力
勝天戰勝饑荒的軍事化口號，以及在1943年救災時將重點從政府救
助轉移到樹立群眾信心展開生產自救的舉措，這些都預示了大躍進饑
荒的某些重要方面，最終造成1958至1962年間3,000萬人死亡。[115]

饑荒的報應：「一號作戰」及其後果

　　邊區政府在1942至1944年的救災運動似乎讓25萬饑民相信，
中共相對國民黨和日偽政權而言更有吸引力。[116] 對於負責救濟河
南為數三分之二縣的國民黨政府來說，饑荒則產生了完全不同的影
響。中央政府的救災不力標誌着國民黨軍隊在河南農村失去民心，
最終也意味着蔣介石和國民黨政權在美方眼裏的無能。在1943年3
月結束與福爾曼的河南之行後，白修德和賈安娜這樣寫道，「我們知
道，河南農民的心底已經升起了如同死亡一樣冷峻無情的暴怒。政
府的勒索已經讓他們的忠誠化為烏有。」[117]

隨着日軍在1944年4月發動「一號作戰」，危機浮出水面。[118] 這次「日本軍隊歷史上最大規模的戰役」，旨在摧毀美軍在華空軍基地，保護日本本土免受轟炸；同時打通從華中到法屬印度支那半島的大陸交通線。[119] 戰爭最先在河南爆發。1944年4月，日軍攻擊了駐守平漢鐵路河南段的中國軍隊，而1938年的花園口決堤正是為了保護這段鐵路。大約六萬日軍這次「游刃有餘地穿透了中國軍隊的防線」。[120] 根據4月28日《紐約時報》的報道，「在九天之內，日軍橫掃黃河南岸1,800平方英里的土地，而當地百萬災民正在等着小麥豐收。」[121] 截至5月底，河南大部淪陷，國民黨軍隊被迫退守豫西的伏牛山地區。[122]

當地受到饑荒影響的百姓對國民黨敗軍並不歡迎。當國民黨軍隊敗退到牛頭山地區開始搶劫時，1985年編纂的《河南抗戰史略》的記載，「豫西民眾在求生不得的情況下，紛紛揭竿而起，圍攻禍國殃民的國民黨軍隊，收繳其槍枝彈藥。」[123] 根據白修德和賈安娜的記載，軍隊開始強徵農民的耕牛來補充運輸工具，激起了民變。「農民等候這個時機已經很久，他們身處災荒和軍隊的勒索已經很長時間了。現在他們回過頭來，用獵槍、小刀和鐵耙武裝自己。他們開始接觸個別士兵的武裝，後來把整連整連的人繳械。據估計在戰役開始的幾周內，有五萬國民黨士兵被河南農民繳械。」[124]

蔣介石對河南的情況既羞辱又震驚。「我們的軍隊沿途被民眾包圍襲擊，而且繳械！這種情形，簡直和帝俄時代的白俄軍隊一樣，這樣的軍隊當然只有失敗！」[125] 的確，到了5月底，河南戰役以國民黨的慘敗告終。國民黨軍隊被趕到豫西，日軍南下攻佔了湖南、廣西和廣東的一部分，「將國民黨統治區斬為兩段」。[126]

中國軍隊在河南的慘敗標誌着美國對國民黨軍事和政治的看法出現了轉折。「一號作戰重創了國民黨軍隊，由此美國強烈感受到國民黨的脆弱並且對國民黨軍隊失去了信心。」日本學者原武史 (Hara Takeshi) 寫道。美方對蔣介石的看法也因此受到了影響。大衛‧戈登 (David Gordon) 注意到，羅斯福在開羅會議上把蔣作為四強領袖之一對待，「委員長帶着極大提高的聲望回到中國」。但是中國軍隊在「一號作戰」面前的慘敗使「蔣在美方的形象大打折扣」。[127] 部分由

於河南饑荒以及政府救災不力產生的影響，1944年底蔣的聲望「急速滑坡」，其國際和國內地位也岌岌可危。[128]

與之相對的是，由於河南「對解放華中至關重要」，1944年中期中共開始在河南擴大勢力。吳應銑認為，日軍無力防守從國民黨手中奪取的大片土地，而國民黨的迅速敗退「給了中共在日軍剛剛佔領地區擴大勢力範圍的機會」。1944年7月，八路軍離開太行根據地，在豫西開闢新的根據地。河南中部和南部被摧毀的根據地也得到恢復。[129]此外，日軍抽調豫東駐軍來加強別處防禦的決定「徹底改變了這裏的軍事格局」。1944年底，中共在水東根據地擴大了三個縣，控制的村莊數量從571增加到815個。[130]總之，儘管國民黨在「一號作戰」的攻勢下顏面掃地，中共卻抓住時機開闢了敵後根據地。[131]

結論

國民黨高層決定在1942至1943年優先考慮河南駐軍而非當地百姓的需求，並為此付出了慘重的代價。這一決策並未使河南的軍隊抵擋住日軍攻勢，反而令許多災民在1944年春天轉而反抗國民黨。此外，面對《大公報》記者張高峰和主編王芸生對政府在河南災區徵糧的批評，國民黨當局採取的高壓措施與其他鎮壓行動一起，逐漸削弱了知識分子在抗戰初期對蔣的支持。河南饑荒的慘烈程度以及政府官員向災民強徵糧食的舉動也讓白修德在內的美國觀察家深感震驚。「在我的記憶裏，河南大饑荒最無法磨滅」，白修德在回憶錄中寫道。對白修德來說，1943年的河南之行令他感到「中國政府完全不能勝任其職責」。[132]在日軍「一號作戰」攻勢面前，國民黨軍隊的土崩瓦解使得美國的其他中國問題專家得出相同的結論。與此同時，國民黨的敗退為中共擴大其在河南的實力範圍創造了機會。

總而言之，與國民黨《中央日報》的預期不同，國民政府沒能通過河南饑荒的考驗。饑荒來臨時，國民黨並沒有改變向河南徵收重稅的政策，也沒有優先考慮華北農民的生計問題以此增強政權的合法性。最終國民黨失去了對農村的控制，把中國的命運拱手讓給中共。

注釋

* 感謝Yelena Granovskaya為本文繪製地圖做出的努力。

1　王天獎：《河南近代大事記1940–1949》(鄭州：河南人民出版社，1990)，418頁。大多數關於河南饑荒的中英文敘述都認為，饑荒導致大約300萬人死亡。但是安東尼・加諾特 (Anthony Garnaut) 最近出版的定量研究認為，饑荒導致的非正常死亡在100萬人以下。加諾特對死亡人數的較低估計主要建立在兩個基礎上，一是國民政府在1943年進行的一份災後調查；二是將出生在災年和正常年份人口的年齡組進行比較。參見Anthony Garnaut, "A Quantitative Description of the Henan Famine of 1942," *Modern Asian Studies* 47 (2013): 2009, 2032–2045.

2　Theodore H. White and Annalee Jacoby, *Thunder out of China* (New York: William Sloane, 1946), 176–177.

3　馮小剛執導：電影《1942》(2012)。

4　〈災象已成，迅謀救濟〉，《前鋒報》；宋致新編：《1942：河南大饑荒》(武漢：湖北人民出版社，2005)，120–122頁。

5　Garnaut, "A Quantitative Description," 2020–2023. 加諾特使用的戰時國民政府農業產量數據只包括國民黨控制下三分之二的河南地區，其餘三分之一在日偽和中共控制下的地區則沒有計入。

6　Letter from Helen Mount Anderson to her mother, Louise Wadsworth Mount, September 11, 1942, Folder 7, Box 1, Collection 231, Papers of Ian Rankin and Helen Mount Anderson, Archives of the Billy Graham Center, Wheaton, Illinois.

7　宋致新編：《1942：河南大饑荒》，6，145頁。田賦徵實要求農民將部分收成交給國家。根據《河南民國日報》的報道，蔣介石下令將稅額下調至200萬大包，參見〈河南省救災工作之檢討〉，《民國日報》(河南)，1943年8月2日。但是在河南省政府工作的張仲魯則認為，中央政府只把稅額降到250萬包，每包約合200市斤小麥。

8　〈河南省救災工作之檢討〉，《民國日報》(河南)，1943年8月2日。

9　張高峰：〈豫災實錄〉，《大公報》，1943年2月1日；White and Jacoby, *Thunder out of China*, 174–175.

10　本文重點關注國民黨和共產黨對饑荒的應對措施。至於日偽對饑荒的反應，參見Odoric Y. K. Wou, "Food Shortage and Japanese Grain Extraction in Henan," in *China at War: Regions of China, 1937–1945*, ed. Stephen R. Mackinnon, Diana Lary, and Ezra F. Vogel (Stanford, CA: Stanford University Press, 2007), 175–206.

11　晉冀魯豫邊區政府：〈太行區四二，四三兩年的救災總結〉，1944年8月1日，河南省財政廳、河南省檔案館合編：《晉冀魯豫抗日根據地財經史料選編 (河南部分)》(北京：檔案出版社，1985)，137頁。

12　關於河南饑荒成因的概論，參見宋致新編：《1942：河南大饑荒》，3–5頁；White and Jacoby, *Thunder out of China*, 172–177；李文海、程歗、劉仰東、夏明方：《中國近代十大災荒》(上海：上海人民出版社，1994)；Micah S. Muscolino, "Violence against People and the Land: The Environment and

Refugee Migration from China's Henan Province, 1938–1945," *Environment and History* 17 (2011): 291–311; Wou, "Food Shortage and Japanese Grain Extraction in Henan," 176–179.

13　Micah Muscolino, *The Ecology of War in China: Henan Province, the Yellow River, and Beyond, 1938–1950* (New York: Cambridge University Press, 2014), 4, 19–20, 89–90. 感謝作者在2014年12月該書出版前幾個月向我提供書稿。

14　河南抗戰史略編寫組：《河南抗戰史略》（鄭州：河南人民出版社，1985），50–55頁；王國振、席格編著：《水旱蝗湯悲歌》（北京：人民出版社，2010），153頁。

15　Odoric Y. K. Wou, *Mobilizing the Masses: Building Revolution in Henan* (Stanford, CA: Stanford University Press, 1994), 166, 170, 172; Wou, "Food Shortage and Japanese Grain Extraction in Henan," 176–177.

16　Garnaut, "A Quantitative Description," 2021–2023, 2028–2030.

17　Diana Lary, "The Waters Covered the Earth: China's War-Induced Natural Disasters," in *War and State Terrorism: The United States, Japan, and the Asia-Pacific in the Long Twentieth Century*, ed. Mark Selden and Alvin Y. So (Lanham, MD: Rowmanand Littlefield, 2004), 143–148; Diana Lary, "Drowned Earth: The Strategic Breaching of the Yellow River Dyke, 1938," *War in History* 8, no. 2 (2001): 198–199. 鄭州是平漢鐵路和隴海鐵路的樞紐。一旦鄭州失守，日軍就可以利用平漢鐵路向武漢運兵。

18　O. J. Todd, "The Yellow River Reharnessed," *Geographical Review* 39, no. 1 (1949): 39–45.

19　李文海、程歗、劉仰東、夏明方：《中國近代十大災荒》，249–254頁。

20　Muscolino, "Violence against People and the Land," 295–296, 298. 關於 Muscolino最近關於河南洪災影響的研究，參見 *The Ecology of War in China*, chap. 1.

21　Muscolino, "Violence against People and the Land," 299–301.

22　張光嗣：〈張光嗣關於河南省旱災情況及救災情形的調查報告〉，《中華民國史檔案資料彙編》第8輯（南京：江蘇古籍出版社，1991），560頁；1市斗約合2.2加侖。

23　李文海、程歗、劉仰東、夏明方：《中國近代十大災荒》，286頁。

24　參見本書第9章。

25　William Henry Nowack, "Echoes from Inland China" (January 1943), 3, Folder 3, Box 1, Collection 632, Papers of William Henry Nowack, Archives of the Billy Graham Center, Wheaton, Illinois.

26　Rana Mitter, *Forgotten Ally: China's World War II, 1937–1945* (Boston: Houghton Mifflin Harcourt, 2013), 265–266; Muscolino, *The Ecology of War*, 96.

27　Catherine Simmons, "Sidelights on the Famine," *China's Millions* 49 (July–August 1943): 32.

28　張仲魯：〈1942年河南大災的回憶〉，宋致新編：《1942：河南大饑荒》，145–147頁。

29　宋致新編：《1942：河南大饑荒》，6–7頁；1市斤約合1.102磅。

30　馮小剛執導：電影《1942》(2012)。

31　張光嗣：〈張光嗣關於河南省旱災情況及救災情形的調查報告〉，560–561頁。

32　Stephen R. MacKinnon, "Press Freedom and the Chinese Revolution in the 1930s," in *Media and Revolution: Comparative Perspectives*, ed. Jeremy Popkin (Lexington: University Press of Kentucky, 1995), 174–178.

33　宋致新編：《1942：河南大饑荒》，42–44頁。

34　張高峰：〈豫災實錄〉，《大公報》，1943年2月1日。

35　同上引文。

36　王芸生：〈看重慶，念中原〉，《大公報》，1943年2月2日。

37　〈振災能力的試驗〉，《中央日報》，1943年2月4日；在電影《1942》中，蔣介石要求行政院秘書長大聲朗讀王芸生社論的開頭，並斥責王的社論「毒害人民思想」。蔣隨後命令《中央日報》寫一篇社論「以正視聽」。

38　White and Jacoby, *Thunder out of China*, 166.

39　Lary, "The Waters Covered the Earth," 160.

40　宋致新編：《1942：河南大饑荒》，15，216頁。

41　Liu Zhenyun, "Memory, Loss," *New York Times*, November 30, 2012.

42　Theodore H. White, "The Desperate Urgency of Flight," *Time* 40, no. 17 (October 26, 1942): 38.

43　Joyce Hoffmann, *Theodore H. White and Journalism as Illusion* (Columbia: University of Missouri Press, 1995), 12.

44　Theodore H. White, *In Search of History: A Personal Adventure* (New York: Harper and Row, 1978), 144–154.

45　同上引書，154頁。關於蔣夫人訪美，參見本書第2章。.

46　Theodore H. White, "Until the Harvest Is Reaped," *Time* 41, no. 12 (March 22, 1943): 21

47　同上引文，22頁。

48　White, *In Search of History*, 146, 154–156.

49　"Chiang Aids Famine Area," *New York Times*, April 11, 1943, 14.

50　Grace C. Huang, "Creating a Public Face for Posterity: The Making of Chiang Kai-shek's *Shilüe* Manuscripts," *Modern China* 36, no. 6 (2010): 617–618.

51　高素蘭編輯：《蔣中正總統檔案：事略稿本》，第53卷，(臺北：國史館，2011)，177頁。

52　同上引書，235–236頁。

53　拉納‧米特 (Rana Mitter) 論述了蔣對中美聯盟的重視和外交政策上的困境轉移了他對饑荒的注意力，參見Mitter, *Forgotten Ally*, chapter 13.

54　《事略稿本》，第53卷，234–235頁。

55　同上引書，235–236頁。

56　White, *In Search of History*, 146, 154–156. 在關於河南饑荒的章節中，拉納‧米特寫道，「國民黨內部的腐敗，對民眾的不關心和冷漠都是導致河南饑荒加重的原因。但是蔣介石在當時的情況下並沒有更好的選擇。」(Mitter, *Forgotten Ally*, 273) 但是從蔣最終決定用河南的軍糧來救濟百姓來看，蔣當時的選擇或許沒有米特認為的那樣少。

57 Elizabeth J. Perry, "Chinese Conceptions of 'Rights': From Mencius to Mao—and Now," *Perspectives on Politics* 6, no. 1 (2008): 39.

58 *Mencius*, trans. David Hinton (Washington, DC: Counterpoint, 1998), vol. 1, 3, 7.

59 Lillian M. Li, *Fighting Famine in North China: State, Market, and Environmental Decline, 1690s–1990s* (Stanford, CA: Stanford University Press, 2007), 2–3.

60 同上引書，chapter 8; Pierre-Etienne Will, *Bureaucracy and Famine in Eighteenth-Century China*, trans. Elborg Forster (Stanford, CA: Stanford University Press, 1990); Pierre-Etienne Will and R. Bin Wong, with James Lee, Jean Oi, and Peter Perdue, *Nourish the People: The State Civilian Granary System in China, 1650–1850* (Ann Arbor, MI: Center for Chinese Studies Publications, 1991).

61 Kathryn Edgerton-Tarpley, *Tears from Iron: Cultural Responses to Famine in Nineteenth-Century China* (Berkeley: University of California Press, 2008), chapter 4.

62 關於民國初期的饑荒救濟及其政治意義，參見Pierre Fuller, "Struggling with Famine in Warlord China: Social Networks, Achievements, and Limitations, 1920–21," PhD diss., University of California, Irvine, 2011.

63 Margherita Zanasi, "Fostering the People's Livelihood: Chinese Political Thought between Empire and Nation," *Twentieth-Century China* 30, no. 1 (November 2004): 7, 19, 23. 參見本書第5章。

64 Li, *Fighting Famine*, 285, 302, 308.

65 Andrea Janku, "From Natural to National 'Disaster: The Chinese Famine of 1928–1930," in *Historical Disasters in Context: Science, Religion, and Politics*, ed. Andrea Janku, Gerrit J. Schenk, and Franz Mauelshagen(New York: Routledge, 2012), 227–260.

66 〈振災能力的試驗〉，《中央日報》，1943年2月4日；社論作者部分逐字逐句地引用了《孟子》，此外複述了一部分《孟子》的內容。關於《孟子》相關段落的翻譯，參見*Mencius*, trans. Hinton, vol. 12, 15, 230–231.

67 對《中央日報》社論的批評，參見李文海、程歗、劉仰東、夏明方：《中國近代十大災荒》，270，282–283頁。

68 〈振災能力的試驗〉，《中央日報》，1943年2月4日。

69 參見本書第6章。蔣在《中國之命運》這部充滿爭議性的作品中，試圖「重新定義中華民族的本質和精神」並且「闡述中國之命運與世界的聯繫」。

70 〈振災能力的試驗〉，《中央日報》，1943年2月4日；這些款項共計1.54億元。

71 同上引文。

72 關於慶祝新約簽訂的文章，參見《中央日報》，1943年2月5日至9日；關於新約簽訂的過程，參見本書第4章；關於《中國之命運》的介紹，參見《中央日報》1943年3月11及13日。

73 宋致新編：《1942：河南大饑荒》，58–60頁。

74 《前鋒報》，1943年3月16日，3月28日，4月1日，宋致新編：《1942：河南大饑荒》，129–136頁。

75　《民國日報》（河南），1943年1月25日；〈饑荒食品〉，《民國日報》（河南），1943年2月14日。

76　《民國日報》（河南），1943年7月7日，8日，22日，8月3日，12月8日；張光嗣：〈張光嗣關於河南省旱災情況及救災情形的調查報告〉，564頁。

77　Muscolino, "Violence against People and the Land," 301; *Henan Minguoribao*, August 7, 1943.

78　〈豫省蝗災實錄〉，《民國日報》（河南），1943年8月15日。

79　Nowack, "Echoes from Inland China" (January 1944), 3, Folder 3, Box 1, Collection 632.

80　〈救災工作之再檢討〉，《民國日報》（河南），1943年2月10日。

81　Diana Lary, *The Chinese People at War: Human Suffering and Social Transformation, 1937–1945* (New York: Cambridge University Press, 2010), 60.

82　晉冀魯豫邊區由太岳、太行、冀南和冀魯豫邊區組成。1941年7月建立時，中共聲稱在邊區148個縣有不同程度的活動。但是根據David Goodman的研究，「直到1944年，中共在晉冀魯豫邊區的統治脆弱而且分散。大多數時候，邊區各地並未連成一片。即便在其統治最為強大的地區，中共依舊處在威脅之下。」參見David S. G. Goodman, "JinJiLuYu in the Sino-Japanese War: The Border Region and the Border Region Government," *China Quarterly* 140 (December 1994): 1007, 1010.

83　Wei Hongyun, "Commerce in Wartime: The Jinjiluyu Base Area," in Mackinnon, Lary, and Vogel, eds., *China at War,* 260–261; 河南抗戰史略編寫組：《河南抗戰史略》，95頁。

84　Wou, "Food Shortage in Henan," 188, 191–192.

85　《晉冀魯豫抗日根據地財經史料選編》，137頁；Goodman, "JinJiLuYu in the Sino-Japanese War," 1011, 1014.

86　〈振災能力的試驗〉，《中央日報》，1943年2月4日；〈河南省救災工作之再檢討〉，《民國日報》（河南），1943年8月2–3日；《民國日報》（河南），1943年8月15日；《晉冀魯豫抗日根據地財經史料選編》，136–174頁。

87　關於中國和英國在救災方面的對比，參見Kathryn Edgerton-Tarpley, "Tough Choices: Grappling with Famine in Qing China, the British Empire, and Beyond," *Journal of World History* 24, no. 1 (2013): 135–176.

88　《晉冀魯豫抗日根據地財經史料選編》，147頁；關於陝甘寧邊區合作運動的綜述，參見Pauline Keating, *Two Revolutions: Village Reconstruction and the Cooperative Movement in Northern Shaanxi, 1934–1945* (Stanford, CA: Stanford University Press, 1997), chapter 7.

89　《晉冀魯豫抗日根據地財經史料選編》，137頁。

90　同上引書，153–155頁。

91　王國振、席格編著：《水旱蝗湯悲歌》，202頁。

92　《晉冀魯豫抗日根據地財經史料選編》，138–140頁。

93　David S. G. Goodman, *Social and Political Change in Revolutionary China: The Taihang Base Area in the War of Resistance to Japan, 1937–1945* (Lanham, MD: Rowman and Littlefield, 2000), 55; 李文海、程歗、劉仰東、夏明方：《中

國近代十大災荒》，292頁；我沒有找到從邊區逃荒到國統區或淪陷區災民的估計數目。

94　《晉冀魯豫抗日根據地財經史料選編》，140–141頁。

95　關於延安的反特運動，參見本書第7章。

96　《冀魯豫行署關於安置流浪災民的知識》，1943年11月23日，革命歷史檔案，G12–01–15，河南省檔案館，鄭州市。

97　《晉冀魯豫抗日根據地財經史料選編》，140–141，136–137，153–156頁。

98　同上引書，142–143頁。

99　王國振、席格編著：《水旱蝗湯悲歌》，201頁。

100　《晉冀魯豫抗日根據地財經史料選編》，142–143頁。

101　同上引書，153–160頁；Goodman, "JinJiLuYu in the Sino-Japanese War," 1023.

102　《晉冀魯豫抗日根據地財經史料選編》，169–172頁.

103　同上引書，154–157頁。

104　Erleen J. Christensen, *In War and Famine: Missionaries in China's Honan Province in the 1940s* (Montreal: McGill-Queen's University Press, 2005), 71–73.

105　Felix Wemheuer, *Famine Politics in Maoist China and the Soviet Union* (New Haven, CT: Yale University Press, 2014), 85–87.

106　Ralph A. Thaxton Jr., *Catastrophe and Contention in Rural China: Mao's Great Leap Forward Famine and the Origins of Righteous Resistance in Da Fo Village* (Cambridge: Cambridge University Press, 2008), 162–167.

107　Zhou Xun, ed., *The Great Famine in China, 1958–1962: A Documentary History* (New Haven, CT: Yale University Press, 2012), 94; Judith Shapiro, *Mao's War against Nature: Politics and the Environment in Revolutionary China* (Cambridge: Cambridge University Press, 2001), chapter 2.

108　《晉冀魯豫抗日根據地財經史料選編》，172頁。

109　Li Wenhai et al., *Zhongguo jindai shida zaihuang*, 299, 295–297.

110　李文海，程歗，劉仰東，夏明方：《中國近代十大災荒》，299，295–297頁。

111　Wou, *Mobilizing the Masses*, 234–235；出於行政方面的原因，1943年水東根據地被納入冀魯豫根據地。

112　Wou, *Mobilizing the Masses*, 240–243, 247. Muscolino, *The Ecology of War in China*, 114–117. 穆盛博同意吳應銑的觀點，即豫東黃泛區的中共在饑荒開始時也遭遇了食物短缺，但是後來通過組織集體生產來確保了食物供應，同時擴展了中共在當地社會的影響。

113　Wou, "Food Shortage in Henan," 192.

114　Wou, *Mobilizing the Masses*, 247.

115　關於大躍進饑荒期間過度反特和反革命運動，參見Frank Dikotter, *Mao's Great Famine: The History of China's Most Devastating Catastrophe, 1958–1962* (New York: Walker, 2011), chapter 34; Yang Jisheng, *Tombstone: The Great Chinese Famine 1958–1962*, trans. Stacy Mosher and Guo Jian (New York: Farrar, Straus and Giroux, 2012), chapter 13. For the other themes, see footnotes 102–104.

116 Goodman, *Social and Political Change*, 55；李文海、程歗、劉仰東、夏明方：《中國近代十大災荒》，292頁。

117 White and Jacoby, *Thunder Out of China*, 177

118 關於「一號戰役」的更多情況，參見Mitter, *Forgotten Ally*, 319–325; Muscolino, *The Ecology of War*, 113–114.

119 Hara Takeshi, "The Ichigō Offensive," in *The Battle for China: Essays on the Military History of the Sino-Japanese War of 1937–1945*, ed. Mark Peattie, Edward J. Drea, and Hans van de Ven (Stanford, CA: Stanford University Press, 2011), 392–393.

120 White and Jacoby, *Thunder Out of China*, 178；河南抗戰史略編寫組：《河南抗戰史略》，273–278頁。

121 "Chengchow Falls to Japanese Drive," *New York Times*, April 28, 1944.

122 Wou, *Mobilizing the Masses*, 329.

123 河南抗戰史略編寫組：《河南抗戰史略》，311–312頁。

124 White and Jacoby, *Thunder out of China*, 177–178. 參見宋致新編：《1942：河南大饑荒》，143，171頁。蔣鼎文敍述地方群眾攻擊豫西的國民黨部隊，參見Mitter, *Forgotten Ally*, 320.

125 蔣介石：《知恥圖強》，Wang Qisheng, "The Battle of Hunan and the Chinese Military's Response to Operation Ichigō," in Peattie, Drea, and van de Ven, *The Battle for China*, 417, 418.

126 Wang, "The Battle of Hunan," 403.

127 Takeshi, "The Ichigō Offensive," 402.

128 David M. Gordon, "Historiographical Essay: The China-Japan War, 1931–1945," *Journal of Military History* 70 (January 2006): 160. 關於開羅會議，參見本書第13章。

129 Wou, *Mobilizing the Masses*, 329–330.

130 同上引書，245–246；河南抗戰史略編寫組：《河南抗戰史略》，270–272頁。

131 Wou, *Mobilizing the Masses*, 329–330. 國共雙方在河南的角力遠未止於1944年。日本投降後，國民黨軍隊迅速收復了「一號戰役」期間損失的領土，而中共直到1947年中期一直在河南處於守勢。但是國民黨軍隊1944年的潰敗使中共趁機在河南一些重要地區打下了統治基礎。（參見Wou, chapter 9）

132 White, *In Search of History*, 144.

11

走光明之路
王明道在淪陷區的獨立教會

梅雪盈（Amy O'Keefe）

1942年1月16日，王明道（1900–1991）對主的祈禱獲得了回應。作為一名居住在北京的獨立牧師，王明道面臨着是否加入由偽政府組織的教會聯盟的抉擇。為此他決定尋求主的指引。在王明道祈禱時，新約中的一段話閃過腦海，「信主的和不信主的有甚麼相干呢？」[1] 王明道隨即清楚，他不應該加入教會聯盟。誰是與王明道無關的「不信者」呢？顯然不是熱衷於監視教會的日偽政府；在王明道眼裏，「不信派」指的是那些參加教會聯盟的其他中國基督教會，後者對《聖經》的理解與王所堅持的基要主義（fundamentalism）有所不同。[2]

對王明道而言，比起與日本侵略者合作，與基督教自由派教會的合作更令他厭惡。宗教信仰比政治立場對他更重要。正因此，王明道和本書其他章節中的歷史人物都不一樣。他的困境和成功並不取決於哪一個政權、黨派甚至國家的興衰。王明道的1943年既不是希望幻滅的失落，亦非危機四伏；在1942年經歷了與日偽驚心動魄的對峙後，王明道在1943年自信十足地傳教，影響力日漸擴大。

1943年是日軍佔領北京的第五個年頭。[3] 放棄「漢奸」和「抗日者」這種簡單的二元對立，對於我們理解王明道和淪陷區其他居民的生活在很有幫助。依照與偽政權關係的遠近來對淪陷區的人來分類，會遮蔽了生活中與政治和軍事不相關的層面，並且忽視了那些

沒有把國籍作為首要認同的人。王明道既不屬「漢奸」，也不是「抗
日者」，他屬日本統治下的第三類人，在政治和軍事上保持中立。王
明道滿腦子想的都是自己的目標，對外界的政治環境並不關心。王
明道生於1900年，出生前幾周，他的父親剛剛自殺。王明道的父親
生前在倫敦傳道會（London Mission Society）工作，在義和團攻佔
北京期間因為恐懼而自殺。王明道的母親因此得到一筆賠償金，在
北京買下一座院子，靠出租房屋給窮人和社會閒雜人等度日。⁴王明
道14歲時在學校受到一位學長的影響，受洗稱為基督徒。此時他的
夢想還是成為政治家，直到多年後王明道才響應主的號召去傳教。
由於體弱多病、不願意離開母親、校方的不作為等原因，王明道最
終沒能入大學。⁵王明道隨後在一所教會中學教書，開始利用這個機
會向年輕人傳教。⁶在此期間，王明道意識到自己受洗時所受的點
水禮與《聖經》不合，因此堅決要求以浸水禮再次洗禮。校方對此堅
決反對，並且感受到了那個給王明道實施再洗禮的牧師的威脅，校
方最終開除了王明道。⁷之後王明道返回家裏同母親一起居住，一邊
幫忙料理家務，一邊研讀《聖經》。起初他開始在家中布道，隨着聽
眾的增多，王明道建立了教會。⁸1927年，王明道自費出版了基督
教雜誌《靈食季刊》；1933年，他開始租賃場地設立牧養教會；到了
1936年，王明道在當時北平的史家胡同建立了穩定的聚會場所，取
名為基督教會堂。⁹

　　通過發表文章和四處布道，王明道的名氣大了起來。除了在北
平組織聚會，他還受邀到中國其他28個省，向超過30個基督教不
同教派講道。王明道主持的《靈食季刊》每三個月出版一期，每期40
至60頁，連續出版了28年。王本人自己幾乎創作了《靈食季刊》上
的所有文章；《靈食季刊》在中國基督教徒中影響很大。¹⁰

　　很多學者和基督教作家都寫過王明道，但是他現在最出名的事
迹是建國後對「基督教三自愛國運動」的抵制。¹¹王明道與三自運動
之間的對立在1955年達到高潮。由於拒絕加入三自運動，王明道在
1955至1956年間入獄一年。在被迫交代了很多「罪名」後，王得以
出獄。這次認罪經歷令王明道陷入痛苦和沮喪，因此他和太太劉景

圖11.1　王明道早期事奉生涯。　王天鐸提供圖片

文最終還是拒絕加入三自運動。王明道在1958年再次被投入監獄，1963年以反革命罪被判終身監禁，最終在1980年入獄22年後才獲釋；但是他至死也沒有得到平反。[12] 學者和作家們往往把王明道刻畫為一個抵抗中共宗教壓迫的烈士，但是對他的早期生涯，特別是抗戰期間的經歷一帶而過。[13] 忽略王明道的戰時經歷，甚至認為他是一個政治上的異見分子，則嚴重扭曲了對王的生活與目標。這樣的歷史敘述將王明道的抗爭政治化了，將他的經歷生硬地塞進國家敘事中。本文試圖將王明道的故事從國家敘事中解放出來，重新放回淪陷時期的北平，討論王與日偽的鬥爭如何改變了他的生活。

1937年「七七事變」爆發時，王明道在北平城內的教堂即將竣工。直到1938年日軍佔領華北和華中後，王明道依舊在此地布道。1940年汪精衛在日本的支持下於南京成立了偽政府，[14] 華北偽政

權擔心隨着南京政府的壯大，其地位會下降。因此華北佔領軍積極推動東京方面批准華北自治，並得到了後者的批准。[15]華北中國，北起長城以南，南至隴海鐵路，[16]包括山東、河北、河南北部和山西。華北的西部以山陝兩省的交界為限。[17]儘管1938年國民黨軍隊在華北被擊退，日軍在此地依然要開展對中共游擊隊和其他抗日武裝的作戰。[18]

　　1941年12月7日隨着日軍偷襲珍珠港，太平洋戰爭爆發。所有身處華北淪陷區的同盟國公民都成了日本的敵人。出於對英美帝國主義的抵制，傳教士在華北的活動也受到了威脅。[19]在美日開戰前，英美教會在華北的人員和資金早已因為救濟工作而變得十分緊張，此刻更被徹底切斷。[20]政權的更替和外國資助的斷絕，令北平的基督徒們頓時手足無措。但是王明道卻沒有這些問題——教堂運行的資金來自本地捐贈，與外國人毫無關係。

　　和其他在北平的教堂一樣，太平洋戰爭後，王明道的教堂也取消了周日禮拜。[21]偽政府命令，在得到允許前不能集會。[22]根據日本的規定，只有那些徹底斷絕與英美聯繫的教會才能繼續辦下去。[23]王明道認為自己不會和當局打太多交道，過不了多久就可以繼續傳道了。

　　1941年12月13日，偽政府華北內務總署召集各教堂的負責人，要求組建教會維持會。12月15日，維持會在北平成立並開會。[24]會議強調，為了彰顯獨立精神，各教會組織必須與英美教會切斷聯繫。此外，日方還提出要成立一個基督教聯合組織。[25]12月18日的第二次會議上，各方提名北平基督教青年會秘書長周冠卿擔任新成立的華北基督教聯合促進會會長。[26]根據一位傳教士的記載，在聯合促進會的第一次會議上，與會者紛紛反對日方的要求。最終選出基督教青年會秘書長周冠卿這樣擁有強烈西方背景的人擔任會長顯然表明，與會者對日方提出的各教會必須獨立於西方影響的觀點莫衷一是。[27]

　　或許是聯合促進會第一次會議上與會者的不合作促使日本人禁止了北平各教會下一周的禮拜活動。1941年12月20日，王明道收到

了禁止聚會的通知。連早飯都顧不上吃，他連忙趕到警察分局問個究竟。在被告知需要向憲兵隊申請許可才能聚會時，王趕到憲兵隊，得到的答案卻是沒有西方人參加的教會毋須申請許可。當他帶着這個消息回到警察局時，警局的人毫不理會，依舊堅持要申請那個許可。在來回踢了幾次皮球後，王明道的教會終於可以舉行聚會了。[28]

1942年1月14日，王明道被告知《靈食季刊》屬當局規定的十類違禁出版物之一，他急忙召集朋友和同事來商議對策。王在日記中提到他寫了一份請願書，交給一位百貨商店朋友請求幫忙。[29] 在正式上呈政府之前，王明道還把請願書交給一位在特務科有關係的朋友尋求幫助。[30]

1月16日，一位代表促進會的人告訴王明道，他受秘書長周冠卿的委託，勸他也加入華北基督教聯合促進會。就在當天晚上，他和信徒們一起禱告，決定不與「異教徒」為伍。[31] 王明道在加入促進會一事上，相信神的啟示是有原因的。在他看來，「許多教會中的領袖所講的道不但不造就人，而且(通過自由派思想)敗壞人的信心；許多教會中充滿了背道的事，與世界連合，成了各樣污穢可憎的雀鳥巢穴。」[32] 王明道所稱的自由派思想，指的就是社會福音思想(Social Gospel)。他在《靈食季刊》的發刊詞中對此有所批評：「他們說，基督教的要道只是服務犧牲。耶穌乃是最高的人格模範，是黑暗社會的改造者。世界會漸漸藉着人的智慧力量改造成為天國。基督由童女誕生與他的贖罪、復活、再來，都是渺茫的神話。聖經不過是希伯來民族的宗教史，並不足全信。」[33]

王明道極力反對自由派神學主張對理性的強調，但或許是周冠卿和青年基督教會令他尤為反對加入促進會。早在七年前，王明道寫過一篇題為〈現代基督教青年會的罪惡〉的長文，批評了「不信派」。[34] 或許是對「不信派」的排斥使王明道在內心更容易接受神的啟示，拒絕加入以基督教青年會為首的促進會。

第二天，向王明道帶口信的人遇到了王最親密的朋友石天民，託他向王明道傳達：參加華北基督教聯合促進會是必須的。當晚，另一位助手徐弘道來到王明道家裏商議此事。王在日記中寫道，

「昨、今日為教會事，覺予與民、弘二弟正似輪船中之船主、大副、二副，全船之安危皆繫於數人之身，責任誠重大哉！」[35]但是王明道並未就此動搖。1月18日，他告訴基督教聯合促進會的代表，自己不會參加，同時也請周冠卿關於此事上不必再勸說他本人或教會的其他人了。[36]

王明道回應的堅決，體現出他的教會面對日偽政權時的脆弱。第二天，憲兵來到王明道的教會開始盤查人員、資金和教會組織的來龍去脈，但是教會和《靈食季刊》的命運卻依然未知。[37]又過了兩天，1月22日，王明道在那位百貨商店的朋友和另一位助手的幫助下來到憲兵隊，被告知《靈食季刊》獲准發行，前提是每期出版前必須送交憲兵隊審查。當天王明道在日記中寫道，「午出返家，以經過告母姊後，思及經過種種困難及《靈食》又得起死回生，乃泣下。」[38]

儘管王明道的《靈食季刊》逃過一劫，但是要求他加入基督教聯合促進會的壓力卻不斷。1942年4月30日，王明道收到基督教聯合促進會的邀請，要求王明道的教會派代表出席聯合促進會分會的成立儀式。當晚，王明道陷入了痛苦的抉擇，一會走到院子裏沉思，一會又回到屋內跪下禱告，反反復復很多次。[39]最終，在凌晨兩點他才睡下。王明道在5月1日的日記中寫道，「夢中繼續仍是聯合會事。起後因睡眠不足，體感不適……七時許寫信覆聯合促進會，謂會堂自創立即係自立自養自傳，無加入之必要。」[40]王明道在信中寫道：

> 來函敬悉，承囑參加基督教聯合促進會一事，恕難照辦。查貴會之設立原係以促進從前有西差會之教會使之自立、自養、自傳為宗旨，敝會堂自創立迄今，向係自立、自養、自傳，自無參加貴會之必要，再者，貴會系由若干信仰不同之教會所組成，敝會堂為保守純一之信仰起見，礙難與信仰不同之教會聯合。所屬派遣代表參加聚會一事，不克從命，幸希鑑諒為盼。此覆
>
> 華北基督教聯合促進會北京市分會大鑑
>
> 基督徒會堂敬覆。五月一日。[41]

　　分會成立如期舉行，事後加入基督教促進會的一位代表來告訴王明道會上的情況。由於王明道始終拒絕，他便不再催促王明道參加。[42]

　　仿照日本本土的教會聯盟建立的「華北中華基督教團」[43]定於1942年10月15日正式成立。10月9日，日本牧師織田金雄告訴王明道，日本興亞院聯絡部的調查官武田熙想與他見面。[44]10月10日，王明道終於拋開幾個月以來害怕與日本人對峙的猶豫，鼓起勇氣決定攤牌。他騎着車，嘴裏唱着「站起進攻為耶穌」去面見武田，「彷彿率領着千百名軍兵去衝鋒陷陣」。[45]但是會面的結果毫無懸念地令人失望，武田依然要求王明道加入教團，而且「日本人和中國人都希望你能出來領導一下」。[46]為了讓日本人明白他的決心，王明道直截了當地拒絕了武田的提議，儘管他感到這樣做似乎太不給武田留情面。但是王明道驚訝地發現，武田對他的態度依舊誠懇而友好。武田對王明道教會的命運也是不置可否，王明道對此卻依舊憂心忡忡。[47]

　　1942年10月15日，基督教聯合促進會宣告解散，取而代之的是華北中華基督教團。下表是該組織自1941年來的演變：

表 11.1　日偽統治下的華北基督教聯合組織

1941年12月15至18日	1941年12月18日至1942年10月15日	1942年10月15日至1945年8月
北京教會維持會 (非正式)[a]	華北基督教聯合促進會[b]	華北中華基督教團[c]

[a]　　SMS, 214.
[b]　　邢福增：《王明道與華北中華基督教團——淪陷區教會人士抵抗與合作的個案研究》，11頁。
[c]　　宋軍：《從抗戰時期華北日軍對基督教政策的演變看華北中華基督教團的成立》，197頁。

　　或許是出於對基督教團的成立和自己拒絕與之合作的後果，王明道在1942年沒有像往常一樣經常外出布道，而是更多地待在家裏；通常他每個季度都首要到其他城市的教會去布道。儘管1937年

抗戰爆發的頭幾個月他被迫待在北京，但是此後除非生病或遇到天災，王明道從未中斷外出傳道。[48]王明道經常去天津，也定期去山東。[49]在1938至1939年，王明道甚至遠赴淪陷區以外的綏遠和香港。在1939年秋天，他還在上海停留了一段時間。[50]但是太平洋戰爭爆發後的頭幾個月，出於擔心教會的前景，王明道只去了一次天津，為期十天。[51]到了1942年夏天，他外出傳道的次數開始增加，但主要局限在華北。[52]

當年秋天，王明道只在10月14日——正是華北基督教聯合促進會正是成立的前一天冊離開北京一次，去濟南（他年少時曾在當地求學）傳道八天。[53]王明道選擇此時外出並非偶然。或許出於對教會前景的擔憂，限制了他1942至1943年的外出次數。就在他從濟南動身回京前，王明道對於可能到來的日軍抓捕憂心忡忡，擔心他會在日方的威勢下屈服。他告訴信眾們，「如果我有一日屈服，領我們的教會參加華北中華基督教團，你們就都即刻離棄我，再不要聽我講道，你們就稱我為加略人猶大。」[54]此時距離他被日本憲兵傳喚還有三個禮拜。

1942年11月18日，當王明道被日本憲兵隊傳喚時，他趕快拿了皮包裝上《聖經》、眼鏡盒、毛巾、牙刷和一雙毛襪，又多穿了兩件衣服，做好了被扣押的準備。結果到了憲兵隊王明道才發現，在座的還有幾位其他教會的牧師，憲兵隊把他們傳喚來是辦理移交英美房產的事務。顯然這裏面並沒有王明道的事情，一切不過是虛驚一場。這件事情似乎讓王明道確信他不是日偽政府的目標。直到年底，王明道並沒有因為拒絕參加教團而受到任何懲罰或報復，他終於結束了緊張和恐懼。[55]

王明道和日偽打交道的心境在他1943年撰寫的一些文章中表露出來。1942年底，他在文中提到通過信仰上帝來戰勝對人的恐懼的必要。[56]1943年初，王明道寫了一些《聖經》中的人物是如何靠着信仰上帝來度過險境並完成神賦予的職責。[57]稍後，王明道在文中討論險境和被救贖的語氣發生了微妙的變化。這或許緣於太平洋戰爭爆發後王明道的教會吸引了更多的信眾，[58]他的個人聲望也有所

增加。[59]到了1943年底，上一年的擔驚受怕益發像是成功的前奏，王明道在文章中對險境的敍述有了新的角度——儘管敵人試圖傷害你，但是他們的這些惡行最終只會促進上帝在人間的事業。

王明道在1943年秋季的《靈食季刊》中的第一篇文章就以〈因禍得福〉為題，在文章中提到了約瑟被哥哥們賣到埃及的故事。而一年前的1942年5月，王明道在另一篇文章中提到了相同的故事，彼時他關注的是神是如何巧妙地將約瑟從他殘忍的哥哥手中救出來的。但是在1943年秋季的文章中，王明道把約瑟的哥哥們描述為「神的旨意的工具」。由於約瑟被賣給以實瑪利商人 (Ishmaelite traders)，他才有機會進入埃及，令他的主人刮目相看，然後引起法老的注意，成為掌管饑荒救濟的官員，最終他能夠在饑荒遍地之時保全了埃及人和他的家人，不致餓死。

> 有許多最大的福分，若不是有人加害於我們，也許我們一生都得不着，有許多最深的功課，若不是有人與我們為敵，也許我們一生也學不好，當我們受惡人的攻擊陷害的時候，總不免憤恨不平，總不免自己覺得冤屈不幸。到了一切的事都顯明了的時候，我們才曉得這些人使我們得的益處一點不下於我們的朋友所使我們得着的。那時我們必要對他們說，「從前你們的意思是要害我，但神的意思原是好的。」[60]

由此可見，在1943年秋季，王明道感到他的事業反而得益於去年與日偽的麻煩。[61]到了該年冬天，他的勝利感增強了，文章的字裏行間充滿了近乎必勝的信念。

使徒保羅就是這樣一個勝利故事的主角。在題為〈若不先殺保羅，就不吃不喝〉的文章中，王明道講述了40名猶太人是如何發下「不殺保羅就不吃不喝」的重誓，但是卻讓保羅成功逃脫的故事。[62]保羅的外甥在得知他們的計劃後連忙向羅馬軍隊的一個百夫長求助；百夫長將此事告訴千夫長，後者派一隊士兵來護送保羅。在數百名羅馬士兵的護衛下，保羅騎着牲口出了城。在讚頌了上帝拯救保羅的神力後，王明道對那40名猶太人的命運十分感興趣：

> 讀完了這一段記載，我很願意知道那同謀起誓要殺保羅的
> 四十多個人到底吃了喝了沒有……那些人同謀起誓的時候，
> 何嘗覺得自己不是極有把握，能把保羅置於死地……他們是
> 沒有想到天上的神是那樣大有權能，大有智慧，一點不用費
> 力，便破壞了他們全盤的計劃。他們沒有害死保羅，卻自己
> 取了極大的羞辱，背誓食言，貽笑眾人。[63]

王明道認為保羅笑到了最後。但是他的這番猜測實際上是在借古諷今。這篇文章和1943年王明道寫的很多其他文章一起結集出版，作為他和日偽在1942年的鬥爭經歷的反思。[64]正如保羅一樣，王明道也贏得了一場上帝指定的勝利。只不過他的敵人不是猶太人，而是青年基督教會；上帝則是借着日偽幫助了他。

1943年末，王明道在文章中對「先知」一詞有了新的用法。王明道從前就寫過先知：例如他在1942年的一篇文章中提到先知撒母耳（Samuel）和其母哈拿（Hannah）的故事。[65]但是在1943年，王明道筆下的「先知」不再囿於《聖經》的範疇，而是存在於當今現實世界，他從新的角度詮釋了先知與平信徒的不同之處。

在1943年夏季發行的《靈食季刊》中，王明道提到原罪給基督徒帶來的「可怕的裂口」。這些裂口就像衣服和陶器上的洞一樣，逐漸變大並最終摧毀整個物體。[66]在下一期《靈食季刊》中，王明道再次涉及這一主題，認為「先知」就是有資格和權柄堵破口的人。根據摩西阻止上帝摧毀以色列的故事，王明道認為先知有以下幾方面的作用來堵住破口：首先，代表民眾懇求上帝；其次，訓誡民眾並叫他們懺悔。[67]王明道隨即批評當代的牧師沒有達到他筆下「先知」的標準。他列出了教會和人類的幾項罪過，例如不信、膽怯、背道、從俗、詭詐、説謊、貪婪、淫亂、嫉妒等等。[68]王明道經常談論教會和人們的罪，但是他在這裏似乎把希望寄託在「先知」身上。上帝可以借助先知——「堵破口的人」——來治癒世間的上述種種罪惡。[69]「如果世上多有一些這種堵破口的人，世界和教會的破口雖然很多，也不足慮了。茫茫大地，芸芸眾生，到處都滿了可怕的破口。堵破

口的人在哪裏呢？堵破口的人在哪裏呢？」儘管沒有指明，但是讀者們幾乎可以感覺到這裏的先知就是王明道自己。王明道開始將自己視為這樣的先知：無畏地放棄罪惡，從大難中被奇迹般地拯救。

王明道在1943年12月題為〈堅城鐵柱銅牆〉的文章中繼續認為先知有可能存在於當下。因為堅城鐵柱銅牆「不向人讓步，不向人屈服」，王明道寫道：

> 神要他的先知們就作這樣的人。神要他們像堅城鐵柱銅牆那樣的強勁有力，那樣的不向人讓步，不向人屈服。神不但要他們這樣，神也賜給他們力量，扶助他們，保守他們，與他們同在，拯救他們，以致凡要攻擊他們毀滅他們與他們為敵的人，不但不能打倒他們，而且都襲擊碰得頭破血出，受辱蒙羞。神在藉着他們榮耀了自己的名以後，也要使他們得着榮耀。神在古的時候作了這樣的事，他在今日仍作同樣的事。[70]

王明道在1943年秋季的日記中寫道，「國內各地有若干信徒解決各事，或評品某也賢，某也不肖，嘗以予一言為准。可知神對予之付托及人對予之仰望如何。負此重任，站此地位，當如何勤勉自勵。俾一言一行皆足作人之表率歟！」[71]

王明道在1943年底把自己看成是上帝的先知，並不意味着他的生活一帆風順。北平老百姓在日偽統治下的日子並不好過。1943年初，戰爭、壞天氣、投機倒把和日偽的掠奪造成北平糧食供應困難，當局開始實施大規模糧食救濟。但是老百姓只能領到質量很差的麵粉（有時候實際上不是麵粉）。[72]此外，由於組織不力，救濟糧經常不能按時發放，有時會耽擱數周之久。[73]根據歷史學家索非亞‧李（Sophia Lee）的研究，戰爭導致的通貨膨脹迫使北平市民在國家面前無所遁形。北平的百姓們不得不向當局登記家裏的詳細情況，以便獲得相關的文件手續，以領取即便是質量很差的救濟糧。[74]

王明道很有可能是靠着信眾們的慷慨捐贈來度過食物短缺的。王明道在1942年的日記中曾記錄了一位慷慨的女信徒在他極度困難

的時候捐了一大筆錢，因為上一個月獲得的菲薄的捐贈都用於支付在外地工人的工資了。[75]這表明王明道自己和教會的開銷都有賴於信眾們的捐贈。

救濟糧的日常發放使得1943年的北平老百姓在生活中和當局接觸的機會增加了。此外，淪陷區疊床架屋的國家機器——包括國民黨政府留下的、日本人帶來的和偽政府新建的各類機關——也令百姓不勝其擾。結果是各機構之間權責不清，救濟糧的發放十分混亂，而且腐敗橫生。[76]正如前面提到的王明道為了獲得聚會許可而在不同執法單位來回奔波那樣，這些不快的遭遇體現了日偽各部門之間權力存在很多交叉，交流也不暢。

到了1943年，和日偽打交道的經歷使王明道清楚，這個政權會令他感到沮喪，但是卻未必令他恐懼；日偽其實並沒有抓捕他的想法。王明道在日偽的統治下保住了一片空間，得以完成他理解的神交予的任務。正是王明道對內心宗教理想的追求驅使他不與日偽合作，拒絕加入華北中華基督教團。但是他的心理很難說是反抗，也並非猶豫不決；(除了對和日本人對峙有些恐懼外)王明道似乎根本不想對日偽政權浪費任何感情。在這一點上，王明道並不是特例；很多生活在淪陷區的人在與日偽打交道時並沒有陷入抵抗還是合作的激烈抉擇中。對他們來說，日偽的統治是一種日常生活中不得不去面對的事實罷了。

與王明道類似，倓虛大師也有着一套無關民族國家的理想與追求。根據歷史學家詹姆斯・卡特(James Carter)的研究，倓虛對1931年哈爾濱淪陷後的反應是：他對日偽在哈爾濱雄心勃勃的市政建設計劃很感興趣(儘管這使倓虛主持的一所佛寺因此不得不暫停修建)。倓虛不僅在抗戰時期意在向日偽表明自己無意反抗，他甚至在戰後依然保持這種態度：此時政府正在大張旗鼓地表彰抗日行為，而在淪陷區選擇不抵抗的人們紛紛極力遮掩這段經歷。此外，儘管倓虛一再明確地表達自己不抵抗的態度，他在得知一位自己認識的和尚逃過日偽抓捕時依然喜出望外。卡特將倓虛對日偽的態度總結為「模糊不清」。倓虛的上述反應的確與人們一般談到外國侵略時的

圖11.2　王天鐸幼年時與父母的合照。　王天鐸提供圖片

感受差距很大，但是我認為倓虛對應緊張政治局勢的反應卻說明另一個問題：只要當局不干涉他的工作、妨礙他的追求，倓虛根本不關心是誰在當政。[77]和王明道一樣，倓虛的情緒不會因為政治而大起大落；當局對他來說不過是生活的背景罷了。

　　根據杜贊奇對滿洲國的研究，「道德會」——作為偽滿統治下眾多「救贖團體」之一——當中的婦女們也有類似的態度。滿洲國把自我犧牲的婦女對「賢妻良母」形象的追求作為國家道德認同的象徵。在政府與道德會的合作中，道德會的婦女們利用這個機會推廣上述道德準則；而政府則得以樹立所謂現代的東亞女性和家庭觀，建構滿洲國的意識形態基礎。[78]

　　杜贊奇在研究中提到一位曾經積極參與道德會組織的顧太太，她「在這種自我犧牲式的行動中保持的驕傲與堅毅，超越了對任何政黨或政府的忠誠」令作者印象深刻。[79]根據杜贊奇的研究，儘管道德會作為偽滿洲國政府維護其統治的工具，但是將參加的婦女們視為漢奸或通敵者則扭曲了她們活動的意義。「這種（將她們視為漢奸的）觀點是從民族主義的角度出發，而當時幾乎沒有婦女用這樣的視角看待自己（參加道德會的經歷）⋯⋯顧太太⋯⋯實際上認為日本人是跟着道德會的主張走，而不是反過來。對她來說，只要能繼續自己的使命，為哪個政權效力根本無所謂。」[80]顧太太在這裏的表態，與倓虛和王明道十分類似。對於他們來說，「相對於追求他們的宗教使命和個人目標來説⋯⋯民族主義顯然沒那麼重要。」[81]

　　參與道德會的婦女們創造或是被賦予了屬自己的言論空間，在其中她們的主張和行動得到了政府的認可和利用。出於討論王明道的目的，值得我們注意的是，這些主張自我犧牲精神的婦女們在政府的眼裏是「安分的」。她們的女性身分固然起了作用，而且因為她們的主張和行為都被限制在上面提到的「女性（言論）空間」之中。[82]儘管她們在家以外的空間活動，婦女活動家們被政府視為安分的原因在於她們的主張和行動依舊屬傳統意義女性的範疇（所謂的「內」）；這並不會對男性的政治世界造成威脅（即「外」）。

　　我在這些「安分的」婦女活動者身上找到了與王明道相同的特質。類似的是，王明道也開闢出一片與政治絕緣的空間。儘管他的傳道並無女性特質，但是毫無政治色彩，因此也被日偽視為沒有威脅。王明道反對社會福音派的立場將他的傳道與政治世界徹底隔開。

　　王明道似乎小心翼翼地把自己的宗教行為與政治隔絕開來。多年以來，他始終堅定地批評社會福音派的主張。在王明道看來，社會福音派容易導致其在經濟和教義上的腐化。[83]如上所述，他曾在1935年撰文批評基督教青年會；反對社會福音派教會也是他拒絕參加教團的重要原因。

　　1942年，王明道在《靈食季刊》中小心翼翼地把他的基督教主張和社會福音派區別開來。他閉口不談教會的社會改革功能，重

新定義了基督教徒的品德和行為，其中不包含教會有組織的慈善行為。在題為〈榮耀神的基督徒〉的文章中，王明道敦促讀者們響應主在〈馬太福音5：16〉中的命令：「你們的光也當這樣照在人前，叫他們看見你們的好行為，便將榮耀歸給你們在天上的父。」王明道認為，「好行為」意味着：誠實、聖潔、顧念他人等，儘管他沒有過多地闡發最後一點。只有基督徒通過自身表現出來的「真實的好行為」，人們才會聽從他們的布道。[84]根據基督教史學家艾倫‧哈維（Alan Harvey）的研究，王明道認為所有社會問題的根源都是原罪，人們只有通過懺悔才能推動社會變革。王明道顯然在努力淨化基督教教會（包括各派），但是並不想與世俗機構打交道（或者是那些與世俗機構有關係的宗教組織，例如日偽的基督教教團）。[85]王明道對「好行為」的定義，把社會服務（service）降到了相當次要的地位，以此來劃清他與主張服務社會的福音派的界限。與後者相對的，王明道似乎主張的是一種個人福音（personal gospel）。

王明道反對自由派或福音派的立場與日本不謀而合。日本政府早已意識到自由派基督教將其視為中國和教會的敵人。[86]畢竟在日本的近代史中，信仰自由派基督教和政治自由之間曾有着密切的聯繫。日本史學家埃爾文‧沙伊納（Irwin Scheiner）在《明治時期基督徒與社會抗議》（*Christian Converts and Social Protest in Meiji Japan*）中提到，日本基督徒在接觸了強調個人意識的教義後，便開始謀求政治上的民主改革。由此就不難理解日偽為何要派遣日本傳教士來華，並且將華北的中國基督教會都組織在一起，以便監視其行動。此舉實際上是仿效日本當時成立的一個類似組織。[87]

與王明道相比，北京的自由派基督徒對日偽威脅更大。他們的境遇則體現了淪陷區基督徒與當局鬥爭的另一面。例如具教會背景的燕京大學有不少教授都是基督徒，偷襲珍珠港後的短短48小時內，燕大就有11名教職員工被逮捕。他們被控反對日本，最長的被監禁了六個月，其中包括燕京大學宗教學院院長、新進聖公會主席趙紫宸。[88]

趙紫宸和其他幾位入獄的同事後來都寫過文章回憶這段經

歷。[89]趙紫宸和其他同時被釋放的五人遭告知，他們在未來的三年中視同緩刑犯，一旦發現有任何抗日行徑，就會不經審判直接入獄。[90]由此趙紫宸直到戰爭結束都極為低調，其他幾個被釋放的燕大教授也是如此。哲學家張東蓀在回憶錄中寫道，他在獄中最恐懼的莫過於受日本人脅迫而教書。為此他準備在出獄後逃離北平，但是終究因為患病而未能成行。在一個月後痊癒時，張東蓀發現日本人沒有強迫他來教書，才索性放棄了逃跑的念頭。[91]

在趙紫宸於1942年中被釋放後，聖公會為他安排了一處住所，讓他去給教士教書。在此期間，趙紫宸完成了兩部代表其神學思想的作品：一部是發表於1943年的《基督教進解》，另一部則是1944年的《聖保羅傳》。[92]趙同時還抄錄了他在獄中創作的170首詩。[93]王明道在宗教文章中對政治漠不關心；而對於趙紫宸來說，是當局的威脅迫使他埋頭於神學。

對於趙紫宸和王明道而言，日偽帶給他們的麻煩似乎在1943年已經過去了。由於害怕報復，趙紫宸不得不小心翼翼地限制自己的行動。但是比起淪陷區知識分子陷入的「抵抗還是合作」的兩難中，趙紫宸平靜的教書和寫作生活可謂大相逕庭。[94]和王明道類似，趙紫宸和張東蓀等人都在1942至1943年經歷了正常生活的回歸——或者說是開始了一種新的生活常態；日偽的統治已成為一種可以生存和挺過去的常態了。我們當然可以認為，很多在淪陷區的人們是憑着對日偽統治終將結束的信念繼續生活下去的。但是當一個人逐漸感受他度過危機之後，他或許就會像張東蓀那樣繼續留在北平，因為這樣做的風險對個人是不大的。

雖然依舊處在淪陷區，但是王明道不再與日偽存在衝突，獲得了喘息的空間，他在1943年開始恢復頻繁外出布道。當年夏天，他有52天都在外布道，這是抗戰以來他離開北平最長的一段時間。王明道的足跡不再局限於華北，他還走訪了徐州、南京、上海甚至杭州。[95]王明道恢復外出布道意味着他正常生活軌跡的繼續。在1943年，他依舊從事着他多年以來的工作，並且有信心在未來能繼續做下去。

　　王明道在1942年的擔驚受怕和1943年的成果豐碩，提醒了我們注意民族主義敘事的偏見性。本書中的其他文章都從各方面說明了1943年是抗戰史的轉折點。國民黨在各方面都開始失去機會，並最終影響了中國的命運。但是在這些國家層面的歷史之外，另有一些人和組織有着不同的生活軌迹。只有意識到他們是在沿着自己的軌迹前進時，我們才能意識到國家層面敘事的局限性。[96] 或許這就是歷史學家調查過去的永恒方式——當個體的經歷與國家層面的敘事存在差異時，我們得以理解國家及其歷史的強大和局限。

注釋

1　　2 Corinthians 6:15.

2　　Wong Ming–Dao, *A Stone Made Smooth*, tr. Arthur Reynolds (Hants, UK: Mayflower Christian Books, 1981), 215–216, 224.（此書下文縮略為 SMS）

3　　日本佔領北平後，將其更名為北京。王明道在此期間亦使用「北京」一詞。儘管很多歷史學家將1927至1949年的北京統稱為「北平」，我在這裏遵循王明道的用法。

4　　*SMS*, 2–6.

5　　同上引書，36–39頁。

6　　同上引書，40–50頁。

7　　同上引書，59–66頁。

8　　同上引書，65–79頁。

9　　同上引書，106、115、118–119頁。林榮洪：《王明道與中國教會》(香港：中國神學研究員，1982)，87頁。

10　　*SMS*, 89, 145.

11　　Daniel H. Bays, *A New History of Christianity in China* (Malden, MA: Wiley-Blackwell, 2012), 160–166.

12　　Lee Ming Ng, *Christianity and Social Change: The Case in China, 1920–1950*. Ph.D. dissertation (Princeton Theological Seminary, 1971). 對王明道申訴平凡的分析，參見王明道遺稿，邢福增編：《王明道的最後自白》(香港：基道出版社，2013)。

13　　Mark A. Noll and Carolyn Nystrom, *Clouds of Witnesses: Christian Voices from Africa and Asia* (Downers Grove, IL: InterVarsity Press, 2011), 258–262; Leslie T. Lyall, *Three of China's Mighty Men* (London: Hodder and Stoughton, 1973); Thomas A. Harvey, *Acquainted with Grief: Wang Mingdao's Stand for the Persecuted Church in China* (Grand Rapids, MI: Bazos Press, 2002).

14　　Lincoln Li, *Japanese Army*, 11.

15　同上引書，12頁。

16　同上引書，15頁。

17　關於華北地區的地圖，參見 Lincoln Li, *Japanese Army*, 154. 關於華北的西部邊界，參見 David P. Barrett and Larry N. Shyu, eds., *Chinese Collaboration with Japan, 1932–1945: The Limits of Accommodation* (Stanford, CA: Stanford University Press, 2001), xi.

18　Edward J. Drea and Hans van de Ven, "An Overview of Major Military Campaigns during the Sino-Japanese War, 1937–1945," in Peattie, Drea, and van de Ven, *The Battle for China*, 37.

19　Timothy Brook, "Toward Independence: Christianity in China under the Japanese Occupation," in *Christianity in China: From the Eighteenth Century to the Present*, ed. Daniel H. Bays (Stanford, CA: Stanford University Press, 1999), 318.

20　關於美國宣戰前在華教堂的重組，參見 Brook, "Toward Independence," 330. 戰爭爆發後的變化，參見 Daniel H. Bays, "Preliminary Thoughts on Researching the History of Protestant Christianity in Shandong Province during the War of Resistance, 1937–1945," in Lee Kam-keung and Lau Yee-cheung, *Liehuozhong de xili*, 532; "Missions Transfer Their Properties to Chinese Church Organization." *The Peking Chronicle*, March 17, 1942: 5.

21　*SMS*, 214.

22　1941年12月20日，靈石出版社編：《王明道日記選輯》（香港：靈石出版社，1997），257頁。宋軍：〈從抗戰時期華北日軍對基督教政策的演變看華北中華基督教團的成立〉，李金強、劉義章編：《烈火中的洗禮——抗日戰爭時期的中國教會》（香港：宣道出版社，2011），210頁。

23　Brook, "Toward Independence," 333; 關於三自運動的目標，參見 Bays, *New History of Christianity*, 161–163.

24　宋軍：〈從抗戰時期華北日軍對基督教政策的演變看華北中華基督教團的成立〉，210頁。

25　邢福增：〈王明道與華北中華基督教團——淪陷區教會人士抵抗與合作的個案研究〉，《衝突與融合：近代中國基督教史研究論集》（臺北：宇宙光全人關懷機關，2006）。

26　宋軍：〈從抗戰時期華北日軍對基督教政策的演變看華北中華基督教團的成立〉，210–211頁。

27　Brook, "Toward Independence," 333.

28　《王明道日記》，257頁。

29　同上引書，1942年1月17，20，21日，260–261頁。

30　同上引書，1942年1月15日，259頁。

31　同上引書，1942年1月16日，260頁；*SMS*, 215–216.

32　*SMS*, 215–216.

33　*SMS*, 149.

34　《王明道的最後自白》，10頁；王明道：〈現代基督教青年會的罪惡〉，《靈食季刊》，34冊，2期，1935，38–55頁；王的文章和基督教青年會對此的回應，參見邢福增編：《王明道的最後自白》，附錄二。

35　《王明道日記》，1942年1月17日。

36　同上引書，1942年1月18日。

37　同上引書，1942年1月19日。

38　同上引書，1942年1月22日，261頁。

39　*SMS*, 219.

40　《王明道日記》，1942年4月30，5月1日，263頁。

41　*SMS*, 223–224.

42　《王明道日記》，1942年5月1日，263頁。

43　Brook, "Toward Independence," 332.

44　王在日記中提到他去「興亞院」面見武田，《王明道日記》，265頁。

45　*SMS*, 229–230, 236.

46　*SMS*, 230.

47　*SMS*, 230–231.

48　王明道：〈編者的消息〉，《靈食季刊》，43–44冊，3–4期，1939，89頁，王明道在1939年秋天因為洪水而無法按計劃去天津；王明道：〈編者的消息〉，《靈食季刊》，53冊，1期，1940，69頁；王明道：〈編者的消息〉，《靈食季刊》，54冊，2期，1940，73頁，1940年王明道因為長期生病而無法外出旅行。

49　1937至1943，王明道在〈編者的消息〉中七次提到去天津傳道；參見《靈食季刊》45冊，1期，1938，68頁；47冊，3期，1938，71頁；49冊，1期，1939，69頁；57冊，1期，1941，59頁；60冊，4期，1941，74頁；61冊，1期，1942，66頁；63冊，3期，1942，60頁；65冊，1期，1943，60頁；王明道在〈編者的消息〉中同樣提到了去山東傳道；參見《靈食季刊》48冊，4期，1938，69頁；50冊，2期，1939，66頁；55冊，3期，1940，59頁；56冊，4期，1940，64頁；58冊，2期，1941，65頁；63冊，3期，1942，60頁；64冊，4期，1942，60頁；68冊，4期，1943，42頁。

50　王明道：〈編者的消息〉，《靈食季刊》48冊，68頁；王明道：〈編者的消息〉，《靈食季刊》51冊，3期，1939，64–65頁；王明道：〈編者的消息〉，《靈食季刊》52冊，4期，1939，69頁。

51　王明道：〈編者的消息〉，《靈食季刊》，61冊，66頁。

52　王明道：〈編者的消息〉，《靈食季刊》，63冊，60頁；王明道：〈編者的消息〉，《靈食季刊》，64冊，60頁。

53　王明道：〈編者的消息〉，《靈食季刊》，64冊，60頁。

54　猶大是耶穌的十二門徒之一，背叛耶穌導致後者被釘死在十字架上。(John 6:71)

55　*SMS*, 234.

56　王明道：〈懼怕人的陷入網羅〉，《靈食季刊》，63冊，第3期，1942，51–55頁；王明道：〈愚人中的愚人〉，《靈食季刊》，63冊，3期，1942，59頁。

57　王明道：〈不怕死的主與不怕死的門徒〉，《靈食季刊》，65冊，1期，1943，16頁；王明道：〈等候神〉，《靈食季刊》，65冊，1期，1943，48–49頁。

58　Daniel Bays的研究表明，太平洋戰爭爆發後，山東省以傳教士為中心的基督教活動受到極大衝擊，但是類似王明道的獨立基督教會卻吸引了不少信徒。參見Bays, "Preliminary Thoughts," 542–523。陶飛亞關於名為耶穌家庭的獨立教會的研究支持了這一觀點，參見陶飛亞：《中國的基督教烏托邦：耶穌家庭

(1921–1952)》(香港：香港中文大學出版社，2004)，103頁；王明道也在日記中寫道他考慮招募助手，參見《王明道日記》，267頁。

59　王明道在日記中記述了一些獨立教會領袖在1942年底至1943年初向他尋求幫助，《王明道日記》，266–267頁。

60　王明道：〈因禍得福〉，《靈食季刊》，67冊，第3期，1943，3–4頁。王明道引用了《啟示錄》50：20。

61　王明道在戰後將此文章和其他幾篇文章一起結集出版。在序言中王明道寫道，這些文章來源於1942年他所接受的考驗。王明道：《在火窯與獅穴中：王明道先生苦難中的見證》，第4版(香港：中國聯合出版社，1961)，1頁。

62　王明道：〈若不先殺保羅，就不吃不喝〉，《靈食季刊》，68冊，第4期，1943，10–12頁。

63　王明道：〈殺保羅〉，12–13頁。

64　王明道：《在火窯與獅穴中》。

65　王明道：〈一個明智的女子〉，《靈食季刊》，61冊，第1期，1942。

66　王明道：〈可怕的裂口〉，《靈食季刊》，66冊，第2期，1943，31頁。

67　王明道：〈堵破口〉，5–6頁。

68　同上引書，6–7頁。

69　同上引書，9頁。王明道引用的是〈以賽亞〉58：12。

70　王明道：〈堅城鐵柱銅牆〉，《靈食季刊》，68冊，第4期，1943，20頁。

71　《王明道日記》，1943年9月17日，270頁。

72　Sophia Lee, "Official Grain Relief Distributions in Japanese-Occupied Beijing [sic]," paper prepared for The International Conference on "Modern China in Global Contexts," Academia Sinica, August 2014, 18. Cited with permission.

73　同上引文，25頁。

74　同上引文，39–40頁。

75　《王明道日記》，262頁。

76　參見Sophia Lee, "Grain Distribution," 關於淪陷區政權，參見7–8；關於救濟糧系統的混亂，參見27–30。

77　James Carter, *Heart of Buddha, Heart of China: The Life of Tanxu, a Twentieth-Century Monk* (New York: Oxford University Press, 2011), 126–127.

78　Prasenjit Duara, *Sovereignty and Authenticity: Manchukuo and the East Asian Modern* (New York: Rowman & Littlefield Publishers, Inc), 133–134, 136, 141, 151.

79　同上引書，132頁。

80　同上引書，161–162頁。

81　同上引書，154頁。

82　同上引書，134頁。

83　*SMS*, 149; 參見 "The Distinctive Color of Heaven," in Wang Mingdao, *Spiritual Food: 20 Messages Translated by Arthur Reynolds* (Hants, UK: Mayflower Christian Books, 1983), 3–4.

84　王明道：〈榮耀神的基督徒〉，《靈食季刊》，64冊，第4期，1942，2–4頁。

85　Harvey, *Acquainted with Grief*, 39–40.

86　Brook, "Toward Independence," 326.

87　Brook, "Toward Independence," 321.

88　王翔：〈趙紫宸與《繫獄記》〉，《世界宗教文化》，第3期，2008，23、25頁。

89　趙紫宸：《繫獄記》(香港：基督教文藝出版社，1969)；趙承信：《獄中雜記》(北京，1945)；張東蓀：〈獄中生活簡記〉，《觀察》，1947年7月。

90　趙紫宸：《繫獄記》，88–90頁。

91　戴晴：《在如來佛手掌中：張東蓀和他的時代》(香港：香港中文大學出版社，2009)，289頁。

92　王翔：〈趙紫宸與《繫獄記》〉，23，26頁。

93　趙紫宸：《繫獄記》，91頁。

94　關於淪陷區早期的鬥爭，參見Timothy Brook, *Collaboration: Japanese Agents and Local Elites in Wartime China* (New York: Harvard University Press, 2005).

95　王明道：〈編者的話〉，《靈食季刊》，67冊，第3期，1943，42頁。

96　Prasenjit Duara, *Rescuing History from the Nation: Questioning Narratives of Modern China* (New York: Routledge Curzon, 2003). 杜贊奇這裏的「拯救 (rescue)」或許可以通過這種國家層面與地方和個人層面的動態緊張關係來實現。

12

中國的卡薩布蘭卡

廣州灣的難民、匪幫和走私客

謝楚寧（Chuning Xie）

到此地除非嫖賭飲吹斷難小住；惟斯界可容官商兵盜任作
歡場。[1]

——馮凌雲《剌赤坎埠聯》

2012年5月24日下午5時08分，湛江市長王中丙走出了國家
發改委的大門，他剛剛拿到總投資70億人民幣的湛江鋼鐵基地項
目批文。王中丙喜不自勝，忍不住親吻了「還散發着墨香的核准批
文」。隨行的記者將這一幕抓拍下來並上傳到網絡，隨即引起熱議。
「這是我們湛江人民期盼了三十多年的夢想」，市長激動地說。但從
另一方面來說，由於市場上鋼材過剩，中央政府已經決定實施宏觀
調控，削減鋼鐵產能。[2]

湛江是一個位於廣東省南部雷州半島的海港城市，從明代起就
被稱為「廣州灣」，直到1946年才改名「湛江」。廣州灣地理位置十
分便利：向北可達廣西、貴州和四川；南部則與海南島隔瓊州海峽
相望；西面臨北部灣和越南；向東距香港和澳門不到300英里。

1897年，法國商船白瓦特號(Boyard)在南中國海迷航，誤打
誤撞地進入了廣州灣。船員隨即向巴黎報告稱發現了深水良港。在
經歷了一年多的抵抗後，廣州灣終於被法國佔領。1899年，法國與
清政府簽訂了為期99年的租約，廣州灣隨後納入法屬印度支那政府
管轄。

法國人的計劃是利用廣州灣的戰略地位，將越南和廣西從陸路連為一體，建立起跨越北部灣的殖民帝國。但是這個設想隨着第二次世界大戰的爆發最終未能實現。我們很難估計法國人當時對這一殖民計劃究竟投入了多少精力，廣州灣在當時法國廣闊的海外殖民地中所佔的地位究竟如何。[3]在維希政府的默許下，日本在1943年2月21日佔領廣州灣。日本打出「廣州灣新生」的旗號，宣布將此地建成一個乾淨的經濟中心，從前合法的鴉片、賭博和妓院生意都要關閉。[4]1945年抗戰勝利後，國民黨政府收回廣州灣，準備將其建成一個大型貿易港口，並作為規劃中的縱觀南北鐵路線的起點。和法國人一樣，國民黨和日本都沒能將這些雄心勃勃的計劃付諸實踐。[5]1960年，時任國務院副總理的鄧小平來到廣州灣（已改名湛江）視察，將其與青島相提並論，提出了「北有青島，南有湛江」的説法。1984年，湛江位列中國首批14個對外開放的沿海城市之一。[6]但是時至今日，湛江仍是一個三線城市，期待着政府的政策支持將其變成經濟樞紐。

儘管在近現代歷史上經歷了不少失望和挫折，但是廣州灣卻在動蕩的抗戰期間經歷一段前所未有、十分短暫的繁榮和興盛。在廣州、海南和香港相繼陷落後，廣州灣是國民黨政府在南中國地區唯一的對外聯繫通道（除去被葡萄牙控制的澳門）。此外，廣東、海南和香港淪陷區的難民們往往取道廣州灣逃往內地。當時的香港著名演員盧敦在回憶錄中承認，如果不是日本佔領香港，他這輩子也不會來到廣州灣。[7]

誠如盧敦所言，廣州灣的興衰與抗戰相伴。具體來説，廣州灣的興盛緣於周邊地區紛紛淪陷，它成為華南唯一沒有被日軍佔領的港口；而廣州灣最終在戰爭末期開始和其他港口一樣走向衰敗。在那個要麼選擇加入國民黨或中共抗日，要麼與日偽合作的時代，廣州灣的故事體現了有別於線性的民族國家敘事的歷史觀，即杜贊奇所謂的「複線歷史」。只有發掘更多的複線歷史，我們對國家層面的歷史敘事才有更豐富的理解。

地圖12.1　法屬印度支那地圖

打開1943年2月17日當地發行量最大的報紙《大光報》（粵南版），我們得以一窺廣州灣戰時政治與日常生活的微妙關係。《大光報》頭版的左側赫然刊登着粗體標題的社論，作者分析了當時的戰局，安慰讀者毋須擔心，因為日軍無意進攻廣州灣。在頭版的中部，報紙以更大的字體刊登了一條戰況。內容是進攻四邑市[8]的日軍被擊退，國軍收復了沙坪鎮。[9]這兩個地方距離廣州灣僅有150英里左右。頭版的右側則登着兩條聲明：第一條是赤坎區華洋飯店開幕；在第二條聲明中，南洋電影公司譴責當地平安劇院在沒有得到其允許的情況下，違法播放該公司一部丟失的電影拷貝；為此，南洋電影公司決定在當地的文華劇院以半價放映相同的電影。

2月18日，國民黨軍隊和日軍就在廣州灣西北發生了戰鬥，《大光報》停刊。2月19日晚，日軍就進入了廣州灣。2月20日，日本軍隊在《大光報》辦公室門口完成列隊，隨後開進市中心，收到法國總督皮埃爾·多梅克（Pierre-Jean Domec）和當地士紳首領陳學談的迎接。[10]2月21日，在與維希法屬印度支那政府簽訂了共同防禦條約後，日本正式佔領了這片法國殖民地。[11]對於廣州灣的失陷，廣東省主席李漢魂在日記中寫道，「年來廣州灣商民，醉生夢死，天道好還，招致不幸。」[12]儘管李漢魂的故鄉就在廣州灣不到15英里的吳川，他絲毫不掩飾對廣州灣當地人的厭惡。另一位旅客在遊記中表達了類似的感情：他痛恨廣州灣在歷史上所帶來的恥辱。[13]另一個化名Mr. Sparkling的商人也抱怨稱廣州灣缺乏愛國熱情，而且批評這裏的女志願者衣着太過新潮。[14]

法國統治下的廣州灣：群雄逐鹿

面積約200平方英里的法租界位於廣州灣的西營和赤坎區。西營是法租界政府所在地，而赤坎則是商業區，廣州灣總商會位於此。西營和赤坎之間被6英里的農村隔開。法租界北至赤坎和西營，南至東海和雷州，西北與遂溪和廉江二縣接壤，東北則毗鄰吳川縣。（參見地圖12.2）

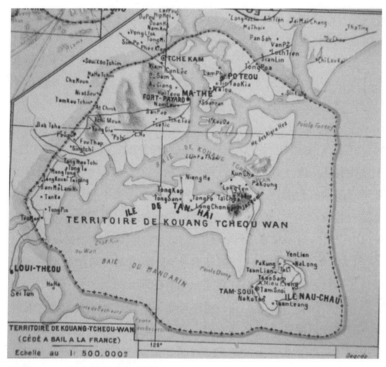

地圖12.2　廣州灣租借地地圖

　　赤坎和西營十分繁華，各式商舖林立：飯館、酒店、百貨商店、進出口企業、旅行社、銀行、當舖、劇院、俱樂部、妓院、賭場和煙館等等。截至1942年底，赤坎商業區有超過2,000家商舖。[15]這一數字到了1943年還在持續增長，《大光報》上幾乎每天都刊登新店開張的廣告。

　　廣州灣的政治環境十分複雜。法國殖民當局始終向一些政治上頗受爭議的要人提供庇護。廣東軍閥龍濟光在1918年護法戰爭中失敗後，潛逃至廣州灣，與當地法國政府達成協議，以廣州灣為避難所，往返海南島指揮其殘餘的軍隊。[16]

　　國民黨政府對藏匿在廣州灣租界中的敵人十分在意。1939年，國民黨在廣州灣的黨部要求當地政府支付更多經費用於情報工作，因為當地藏匿着「大批叛徒」，後者包括漢奸和中共。[17]中共在廣州

灣的確有黨組織，從事地下工作。[18]即使到了1943年底，國民黨政府還不斷發現中共分子在廣州灣的活動。[19]

至於日本方面，法方和日方的資料一致證實，早在1940年夏季日本就在廣州灣設立了一個委員會，監視經此走私進入自由中國的貨物。[20]1941年日本在當地設立了間諜機構。[21]1941年8月4日，在法國殖民政府的允許下，日本控制了雷州海關，很快法國當局就宣布正式停止從廣州灣向自由中國運輸貨物。1942年5月8日，日本駐印度支那的使館在廣州灣設立了一個領事館。[22]日本在廣州灣顯示政治存在，是為了截斷國民黨利用廣州灣作為通道走私武器。這與日本對國民黨實施封鎖的總體戰略是一致的，目的是削弱自由中國的經濟和軍事實力。

1938年11月1日，日本《朝日新聞》報道稱，國民政府從國外進口了一批足以支持國民黨部隊幾個月的軍火。由於廣州陷落，這批軍火目前滯留在香港，無法運往國統區。中法兩國政府遂達成協議，加開廣州灣和香港之間的輪船班次，將軍火和其他補給物資運入中國。這批軍火從香港起運，經越南海防，再到廣州灣，最終到達重慶。根據《朝日新聞》的報道，孔祥熙1938年10月30日在記者會上聲稱，進口的這批軍火足夠中國用上兩年。日本政府相信，這批軍火一定是從廣州灣進入中國的。[23]

根據目前的資料來看，抗戰早期廣州灣及其周邊地區的走私行為獲利頗豐。僅就日本希望阻斷輸入中國的貨物類型而言，每天走私物資的價值高達40萬元(或者約每年1.46億元)。[24]儘管我們很難估計究竟有多少物資經廣州灣進入了國統區，但是其重要性可以從日軍的不斷封鎖和最終佔領廣州灣而體現。[25]在日本佔領廣州灣兩天後，《朝日新聞》高調宣布國民黨中國的對外運輸通道自此被徹底掐斷。[26]

毫無疑問的是，在國民黨領導人例如蔣介石的眼中，廣州灣的重要性在於能通過它向國統區運送戰爭急需的物資。然而，對其他人來說，廣州灣的意義因人而異。國民政府官員視廣州灣是國際運輸通道；當地商人憑廣州灣的進出口貿易和走私獲利豐厚；對難

民而言，廣州灣幾乎是進入國統區的唯一通道。儘管蔣介石希望重開滇緬公路以緩解自由中國對廣州灣貿易路線的依賴，當地人、難民、商人以至土匪，全都指望着廣州灣的特殊地位生存。

牆頭草，隨風倒：法國統治下廣州灣的生活

自由中國發行的報紙連篇累牘地報道國內外戰事，似乎在不斷地提醒讀者們注意戰爭的威脅。與此相對的是，在廣州灣生活的人們對戰爭的態度似乎十分曖昧。作為逃難者和走私物資的中轉站，廣州灣與戰爭若即若離。從這個意義上來說，廣州灣的生活似乎與上海、澳門和摩洛哥的卡薩布蘭卡有更多相同點。正如傅葆石（Poshek Fu）筆下的上海淪陷區，「生活似乎固定在當下，每時每刻都是借來的時間。」[27]

廣州灣的生活並不艱難，所以人們完全有理由活在當下。自從1938年三艘日本軍艦被當地法軍擊退後，廣州灣就始終處於日軍的威脅中。[28]1938年底，國民黨軍隊破壞了連接廣州灣和廣西的鐵路，因為擔心日軍會藉此入侵廣西。[29]到了1939年1月，出於同樣的原因，國民黨軍隊又破壞了連接廣州灣和廣西的公路。[30]1940年，有傳聞稱日軍準備進攻廣東南部，但是結果卻平安無事。[31]1941年3月4日，日軍一部試圖進攻遂溪，但是被國民黨軍隊擊退。[32]在1941年8月佔領雷州海關後，日軍撤出廣州灣周邊地區。[33]

或許是因為上述威脅從未成真，當日軍在1943年2月17日迫近廣州灣之際，《大光報》認為日軍這次依然無意佔領廣州灣。當地人對此感到十分慶幸。但是當日軍最終於1943年2月21日進入廣州灣時，不知道當地人會不會想：「借來的時間」是不是終於用完了呢？

對於日軍來説，和法屬印度支那政府達成協議後和平進駐廣州灣無疑是個勝利。但是對當地人而言，廣州灣陷落的意義就十分模糊了。正如魏斐德（Frederic Wakeman）《上海歹土》一書，主題就是「抵抗與合作的極度模糊性」。[34]廣州灣的情況也差不多，當地人十

分擅長一邊效忠重慶的國民黨政府，一邊為自己謀取私利。在日本佔領期間，人們不願意公開表示對國民黨的支持。[35] 位於卡薩布蘭卡的法國殖民政府擔心，一旦宣布投降就會被當地民眾推翻。[36] 但是廣州灣的法國殖民者卻並不焦慮，因為當地人似乎對國家的前途漠不關心。

現在我們來看一看廣州灣掌握實權的人物。廣州灣權勢最顯赫的當屬殖民政府總督。從1898至1943年，廣州灣迎來送往共計73位總督，平均每位的任期才一年。最長的一任是從1937至1941年。[37] 廣州灣政局中的常青樹是赤坎公局長陳學談，他協助法國統治廣州灣長達20年。[38]

在電影《卡薩布蘭卡》中，法國上尉雷諾説，「我沒有甚麼信仰，只是隨風倒而已，現在佔優勢的風向是從維希政府那邊吹來的。」[39] 陳學談的一生也是如此。儘管出身富家，但是陳學談對念書沒有興趣。1921年，他協助國民黨剿匪，受到當地軍閥鄧本殷的提拔。陳學談自此有了自己的武裝。1925年，成為地方民團領袖的陳，又幫着國民黨進攻他的老東家鄧本殷。[40]

廣東軍閥鄧本殷的部隊被國民黨擊敗後，其屬下軍官組織了一些散兵游勇在南粵活動。直到1930年，鄧的部下決定解散部隊。當地的國民黨決定支付一萬元收購這些部隊的武器，而這筆交易的中間人正是陳學談。收購的武器包括800支輕武器，數挺機槍和三門炮。陳學談將機槍和大炮交給當地的國民黨部隊，把輕武器用於武裝自己的民團。國民黨在交易中也沒有出一分錢，是陳學談從廣州灣周邊的各縣募集了一萬元。[41] 這樣一來，陳學談實際上利用國民黨「名正言順」地武裝了自己。而為了避免讓國民黨起疑，他只留下輕武器，把重武器作為回報交給國民黨部隊。通過此事，我們可以看到陳學談的手腕和他在當地不斷上升的實力與名望。

陳學談在廣州灣經營多年，斂財有方，其中就包括開設賭場。隨着賭場的規模愈來愈大，其名稱也從「兩利」，變為「萬利」，最終到「億利」。[42] 陳學談在抗戰期間慷慨解囊，在1942年他飛到重慶

作為捐款者參加「一元獻機」的開幕慶典。[43]他還對廣州灣的地方教育和慈善事業貢獻良多。陳學談投資建立了包括培才私立學校在內的眾多中小學，陳的女兒任培才學校校長，其弟任校董。培才中學在當地很有名氣，1943年其小學部就有406名學生。[44]根據陳學談的口述，他幾乎涉足廣州灣的各項事務，從興修水利，到創辦難民所、醫院、賓館、百貨商店、香煙公司、賭場，甚至操縱當地貨幣流通，為士兵籌集軍餉。[45]

但陳學談的形象似乎依舊十分神秘。建國後出版的兩部地方志對陳學談有着近乎衝突的評價。一位作者認為陳學談是為法國和日本服務的漢奸，同時背叛了廣州灣的人民，因為陳從事的大多是非法行當。[46]另一位作者則認為陳學談雖然有不少劣迹，但是對地方事業出力很多，而且與中共的關係較為友好。[47]

當日本人佔領廣州灣時，陳學談陪同總督多梅克到城外的寸金橋迎接日軍。[48]儘管出城迎接侵略者並不是甚麼光彩的事情，陳學談標榜自己這樣做是為了保護當地商人和窮苦人。但是陳學談堅持不受偽職，只接受了一個非正式頭銜。[49]此外，陳學談依舊擔任赤坎公局長，為法國政府服務。同年，他又開始為國民黨軍統服務，儘管具體的職責不甚清楚。[50]

除了維持與國民黨的關係，陳學談還與資助其他地方勢力。張炎曾是十九路軍著名將領，抗戰期間支持抗日民族統一戰線。陳學談曾為張炎的部隊提供武器和補給。但是當張炎在1945年倒向中共後，陳學談並未跟隨。在1945年初，張炎被國民黨逮捕並處決時，陳學談也沒有出手相救。[51]在中共廣州灣的統戰對象名單上，陳學談位居榜首。而且中共意識到，統戰陳學談是個「長期工作」。儘管陳學談經常暗中資助中共，但是他從未完全倒向後者。抗戰結束後，陳學談去了香港。他在內戰期間曾暫時回到廣州灣，但是最終還是在中共佔領廣州灣前避居香港。[52]

總而言之，陳學談就是戰時廣州灣精神的寫照：牆頭草，隨風倒，從來不忠於某個政權或勢力。

廣州灣的難民和新生意

在1931年，廣州灣只有60,000居民。到了1936年，當地居民人數猛增到30萬，最終在1942年達到60萬。[53]但是在抗戰末期，廣州灣的人口開始劇減：1946年，當國民黨收回廣州灣時，人口調查顯示當地只有270,574人。[54]至於從廣州灣過境逃往內地的人，更是數不勝數，無法估量；國民黨湛江市長估計戰時約有130萬名難民經過廣州灣。[55]

1938至1942年，隨着日本在華南步步緊迫，一撥又一撥難民來到廣州灣。1938年10月，日軍佔領廣州和華南大部分地區。海南在1939年2月淪陷。由於日軍在海南強行徵兵，截至1939年底約有10萬海南人跑到廣州灣避難。[56]一些機構被迫搬遷，其中包括瓊崖中學就搬到廣州灣的郊區，直到後者在1943年淪陷。[57]為了應對大規模難民湧入，廣州灣城外建立起一座難民收容所。[58]1941年聖誕，香港在經過抵抗後向日軍投降。1942年1月6日起，日本在香港開始推行疏散政策，將很多居民趕往廣東。這一政策本應在1942年底結束，但是1943年10月開始，香港佔領地總督磯谷廉介卻命令更多的香港居民「返鄉」。直到1943年2月，約有80至100萬人或被迫或自願地離開了香港。日本為這些「返鄉」居民提供了四條免費路線，廣州灣就是其中之一。[59]

在香港陷落後，廣州灣成為了很多名人逃往自由中國的唯一通道。正如包括吳楚帆在內的很多香港演員一樣，他們轉道澳門再進入廣州灣。另一些人，例如陳寅恪，則直接從香港進入廣州灣。[60]中共在廣東的東江縱隊當時營救了很多被困在香港的知名人士。周恩來在1941年12月緊急致電南方局，指示兩條撤離路線：一條是直達廣州灣，另一條則是經廣州灣到桂林。[61]廣州灣對於人員和物資的中轉都至關重要。

隨着周邊其他城市的陷落，廣州灣又有了新的發展。由於廣州和香港的報館因為淪陷被迫關閉，廣州灣當地的出版業看準時機，創立了《大光報》。該報迅速成功，在1942年已經擁有五家營業部，其中包括一家名為「大光」的書店。[62]

廣州陷落後，當地的四大國有銀行(中央銀行、中國銀行、農業銀行和交通銀行)紛紛在廣州灣開辦分行。緊隨而來的是更多的銀行和錢莊在廣州灣落戶，例如福建銀行也在廣州灣開辦分行。[63]1939年6月26日，法航開闢了廣州灣至河內的航線，直到廣州灣被日軍佔領才停止營運。[64]

廣州灣最重要的要屬牲畜貿易。1941年底，由於廣州灣停止向香港出口牲畜，香港的牲畜價格迅速上漲。如果廣州灣不解除禁令，香港市面上的生豬存量只夠維持四到五天。[65]海南曾經是香港主要的牲畜供應地，但是隨着海南的陷落，廣州灣的牲畜養殖開始發展起來。香港演員黃曼梨在回憶錄中提到燒乳豬是當地的名菜。[66]由於需求高漲，養殖牲畜的農民們獲利頗豐。[67]

隨着成千上萬的難民經過廣州灣逃亡廣西、雲南和四川等地，當地交通運輸業也蓬勃發展。1941年，從廣州灣到廣西玉林的陸上交通耗時五天，旅行社向每位乘轎子的旅客收取85至100元費用。其中10元用於支付給搬運工人，每天一塊半租用轎子，每人每天兩元的食宿費用(包括兩位轎夫和一位旅客)，每名旅客單程的利潤在40至55元之間。[68]隨着廣州灣與更廣闊的外部世界聯繫起來，當地人也發現了愈來愈多生財之道。

由於其他港口城市的陷落，很多產業轉移到廣州灣，當地人因此獲利。「如果對大多數人來説生活意味着窮困，那麼對少數人來説就意味着狂歡。」[69]當地記者注意到廣州灣的一個奇特景象：穿着長衫和西服的人竟對那些身着短褲和涼鞋的人言聽計從，因為後者十有八九是當地的新富階層。[70]儘管這一觀察未必完全準確，但卻揭示了戰時廣州灣的社會變遷。

廣州灣難民們的生活與愛情

在逃亡廣州灣的難民中，香港演員吳楚帆的經歷頗為有趣，儘管在一些方面確實有與眾不同之處。和當時香港的很多電影人一樣，吳楚帆拒絕與日本人合作演出《香港攻略》；這部電影是日本宣

傳「大東亞共榮」的作品。[71]當時日本邀請香港著名影星胡蝶、吳楚帆等人參與拍攝，但是幾乎所有人最終都找藉口逃離了香港。吳楚帆表面上答應擔任主角，但卻以離婚外出散心為名逃走了。[72]吳楚帆離婚不過是虛晃一槍，實際上是以較為安全的方式離開香港（相對而言，粵劇名角薛覺先就是趁夜色僱漁船偷偷逃跑的）。[73]到了澳門後，吳楚帆並沒有感覺安全多少，最終聽從了朋友的建議來到更自由的廣州灣避難。[74]

吳楚帆在1942年夏季到達廣州灣。起初他不敢公開露面，因為當地遍布國民黨和日本的眼線。[75]逃到廣州灣的薛覺先，在當地報紙上發布了表明自己愛國立場的聲明。此舉激怒了日本人，薛不得不跑到赤坎，尋求當地綽號「鐵膽」的戴朝恩的庇護。赤坎是當地士紳和國民黨的勢力範圍，而相鄰的西營則是日本人的勢力範圍。[76]另一位逃到廣州灣的香港電影人盧敦也在赤坎尋求庇護，因為日本人出入西營毫無阻礙。[77]吳楚帆並沒有提到他的保護人，但是極有可能是陳學談。吳楚帆長期居住的南華旅社就是陳學談的產業，另外陳在自傳中提到他向吳楚帆等香港演員提供過資助。[78]吳楚帆和其他香港演員在赤坎成立了明星劇團。劇團設在廣州灣郊區的一所中學內，生活條件很差，尤其對這些養尊處優慣了的香港演員來說更是如此。盧敦也是劇團的成員，根據他的回憶，場地內沒有電、沒有自來水、甚至沒有窗戶，更沒有浴缸和抽水馬桶，男女團員只有在牆外輪流洗澡。[79]

沒過多久，吳楚帆的太太黃笑馨趕來和他團聚，也加入了明星劇團。劇團在成立半年內就排演了不少劇目，但是卻並不受歡迎。吳楚帆認為這是當地人不熟悉話劇的緣故。[80]黃曼梨也認為，喜愛劇團演出的主要是旅客和當地少數知識分子。[81]盧敦提出模仿當地一個成功劇團的建議也沒有取得效果。明星劇團始終面臨資金緊張等困境，團員們也開始自謀出路。[82]

明星劇團的失敗與當地其他劇團的成功形成了對比。從劇目上看，明星劇團排演的多為愛國劇目，例如《林沖》、現實主義話劇《雷雨》，以及改編的蘇聯文學作品如果戈理的《欽差大人》。然而當地

受歡迎的卻是粵劇。例如粵劇丑角廖俠懷在喜劇《本地狀元》中飾演一個麻瘋病人，受到觀眾的極大認可。[83] 又如著名粵劇花旦譚蘭卿出演的《楊貴妃》，其中就有頗為大膽的出浴場景。[84] 相比之下，明星劇團的劇目更為嚴肅，愛國主義色彩更濃厚，而其他劇團的劇目以滑稽和香艷吸引觀眾。廖俠懷和譚蘭卿在粵劇界長期積累的聲望也是他們受到廣州灣觀眾歡迎的原因。

此外，明星劇團在當地缺乏受眾。儘管劇團門票給學生提供低至三至十元的優惠價格（普通票五至二十元），但是當地沒有一所大學，只有少數幾所中小學，觀眾依舊寥寥。[85] 廣州灣的居民以商人和農民為主，賭博和抽鴉片比去劇院看一場愛國主義戲劇受歡迎。馮凌雲是廣州灣最後一個清代廩生，他曾寫過一幅著名對聯：「到此地除非嫖賭飲吹斷難小住；惟斯界可容官商兵盜任作歡場。」[86] 當明星劇團在《大光報》登報宣傳時，當天報紙的副刊刊登着妓女的廣告。[87]

明星劇團在廣州灣時，不少團員和他們的家屬與當地難民們一樣，也開始當街變賣自己的隨身物品。[88] 劇團女演員梅綺回憶道，賣掉一雙絲襪可以換好幾天的飯錢。[89] 但是這畢竟不是長久之計。面對看不到頭的艱難生活，吳楚帆的太太黃笑馨難以忍受。儘管吳楚帆百般安慰，但是黃笑馨思念父母心切，雙方免不了爭吵。最終，黃笑馨和朋友回到了澳門，並且寫信給吳楚帆表示自己再也不回廣州灣了。[90]

與此同時，包括盧敦在內的一批團員離開廣州灣，向廣西玉林和桂林進發。他們一路上靠演出費用來維持生計，最終到達了當時還未淪陷的桂林。劇團另一部分人前往越南西貢、河內、金邊，又輾轉到新加坡等地，仍以明星劇團作號召演出。[91] 吳楚帆則孤身一人留在廣州灣，希望太太能夠回心轉意。

1942年底，吳楚帆和黃笑馨最終決定事實上離婚。隨後，吳楚帆與朋友合夥開了一家小卷煙廠。儘管生意還算順利，但是吳楚帆卻因為離婚依舊悶悶不樂，開始酗酒和賭博，朋友們只好拉他去約會新的女人。[92]

李珍妮是個粵劇票友，吳楚帆和朋友們閒逛時遇到了這個聰明美麗的女孩。吳和李的朋友都覺得他們十分般配。最初，由於吳染上了賭博和酗酒的惡習，李珍妮並不願意和吳交往，但是吳楚帆卻被她溫柔所吸引。1943年初，當英美開始轟炸廣州灣時，吳楚帆總是以躲避飛機為藉口和李珍妮單獨在一起，因此「飛機來了，飛機來了」竟成了李的朋友們取笑吳楚帆的口頭禪。[93]這段感情幫助吳楚帆捱過了在廣州灣的艱難時光。1943年5月25日，兩人結婚，離開廣州灣前往越南，在那裏重新加入明星劇團。

吳楚帆和明星劇團的故事為我們展現出難民們在廣州灣生活的重要一面。他們逃往廣州灣是因為拒絕和日本人合作，不願意當漢奸。佔領香港後，日本人在籌拍《香港攻略》時，幾乎所有被相中的中國演員都拒絕合作，最終只好找來日本演員充當男女主角。[94]香港演員們回到大陸是為了加入文化戰線的抗日活動，他們待在廣州灣不僅是為了苟安，更重要的是為了籌集資金走的更遠。即便生計艱難，這些演員依舊堅持抗日演出，除了廣州灣，還在桂林和越南演出。很多人到達目的地時身上幾乎一無所有，有的行李被腳夫偷走，有的被迫變賣財物換錢。

對於吳楚帆來說，他在廣州灣合夥經商也是一時之舉。他在回憶錄中寫道，「1942年過去了，我的生活史又翻過重要的一頁了，這是淚痕斑斑的一頁，它不但使我結束了一場溫馨纏綿的戀愛，割捨了一個青春美麗的伴侶，還使我背棄了多年以來寤寐不忘、奉為終身事業的影劇演藝工作。」[95]最終，吳楚帆回歸了電影這個老本行。在日本戰敗後，他回到香港拍攝了自己戰後第一部作品《情焰》（1946）。在他一生拍攝的300多部電影中，大多數都創作於戰後。當吳楚帆在1993年逝世後，香港電影金像獎組委會向他頒發了終身成就獎。

儘管吳楚帆和明星劇團只是當地的過客，但是廣州灣在戰時的興盛就是拜他們所賜。基於此，或許我們應該從另一個角度來思考國家與地方社會的關係。身在國統區並不等於愛國，特別是在1943年國民黨政權開始令人失望的情況下（參見第9、10章）。與此同時，在日本依舊佔領着中國半壁江山的情況下，中國的前景仍不明

朗，至少對普通人是這樣，誰為哪個政權工作並不重要，關鍵的是
人們在地方社會做了甚麼。儘管吳楚帆在廣州灣經商來餬口，他對
電影事業的熱愛從未停止。抗戰時期廣州灣的故事告訴我們，歷史
從來不是簡單而純粹的：生活在不同政權的統治下，總會有人身不
由己，採取「牆頭草」的生存策略（survival strategy）。

另一個世界：土匪和走私販子

在廣州灣，妓院、賭博和鴉片業都被法國殖民政府合法化了。
來自賭博和鴉片的稅收佔政府年收入的50%。[96]此外，很多廣州灣
居民還從事着利潤很高的走私生意。儘管廣州灣是個自由港，按理
說不應收稅，但是法國殖民政府卻根據貨物的大小和重量收取名目
眾多的「手續費」，[97]這使得走私在廣州灣有利可圖。

1940年，為了應對走私，雷州海關新增了19處收稅點；1942
年又新增27處，但是走私行為卻沒有下降。[98]由於廣州灣的租借地
和內陸之間並無天然屏障，因此稽查走私十分困難。此外，隨着更
多收稅點的設立，緝私的任務也就更繁重。在日本佔據廣州、海南
和香港後，廣州灣是連接自由中國和外部的唯一物資運輸通道。隨
着國統區通貨膨脹日益劇烈，走私也益發有利可圖。

廣州灣一帶走私船的數量日漸增多，有些船的火力甚至超過了
法國當局的巡邏艇。即便法國當局有能力清剿走私，他們也不願意
這樣做，因為很多走私物資都是供應廣州灣賭場的，法國人會從中
提取更豐厚的收入。[99]

雷州半島的匪患也是由來已久。[100]廣州灣當地的匪幫們既不劫
富濟貧，也不與貪官污吏為敵，純粹是一批自利之徒。由於當地
經濟落後，農業也不發達，很多農民只得偶爾打家劫舍來增加收
入。用貝思飛（Phil Billingsley）的話說，這些土匪屬「偶爾為之者
（occasionals）」，他們只是把土匪活動看成是臨時的出路。[101]但是隨
着連年戰亂和當地的丘陵地形，這些「偶爾為之」的土匪逐漸也佔山
為王，成了職業土匪。[102]

　　民國才女、著名畫家和詩人凌叔華曾經撰文〈由廣州灣到柳州記〉，記述了她與家人和朋友這一段異常艱難的逃難旅程。1941年12月2日，她離開香港前往廣州灣，最終在12月24日晚到達柳州。相比之下，1939年夏衍搭車從桂林經由柳州前往廣州灣只用了36個小時，而且路程還長了100英里。[103]這是由於國民黨部隊為了延緩日軍的進攻而破壞了廣西的道路，大大增加了凌叔華其後旅程的時間和困難。

　　凌叔華這篇文章並不是一般意義上的文人遊記，而是寫給經過廣州灣的旅客們看的指南。文章的主要建議是：盡可能地從當地人那裏獲取幫助，這可以大大減少沿途各色人等的盤剝。

　　凌叔華一行人在旅途中遇到的第一個檢查站，就是雷州海關下屬的收費站。同行朋友因帶了幾身新做的西裝，竟然被收了800元關稅。另一個朋友帶了兩皮箱「606」梅毒藥，關卡的一個工作人員表示想購買兩盒，好處是免去通關費。但是凌的這位朋友不願交易，結果被收了一大筆錢。顯然這兩皮箱梅毒藥並不是給自己準備的，此人或許是準備將藥物帶到內地高價出售。

　　過關後，凌叔華等人被告知前面很有可能出現土匪劫道，他們於是和另外六名旅客共同僱了一班武裝警衛，一路護送。他們在經過一座木橋時，遇到一個健碩的老人和兩個年輕人向他們索要過路費。稍後又遇到三人在路邊要求「捐贈」，據說是用於地方民團的支出。他們還遇到一些老人和孩子，索要一元的過路錢。但是一路上卻沒有遇到明火執仗的土匪，後來凌叔華他們才驚訝的得知，原來路上所遇到那些人其實都是當地土匪。如果發現旅客落單，他們就搶劫；如果旅客們人多勢眾，土匪就索要過路費。

　　當凌叔華等人到達玉林時，她丈夫的一位上海朋友卻發現腳夫偷走了自己的一隻皮箱。這個倒楣的商人用借來的兩萬元購買的一批藥品和絲絨內衣都在箱子裏，他原準備帶到內地去賣掉獲利的。丟失了價值連城的貨品後，這個商人身上只剩下200元現金。當地政府卻拒絕受理這個案件，因為盜竊行為並不是在轄區內發生的。[104]

　　從凌叔華的旅程經歷來看，我們實在很難準確地定義廣州灣附

近的土匪或罪犯。他們可以是假借捐款為名的地痞，或者是坐地收錢的村民，甚至是沿街乞討的孩子。犯罪的門檻似乎變得很低。當他們遇見落單的旅客，或是包括老人、婦女和孩子的逃難者，土匪就直接搶劫。從某種意義上説，腳夫和保鏢，甚至關卡工作人員都是違法者。腳夫和保鏢本應保護旅客；而關卡工作人員則對通關的旅客有極大權力。用「當地人」這個術語來概括廣州灣的民眾是有問題的，因為「當地人」同時也包括這些違法者。更危險的是，地方政府和省政府既無意願也無能力來約束這些違法行為。

1941年，廣東省主席李漢魂命令時任廣東省保安第九團團長的陳佳東秘密捕殺當時三個走私巨頭：廉江縣長鄒武、自衛隊隊長黃鏗和廣州灣的戴朝恩。黃鏗本來是地方匪幫，後來搭上廉江縣長鄒武等當地官員，更是有恃無恐。戴朝恩則是法國殖民政府任命的赤坎公局「局紳」。而當地鄉紳鄧秀川和其子粵軍35集團軍總司令鄧龍光則是他們最大的靠山。[105]

黃鏗的走私團夥甚至還和當地緝私的國民黨中央税警發生過衝突，因為後者也參與走私。黃鏗仗着鄒武和鄧秀川的支持，並不懼怕中央派來的緝私人員。在1941年的一次衝突中，黃鏗的團夥在走私途中遇到中央税警稽查。一番激戰後，黃鏗仗着人多勢大，生擒税警12人，將他們綁上大石沉入海中。[106]

由於鄒武等人與地方軍政要員盤根錯節的關係，抓住黃鏗和鄒武後，陳佳東並不願意執行李漢魂就地槍決的命令。黃鏗向陳開價500萬港幣換自己一條生路，但是陳佳東不願放棄自己在軍中的「錦繡前程」而拒絕了。在李漢魂多次催促後，陳佳東將黃鏗槍斃。李漢魂把捉拿黃、鄒二人的消息上報中央，並且命令《大光報》大事宣傳這一緝私成就。[107]

鄒武則被押送至韶關——當時國民黨軍政領導機關所在地。陳佳東心裏清楚，由於鄒的後台很硬，處決鄒武就意味着得罪了鄧秀川和鄧龍光父子。在鄧龍光和李漢魂進行一番秘密交易後，鄒武幾個月後被釋放，反而以少將軍銜任職35集團軍。[108]

至於戴朝恩（他曾經為逃難的香港演員提供庇護），陳佳東在

1942年1月拜訪了他在廣州灣的公館。陳的策略是，先拉攏戴朝恩與國民黨合作，然後派特務盯上他，伺機將其逮捕。戴朝恩接受了陳佳棟的合作提議。但是一個月後，陳就發現派去的特務開始對戴忠心耿耿；特務們穿金戴銀，抽着鴉片，出入高級飯店。陳佳棟明白自己的算盤落空了，好在李漢魂也沒有再逼他逮捕戴朝恩。1942年底，戴朝恩當上了遂溪縣縣長。[109]

儘管以上敘述來自陳佳棟本人的回憶，但是我們依舊可以從中一窺當地各方勢力間的博弈。在廣州灣，中央政府任命的國民黨官員、地方軍閥和土匪三者之間的關係十分複雜。作為廣東名義上的最高軍政長官，李漢魂實際只控制着粵北一部分地區。他很難左右地方實力派，例如鄧氏家族。廣州灣對李漢魂來說顯然是鞭長莫及。

李漢魂之所以對廣州灣不滿（參見前引李漢魂日記），其根源在於廣州灣猖獗的走私活動對周邊城市的經濟利益形成威脅。根據廣東省政府月報，北海市及其周邊各縣一致提議，省政府應加強對廣州灣海關的管理。據稱自從廣州灣成為租借地以來，由於廣州灣關稅很低，北海市的進口貿易額就大幅下降。北海市的官員認為，廣州灣新設立的進出口貿易線路構成了非法壟斷。儘管法國政府不課稅，但是省政府應該在廣州灣附近設卡收稅，避免政府財富的流失。[110]儘管中央政府和省政府都批准了這項提議，[111]但是廣州灣的走私分子卻有恃無恐。除了走私帶來的可觀利潤外，國統區的城市（例如首都重慶）需要依賴廣州灣來輸入補給，特別是在華南沿海城市陷落和法國殖民當局關閉了印度支那與中國邊界的情況下。此外，相對而言不那麼顯眼但卻同樣重要的則是國統區與淪陷區之間的貿易往來。例如廣州灣和香港之間的牲畜貿易，甚至還有東京、淪陷區與國統區之間的軍火貿易。由此看來，廣州灣貿易的性質十分複雜，向國統區輸送物資來支持抗戰的愛國貿易只是一部分而已。這其中的邏輯十分簡單：如前所述，地方實力派和走私客為了追逐走私利潤，不惜和國民黨當局公然衝突。面對日本勢力不斷深入廣州灣，當地法國政府也只有步步妥協。在1940至1943年間，廣州灣居民們所感受到的抗戰愛國的

必要性愈來愈小。我們可以很自然地認為廣州灣的進出口貿易並不是都為抗戰服務的。

上面這些故事可見，在抗戰時期的廣州灣，政客、軍閥、土匪之間的界限實際上很模糊。在廣州灣，一個人的法律地位並不重要，要緊的是賴以生存的權勢和關係網。為了生存和利益，人們身不由己，儘管所採取的生存策略可能與民族主義和愛國主義背道而馳。

終章

翻譯家孫源在旅行記《在廣州灣》一文中記錄自己和家人逃難到廣州灣的心情。輪船靠岸後，等待着這些剛剛逃離淪陷區的旅客們的卻是日軍嚴格的檢查。一番忐忑後，孫源和他的家人登上舢舨靠岸，直到看見鮮明的三色法國國旗，才終於鬆了一口氣；乘坐的輪船並沒有直接在碼頭靠岸，所有的旅客轉移到一艘舢舨上接受當地日軍嚴格的盤查。[112] 孫源這篇遊記寫於 1943 年 4 月。即便在 1943 年 2 月日軍佔領廣州灣後，依舊有不少人逃難到廣州灣。但是眼前的廣州灣對他們來說，意味着焦慮與恐懼。

最終，隨着日軍的佔領和戰局的變化，戰爭早期廣州灣所享受的種種特殊便利條件也一去不復返。儘管駐軍並不強大，但是日軍的佔領還是給廣州灣帶來了不小的變化。[113] 當地的商人和走私販子們都掂量着風險和收益。在 1944 年日軍發動「一號戰役」後，連接廣州灣和國統區的運輸通道就被切斷了，一同被掐斷的還有走私貿易的豐厚利潤。

廣州灣這個位於中國南部邊陲的小城，是為數不多因為抗戰而獲得發展的城市之一（也是以其他城市的艱難處境為代價），起碼在戰爭進入尾聲前是如此。廣州灣在 1937 至 1943 年之間經歷了空前繁榮。在廣州灣的走私生意中，人們關注的是利潤和地方政治網絡，而不是甚麼愛國情感。

1944 年 6 月 3 日，盟軍轟炸了廣州灣。炸彈命中了一家俱樂

部，超過100名正在跳舞的民眾被炸死。[114]這對當地人猶如一記洪鐘：廣州灣不再是戰爭的避風港，它的好運氣用完了。1944年，作為屈指可數的還沒淪陷的海港，位於廣西南部的東興成為了「新廣州灣」。[115]廣州灣的商民們於是陸續西遷至此。但是隨着抗戰進入尾聲，東興終究未能經歷像戰時廣州灣那樣的興盛、危險和浪漫。

注釋

1　戴明光：〈雷州題聯習俗考〉，《湛江文史資料》，卷16，1997，292–293頁。戴明光將這個對聯標為「匿名」。但是即將出版的《湛江市赤坎區志》認為此聯的作者是當地文人馮凌雲。參見http://www.chikan.gov.cn/E_ReadNews.asp?NewsID=1186。

2　〈湛江鋼鐵基地項目獲准建設〉，《南方日報》，2012年5月25日；白岩松：《新聞1+1：鋼鐵是怎樣煉成的》，CCTV–13，2012年5月29日。

3　法國殖民政府的確試圖建設連接廣州灣與外部的交通線。1898年，法國獲准建立連接廣州灣和周邊安浦鎮(在廣州灣西北不到30公里)的鐵路線，但是最終因為當地人反對而作罷。參見〈法國進一步用武力侵略擴大廣州灣劃界的外交文件〉，《湛江文史資料》，卷3，1985，140–141頁。在法國佔領廣州灣初期，當地民眾進行了抵抗。《湛江文史資料》有專門一卷記載了這些抵抗行為。

4　〈三個時期的廣州灣〉，《新亞》卷8，第4期，1943，33–34、41頁，文章的作者將日本佔領下的廣州灣歸為第三個時期，即所謂的「新生的時期」；〈日軍進駐後之新生地帶：廣州灣一瞥〉，《新亞》卷8，第4期，1943，31–32頁；〈江南的土，新生的廣州灣：兩部新聞片〉，《華瀛周刊》，51期，1944，2頁；其他發表於日佔時期的關於廣州灣的文章同樣突出了當地的新面貌，參見〈廣州灣印象記〉，《新亞》，卷9，第1期，32–37頁；上述文章一方面是日本的政治宣傳，另一方面介紹了日軍在建設「新生廣州灣」的成績。

5　儘管日本和國民黨都試圖建設廣州灣，但是出於不同的原因，最終都失敗了。在日本人看來，建設一個新的廣州灣需要在軍事和經濟上與法國政府和當地豪紳(例如陳學談)發生衝突。從經濟上說，當地法國政府和陳學談的重要收入來源就是那些曾經「合法」的賭博和妓院生意。因此日本人建設「新生的廣州灣」的措施未能堅持多久。對於國民黨政府來說，如果不是內戰的爆發，國民黨建設廣州灣的計劃還是有可行性的。

6　首批開放的14個沿海城市包括大連、秦皇島、天津、煙台、青島、連雲港、南通、上海、寧波、溫州、福州、廣州、湛江和北海。在這些城市中，湛江的經濟發展水平僅高於北海和連雲港。

7　盧敦：《瘋子生涯半世紀》(香港：湘江出版社，1992)，69頁。

8　四邑是廣東四個縣的統稱，包括新會、開平、台山和恩平。

9　四邑與沙坪都在廣州附近，沙坪距廣州西南約60公里。

10　雲實誠：〈粵戰場〉，《大公報》曲江分館，1943，112頁。

11 廣州灣《聯防協定》在1943年5月17日簽署，但是2月21日日軍舉行了和平入城儀式。參見〈日法當局締結廣州灣聯防協定〉，《申報》，1943年2月25日；日軍指揮官在1943年2月17日收到了當地法國政府的接待，而日本和維繫法國印度支那政府關於廣州灣的談判持續了兩個月。日法雙方的往來電報，參見Antoine Vannière, *Le territoire à bail de Guangzhouwan : une impasse de la colonisation Française en Asie orientale, 1898-1946*, [The leased territory of Guangzhouwan: an impasse of French colonization in East Asia, 1898–1946], (Lille: Atelier national de Reproduction des Thèses, 2006.)

12 李漢魂：《李漢魂將軍日記》(香港：聯誼印刷有限公司，1982)，419頁。

13 〈我來到廣州灣〉，《宇宙風》，106期，1941，310頁。

14 鄒韜奮紀念館編：《鄒韜奮研究》，卷3 (上海：學林出版社)，75–76頁。

15 韋健：《廣州灣商業指南年鑑合輯》(東南出版社，1943)，44–63頁。

16 〈關於軍事之最近見聞〉，《申報》，1918年5月20日。

17 王美嘉：《國民時期廣東省政府檔案史料選編》(廣州：廣東省檔案館，1988)，290頁。

18 中共湛江市委黨史研究室編，《中共在廣州灣活動史料1926–1949》(廣州：廣東人民出版社，1994)，35頁。

19 Guomindang Record (1894–1957), TE21 REEL2 1.189, 1943, 10,13, in Hoover Institute of Stanford University.

20 Vannière, *Guangzhouwan*, 400；紫宸譯，〈廣州灣的經濟實況〉，《經濟月報》卷3，第1期，1944，58頁；該委員會的具體成立日期不清楚，日方資料為1940年7月，法方資料為1940年8月30日。

21 逢復編：《侵華日軍間諜特務活動紀實》(北京：北京出版社，1993)，13頁。

22 房建昌：〈廣州灣若干史料辨析〉，《廣東史志》，第4期，2000，45頁。

23 "ハノイへ武器転送香港から連日船便 [Weapons shipment to Hanoi from Hong Kong takes several days by boat]," *Asahi Shimbun*, Nov. 1, 1938: 07.

24 常奧定：《經濟封鎖與反封鎖》(重慶，1943)，32頁；廣州灣周邊的走私地包括麻章、遂溪和北海。

25 1938年11至12月期間《朝日新聞》至少刊登了十篇物資 (特別是軍火和汽車) 經由廣州灣進入自由中國的報道。

26 "援蔣路を完全遮断　敵の侵入企図を先制 [Route to support Chiang completely cut off: Enemy invasion plans curbed]," *Asahi Shimbun*, Feb. 23, 1943: 06.

27 Poshek Fu, *Passivity, Resistance, and Collaboration: Intellectual choices in occupied Shanghai, 1937–1945* (Stanford: Stanford University Press, 1993), 125.

28 〈法艦三艘駛往廣州灣保護〉，*Chinese Times* (Vancouver, BC), July 7, 1938: 8.

29 〈重要消息〉，*Chinese Times* (Vancouver, BC), Dec. 16, 1938.

30 〈廣州灣至桂境公路已斷〉，*Chinese Times* (Vancouver, BC), Jan. 27, 1939: 4.

31 〈我海軍派參謀南進〉，*Chinese Times* (Vancouver, BC), Jan. 9, 1940: 6.

32 〈我軍赴粵南增援〉，*Chinese Times* (Vancouver, BC), Apr. 1, 1941: 7.

33 〈重要電報〉，*Chinese Times* (Vancouver, BC), Aug. 6, 1941.

34 Frederic Wakeman, *The Shanghai Badlands: Wartime terrorism and urban crime, 1937–1941*, (Cambridge, New York, Cambridge University Press, 1996), 4.

35 Vannière, *Guangzhouwan*, 418.

36 同上引書，247頁。

37 韋健：《大廣州灣》(廣州：東南出版社，1942)，73–74頁。

38 同上引書，77頁。

39 Curtiz, Michael, et al. *Casablanca*. Burbank, CA: Warner Bros. Pictures, 1942.

40 〈南路戰事之新形勢〉，《申報》，1925年11月21日。

41 〈收回南路鄧部遺械〉，*The Chinese Times*, Oct. 14, 1930: 05.

42 陳華昆：《陳學談先生傳略》(香港：中國時代出版社，2009)，33頁。

43 〈一元獻機首次命名典禮〉，*The Chinese Times*, Jun. 15, 1943: 8.

44 郭景生：〈陳學談在廣州灣辦教育〉，《湛江文史資料》，卷21，2002，124頁；蔡進光：〈法國租借廣州灣時期幾間主要學校簡介〉，《湛江文史資料》，卷12，1994，222頁；參見培才私立中學編：《培才學生》(廣州灣：培才私立中學，1943)，4，11，14頁。培才學校最初只有小學部，在增加初中部後改名培才私立中學。

45 陳華昆：《陳學談先生傳略》，29–30，34頁。

46 鍾俠：〈法帝國主義在廣州灣豢養的陳學談〉，《湛江文史資料》，卷14，27頁。作者曾為陳學談工作。

47 〈抗戰時期廣州灣公局長陳學談事略〉，《赤坎文史》，卷3，2011，430–439頁。

48 〈廣州灣與粵南〉，*The Chinese Times*, Aug. 24, 1943: 8.

49 Chen Ce to the Secretary of National Government, 10 Jun., 1943, Special Archives of the Guomindang Party Affairs 9, REEL5 35.51, *Zhongguo Guomindang Records (1894–1957)* (microfilm).

50 Chen Su to the Secretary of National Government, 4 Jan., 1944, Special Archives of the Guomindang Party Affairs 21, REEL1 1.24, *Zhongguo Guomindang Records (1894–1957)* (microfilm).

51 中共吳川縣委黨史研究室：《南路特委與張炎將軍》(廣州：廣東人民出版社，1995)，139頁。

52 《中共在廣州灣》，186–191頁。

53 上海市政協文史資料委員會：《列強在中國的租界》(北京：中國文史出版社，1992)，473頁。

54 湛江地方志編纂委員會：《湛江市志》(北京：中華書局，2004)，304頁；民國時期的湛江市基本上繼承了廣州灣租地的行政區劃。參見許同莘、汪毅、張承棨編：《光緒條約》(臺北：文海出版社，1974)，10–12頁；郭壽華：《湛江市志》(臺北：大亞洲出版社，1972)，7頁。

55 郭壽華：《湛江市志》，11頁。

56 〈重要消息〉，《大光報》(粵南版)，1941年5月14日。

57 〈抗日戰火中的瓊崖中學〉，范基民、符和積編：《海南文史資料》，卷16 (海口：南海出版公司，2000)，94–96頁。瓊崖中學的前身是瓊台書院，後者自清初以來就是瓊州最高學府。

58 〈廣州灣上救濟窮難民〉，*The Chinese Times*, Jul. 19, 1939: 08.

59 李光和：〈抗戰時期日佔香港的歸鄉運動評述〉，《民國檔案》，第2期，2011，189頁。

60 劉正：《閑話陳寅恪》(天津：百花文藝出版社，2011)，189頁。

61 南方局黨史資料徵集小組編：《南方局黨史資料大事記》(重慶：重慶出版社，1986)，180頁。

62 李瞻：《中國新聞史》(臺北：臺灣學生書局，1979)，504頁。

63 〈最新廣東新聞〉，《大光報》(粵南版)，1942年1月14日。

64 孫振國：〈從法航的首航封看抗戰時期的對外通航五航線〉，《集郵博覽》，2009，11頁。

65 〈廣州灣牲口運港〉，《中央銀行經濟彙報》，卷4，第10期，1941，111–112頁。

66 黃曼梨：《我的演藝生活》(香港：學問書店，1952)，63頁。

67 〈廣東新聞1：一年來各行商業調查〉，*The Chinese Times*, Jan. 27, 1939: 8.

68 〈廣州灣苦力之近況〉，*The Chinese Times*, Sep. 9, 1941: 07.

69 Fu, *Passivity, Resistance, and Collaboration*, 125.

70 《廣州灣苦力之近況》，*The Chinese Times*, Sep. 9, 1941: 07.

71 吳楚帆：《吳楚帆自傳》(臺北：龍文出版社，1994)，83–85頁。

72 同上引書，87頁。

73 駱國和：〈抗戰時期香港藝人在廣州灣活動瑣記〉，《湛江文史資料》，卷24，2005，55頁。

74 同上引書，88頁。

75 同上引書。

76 崔頌明、伍福生：《粵劇萬能老倌：薛覺先》(廣州：廣東人民出版社，2009)，89–90頁。

77 盧敦：《瘋子生涯半世紀》，71頁。

78 陳華昆：《陳學談先生傳略》，63–65頁。

79 同上引書，79–80頁。

80 吳楚帆：《吳楚帆自傳》，93頁。

81 黃曼梨，《我的演藝生活》，65頁。

82 盧敦：《瘋子生涯半世紀》，74–75頁。

83 參見《大光報》，越南，1942年9月22日，第一版。

84 同上引文。

85 參見《大光報》，越南，1942年12月16日，9月26日，頭版廣告。

86 戴明光：〈雷州題聯習俗考〉，292–293頁。

87 《大光報》(副刊)，1942年9月21日。

88 黃曼梨：《我的演藝生活》，64頁。

89 梅綺：《戲劇的人生》(香港：文綜出版社，1956)，32頁。

90 吳楚帆，《吳楚帆自傳》，94–95頁。

91 黃曼梨：《我的演藝生活》，66–73頁。

92 吳楚帆：《吳楚帆自傳》，96–98頁。

93 同上引書，97–100頁。

94 謝永光：《三年零八個月的苦難》(香港：明報出版社，1994)，262頁。

95 吳楚帆：《吳楚帆自傳》，96–97頁。

96 　郭壽華：《湛江市志》，71頁；林樂明：《海關服務卅五年回憶錄》(香港：龍門書店，1994)，262頁。

97 　〈廣州灣貿易結匯及取締走私調查報告〉，《貿易月刊》，卷1，3–4期，1940，1046頁。

98 　同上引文，1047頁；林樂明，《海關服務卅五年回憶錄》，26頁。

99 　〈廣州灣貿易結匯及取締走私調查報告〉，1047–1048頁。

100 〈雷州土匪獨多之原因〉，《民國日報》，廣州，1926年1月12日；〈雷州匪禍之慘酷狀況〉，《民國日報》，廣州，1926年1月25日。

101 Phil Billingsley, *Bandits in Republican China* (Stanford University Press, 1988), 5.

102 同上引書，8頁。

103 夏衍：《夏衍雜文集》(北京：三聯出版社，1980)，181頁。

104 凌叔華：〈由廣州灣到柳州記〉，《婦女新運》，卷4，第8期，1942，67–74頁。

105 陳佳東：〈抗日時期李漢魂處理南路私梟內幕〉，《廣州文史資料》，卷19(廣州：廣東人民出版社，1980)。

106 同上引書。

107 同上引書。

108 同上引書。

109 同上引書。

110 〈南區呈請設立廣州灣海關及在廣州灣附近設立稅卡案〉，《廣東省政府報》，59期，1928，45–48頁。

111 〈國稅公署函覆廣州灣設關徵稅已呈請國民政府敕行籌辦案〉，《廣東省政府報》，73–74期，1929，46–48頁。

112 孫源：〈在廣州灣〉，《自學》，卷5，1943，58頁。

113 Vannière, *Guangzhouwan*, 417–418.

114 〈駐渝美空軍慘無人道濫炸廣州灣赤坎市〉，《廣東旬報》，廣州，1944年6月11日，4頁。

115 〈東興：新的廣州灣〉，《旅行雜誌》，卷18，第8期，1944，63–66頁。

13

蔣介石和開羅會議

林孝庭（Hsiao-ting Lin）

　　1943年，蔣介石領導下的國民黨政府取得了幾項令人矚目的外交成就。當年1月，中國與美、英及其他盟國簽訂了新約。中國對戰爭的貢獻得到上述各國的承認（參見第5章）。2月18日，作為第一位在美國國會發表演説的中國人，也是繼荷蘭女王之後登上美國國會演講台的第二位女性，蔣夫人宋美齡在美國國會發表了歷史性的演講，呼籲美國增大對中國抗戰的援助（參見第2章）。10月份，中國代表受邀至莫斯科簽訂《四國宣言》，承諾對軸心國作戰到底。儘管有很強的儀式性色彩，《四國宣言》代表中國被納入世界四強之列。

　　但是國民黨政府在1943年最出色的成就當屬開羅會議。1943年12月1日，中、美、英三國發表了具有歷史意義的《開羅宣言》，其中宣布將日本從中國掠奪的所有領土，特別是東北和臺灣，在戰後歸還中國。蔣介石在日記中寫道，「中外輿情，莫不稱頌為中國外交史上空前之勝利。」[1]開羅會議上蔣介石夫婦與羅斯福和邱吉爾平起平坐的照片極大地鼓舞了中國人民；一個多世紀以來，中國的國家領袖終於與西方領導人平等相處，這似乎將中國的百年屈辱一掃而光。

　　正因此，在中國現代史的敍述中，開羅會議及其政治意義始終被視為中華民國的偉大外交成就。但是開羅會議的政治形象和現實之間卻有着不小的差距。蔣介石日記的開放和外交檔案的解密，使

圖13.1　蔣介石、羅斯福、邱吉爾與宋慶齡在開羅會議合影。
美國國家檔案館美軍通信兵圖片

我們得以重新思考開羅會議被忽略的若干方面。例如，蔣對開羅會議的看法是甚麼？他對羅斯福邀請的最初反應是怎樣？在去開羅之前，蔣心裏有何打算，他想提出哪些議題？蔣在開羅期間和回國後的優先級「清單」是甚麼？開羅會議對中國與同盟國的關係有何影響？本文重新考察了開羅會議來回答這些問題。

峰會前夕

　　1943年中期，出於多方面的原因，羅斯福開始敦促與蔣介石進行會面。1月份，羅斯福與邱吉爾在摩洛哥城市卡薩布蘭卡會面，討論同盟國戰略。會後兩國宣布將對軸心國作戰到底，直到後者無條件投降。令國民黨感到憤怒的是，會議沒有邀請蔣本人或中國代表出席。[2] 在隨後的幾個月裏，蔣夫人和時任外交部長的宋子文在華盛頓展開游說，警告美方把中國排除在同盟國會議之外的危險，

包括對中國戰爭努力和士氣的嚴重打擊。到了6月初，羅斯福向宋子文傳達了與蔣介石會晤的邀請。會面既能以四強峰會 (美英中蘇) 的形式舉行，也可以是中美兩國在華盛頓或重慶舉行雙邊會談 (羅斯福向蔣夫人傳達了同樣的邀請，後者在6月底結束訪美回到重慶)。儘管在此時還不清楚會議的細節和議題，蔣對羅斯福的邀請十分高興。[3]

羅斯福在1943年有充足的理由與蔣會面。在合作抗戰兩年後，中美雙方存在若干亟待解決的衝突。國民黨領導人認為中國受到了同盟國的不公待遇，例如在《租借法案》援助物資的分配，和盟國內部對於戰略擬定的諮詢等同盟國之間對戰爭計劃的分歧。到了1943年中期，中美英三國在實施緬甸戰役的最佳進攻戰術上陷入了死胡同。此外，蔣介石和史迪威之間的摩擦也為中美軍事同盟蒙上了陰影。[4]羅斯福希望通過與蔣會面，中美軍事合作中的緊張關係能夠得到緩解，同時為他與斯大林未來的會晤鋪平道路。[5]從個人層面來説，這次會面可以振奮中國人民的士氣，維持中國對日作戰，以此減輕同盟國在其他戰場的壓力。將中國提升為四強之一還有利於戰後美國的亞洲戰略：反對包括英國在內的一切帝國主義；支持一個自由、強大和民主的中國，有利於維護亞洲的穩定。這樣一來，邀請蔣參加同盟國峰會是美國將中國納入其戰後全球戰略的重要一步。[6]

1943年8月羅斯福與邱吉爾在加拿大魁北克會面。中國代表的再次缺席，令蔣和其他國民黨官員更為憤怒。結束與邱吉爾見面一周後，羅斯福在8月30日告訴宋子文，中國沒能參加魁北克會議是因為英國從中作梗，拒絕將中國與美英蘇三國一視同仁。一向對中國反感的邱吉爾，並不認同美國對中國在戰後亞洲事務中的安排；英國外長對於在中緬印戰區 (China Burma India Theater) 發起戰役也毫無興趣。但是羅斯福向宋子文保證，他反對邱吉爾對中國的看法；羅斯福向他的英國同行保證，中國將在未來25年內實現工業化，能成為亞洲阻擊共產主義的磐石。[7]

中國缺席魁北克會議加速了羅斯福與蔣會面的進程。魁北

克會議數周之後的9月15日，宋子文和羅斯福及其幕僚討論了一系列話題，從史迪威免職到中國在同盟國的地位。同時提出的還有兩國元首的會面。作為羅斯福最信任的顧問，哈利·霍普金斯（Harry Hopkins）向宋子文保證，會面將迅速展開。不幸地是，霍普金斯和宋子文並未針對計劃中的會面制訂出具體的議程。[8]與此同時，由於英方控制的東南亞戰區和蔣介石領導下的中緬印戰區存在重疊，魁北克會議後新設立、由英國海軍上將蒙巴頓勛爵（Lord Mountbatten）指揮的盟軍東南亞司令部（South East Asia Command）成為雙方爭論的焦點。但是羅斯福和他的幕僚似乎認為，在與中國國家元首會面之後，上述問題就會迎刃而解。[9]

根據國民黨方面的資料，在離開華盛頓於1943年10月8日返回重慶之際，宋子文與羅斯福達成了下列共識：史迪威將被從中緬印戰區召回；創建包括中方在內的聯合參謀團（Combined Chiefs of Staff，簡稱CCOS）；中國將參與在緬甸發起的反攻。[10]至於羅斯福即將與蔣進行的會面，在與宋子文會談以及與在重慶的蔣介石交換意見後，羅斯福於10月初同意中美英在開羅會面，如果斯大林願意參加則更好。[11]根據蔣的日記，在10月8日，羅斯福似乎暗示如果斯大林拒絕參加蔣出席的會議，他則會在與蔣之前先會見蘇聯領導人。蔣對中國再次被怠慢（雖然是無意地）感到十分不悅，憤而寫道中美英蘇之間絕無真正合作的可能，這樣的會議無異於「空談」。[12]

即便在10月28日得知羅斯福決定在斯大林缺席的情況下與他和邱吉爾在埃及會面時，蔣對於會面依舊感到不安。在接到羅斯福的消息後，蔣在日記中寫道：「接羅斯福電約下月下旬在埃及相晤，余實無意為此，然卻之不恭，故猶豫甚為不安。」[13]同樣令蔣擔心的是羅斯福在與斯大林的會面上語焉不詳。儘管蔣不滿羅斯福將自己排在了斯大林後面，他同樣擔心如果羅斯福先與自己會面，斯大林是否會有所疑慮。[14]最終，由於顧及到日本（與蘇聯簽訂了互不侵犯條約）和中共的反應，在得知蔣準備參加後，斯大林決定缺席開羅會議。[15]最終的結果是先後舉行的兩場會議：中美英領導人在開羅會面；稍後美英蘇領袖在德黑蘭會面。

蔣介石對峰會的內心想法

儘管即將到來的開羅會議稱得上是蔣介石和中華民國歷史上最偉大的時刻之一，1943年10月底至11月初，蔣對於參會卻充滿顧慮。蔣不情願的根源是甚麼呢？首先，蔣最初的打算是與羅斯福單獨會面來增強雙方的私人關係，以此從美國獲取更多的政治和軍事援助。但是蔣現在不得不在會議上面對兩位美援競爭者：從不掩飾輕視中國的邱吉爾和可能出席的斯大林。蔣非常不情願在同盟國之間，以理應感情友好、並肩作戰的虛假氛圍下與蘇聯領導人會面。[16]其次，蔣的擔憂來自宋子文。後者在10月11日回到重慶後沒多久就因為撤換史迪威一事與蔣爆發了激烈爭吵，結果導致宋被逐出權力核心。由於蔣意識到史迪威與美國戰爭部的密切關係，和他在盟軍東南亞司令部的重要地位（蒙巴頓勛爵的副手），以及中緬印戰區的整體形勢，他改變注意決定留下史迪威。然而，蔣的這個決定令始終為撤換史迪威在華盛頓奔走的宋子文大感羞辱。[17]

同樣招致蔣憎惡的，還有宋子文的獨立自主和他往往未經請示重慶方面就自作主張。蔣在日記中指責宋自私奸詐，而且把他的私欲和野心置於國家利益之上。[18]由於二人之間的不合，宋子文作為蔣和羅斯福會面的聯絡人以及（本應是）為蔣在會議上出謀劃策的最好人選，卻未能陪同蔣去開羅。宋不僅沒有參會，更被蔣排除在制訂會議議程的圈子之外。[19]宋子文的失寵意味着蔣只能依靠史迪威來準備即將到來的會議，而這恐怕令蔣感到不舒服。

儘管存在顧慮，蔣還是在11月2日接受了羅斯福的會面邀請。就在同一天，蔣在日記中首次記錄了他希望帶去開羅討論的重要事項：一、中國參加美英聯合參謀團；二、從速建立國際聯合機構；三、中美經濟、金融合作與相關機構之組織；四、對日最低限度之條件；五、中國接收日本之海軍與裝備之比例；六、扶持戴高樂領導之自由法國；七、引進外資以利戰後中國經濟發展。[20]接着數日之內，蔣不斷修訂其會談亦提議目標，並增加如下選項：戰後中國空軍之發展組建；蘇聯參加太平洋戰爭；中、英同盟問題與盟國進

攻日本之陸、海、空軍協調。隨後幾天，蔣對會議目標做了調整，加入了如下項目，例如：戰後加強空軍建設、蘇聯參加太平洋戰爭、西方與中國的可能聯盟與盟軍聯合對日本作戰的計劃和協調工作。[21]

在11月的頭幾周，蔣和他的親信在會議各項議程的優先級別上舉棋不定。例如11月11日，蔣再次調整了與羅斯福和邱吉爾討論的優先次序，暫時變為如下順序：中蘇關係；外蒙和新疆問題；中東問題；中國的經濟建設；中國的鐵路計劃；以及聯合開發中國的自然資源。[22]有趣地是，此時距蔣啟程不過一個星期的時間，但是蔣還沒有將盟軍在緬甸反攻列為會議討論的最高優先事項。鑑於同盟國花了大量時間和精力在開羅會議討論緬甸戰役，並且因此造成了中國和其他盟國之間的巨大分歧，蔣最初對此的忽視就值得我們關注。或許在蔣看來，緬甸戰役早在10月中旬已經在蒙巴頓、史迪威和許多高級將領參加的會議上談妥。中方對此次重慶會談的會議記錄顯示，儘管蔣私下裏對於聯合參謀團把泰國和印度支那從他的中緬印戰區劃到蒙巴頓的東南亞戰區十分惱火，但是雙方還是就緬甸戰役達成了共識。蔣和蒙巴頓達成的計劃是：英軍在緬甸南部地區發動海上和兩棲作戰，確保盟軍在孟加拉國灣的制海權（即「海盜行動」）；蔣將提供額外五萬名地面部隊，如同先前中方所提供的13.7萬名遠征軍部隊一樣，這新的地面部隊將在英方的指揮下從列多、雲南進攻北緬重開滇緬公路（即「泰山行動」）。中英雙方將戰役時間定於1944年1至3月，戰役的最終目標是解放緬甸全境。[23]

由於蔣把緬甸戰役事宜交給史迪威處理，他已經不大注意此事。11月21日，蔣收到並同意了史迪威起草的收復緬甸方案，其中計劃中國先後投入90個師，每30個師為一組。第一組在1944年初準備完畢；第二組在重開滇緬公路後開始裝備，1944年8月完成；第三組則在1945年1月完成準備。史迪威計劃按照與蒙巴頓商定的方案，與列多和雲南出發的部隊一起進攻緬甸。蔣對緬甸戰役的期望是：盟軍在1944年初最大限度地投入陸海空力量重開滇緬公路；美軍提供上述90個師的裝備；保證駝峰空運每月一萬噸的運輸

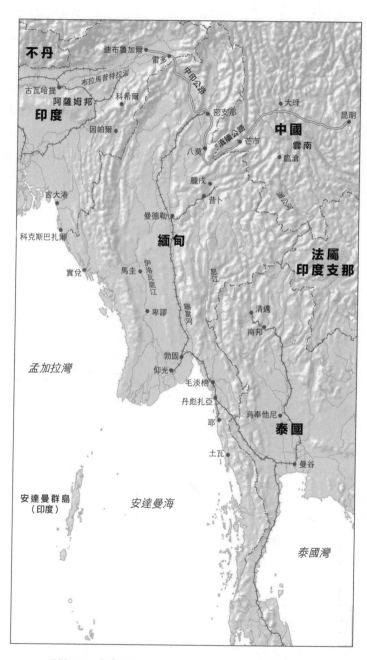

地圖 13.1　緬甸地圖。　修改自 Philip Schwartzberg 繪製地圖

物資。[24]蔣在收到史迪威的作戰計劃後，才把緬甸戰役加入開羅會議與羅斯福的討論事宜中。[25]

通過仔細查閱蔣的日記和圍繞開羅會議的日程安排，我們可以發現，在會議前夕，即便蔣並非有意忽略盟軍提出的反攻緬甸計劃，他對此事也實在並不熱衷。儘管他對派遣中國軍隊入緬不感興趣，但是蔣未曾考慮到的是，他對中國出兵緬甸一系列前提的堅持最終破壞了中國和最親密盟友美國之間的關係。這體現出蔣在處理全球性戰爭策略事務上缺乏經驗。

失去的領土

在史迪威遞交緬甸作戰方案幾天後，蔣的注意力從軍事轉移到政治和外交方面。蔣和他的幕僚發現，當務之急是釐清中國究竟有哪些領土被日本奪走。中國領導層的議事日程也隨之轉移到地緣政治方面。[26]開羅會議半年前，蔣出版了《中國之命運》，在書中他描繪了戰後中國領土和國防的理想藍圖(參見本書第6章)。在蔣看來，中國的周邊區域包括滿洲、臺灣、琉球群島、蒙古、新疆、西藏，甚至遙遠的帕米爾和喜馬拉雅區域，對中國戰後的國防都具有戰略意義。[27]蔣的這番宏論，由於提到中國可能的領土擴張而顯得十分敏感，同時在國外引起了不同的反響和猜測。蔣對西藏及其周邊英屬印度領土毫不掩飾的雄心引起了英國方面的擔憂，但是美國對此似乎並不在意。早在1942年，羅斯福就想宋子文建議戰後應該把琉球群島歸還中國。[28]

但是隨着開羅會議臨近，蔣還是敏銳地區別上述理想和國際政治的現實。為了說服同盟國領袖對戰後中國收回被佔領土的支持，蔣擺出了一系列現實考慮。從法律意義上說，琉球在清朝時期作為半獨立的王國向清廷納貢，因而從不屬中國。在甲午戰爭中，清朝將臺灣和澎湖割讓給日本，但是琉球脫離清代的朝貢體系卻經歷一個漸進而模糊的過程。日本在1879年正式將琉球納入沖繩府，結束

了與清朝的朝貢關係。甲午戰敗徹底斷絕了清朝對琉球哪怕是名義上的管轄權。[29]

如果説法理和歷史合法性，或許可以讓蔣介石拒絕羅斯福的好意並放棄收回琉球，戰後中國在東亞缺乏實力的現實則最終決定了琉球的歸屬。從開羅回到重慶後，蔣表示由於在未來缺乏強大的海軍，即使收回琉球，中國也缺乏實際控制琉球的能力。[30]鑑於琉球和朝鮮是朝貢體系下的藩屬國而非清帝國的一部分，蔣決定放棄對其領土要求，而是憑藉同盟國的支持爭取收回滿洲和臺灣。[31]

至於西藏和香港的地位問題，蔣毫不猶豫地決定避免與英國進行任何詳細討論，更不用説是爭吵了。[32]至於日本在戰後的處置和戰爭賠款，蔣的設想是：在東京投降後，羅斯福將一定數量的日本空海軍力量、彈藥和商船分給中國，淪陷區的日本公私財產也一併歸中國所有。[33]但是從蔣此時的日記來看，他似乎十分焦慮痛苦：一方面是會議議程尚未確定；另一方面，蔣對於首次會見兩位最強大的同盟國領袖顯得無所適從，尤其是英美兩國都曾經是中國的帝國主義敵人，而且當時同盟國之間的關係十分脆弱。儘管蔣思考着中國的領土要求和日本的戰爭賠款，他在日記中寫道：

> 此次與羅邱會談本無所求無所予之精神，與之開誠交換軍事
> 政治經濟之各種意見，勿存一毫得失之見則幾矣。[34]

又稱：

> 余此去與羅邱會談，應以淡泊自得無求於人為唯一方針，總
> 使不辱其身也，對日處置提案與賠償損失等事，當待英美先
> 提，切勿由我主動自提，此不僅使英美無所顧意，而且使之
> 畏敬以我，乃毫無私心於世界大戰也。[35]

由此可以看出，在開羅會議的前夕，蔣一方面絞盡腦汁籌劃如何實現中國的目標，同時也希望讓美英領袖感受到他高尚的動機。儘管蔣期待自己表現出色，但是他在開羅會議上卻令盟國領袖們大

失所望。尤其是對直到當時都在支持國民黨的羅斯福來説，開羅會議令他對蔣和國民黨政權開始失望。

峰會登場

1943年11月18日清晨，在飛機起飛數個小時前，蔣和他的幕僚最終確定了七件在開羅會議上準備討論的問題：一、國際政治組織；二、遠東委員會組織；三、中英美聯合參謀團之組織；四、佔領地管理方案；五、反攻緬甸之總計劃；六、朝鮮獨立；七、東北與臺灣應歸還中國。[36]蔣介石一行隨後啟程赴開羅，其間在印度阿格拉停留，會見了當地英軍軍官並參觀了泰姬陵。在印度短暫停留期間，蔣給英國人留下的印象是孤傲自大，令下屬極為懼怕。[37]敵意也是相互的：蔣認為泰姬陵「此皆印度之古迹，以今視之，直一野蠻時代之遺物，毫無文化之意義，余對之但有嫌惡而已，此英人所以特予保存而未加毀棄也，其視我各處古寺之建築雕刻，如雲崗十三陵之遺迹，遠不如矣。」[38]令蔣最為擔憂的是蔣夫人的身體接連有恙：皮膚過敏、結膜炎，和誤服藥物；她的面目浮腫直到11月21日早上到達開羅才有所緩解。[39]

11月21日下午，蔣介石來到邱吉爾的住處寒暄片刻。邱吉爾正在病中，情緒很差；最重要的是，他從來不想邀請中國人來開羅，他後來在會議錄中寫道「（中國人）把會議弄得一團糟。」令邱吉爾同樣反感的是，由於中國的參會以及羅斯福在會上始終在安撫蔣介石，他和羅斯福將很難有機會就接下來將召開的德黑蘭會議的許多重大議題達成一致立場，共同向斯大林施壓。[40]蔣在日記中卻表示，初次與邱吉爾見面，後者給他留下的印象比預計的要好不少。[41]儘管這個看法在幾天之內就改變了。

11月22日上午11時，邱吉爾回訪了蔣的住處。「處在權力巔峰」的蔣，給他的第一印象是「沉穩、矜持和幹練」；蔣夫人則有着「非凡而迷人的性格」。[42]當天下午，一早到達的羅斯福為蔣介石夫婦舉行了下午茶會。在同盟國領袖忙着社交的時候，美英兩國的高

級將領正在籌劃聯合參謀團（CCOS）的首次會議。英美雙方的將軍們在下午三時開會，馬歇爾提出，應蔣介石的要求，中方軍事代表也應定期參加聯合參謀團的會議，尤其在討論涉及到中緬印戰區的問題時。馬歇爾還建議同樣的情況也適用於蘇聯，即討論涉及到蘇聯方面時，蘇方代表也可以參會。但是馬歇爾將聯合參謀團會議擴展為四國會談的提議遭到英國的質疑，甚至連一些美國將軍，例如海軍上將歐內斯特・金（Ernst King）也提出反對。經過討論得出的共識是：在討論涉及與中國直接相關的事宜時，中方可以派代表參加聯合參謀團會議，但是不論戰時或戰後皆不得常駐會議。[43]在正式會談開始之前，蔣最初計劃中的一項就已擱淺。

聯合參謀團的首次會議在11月22日舉行，討論的主要內容是第二天會議的議程和事項，大都與緬甸戰役有關。蔣的代表驚訝地發現，他們被排除在會議之外。即便在史迪威的協助下，中方也未能參加。[44]當晚，史迪威告知蔣聯合參謀團第二天的會議議程已經由英美定下來而且中方的議題遭到擱置時，後者也十分驚訝。[45]史迪威也是直到最後時刻才知道（第二天）會議的議程，而蔣的幕僚則十分擔心第二天正式會議對中國的不利影響。[46]蔣對史迪威在反攻緬甸戰役的依賴以及中國代表團對該問題的準備不足，在未來幾天將付出沉重的代價。

好戲開幕

開羅會議的首次全體會議在11月23日上午11時召開。作為主持者，羅斯福歡迎蔣介石夫婦參加同盟國的會議，並祝願開羅會議能在未來數年內結出碩果。羅斯福隨後邀請盟軍東南亞戰區司令蒙巴頓勛爵介紹了盟軍在東南亞準備發起的行動。蒙巴頓概述了他在1944年的戰略目標，其中包括三方參與的緬甸反攻，但是這一方案的規模要比在重慶和蔣商定的小很多。蒙巴頓提出只在緬北發動反攻，駐印英軍於1944年1月向東進攻奪取戰略要地。根據蒙巴頓的計劃，中國駐印軍的一部分（X部隊）將加入東進緬甸的英軍；另一

支中國軍隊（Y部隊）自雲南出發，從緬甸西部進攻。戰役的設想是大膽穿過看似不可逾越的叢林，同時以空投作為補給方式，打日軍一個出其不意。[47]

蔣對於緬甸反攻在地理範圍上的變化十分吃驚，提出了一些關於補給和海空軍掩護的問題，例如能否增加駝峰空運每月的運輸量、用於空中支持的飛機數量、在孟加拉國灣集解的海軍力量等。邱吉爾保證，「令人生畏」的英國皇家海軍將派出包括兩艘大型戰艦、四艘大型航空母艦和十艘輕型航母在內的艦隊，保證孟加拉國灣的制海權。蔣對此表示滿意，同時再次強調制海權和大規模兩棲作戰的必要性。他還指出，盟軍應把緬甸中部的曼德勒定位主攻目標，而不是遠在緬北的密支那。此外，駝峰空運每月的運輸物資應保證在10,000噸以上。[48]邱吉爾提出皇家海軍的行動無法和中國軍隊的陸上作戰相協調，因為英國艦隊的大本營在緬甸3,000英里之外，所以緬甸地面作戰的成敗不應完全取決於陸海行動的協同。由於英國皇家海軍最早要到1944年暮春或初夏才能在孟加拉國灣投送足夠的兵力，邱吉爾強烈建議蔣介石和羅斯福採用蒙巴頓與史迪威的原定作戰計劃。[49]

從此時蔣的日記來看，儘管他對邱吉爾的提議頗為不滿，但也並未十分擔憂。儘管邱吉爾反對陸海行動聯合實施，但是蔣感到其他參會者對他的意見表示了默許。由此蔣認為自己在開羅的第一次正式會談中表現不差，雖然免不了後悔英語不佳使得他無法和盟國領袖直接交流。[50]

由於擔心蔣拒絕派兵參與緬甸戰役，蒙巴頓在當天下午拜訪了蔣，希望他能理解並同意東南亞戰區司令部提出的緬甸戰役計劃。根據蒙巴頓的回憶，蔣原則上「同意」反攻緬甸，但是認為他的計劃過於保守。在現有計劃之外，蔣希望緬甸戰役的目標還包括奪取仰光和臘戍，並重開滇緬公路，儘管蒙巴頓認為這樣的想法不切實際並且無法成功。然而蔣不為所動，據說他向蒙巴頓表示，「沒關係，反正我們照樣可以拿下緬甸。」[51]值得注意的是，中方的資料只記載了蒙巴頓向蔣闡述緬甸戰役計劃，但是沒有提到蔣對此同意或任何

反應。[52] 鑑於隨後圍繞着中方參與緬甸戰役的巨大分歧，如果我們相信蒙巴頓的回憶，那麼蔣的這個口頭承諾或許正是在 1944 年導致中國與同盟國之間分歧的關鍵因素之一。

在蒙巴頓與蔣會面的同時，美方軍事首腦會見了中國同行，徵求後者對緬甸戰役的看法。根據美國將軍亨利·阿諾德 (Henry Arnold) 和海軍上將威廉·萊希 (William Leahy) 的看法，中方除了表示願意致力於為盟軍東南亞司令部提出的作戰計劃外，令人失望地沒有發表任何意見。[53] 一小時之後，中國的將軍們受邀參加聯合參謀團的首次會議，會議的主題依然是蒙巴頓的緬甸戰役計劃。聯合參謀團希望中方能闡明蔣的立場，對蒙巴頓方案提出意見、建議和問題。中方軍事代表團團長商震卻表示，他還沒來得及詳細研究蒙巴頓的方案，希望將討論推遲到明天。聯合參謀團隨即建議中方討論「海盜行動」初始階段從雲南出兵的應變方案，中方代表再次陷入沉默。[54] 中國將軍們的糟糕表現和缺乏準備給盟軍將軍們敲響了警鐘，後者對中方的表現和由此帶來的「時間的極大浪費」十分反感。[55] 這次會議基本上終結了中國在未來參加聯合參謀團會議的任何希望。

蔣介石本來準備親自參加聯合參謀團的會議並發表對蒙巴頓方案的意見，但是不知出於甚麼原因，他在最後時刻改變了主意。[56] 但是我們需要注意的是，在籌劃開羅會議時，蔣就從未把注意力放在緬甸戰役上。對他來說，在當天晚上和羅斯福共進晚餐才是最重要的。令蔣高興的是，晚宴的氣氛十分融洽。在三個小時的談話中，兩人似乎在所有問題上都取得了共識。蔣同意羅斯福關於日本未來政治應由日本人民來決定的觀點，並提議日本對中國的賠償應該以工業品、戰爭製品、商船以及其他物資為主。蔣還聽取了羅斯福對共產主義的看法，並且強調莫斯科不值得信任。羅斯福支持東北和臺灣歸還中國，雙方在戰後世界的格局上也取得了共識，特別是在終結殖民主義和支持朝鮮以及印度支那的獨立。此外，蔣還提到雙方討論了一系列話題 (儘管細節不得而知)，包括將中國納入聯合參謀團、蘇聯參與太平洋戰爭、中共以及新疆的局勢；唯獨沒有提到緬甸戰役。[57]

在日記中，蔣稱與羅斯福的談話「至為圓滿」。這是因為蔣終於有機會把他和幕僚們費盡心思商議出來的一些會議議題向羅斯福當面提出。儘管羅斯福是否對會面同樣滿意不得而知，但是羅斯福是否在會面中有意試探蔣介石夫婦就值得關注了。根據羅斯福兒子艾略特（Elliott）的描述，這次會面使得羅斯福相信蔣最好的軍隊沒有用於抗日，而是在西北封鎖中共。在與其子艾略特的談話中，羅斯福問道：「為甚麼蔣不把軍隊投入到（對日）作戰中呢？」這暗示了蔣阻撓史迪威訓練中國駐印軍的緣由，因為後者絕不會容忍把軍隊和物資留着打內戰。[58]通過這次晚宴談話，羅斯福對中國的局勢和蔣本人都有了更好的理解，這促使羅斯福在幾天之後拋出複雜棘手的中共問題。

分歧擴大

11月24日下午，馬歇爾拜會蔣介石，詢問蔣對於蒙巴頓計劃的意見並爭取他的同意。蔣則保持懷疑，提出如果英國不能承諾在緬甸戰役投入更多兵力，那麼他就不會將駐印軍（X部隊）和雲南的部隊（Y部隊）投入緬甸。[59]蔣在日記中寫道，馬歇爾聞後「甚動容也」。[60]馬歇爾隨即邀請蔣參加當天下午聯合參謀團的第二次會議。蔣表示同意，但是最終改變主意並未參加。蔣的優柔寡斷令他的盟友感到沮喪。在會上英方就蔣介石對「海盜行動」的表態向馬歇爾開炮，馬歇爾報告了蔣對蒙巴頓計劃的否定態度，因為中方肩負的責任和可能的損失都太大，而且沒有勝利的把握。馬歇爾緊接着陳述了蔣參加緬甸戰役的若干先決條件：首先，英國必須承諾發動孟加拉灣兩棲作戰，掩護中國在緬甸的地面部隊，最好還要與國軍協同發動佔領孟加拉灣的安達曼群島戰略據點；其次，必須將緬甸戰役的地理範圍擴展到接近早前蒙巴頓在重慶與蔣會談時的程度，即納入緬甸中部的曼德勒和仰光。[61]

英國人對此既震驚又惱怒。陸軍元帥艾倫·布魯克（Alan Brooke）在日記中寫道，蔣介石不願意在盟軍的聯合行動中出力，

除非滿足他開出的那些「不可能實現」的條件。[62]當中國的將軍們抵達會場時，他們重申了蔣對於緬甸戰役的反對，提出了一些瑣屑的技術問題，甚至質疑英軍的作戰能力。這一切都招致了英國將軍們極大的反感和輕蔑。中方代表團團長商震強調，無論聯合參謀團最終是否批准登陸行動，駝峰空運的運輸量都不得低於每月10,000噸。此時一向耐心的蒙巴頓也無法掩飾他的憤怒，認為在執行大規模登陸作戰的同時卻絲毫不削減對中方的物資供應是毫無道理的。他告訴中方，在保障運輸物資量和英軍兩項行動中只能選一樣。馬歇爾附議了蒙巴頓的意見，告訴商震如果中國想要重新打通滇緬公路，那就必須通過奮戰來獲得。[63]馬歇爾的這番話讓本來就十分緊張的會議氣氛火藥味十足。當蔣得知聯合參謀團會議上各方充滿敵意的討論後，他在日記裏抱怨馬歇爾沒能捍衛中方的立場。[64]

當晚，邱吉爾舉行晚宴招待蔣介石夫婦。蔣在日記中寫道，他和邱吉爾詳細討論了蒙巴頓的緬甸戰役計劃。晚餐前邱吉爾把蔣帶到地圖室，向他詳述了皇家海軍在孟加拉國灣的部署計劃，以及戰役準備的時間表。邱吉爾向蔣保證，所有英軍部隊將在1944年5月前就位。但是蔣卻因此大失所望，因為他希望英軍可以在1944年初完成部署。餐後邱吉爾再次把蔣領到地圖室，一一告訴他英國軍隊在每個戰區的情況。邱吉爾興致勃勃地講了一個小時，而蔣則早已厭倦不堪。在當天日記中，蔣把邱吉爾稱為「英國式之政治家，實不失為昂克爾塞克遜民族之典型人物，……狹隘浮滑、自私頑固，八字盡之矣。」[65]

儘管邱吉爾提供了英軍部署細節表明合作朝着正確的方向前進，但是中方對緬甸戰役仍然抱有疑慮。只有獲得更多的訊息，中國才會決定加入盟軍在緬甸的戰役。[66]蔣或許根本不關心，也沒質疑過戰役能否成功。因此，在聯合參謀團的第三次會議上（在11月25日著名的「三巨頭」合影結束後舉行），蔣和其他同盟國代表陷入僵局也就不足為奇了。中國將軍們沒有參加此次會議。蒙巴頓把當天早晨他和蔣會談的內容告知了在座的美英將領：蔣不僅執意認為緬甸戰役太過保守，還反對將駝峰空運的物資用於支持緬甸作戰。

委員長表示，如果聯合參謀團不能作出這樣的保證，他將直接向羅斯福提出此事。[67]聯合參謀團的主要成員都很生氣。艾倫・布魯克抱怨蔣在向盟軍漫天要價，而這種印象恰恰是蔣此行所極力避免的。[68]蒙巴頓據說指責蔣在英美之間挑撥離間，並且擔心這會破壞1944年的任何進展。[69]

蔣真正在乎的遠非緬甸戰役，而是中美關係。在11月25日羅斯福舉辦的晚間茶會上，蔣利用這個機會和羅斯福談了很多議題。如果中國難以參與目前的聯合參謀團，蔣希望羅斯福能支持建立一個新的「中美聯合參謀會議」。他同時力勸羅斯福建立一個新的中美政治會議來增進雙邊關係，並且為蔣的30個師提供裝備。[70]雙方還討論了中國的政治局勢，蔣表示他回到重慶後就會努力改善和中共的關係，11月23日他在與羅斯福晚餐時也作出過類似的承諾。[71]

沒有資料顯示雙方在當晚的茶會上認真討論了緬甸戰役計劃的僵局。這樣看來，蔣既沒有就此事尋求羅斯福的幫助，而羅斯福也未要求蔣接受蒙巴頓較為保守的作戰方案（只收復緬北）。羅納德・海夫曼（Ronald Heiferman）認為，羅斯福這樣做的原因是他不想冒犯中國人，與其令他們面對現實不如去提升士氣。[72]至於蔣的做法，可能的原因是他從未把緬甸戰役當作會議的議題之一。在結束晚上的茶會後，蔣的思緒回到了11月2日他剛開始思考會議議程的時候，其中就包括爭取美國的經濟援助和可能的外資。他立即與蔣夫人宋美齡商量，是否可能設法爭取羅斯福支持，允美國政府提供新一筆貸款給予中國？研究再三之後，蔣決定由宋美齡先於隔日上午單獨與羅斯福總統會面，「試談其事，以觀彼之態度，然後再定進退與多寡之計劃。」[73]

冷酷的「現實檢驗」

蔣在11月26日的日記中寫道，羅斯福在25日晚間茶會上對他的態度比起在23日晚宴更加親切。[74]令蔣更為愉悅地是，26日一早蔣夫人拜訪羅斯福商討國民政府嚴重的經濟和財政困難，羅斯福

同意向中國提供經濟援助，其中包括與重慶方面商定一筆新的借款。[75] 蔣對此欣喜若狂，把這一切都歸功於蔣夫人的努力。回到重慶後，蔣親自向宋美齡頒發她能得到的最高榮譽——「一等卿雲勛章」。[76]

如果蔣以為羅斯福對他的態度頗為正面，那他可就錯了。通過幾天的近距離接觸，羅斯福對蔣介石和中國局勢的判斷逐漸改變，並開始調整對華政策。在11月25日夜裏，就在與蔣的晚間茶會結束幾個小時後，羅斯福與史迪威進行了一次長談，其中涉及到史迪威在中緬印戰區面臨的問題，包括與蔣的摩擦。羅斯福對史的遭遇表示同情，試圖以他對蔣的不滿來安慰對方。根據史迪威部下弗蘭克·多恩(Frank Dorn)的敍述，羅斯福稱他對委員長已經「感到厭煩」，建議史迪威如果無法和蔣相處或者無法找到蔣的替代者，那麼就應設法「除掉他」。[77]

美國總統是否真有此番談話，不無疑問，不過與史迪威的談話結束後，羅斯福在當晚確實告訴其子艾略特：蔣介石已向他保證將改善與中共的關係，允諾戰後建立一個真正的民主政府，甚至同意中共加入未來的中央政府，只要英國人在上海、廣東等前通商口岸不再享有特權。[78] 蔣對中共問題或許只是口頭承諾，但是羅斯福顯然把此話當真了。到了1944年，國民黨政府處理中共問題的方式將令重慶和華盛頓之間產生巨大分歧。

11月26日下午，英美兩國的將軍們舉行了聯合參謀團在開羅的最後一次會議。其間英國人提起了「霸王行動(盟軍準備在法國北部的登陸作戰)」以及相關的在地中海的作戰。英國人的意見是，如果他們受命奪取位於地中海的希臘羅德島，那麼就必須推遲或放棄在孟加拉國灣的「海盜行動」。因為盟軍缺乏同時在西歐、緬甸和地中海同時作戰的資源。英國人的建議令美方既震驚又憤怒，因為緬甸戰役對太平洋戰場的作用是不言而喻的，一旦取消將會產生嚴重的政治後果。更熱衷於擊敗德國而不是日本的英國人卻毫不示弱，提出在稍後的德黑蘭會議上斯大林一定會向羅斯福和邱吉爾施壓，早日在西歐開始「霸王行動」。英國人聲明，如果實施「霸王行動」，

那就必須延緩孟加拉國灣的登陸行動，為前者保證足夠的登陸船隻。會議結束時，雙方沒有達成任何協議。[79]

在聯合參謀團為「海盜行動」和「霸王行動」爭論不休時，蔣正在和羅斯福舉行最後一次會談。蔣第一次當面向羅斯福提出緬甸戰役計劃中的僵局，並指責英國缺乏在緬甸作戰的誠意。蔣告訴羅斯福，如果沒有英軍的配合，他除了不向東南亞戰場派兵外別無選擇。[80]羅斯福並不知道在同時進行的聯合參謀團會議上，英國人提出了「海盜行動」取消的可能性，他向蔣保證在開羅會議結束前會讓邱吉爾同意緬甸戰役，並且在孟加拉國灣部署更強大的海軍力量。這就意味着1944年春天盟軍將在緬甸北部和南部同時發起行動，而這正如蔣所願。[81]儘管如此，短短數日後，蔣介石在返國途中，曾在日記裏透露他對羅斯福此番英國如期出兵保證的不信任，他稱：「羅總統雖保證其（指英國）海軍在緬甸登岸必與我陸軍一致行動，余明知其不可能，而姑且信任之。」蔣也堅信「緬甸反攻時期，此心斷定其非至明年秋季決無實施之望也」。[82]

開羅會議的最後環節在11月26日下午五時舉行，中美英三國高級官員共同商定一份向媒體公布的新聞公報。鑑於同盟國之間關於1944年軍事戰略的分歧沒能得到解決，相關內容就沒有多少可以公布。最終，三國領導人和各自的代表團將公報的內容和語言修改得盡可能四平八穩。公報的第一段聲明同盟國「關於今後對日作戰計劃，已獲得一致意見」，同時表達了他們決心「以不鬆弛之壓力，從陸、海、空各方面，加諸殘暴之敵人」。公報的第二段則安撫了中國，「日本所竊取於中國之領土，例如東北四省、臺灣、澎湖列島等，歸還中國。」公報同時聲明，盟國「決定在相當時期，使朝鮮自由獨立。」在最後，公報表達了三國對日作戰的決心，「我三大盟國將堅忍進行其重大而長期之戰爭，以獲得日本之無條件投降。」[83]隨着公報的敲定，開羅會議結束。

風雲變色

從開羅啟程回國前，蔣介石下了兩道命令，清楚地顯示出他對開羅會議的感想。首先，他命令國防最高委員會秘書長王寵惠利用開羅公報在國內大張旗鼓地展開政治宣傳。除了表明同盟國要求日本無條件投降並歸還從中國佔領的領土外，蔣尤其想讓中國民眾瞭解蔣氏夫婦在開羅會議的兩大成就：一、會議實現了羅斯福總統主張的維護各國獨立自由平等的遠東政策；二、會議為英國遠東政策開始轉變之起點。蔣同時指示，宣傳時要強調英美人士皆認為蔣夫人對此次會議貢獻很大。[84]蔣利用開羅會議和隨後的新聞公報來振奮中國軍民的士氣，並進一步提升他和蔣夫人在國內的聲望。

蔣的另一項命令則耐人尋味。蔣告訴參謀長史迪威，他已從羅斯福那裏得到口頭保證英國人最終同意緬甸戰役，但還未做出實施「海盜行動」的正式承諾。因此蔣交給史迪威的任務是留在開羅，直到德黑蘭會議後羅斯福和邱吉爾返回開羅時，再得到他們關於在安達曼海實施兩棲作戰的最後確認。[85]蔣在此時心裏十分清楚的是，邱吉爾絕不會以歐洲戰場為代價將資源用在東南亞戰區上，因此絕不會在「海盜行動」上對美國人作出哪怕最小的讓步。此外，蔣預計英國人絕不會早在1944年春天就實施計劃中的兩棲作戰。[86]蔣命令史迪威留在開羅有兩層意思：如果緬甸戰役最終泡湯（蔣認為有很大可能），那麼史迪威就是替罪羊；與此同時，蔣把史迪威留在開羅是為了向同盟國領導人表示他很看重緬甸戰役。蔣的想法是，如果由於英國不配合而導致中國沒有出兵緬甸，他可不想擔這個責任。

史迪威十分不情願留下來清理蔣的爛攤子。但是或許令史迪威震驚的是，他極力支持的緬甸戰役終究沒能逃出被取消的命運。在德黑蘭會議上，斯大林強調「霸王行動」和在法國南部的登陸行動應該迅速展開；同時重申一旦德國戰敗，蘇聯會立即對日宣戰。儘管邱吉爾極力爭取發動地中海作戰，但是羅斯福和斯大林所支持的「霸王行動」佔了上風。這給了英國人取消「海盜行動」的藉口，把用於緬甸兩棲作戰的船隻用於法國南部。[87]當羅斯福和邱吉爾在1943年

12月2日從德黑蘭返回開羅後，「海盜行動」成為雙方爭論的核心。美方強烈反對放棄「海盜行動」，因為這意味着蔣不會出動地面部隊，結果是整個緬甸戰役破產。如果取消緬甸戰役，美國人擔心日本將在太平洋戰場更加頑強地抵抗，還會打擊中國的士氣。但是英國人毫不讓步，不斷向他們的美國同行強調，解放西歐比奪取緬甸更重要，而且斯大林對日作戰的承諾令東南亞戰區在戰略上已不那麼重要。12月5日，精疲力竭的羅斯福最終讓步，他給蔣介石發了一封只有三個字的電報：「『海盜行動』取消(Buccaneer is off)。」以此結束了他在開羅和德黑蘭的兩周之行。[88]

羅斯福稍後又給已經回到重慶的蔣介石發了如下電報：「經與斯大林元帥會議後，致使吾輩參加明春(1944)歐陸之聯合大作戰⋯⋯。此項作戰，因需如此多數巨型之登陸艦艇，乃至不能有充分之數量，參加孟加拉國灣之海陸戰，同時發動向緬甸之印道開泰地區前進(即打通自緬北進入中國的「泰山行動」)，以爭取戰爭之成功。」羅斯福隨後詢問蔣是否願意繼續實行「泰山行動」，或等到1944年11月有可能實施孟加拉國灣的兩棲行動時再進行緬甸戰役。[89]

在12月7日從開羅返回美國前，羅斯福擔心蔣收到電報可能會很生氣，而取消「海盜行動」則會影響中美兩國關係。[90]的確，蔣本應對來自開羅方面的消息動怒，可是他並沒有。12月7日晚，電報到達重慶時，蔣正在和他的兒子蔣經國共進晚餐，這對父子當時討論的話題是族譜的重要性。蔣對「海盜行動」的結果沒有絲毫意外，同時明白開羅方面的決定沒有更改的可能。蔣接受了現實，但同時決定利用羅斯福對英國人低頭並取消「海盜行動」的愧疚感，向美國索取更多援助。蔣對這個「壞消息」安之若素，當晚十時就早早上床休息了。[91]

三天後，蔣發給羅斯福一封引起對方歉疚感的電報，「軍民如果知悉政策與戰略現正在擬議根本改變中，則其反響為如何之失望，使中憂懼中國不能繼續支持之結果為如何。」蔣隨後在電報中稱，唯一的補救辦法是「繼續貸予(中國)十萬萬美金之借款，藉以增強其經

濟之陣容。」此外，蔣同樣要求美國將駝峰空運物資數量加倍，達到每月20,000噸；並將中國空軍和美軍駐華空軍的戰機數量翻倍。[92]

在得知蔣的意圖和中國國內局勢的情況下，羅斯福決定拋棄先前對國民黨和中美管轄的態度。因此，他給蔣的回電禮貌而堅決地指出，將駝峰空運的物資量加倍是不可能實現的。至於新一輪貸款，羅斯福只答應說他會向財政部提出此事。與他在開羅會議時對中方在緬甸戰役中的處境表示同情相反，羅斯福現在敦促蔣介石不要將部隊撤出「泰山行動」，暗示他一旦中止「泰山行動」，中國在美國的支持就會受到削弱。[93]與此同時，儘管蒙巴頓和史迪威都催促蔣同意「泰山行動」，蔣的反對卻十分堅決。蔣從來不看重緬甸戰役，至此他更加相信，沒有盟軍兩棲作戰的配合，中國將重蹈1942年春天第一次入緬作戰的慘敗。[94]1943年的最後幾周，儘管大多數中國人還對中國和最高領袖在開羅會議上的榮光感到激動不已，蔣和同盟國之間的戰爭才剛剛開始。

後記

隨着1943年臨近尾聲，中國與其他同盟國的關係開始惡化。1944年3月，面對盟軍不斷施壓要求蔣介石出兵反攻北緬，蔣電告羅斯福，由於中國正遭受日軍猛攻因此他無法將雲南的部隊派往緬北。[95]羅斯福在4月初的回電中對蔣並無同情，表示如果中國軍隊不跨過薩爾溫江進入緬北，那麼美國對華援助將變得「毫無依據」。[96]與此同時，史迪威向馬歇爾建議，華盛頓應該停止對國民黨的租借法案援助，除非蔣迅速派兵入緬作戰。4月13日，馬歇爾命令史迪威切斷雲南中國遠征軍的補給，將物資轉撥美國駐華空軍。蔣在憤怒和沮喪之下只得命令部隊入緬，[97]截止1944年夏天，由於國民黨軍隊在日軍「一號作戰」面前節節敗退，盟軍在東亞的戰略遭到嚴重破壞，進一步影響了重慶與華盛頓的關係。緬甸和中國戰場不斷惡化的情況使得馬歇爾向羅斯福提出警告，中國的軍事資源和武裝必須委託給「一個能將這些努力用於有效抗日的人」。因此在7

月6日，羅斯福向蔣建議讓史迪威全權指揮中國境內的所有武裝力量。隨後那場廣為人知的史迪威召回風波進一步打擊了兩國早已脆弱的關係。[98]

儘管在開羅會議上羅斯福就同蔣介石討論過緩和國共關係，但是1944年中期美國催促國民黨與中共講和的要求進一步激化了蔣與羅斯福的關係。國民黨政權的日益腐化，以及中緬印戰場極為糟糕的戰況使美國人相信，蔣只有不再與中共為敵才能將他的軍隊用來抗日而非內戰。[99]

對羅斯福來說，開羅會議的本意是讓蔣獲得他期待已久並亟需獲得的公眾支持，以此來提升中國的士氣。對蔣來說，峰會的目的是游說美國向中國提供更多援助並承認中國作為世界強國的地位。上文的分析表明，開羅會議期間中美英三國花了大多數時間和精力來討論緬甸戰役計劃，而後者的重要和緊迫性卻從未得到蔣的認可。更糟糕地是，或許蔣眼中本來不甚重要的緬甸戰役卻在1944年逐漸演變為同盟國領袖之間的巨大分歧，引發了中美一系列糾紛，包括再次出現的史迪威撤職風波，美國向蔣施壓要求緩和與中共的關係，美援幾乎斷絕，以及迅速降溫的中美聯盟。

以今日的後見之明來看，開羅會議固然意味着蔣介石成為世界級領袖並達到其個人聲望的頂峰，但同時標誌着他和國民黨政權開始走下坡路。蔣或許難以平衡從開羅返回後在公眾眼中的勝利和其中不為人知的失利。如今重新思考開羅會議的影響和戰時的中美關係，我們可以得出以下結論：羅斯福邀請蔣介石參加開羅會議的初衷是振奮國民黨在抗戰中的士氣，結果卻造成盟國領袖之間失和，模糊而不確定的軍事戰略，和領導人之間的現實檢視（reality check）。從事後來看，開羅會議對蔣和國民黨政權的價值有待重估。至於羅斯福在開羅會議上對蔣和中國的看法是否促使美國開始捲入干預中國內政的泥潭，和一場爭奪亞洲主導權的戰爭——從國共內戰到冷戰——還有待進一步研究。

注釋

1   《蔣介石日記》，1943年12月4日，Box 43, Hoover Institution Archives, Stanford, California.

2   李雲漢：《中國國民黨史述》，卷3（臺北：國民黨黨史委員會，1994），539–540頁；Michael Schaller, *The US Crusade in China, 1938–1945* (New York: Columbia University Press, 1979), 120–123.

3   《蔣介石日記》，1943年7月8日；Xiaoyuan Liu, *A Partnership for Disorder: China, the United States, and Their Policies for the Postwar Disposition of the Japanese Empire, 1941–1945* (Cambridge: Cambridge University Press, 1996), 116.

4   David Stone, *War Summits: The Meetings That Shaped World War II and the Postwar World* (Dulles, VA: Potomac, 2005), 85–93; Christopher Thorne, *Allies of a Kind: The United States, Britain and the War against Japan, 1941–1945* (Oxford: Oxford University Press, 1978), 322–323; Bradley F. Smith, *The War's Long Shadow: The Second World War and Its Aftermath: China, Russia, Britain, America* (New York: Simon & Schuster, 1986), 42–43.

5   Liu, *A Partnership for Disorder*, 117.

6   Jay Taylor, *The Generalissimo: Chiang Kai-shek and the Struggle for Modern China* (Cambridge, MA: Harvard University Press, 2011), 242–243.

7   Memorandum of conversation with President Roosevelt, August 30, 1943, T. V. Soong Papers, Box 29, Hoover Institution Archives, Stanford, California.

8   Notes on Conversation with Harry Hopkins, September 15, 1943, T. V. Soong Papers, Box 29.

9   Memorandum of conversation with President Roosevelt, September 16, 1943, T. V. Soong Papers, Box 29.

10 秦孝儀編：《中華民國重要史料初編——對日抗戰時期》，卷3，第3冊，267頁。

11 同上引書，494–495頁。

12 《蔣介石日記》，1943年10月7日。

13 《蔣介石日記》，1943年10月31日。

14 《蔣介石日記》，1943年11月3日。

15 Stone, *War Summits*, 107–114.

16 Ronald Ian Heiferman, *The Cairo Conference of 1943: Roosevelt, Churchill, Chiang Kai-shek and Madame Chiang* (Jefferson, NC: McFarland, 2011), 53; Taylor, *The Generalissimo*, 242–243.

17 在史迪威的撤職問題上，惱怒的宋子文和蔣發生激烈衝突，直接導致他幾乎被軟禁。參見吳景平：《宋子文政治生涯編年》（福州：福建人民出版社，1998）；吳國楨：《吳國楨回憶錄》（臺北：時報文化出版社，1995），397–399頁。

18 《蔣介石日記》，1943年10月17–18、31日，11月6日。

19 Heiferman, *The Cairo Conference of 1943*, 47–48.

20 《蔣介石日記》，1943年11月2日。

21　《蔣介石日記》，1943年11月5日。

22　《蔣介石日記》，1943年11月11日。

23　高素蘭編：《蔣介石總統檔案：事略稿本》，卷55（臺北：國史館，2011），123–174頁；《中華民國重要史料初編》，卷3，第3冊，270–282頁；《蔣介石日記》，1943年10月19–20日。

24　Barbara W. Tuchman, *Stilwell and the American Experience in China, 1911–45* (New York: Macmillan, 1970), 398–399.

25　《蔣介石日記》，1943年11月12日。在日記中，蔣把英國承諾發起兩棲和海軍作戰行動作為中國出兵的前提。

26　Alan M. Wachman, *Why Taiwan? Geostrategic Rationales for China's Territorial Integrity* (Stanford, CA: Stanford University Press, 2007), 69–82.

27　Chiang Kai-shek, *China's Destiny* (New York: Roy, 1947), 9–11.

28　參見T. V. Soong's personal memorandum, "Summary of Impressions, 1943," T. V. Soong Papers, Box 32.

29　George H. Kerr, *Okinawa: The History of an Island People* (North Clarendon, VT: Tuttle, 2000), 342–420. 關於1870年代清朝失去琉球的經過，參看Michael H. Hunt, *The Making of a Special Relationship: The United States and China to 1914* (New York: Columbia University Press, 1985), 15–142.

30　See Supreme National Defense Council minute, December 20, 1943. 秦孝儀編：《光復臺灣之籌劃與受降接收》（臺北：國民黨黨史委員會，1990），36–38頁。

31　《蔣介石日記》，1943年11月15日。

32　同上引書。

33　《蔣介石日記》，1943年11月14日。

34　《蔣介石日記》，1943年11月13日。

35　《蔣介石日記》，1943年11月17日。

36　《蔣介石日記》，1943年11月18日。

37　Heiferman, *The Cairo Conference of 1943*, 55–56.

38　《蔣介石日記》，1943年11月19日。

39　《蔣介石日記》，1943年11月19–21日。

40　Heiferman, *The Cairo Conference of 1943*, 61–63.

41　《蔣介石日記》，1943年11月21日。

42　Winston S. Churchill, *The Second World War*. Vol. 5, *Closing the Ring* (New York: Houghton Mifflin, 1986), 329.

43　U.S. Department of State, *Foreign Relations of the United States Diplomatic Papers: The Conferences at Cairo and Tehran, 1943* (Washington, DC: U.S. Government Printing Office, 1961), 304–306. （下文簡寫為*FRUS 1943*）

44　《中華民國重要史料初編》，卷3，第3冊，514–515頁。

45　《蔣介石日記》，1943年11月22日；《事略稿本》，卷53，456頁。

46　Joseph Stilwell's diary entry for November 22, 1943, Joseph Stilwell Papers, Box 44, Hoover Institution Archives, Stanford, California. （下文簡寫為*JSD*）

47　*FRUS 1943*, 311–312;《中華民國重要史料初編》，卷3，第3冊，535–536頁。

48　*FRUS 1943*, 313–314;《中華民國重要史料初編》，卷3，第3冊，536–537頁。

49 *FRUS 1943*, 314–315; Heiferman, *The Cairo Conference of 1943*, 73–74.

50 《蔣介石日記》，1943年11月23日。

51 Philip Ziegler, *Mountbatten* (New York: Smithmark, 1986), 262.

52 《事略稿本》，卷53，466–470頁。

53 Heiferman, *The Cairo Conference of 1943*, 75–76.

54 *FRUS 1943*, 314–315;《中華民國重要史料初編》，卷3，第3冊，538–539頁。

55 Heiferman, *The Cairo Conference of 1943*, 77–78.

56 *JSD*, November 23, 1943, Box 44.

57 《蔣介石日記》，1943年11月23日；*FRUS 1943*, 322–325.

58 Elliott Roosevelt, *As He Saw It* (New York: Duell, Sloan, and Pearce, 1946), 142.

59 *FRUS 1943*, 334–335;《事略稿本》，卷53，475頁。

60 《蔣介石日記》，1943年11月24日。

61 *FRUS 1943*, 335–338;《中華民國重要史料初編》，卷3，第3冊，541頁。

62 Heiferman, *The Cairo Conference of 1943*, 86.

63 *FRUS 1943*, 343–345;《中華民國重要史料初編》，卷3，第3冊，542–544頁。

64 《蔣介石日記》，1943年11月24日。

65 《蔣介石日記》，1943年11月24日。

66 Louis Allen, *Burma: The Longest War, 1941–1945* (London: Cassell, 2000), 157–170.

67 *FRUS 1943*, 346–347.

68 Heiferman, *The Cairo Conference of 1943*, 97.

69 同上引書。

70 《蔣介石日記》，1943年11月26日。

71 Roosevelt, *As He Saw It*, 158.

72 Heiferman, *The Cairo Conference of 1943*, 100.

73 《蔣介石日記》，1943年11月26日。

74 同上引書

75 《蔣介石日記》，1943年11月27日；《事略稿本》，卷53，495頁。

76 Sterling Seagrave, *The Soong Dynasty* (New York: Harper Perennial, 1986), 350.

77 Frank Dorn, *Walkout with Stilwell in Burma* (New York: Crowell, 1971), 76.

78 Roosevelt, *As He Saw It*, 163–164.

79 *FRUS 1943*, 358–365; Keith Sainsbury, *The Turning Point: Roosevelt, Stalin, Churchill, and Chiang Kai-shek, 1943: The Moscow, Cairo, and Teheran Conferences* (Oxford: Oxford University Press, 1985), 119–123.

80 《事略稿本》，卷53，495頁；Liang Jingchun, *General Stilwell in China, 1942–1944: The Full Story* (New York: St. John's University Press, 1972), 150–151.

81 《蔣介石日記》，1943年11月30日；《事略稿本》，卷53，495–496頁；Liang, *General Stilwell in China*, 151.

82 《蔣介石日記》，1943年11月30日；《事略稿本》，卷53，512–513頁。

83 *FRUS 1943*, 366–367, 448–449;《中華民國重要史料初編》，卷3，第3冊，530–533頁。

84 《中華民國重要史料初編》，卷3，第3冊，548頁。

85 *JSD*, November 27, 1943, Box 44; Liang, *General Stilwell in China*, 161.

86 《蔣介石日記》，1943年11月28、30日。

87 Paul D. Mayle, *Eureka Summit: Agreement in Principle and the Big Three at Tehran, 1943* (Cranbury, NJ: Associated University Presses, 1987), 102–103; Keith Eubank, *Summit at Teheran: The Untold Story* (New York: William Morrow, 1985), 251–254; Sainsbury, *The Turning Point*, 249–255.

88 Mayle, *Eureka Summit*, 157–159; Eubank, *Summit at Teheran*, 389–394; Sainsbury, *The Turning Point*, 285–287.

89 *FRUS 1943*, 803–804;《中華民國重要史料初編》，卷3，第3冊，286頁。

90 Roosevelt, *As He Saw It*, 213.

91 《蔣介石日記》，1943年12月7日；《中華民國重要史料初編》，卷3，第3冊，578頁。

92 《中華民國重要史料初編》，卷3，第3冊，287–288頁；《事略稿本》，卷53，595–600頁。

93 《中華民國重要史料初編》，卷3，第3冊，289–290頁；《事略稿本》，卷53，643–646頁。

94 《蔣介石日記》，1943年12月15、16、17日；《事略稿本》，卷53，637–647頁；《中華民國重要史料初編》，卷3，第3冊，291–292頁。

95 《中華民國重要史料初編》，卷3，第3冊，297–298頁。

96 同上引書，299頁。

97 Tuchman, *Stilwell and the American Experience in China*, 566–567.

98 Hans van de Ven, *War and Nationalism in China, 1925–1945* (London: Routledge, 2003), 54–58; Thorne, *Allies of a Kind*, 401–416.

99 Schaller, *The US Crusade in China*, 181–188; Warren I. Cohen, *America's Response to China: A History of Sino–American Relations*, 5th ed. (New York: Columbia University Press, 2010), 155–158.

作者簡介

按英文姓氏排序

陳驍（Xiao Chen）
伊利諾伊大學香檳分校歷史系博士生，畢業於北京大學歷史系、加
州大學聖地牙哥分校歷史系。他目前的研究興趣集中在清代和民國
的法律、社會史。

李皓天（Matthew T. Combs）
加州大學爾灣分校歷史系博士候選人，擔任《亞洲研究雜誌》（*Journal
of Asian Studies*）副編輯（Book Review Coordinator 和 Digital
Editor），聖地牙哥州立大學碩士。他的博士論文研究了十九世紀的
帝國主義、「自由貿易」和技術是如何在東亞地區創造出塑料、並推
動了電影底片和火藥的發展。

艾志端（Kathryn Edgerton-Tarpley）
聖地牙哥州立大學副教授，研究興趣為晚清與現代中國面對災難
時的不同反應。近年著作有《鐵淚圖：19世紀中國對於饑饉的文化
反應》和在《亞洲研究雜誌》及《世界歷史期刊》（*Journal of World
History*）裏刊登的與災難相關的文章。

周錫瑞（Joseph W. Esherick）
加州大學聖地牙哥分校歷史系榮休教授，加州大學柏克萊分校歷史系
博士。他的研究興趣是近現代中國的社會和政治史。代表作品有《中
國的改良與革命：辛亥革命在兩湖》、《義和團運動的起源》、《葉：百
年動盪中的一個中國家庭》等。

黃倩茹（Grace C. Huang）

美國聖勞倫斯大學政治系副教授及系主任，芝加哥大學政治學博士。她的研究領域包括政治領導能力、羞恥在中國領導權的政治應用和中國鄉村到都市的移民。她的研究論文發表在《現代中國》（*Modern China*）、《二十世紀中國》（*Twentieth-Century China*）和《國際亞洲研究期刊》（*International Journal of Asian Studies*）等。

賈建飛（Jia Jianfei）

中國社會科學院歷史學博士，現在印第安納大學中央歐亞研究系。主要研究方向為近現代新疆歷史，目前正從事清代回疆法律史研究。

金家德（Judd C. Kinzley）

威斯康辛大學麥迪遜分校歷史系助理教授，加州大學聖地牙哥分校歷史系博士。他目前正準備出版關於二十世紀中國政府和西北自然資源開發的專著。

羅丹（Daniel D. Knorr）

芝加哥大學歷史系博士候選人，加州大學爾灣分校歷史系碩士（2013）。其博士論文研究的是清代朝廷與濟南地方精英組織和認同之間的關係。

林孝庭（Hsiao-ting Lin）

英國牛津大學東方學部博士、英國皇家亞洲學會院士，曾任加州大學柏克萊分校東亞研究所博士後研究員、美國舊金山大學環太平洋研究中心傑出客座研究員，現為美國斯坦福大學胡佛研究所研究員、胡佛檔案館東亞館藏部主任。專研近代中國政治、外交、軍事、邊疆與少數民族問題、中英外交史、冷戰時期美、中、台三邊政治、外交與軍事關係等。主要論著有 *Tibet and Nationalist China's Frontier: Intrigues and Ethnopolitics, 1928–49*、*Modern China's Ethnic Frontiers: A Journey to the West*、*T. V. Soong in Modern Chinese History*、*Breaking with the Past: The KMT Central Reform Committee on Taiwan, 1950–52* 等英文專書，以及其他中、

英、日文學術期刊論文、專書章節、史料彙編、會議論文、百科全書條詞、書評與譯作等九十餘篇。

Nobchulee (Dawn) Maleenont

加州大學聖地牙哥分校歷史系碩士。她的碩士論文研究了清代的家庭秩序和家庭成員之間的犯罪行為。Dawn目前在泰國工作生活。

梅雪盈 (Amy O'Keefe)

加州大學聖地牙哥分校歷史系博士候選人。梅雪盈的博士論文研究了中國二十到五十年代的基督化家庭運動，並分析中國基督教領袖對於家庭改造爭論的觀點。

吳爾哲 (Thomas R. Worger)

加州大學爾灣分校歷史系碩士，加州大學爾灣分校法律博士 (JD)。他的研究興趣是二十世紀的中國司法實踐、國家權力與司法專業化之間的關係。

吳一迪 (Wu Yidi)

印第安那州聖瑪麗學院歷史系助理教授。她是加州大學爾灣分校博士，本科畢業於歐柏林學院。她的博士論文研究1957年「百花齊放」運動與反右運動中的學生激進主義。

謝楚寧 (Chuning Xie)

紐約州立大學賓漢姆頓分校研究生，加州大學爾灣分校、維多利亞大學歷史系碩士畢業。她的研究興趣是以微觀歷史觀察動盪時期和文化多元地區人們生活中的複雜動機和行為。